Anwendung von Operations Research-Verfahren bei der Beurteilung von Akquisitionsobjekten

Europäische Hochschulschriften
Publications Universitaires Européennes
European University Studies

Reihe V
Volks- und Betriebswirtschaft

Série V Series V
Sciences économiques, gestion d'entreprise
Economics and Management

Bd./Vol. 2261

PETER LANG
Frankfurt am Main · Berlin · Bern · New York · Paris · Wien

Thomas Enayat

Anwendung von Operations Research-Verfahren bei der Beurteilung von Akquisitionsobjekten

Dargestellt aus der Sicht eines Erwerberunternehmens

PETER LANG
Europäischer Verlag der Wissenschaften

Die Deutsche Bibliothek - CIP-Einheitsaufnahme

Enayat, Thomas:

Anwendung von Operations Research-Verfahren bei der Beurteilung von Akquisitionsobjekten : dargestellt aus der Sicht eines Erwerberunternehmens / Thomas Enayat. - Frankfurt am Main ; Berlin ; Bern ; New York ; Paris ; Wien : Lang, 1998
(Europäische Hochschulschriften : Reihe 5, Volks- und Betriebswirtschaft ; Bd. 2261)
Zugl.: Gießen, Univ., Diss., 1997
ISBN 3-631-33047-2

D 26
ISSN 0531-7339
ISBN 3-631-33047-2

Meinen Eltern und Susanne

Vorwort

Ganz besonders möchte ich mich bei meinem verehrten akademischen Lehrer bedanken, Herrn Prof. Dr. Karl Weber, M.S., der mir die Möglichkeit einer externen Promotion gegeben hat. In allen Phasen der Arbeit stand er mir hilfsbereit und beratend zur Seite, ohne dabei meine Freizügigkeit, in welche Richtung ich meine Untersuchungen nun genau vorantreiben wollte, einzuengen. Herrn Prof. Dr. Dr. h.c. Dietger Hahn danke ich vielmals für die wertvollen Anregungen und für die Übernahme des Zweitgutachtens.

Die vorliegende Untersuchung entstand parallel zu meiner damaligen Tätigkeit bei der M&A International GmbH, Königstein/Ts. Durch diese Tätigkeit war es mir möglich, Einblicke in die praktischen Aspekte des Themas zu gewinnen. Herr Arno Burckhardt, MBA, Geschäftsführer der obigen Gesellschaft, hat mit besonderem Interesse das Zustandekommen dieses Buches begleitet und mir hilfreiche Anregungen gegeben. Dafür möchte ich ihm danken.

Mein Dank gilt auch Herrn Dipl.-Kfm. Frank Schneider für das Lesen des Manuskriptes und seine wertvollen Anregungen. Allen meinen ehemaligen Arbeitskollegen, ganz besonders Herrn Dipl.-Kfm. Alexander Fatemieh, danke ich für die ergiebigen Diskussionen und für ihr Interesse am Fortgang der Untersuchung.

Weiterhin bin ich meinen Eltern zu Dank verpflichtet, daß sie mir eine akademische Ausbildung ermöglicht haben. Das Zustandekommen dieser Arbeit verdanke ich nicht zuletzt meinen Eltern, die mir während der nicht immer einfachen Zeit einer Promotion Rückhalt und Zuversicht gaben. Darüber hinaus möchte ich mich bei meiner Mutter für die Korrekturlesung des Manuskriptes bedanken.

Am meisten jedoch gilt mein Dank meiner Lebensgefährtin Susanne Rösch, bei der ich die notwendige Ermutigung und Unterstützung für mein Promotionsvorhaben fand. Meinen Eltern und ihr ist dieses Buch gewidmet.

Thomas Enayat

Inhaltsübersicht

Inhaltsverzeichnis

Abbildungsverzeichnis

Tabellenverzeichnis

Abkürzungsverzeichnis

Abb.	Abbildung
Abs.	Absatz
AC	autocovariance coefficient
AG	Aktiengesellschaft
AHP	Analytic Hierarchy Process
AR	autoregressive
ARIMA	autoregressive-integrated moving average
ARMA	autoregressive moving average
BB	Betriebsberater (Zeitschrift)
Bd.	Band
BFuP	Betriebswirtschaftliche Forschung und Praxis (Zeitschrift)
BJ	Box Jenkins
BSP	Bruttosozialprodukt
BWL	Betriebswirtschaftslehre
bzw.	beziehungsweise
ca.	circa
CAPM	Capital Asset Pricing Model
DB	Der Betrieb (Zeitschrift)
DBW	Die Betriebswirtschaft (Zeitschrift)
DCF	Discounted Cash-flow
ders.	derselbe

d.h.	das heißt
Diss.	Dissertation
DS	Decision Sciences (Zeitschrift)
DStR	Deutsches Steuerrecht (Zeitschrift)
DU	Die Unternehmung (Zeitschrift)
EDV	Elektronische Datenverarbeitung
EJOR	European Journal of Operational Research
et al.	et alii
etc.	et cetera
G & V	Gewinn- und Verlustrechnung
ggf.	gegebenenfalls
GmbH	Gesellschaft mit beschränkter Haftung
GP	Goal Programming
HBR	Harvard Business Review
HdWW	Handwörterbuch der Wirtschaftswissenschaft
HGB	Handelsgesetzbuch
Hrsg.	Herausgeber
HWB	Handwörterbuch der Betriebswirtschaft
HWO	Handwörterbuch der Organisation
HWR	Handwörterbuch des Rechnungswesens
HWPlan	Handwörterbuch der Planung
i.d.R.	in der Regel
IO	Industrielle Organisation
i.S.	im Sinne

Kap.	Kapitel
KQ	Kleinstquadratmethode
LP	Lineare Progammierung
M&A	Mergers & Acquisitions
MA	moving average
MAPE	mean absolute percentage error
ME	mean error
Mio.	Million(en)
MM	Mathematical Modelling (Zeitschrift)
Mrd.	Milliarde(n)
MS	Management Science
MSE	mean square error
NB	Nebenbedingung
NNB	Nicht-Negativitätsbedingung
Nr.	Nummer
o.ä.	oder ähnliches
O.R.	Operations Research (Zeitschrift)
OR	Operations Research
ORQ	Operations Research Quarterly
o.V.	ohne Verfasser
PAC	partial correlograms
RMSE	root mean square error
RoE	Return on Equity
S.	Seite(n)

SABL	Seasonal Adjustment-Bell Laboratories
SDE	standard deviation of error
s.l.	sine loco
sog.	sogenannt(er/e/es)
Sp.	Spalte(n)
Tab.	Tabelle
TDM	Tausend Deutsche Mark
u.a.	unter anderem
u.ä.	und ähnliches
u.U.	unter Umständen
v.a.	vor allem
vgl.	vergleiche
Vol.	Volume
WACC	Weighted Average Cost of Capital
WiSt	Wirtschaftswissenschaftliches Studium (Zeitschrift)
WISU	Das Wirtschaftsstudium (Zeitschrift)
WPg	Die Wirtschaftsprüfung (Zeitschrift)
z.B.	zum Beispiel
ZfB	Zeitschrift für Betriebswirtschaft
ZfbF	Zeitschrift für betriebswirtschaftliche Forschung
ZfhF	Zeitschrift für handelswissenschaftliche Forschung
zfo/ZfürO	Zeitschrift für Organisation

Teil I

Einleitung

1. Problemstellung

Unternehmensakquisitionen stellen nicht nur eine Alternative zum internen Unternehmenswachstum dar, sondern sind in vielen Märkten die einzige Alternative überhaupt. Als bedeutendes Instrument zur Verwirklichung von strategischen unternehmerischen Zielsetzungen stellen Unternehmensakquisitionen einen festen Bestandteil unserer Wirtschaftsordnung dar, auch wenn die Anzahl der jährlich durchgeführten Transaktionen gewissen Schwankungen unterliegt. Übernahmepreise werden - abgesehen von Megadeals - nur selten bekannt, so daß als Indikator das geschätzte jährliche wertmäßige Transaktionsvolumen zu Hilfe genommen werden muß. In Deutschland beträgt das Transaktionsvolumen jährlich ca. 50 bis 60 Mrd. DM.[1] Dieser hohe Wert des jährlichen Transaktionsvolumens repräsentiert aber nur unvollkommen den Wichtigkeitsgrad der Beurteilung von Aufkaufobjekten, denn die Zahl der in der Praxis durchgeführten Beurteilungsfälle potentieller Objekte ist noch viel größer, da nicht alle Kaufverhandlungen mit einem Kaufabschluß enden und nicht jedes beurteilte Akquisitionsobjekt schließlich als Target in Frage kommt.

Unternehmensakquisitionen sind als Investitionsprojekte zu verstehen. Es gibt bis heute keine zufriedenstellenden, auf besondere Erfordernisse von Unternehmenskäufen ausgerichteten Modelle zur ex ante Beurteilung von Akquisitionskandidaten. Planung, Steuerung und Kontrolle von Akquisiti-

---

1 Entnommen aus der im Januar 1996 herausgegebenen Statistik über das Transaktionsvolumen auf dem deutschen M&A-Markt für die Jahre 1989 bis 1995 der M&A International GmbH, Königstein/Ts. Laut der genannten Statistik beträgt das geschätzte Transaktionsvolumen auf dem deutschen M&A-Markt für das Jahr 1995 ca. 59,5 Mrd. DM. Zu Anzahl und Struktur der durchgeführten Transaktionen (Mehrheitsbeteiligungen) in Deutschland; vgl. M&A International GmbH [1996], German M&A hits new high, in: Corporate Finance Februar/1996, S. 7.

onsvorhaben stellen einen geschlossenen Prozeß dar, der es ermöglicht, Lerneffekte für künftige Akquisitionen zu erzielen. Lerneffekte können darin bestehen, daß Fehlentscheidungen als solche erkannt und in Zukunft in ähnlichen Entscheidungssituationen nicht wiederholt werden.

Es ist die Frage zu klären, was unter Akquisitionserfolg zu verstehen ist und wie dieser sinnvoll gemessen werden kann. Der Erfolg einer durchgeführten Akquisition kann nur in bezug auf die Zielerreichungsgrade des kaufenden Unternehmens im Hinblick auf einen ex ante determinierten Zeitraum gemessen werden. Konzepte zur Erfolgsbeurteilung einer Akquisition sind der Shareholder Value Ansatz,[2] Finanzkennzahlen,[3] Desinvestitionsraten[4] der

---

2 Vgl. Rappaport, A. [1986], Creating Shareholder Value, New York, 1986; Reimann, B. C. [1989], Creating Value to Keep the Raiders at Bay, in: Long Range Planning 3/1989, S. 18 - 27; Copeland, T., Koller, T., Murrin, J. [1995], Valuation: Measuring and Managing the Value of Companies, McKinsey & Company, Inc., New York, Chichester, Brisbane et al., 2nd Edition, 1995, S. 355 - 356; Hahn, D. [1996], PuK, Controllingkonzepte: Planung und Kontrolle, Planungs- und Kontrollsysteme; Planungs- und Kontrollrechnung; Unternehmungsbeispiele von Henkel KGaA, Düsseldorf, Daimler-Benz AG, Stuttgart, Siemens AG, München, Preussag AG, Hannover, Franz Haniel & Cie. GmbH, Duisburg, Wiesbaden, 1996, S. 312 - 322.

Ein leistungsstarkes Softwarepaket (The Value Planner und The Strategy Planner) zur Berechnung des Shareholder Value wurde von der 1977 von A. Rappaport und C. Noble gegründeten Firmengruppe 'Alcar' (The Shareholder Value Company) entwickelt. Vgl. zur Beurteilung von Akquisitionsobjekten auf der Basis des Shareholder Value Ansatzes: Weber, B. [1991], Beurteilung von Akquisitionen auf der Grundlage des Shareholder Value, in: BFuP 3/1991, S. 221 - 232.

Vgl. auch Teil II Kap. 2.2 dieser Untersuchung.

3 Durch Finanzkennzahlen können Auswirkungen der Akquisition auf die Vermögensposition der Anteilseigner der kaufenden Gesellschaft beurteilt werden. Die hierfür benötigten Informationen sind im wesentlichen im Jahresabschlußbericht enthalten. Ob dieses Instrument zur Erfolgsmessung sinnvoll ist, hängt v.a. von den Akquisitionszielen und dem Beurteilungszeitraum ab. Vgl. zur Kritik finanzieller Kennzahlen zur Beurteilung der Unternehmenssituation bzw. zur Klärung des Unternehmenserfolges z.B. Krüger, W. [1988a], Die Klärung von Unternehmenserfolg: Theoretischer Ansatz und empirische Ergebnisse, in: DBW 1/1988, S. 29 - 43, S. 29.

4 Vgl. hierzu eine Untersuchung von M. E. Porter, bei der die zugrunde gelegte Grundgesamtheit eine Desinvestitionsrate von über 50 % aufwies: Porter, M. E. [1987], From Competitive Advantage to Corporate Strategy, in: HBR Vol. 65 3/1987, S. 43 - 59, S. 45. Bezüglich möglicher Desinvestitionsformen vgl. Calman, R. F. [1987], Restructuring by Divestiture, in: L. M. Rock (Hrsg.): The Mergers and Acquisitions Handbook, New York, 1987, S. 373 - 381, S. 374 - 375. Die Desinvestitionsrate zur Messung des Akquisitionserfolges kann theoretisch nur als Vergleichsmaßstab zum anteiligen, nicht mit Erfolg durchgeführten internen Wachstum herangezogen werden, deshalb ist die Tauglichkeit dieses Erfolgskonzeptes stark in Frage zu stellen.

gekauften Objekte und schließlich subjektive Befragungen des Managements[5] des Käuferunternehmens.

Empirische Untersuchungen von R. Bühner haben gezeigt, daß in Deutschland Unternehmenszusammenschlüsse (Vereinigungen), worunter Unternehmensakquisitionen und Fusionen einzuordnen sind,[6] nicht immer als erfolgreich einzuschätzen sind.[7] Die Ergebnisse der aufgeführten Untersuchung zeigen die Abhängigkeit des Erfolgs von verschiedenen Kriterien, wie z.B. der Größe der beteiligten Unternehmen, deren Akquisitionserfahrung und der Richtung des Zusammenschlusses. Die allgemeine Faustregel in der Praxis besagt, daß rund ein Drittel der durchgeführten Unternehmensakquisitionen nicht den gewünschten Erfolg mit sich bringt. In einer anderen empirischen Untersuchung zum gleichen Thema wurde festgestellt, daß der Anteil der nicht wieder veräußerten Akquisitionsobjekte - unabhängig davon, ob die Akquisition, im nachhinein betrachtet, erfolgreich war oder nicht -

---

5 Bei diesem Instrument zur Erfolgsmessung kommen v.a. nicht-quantitative Kriterien zum Zuge. Auch die Tauglichkeit dieses Instruments ist in Frage zu stellen, da das Management nur ungern Fehler offiziell zugeben würde.

6 Vgl. zu dieser Einteilung z.B. Pausenberger, E. [1989a], Zur Systematik von Unternehmenszusammenschlüssen, in: WISU 11/1989, S. 621 - 626, insbesondere S. 624 - 625; derselbe [1993], Unternehmenszusammenschlüsse, in: W. Wittmann et al. (Hrsg.): HWB Teilband 3, Stuttgart, 1993, Sp. 4436 - 4448, Sp. 4440 - 4441.

7 R. Bühner veröffentlichte im Jahr 1990 die Ergebnisse einer empirischen Untersuchung zum Erfolg von Unternehmenszusammenschlüssen in Deutschland für den Zeitraum 1973 bis 1985, mit 95 deutschen Unternehmen des verarbeitenden Gewerbes. Sowohl bei der Erfolgsbeurteilung mit Hilfe der Kapitalmarktreaktionen als auch der Finanzkennzahlen (Eigen- und Gesamtkapitalrentabilität) wurden signifikante negative abnormale Renditen bzw. signifikante Rückgänge der Gesamtkapitalrentabilität der übernehmenden Gesellschaft beobachtet. Vgl. Bühner, R. [1990a], Erfolg von Unternehmenszusammenschlüssen in der Bundesrepublik Deutschland, Stuttgart, 1990, S. 48 - 51 und 55 - 57; derselbe [1990b], Reaktionen des Aktienmarktes auf Unternehmenszusammenschlüsse, in: ZfbF 4/1990, S. 295 - 316, S. 312 - 314; derselbe [1990c], Der Jahresabschlußerfolg von Unternehmenszusammenschlüssen, in: ZfB 12/1990, S. 1275 - 1293, S. 1289 - 1290.

Vgl. auch Bamberger, B. [1994], Der Erfolg von Unternehmensakquisitionen in Deutschland, Diss. Bamberg, 1994, S. 178 - 181. Der genannte Autor wertete rund 400 an deutsche Unternehmen gesandte Fragebögen aus und kommt zu dem Schluß, daß rund 20% der Unternehmen, die sich an seiner Untersuchung beteiligt hatten, die durchgeführte Akquisition als völligen bzw. teilweisen Mißerfolg einstuften. Vgl. zu einer Zusammenstellung der wichtigsten empirischen Studien zum Erfolg von Unternehmensakquisitionen in den USA, Großbritannien und auch in Deutschland derselbe [1994], S. 150 - 177, wobei die dort diskutierten Studien teilweise zu widersprüchlichen Ergebnissen führen; Bühner, R. [1990d], Unternehmenszusammenschlüsse: Ergebnisse empirischer Analysen, Stuttgart, 1990.

90 % beträgt, so daß die Auswirkungen einer Akquisition nur aus strategischer Sicht zu betrachten sind.[8] Sicherlich sind diese und andere Zahlen nicht im Detail zu klären. Sie belegen jedoch, daß selbst eine geringe Verbesserung der Erfolgswahrscheinlichkeit bei Unternehmensakquisitionen, sowohl mikro- als auch makroökonomisch betrachtet, einen Nutzenzuwachs impliziert.

Die mit einer Akquisition einhergehenden Probleme lassen sich in zwei Felder einteilen. Einerseits sind Probleme zu differenzieren, die bei der Planung eines Unternehmenskaufs auftreten können; sie sind prä-akquisitorischer Natur. Andererseits gibt es auch solche Probleme, die nach einer vollendeten Akquisition auftreten können; sie gehören dem post-akquisitorischen Bereich an. Hierzu gehören Schwierigkeiten, die durch eine fehlende bzw. nicht ausreichend strukturierte Integration hervorgerufen werden. Mit Bezug auf das Thema der vorliegenden Untersuchung sind hier prä-akquisitorische Probleme von Interesse.

Die Akquisitionsplanung kann analog zur Planung i.w.S. nach D. Hahn[9] als das Fällen von Akquisitionsentscheidungen auf der Basis systematischer Entscheidungsvorbereitung zur Bestimmung des künftigen Geschehens verstanden werden. Die systematische Entscheidungsvorbereitung beinhaltet die Festlegung von Zielen und die zu ihrer Erfüllung erforderlichen Maßnahmen.[10] Besonders bei einem bevorstehenden Unternehmenskauf sind hierfür eine systematische Vorgehensweise, das Vorhandensein eines Planungskonzeptes und realistische Zielvorstellungen unabdingbar.

Der Zeitdruck, unter dem Unternehmensakquisitionen zu vollziehen sind, um beispielsweise den Kaufpreis durch andere potentielle Käufer nicht unnötig in die Höhe zu treiben[11] oder den willigen Verkäufer nicht unentschlossen

---

8 Vgl. Bamberger, B. [1994], S. 181.

9 Vgl. Hahn, D. [1996], S. 45 - 46 und die aufgeführte Literatur.

10 Vgl. Hahn, D. [1996], S. 45.

11 Vgl. zur Kaufpreisbildung bei mehreren Käuferunternehmen in einem spieltheoretischen Modell Teil III Kap. 2.2.2 dieser Untersuchung.

werden zu lassen, impliziert in vielen Fällen eine intuitive Entscheidung, die v.a. auf sog. weichen Faktoren, wie z.B. langjähriger Erfahrung und menschlicher Sensibilität, beruht. Eine systematische Vorbereitung eines Akquisitionsvorhabens, die einen sinnvollen Aktionsplan mit integriertem zeitlichen Rahmenplan umfassen sollte, hat einen zumindest gleich hohen Stellenwert wie die genannten weichen Faktoren einer intuitiven Entscheidungsweise.

Professionalität, langjährige Erfahrung, menschliche Sensibilität, die sich vor allen Dingen in Verhandlungsgeschick niederschlagen, können auch durch die vorliegende Untersuchung nicht vermittelt werden. Diese Untersuchung zeigt jedoch, daß eine systematische und klar strukturierte Vorgehensweise bei der Beurteilung der Kandidaten vor der endgültigen Entscheidung hilft, den Erfolg eines Unternehmenskaufs planbarer zu machen.

Da der Erwerb von Unternehmen - abgesehen bei größeren internationalen Konzernen - meist nicht zu den Kern-Geschäftsaktivitäten eines potentiellen Käuferunternehmens gehört, fehlt zumeist eine systematische Vorgehensweise.[12] Für die systematische Entscheidungsvorbereitung werden relevante interne und externe[13] Daten benötigt. Die Aufbereitung interner Informationen setzt das Vorhandensein eines Planungssystems[14] zumindest beim erwerbenden Unternehmen voraus. Allzu oft ist jedoch entweder kein bzw. nur ein nicht-ausreichend ausgeprägtes Planungssystem vorhanden. Die Folge ist, daß die Zukunftsprognosen oft ohne Beachtung der Zusammenhänge zwischen den Teilplanungskomplexen erstellt werden. Hier ist wichtig zu erwähnen, daß ohne eine fest verankerte strategische Planung die Sichtweise des Käuferunternehmens nicht der Tragweite eines Akquisitionsvorhabens gerecht werden kann.

---

12 Obwohl im aktuellen Wirtschaftsgeschehen auch Beispiele von Großunternehmen zu finden sind, die auf eine nicht adäquate Planung einer größeren Transaktion schließen lassen.

13 Vgl. zum Einbezug von externen Daten bei der Beurteilung potentieller Akquisitionskandidaten Teil III Kap. 1.2.3 dieser Untersuchung.

14 Vgl. zum Grundkonzept eines Planungssystems und Erweiterungsmöglichkeiten: Hahn, D. [1996], S. 96 - 114 und die dort ausführlich analysierte Literatur.

Es steht außer Frage, daß einige Unternehmenskäufe Gelegenheitskäufe darstellen. Anlässe hierfür können situativer Art sein, so daß z.B. ein Mitwettbewerber das zum Verkauf stehende Unternehmen unter keinerlei Umständen erwerben dürfte oder aber aus preislichen Überlegungen das Objekt eine günstige Gelegenheit zu bieten scheint. Unabhängig davon, ob der Unternehmenskauf aufgrund einer günstigen Gelegenheit oder durch eine gezielte Kandidatensuche zustande kommt, kann ein fehlendes bzw. ein nicht genügend ausgeprägtes Planungssystem, v.a. des Erwerbers, einen großen Risikofaktor bei einer erfolgreich durchzuführenden Transaktion darstellen. Fehlt ein Planungssystem bei dem Verkäufer, so hat es der Erwerber mit Sicherheit schwerer, seine zukünftigen Erträge zu prognostizieren und diese dem potentiellen Erwerber plausibel darzulegen. Im Extremfall wird der Verkäufer den erwünschten strategischen Preis für das Unternehmen nicht erzielen können. Ein fehlendes Planungssystem wirkt sich beim Käufer und beim Verkäufer immer nachteilig aus.

Die Beurteilung der Akquisitionskandidaten findet auf der Basis der jeweiligen Zielerreichung statt. Eine unrealistische Zielsetzung im Akquisitionskonzept verfälscht das Ergebnis der Beurteilung der Kandidaten. Hierdurch entscheidet sich das Erwerberunternehmen im Extremfall für einen Kandidaten, der die vom Erwerber festgelegten unrealistischen Zielsetzungen nicht verwirklichen kann. Da das Erwerberunternehmen bzw. die an der Akquisition beteiligten Führungskräfte diesen Fehler nur ungern zugeben würden, wäre die Folge, daß man zunächst versuchen würde, diese falsche Entscheidung beispielsweise durch eine gute Integration des Erwerbsobjektes in der bestehenden Infrastruktur des Käufers auszugleichen. Mittel- bis langfristig wäre aber die Fehlentscheidung nicht zu verleugnen, so daß der erworbene Kandidat, der möglicherweise für einen anderen Käufer ursprünglich strategisch interessant gewesen sein mag, nur weit unter dem ursprünglichen Marktpreis zu veräußern wäre. Unter dem Preis deshalb, da das Akquisitionsobjekt nach dieser vergangenen Zeitspanne seine strategischen Vorteile wahrscheinlich nicht mehr aufweist. Es ist also unumstritten, daß eine realistische Zielsetzung mit adäquater Definition ebenso sinnvoller Zielniveaus und Zielausprägung im Rahmen einer bevorstehenden Akquisition nicht zu vernachlässigen ist.

Diese aufgezeigten prä-akquisitorischen Probleme existieren zum größten Teil aufgrund von nur unvollständig vorhandenen Informationen über das zu erwerbende Objekt und der damit verbundenen Risiken. Akquisitionsentscheidungen werden auf der Basis von Beurteilungen der einzelnen Kandidaten getroffen. Beurteilungen der Akquisitionsobjekte werden wiederum durch Anwendung adäquater Verfahren vollzogen. Eine Verbesserung der Entscheidungsqualität kann also dadurch herbeigeführt werden, daß zum einen die Primärinformationsbasis erweitert wird und zum anderen die Verarbeitung bereits vorhandener Informationen problemangepaßter erfolgt.

Besonders im Falle von Unternehmensakquisitionen ist der Spielraum für die vorhandenen und beschaffbaren Informationen nicht beliebig dehnbar. So ist es naheliegend, die Verbesserung der Informationsverarbeitung in das Zentrum des Interesses zu rücken, wobei unter Informationsverarbeitung der Einsatz von entscheidungsvorbereitenden und -unterstützenden Verfahren zu verstehen ist. Dabei wird auch eine systematische Vorgehensweise bei der Beurteilung der Kandidaten zeigen, wie man verschiedene Aspekte in einem ganzheitlichen Konzept berücksichtigen kann. Es werden daher in der vorliegenden Arbeit einige Operations Research (OR)-Verfahren vorgestellt, deren Einsatz im Rahmen der Beurteilung potentieller Kandidaten zu einer Verbesserung der Entscheidungsgüte beitragen kann.

Legt man einer Akquisition den Entscheidungsprozeß zugrunde, so wird deutlich, daß angesichts des Ausmaßes der Wirkung solch einer Entscheidung der Phase der Beurteilung potentieller Akquisitionskandidaten große Bedeutung beizumessen ist. Bisher wurden im Rahmen des Akquisitionsprozesses durchzuführende Bewertungen hauptsächlich mit Hilfe der traditionellen und neueren Verfahren der Unternehmensbewertung getätigt. Oft ist es in der Praxis sogar üblich, sich nicht einmal auf diese Verfahren zu stützen, sondern der Gewinn des Aufkaufobjektes wird mit einem branchenüblichen Faktor multipliziert, und dies ergibt dann einen Basiswert als grobe Orientierung für die Verhandlungsführung.[15]

OR als Anwendung primär mathematisch-statistischer Methoden zur optimalen Vorbereitung hauptsächlich operativer Unternehmensentscheidungen stellt allgemein gesehen nichts Neues dar. Da OR in Modellen zum Ausdruck kommt und die Modellbildung die Aufgabe hat, Entscheidungen zu erleichtern, bietet sich für OR ein breites Spektrum diverser Anwendungsgebiete in der (entscheidungsorientierten) Betriebswirtschaftslehre an. Die fehlende Vertrautheit mit OR bzw. mit OR-Verfahren kann dazu führen, daß ein in der Praxis vorhandenes Anwendungsfeld nicht als ein solches erkannt wird und keine zufriedenstellende Lösung für Probleme aus diesem Bereich ermittelt werden kann. Die Beurteilung potentieller Akquisitionskandidaten stellt eines dieser Anwendungsgebiete dar.

Das Neuartige an OR, das durch die vorliegende Untersuchung gezeigt werden soll, ist die Zielsetzung, strategische Entscheidungen - wie eine Unternehmensakquisition - mittels exakter numerischer und analytischer Methoden durch die planerische Vorwegnahme der Folgen der Handlungsalternativen intensiv vorzubereiten und auf diese Weise der Unternehmensleitung die Chance zu bieten, die Entscheidungsfindung auf eine fundiertere Basis[16] zu stützen.[17] Es wird deutlich werden, daß OR eine

---

[15] Vgl. z.B. Barthel, C. W. [1996], Unternehmenswert: Die vergleichsorientierten Bewertungsverfahren, in: DB 4/1996, S. 149 - 163, S. 158 - 159; o.V. [1994], Ihre Firma ist mehr wert, als Sie denken, in: impulse 11/1990, S. 109 - 112, S. 110.

[16] Vgl. Mußhoff, H. J. [1989], Decision Support Systems (DSS), in: N. Szyperski (Hrsg.): HWPlan, Stuttgart, 1989, Sp. 255 - 262, Sp. 258.

[17] Ende der 50er Jahre äußerten sich H. A. Simon und A. Newell zu der Tatsache, daß OR sich nicht auf strategische Problembereiche bezieht, wie folgt: "The trouble, as executives are fond on pointing out to operations researchers, is that there are no known formal techniques for finding answers to most of the important top-level management problems. Nor do these problems seem to be of the same kind as the more tangible middle-management situations in which existing operations research techniques have been most effective." Simon, H. A., Newell, A. [1958], Heuristic Problem Solving: The next Advance in Operations Research, in: O.R. Vol. 6 1/1958, S. 1 - 10, S. 4. Zwar prophezeite man die Entwicklungsrichtung des OR als ein

wachsende Bedeutung in der modernen Unternehmensführung gewinnt und in Zukunft daraus nicht mehr wegzudenken ist.

Jeder strategischen Entscheidung sollte eine detaillierte und komplexe Planung vorausgehen. Die Anwendung der OR-Verfahren auf die Beurteilung von Akquisitionsobjekten erfordert von Führungskräften bzw. deren Stäben die sichere Beherrschung der OR-Verfahren und gute Kenntnisse über die Zusammenhänge, Probleme und Abläufe im Rahmen eines durchzuführenden Akquisitionsvorhabens. Anliegen der vorliegenden Arbeit ist es, Modelle bzw. Modellansätze zu entwickeln und mit deren Hilfe für relevante Probleme, die bei der Beurteilung potentieller Akquisitionskandidaten auftreten, zufriedenstellende Lösungen bzw. Lösungsrichtungen aufzuzeigen.

Den in dieser Arbeit dargestellten Ansätzen zur Beurteilung liegt die Sichtweise eines Erwerberunternehmens zugrunde, und zwar kurz vor der endgültigen Entscheidung hinsichtlich eines bestimmten Kandidaten.

'*strategisches Planungsinstrument*' bereits in den 70er Jahren, jedoch bezog sich diese Entwicklungstendenz vorwiegend auf OR als '*Simulationsinstrument*'. Vgl. Dearden, J., Lastavica, J. [1972], New Directions in Operations Research, in: C. W. House (Hrsg.): Operations Research: An Introduction to Modern Applications, Philadelphia-New York-London, 1972, S. 67- 85, insbesondere S. 77 - 78.

2. Gang der Untersuchung

Es gibt diverse auf dem Gebiet des OR angebotene Verfahren, die zur Entscheidungsunterstützung eingesetzt werden können.[18] Hauptaufgabe der vorliegenden Untersuchung ist es nicht, neue OR-Verfahren zu entwickeln. Vielmehr wird im Verlauf der Arbeit versucht, eine vergleichende Darstellung der verschiedenen im Rahmen des Themas interessanten OR-Verfahren und deren Grundlagen zu geben, um anschließend deren Anwendung bei der Beurteilung von Akquisitionsobjekten aufzeigen zu können.

In der Untersuchung wird die Sichtweise eingenommen, daß eine Unternehmensakquisition ein strategisches Problem darstellt, dem ein Problemlösungsprozeß zugrunde zu legen ist. Als Basis wird der Problemlösungsprozeß nach D. Hahn[19] ausgewählt, der sich in die Phasen Problemstellung, Suche, Beurteilung, Entscheidung, Realisation und Kontrolle aufgliedern läßt. Die Phase der Beurteilung innerhalb des Akquisitionsprozesses wird näher untersucht, um damit potentielle Möglichkeiten der Erfolgsverbesserung für den gesamten Akquisitionsprozeß aufzuzeigen. Zu diesem Zweck wird in der Untersuchung die Beurteilung in zwei Teilphasen eingeteilt:

(1) *Vorbereitung* der Beurteilung

und

(2) *Durchführung* der Beurteilung.

Der Beurteilung kommt im Rahmen des ganzen Entscheidungsprozesses bezüglich der letztlichen Entscheidung eine Schlüsselfunktion insofern zu, als sie das Fundament der Wahl der durchzuführenden Alternative(n) und damit auch des Erfolges bildet.

---

18 Vgl. Teil II Kap. 1.3.

19 Vgl. Hahn, D. [1996], S. 37 - 38.

In der vorliegenden Arbeit werden nach einer kurzen Begriffsabgrenzung *(Teil II Kap. 1)* die relevanten Grundlagen der Unternehmensakquisition *(Teil II Kap. 2)* und des OR *(Teil II Kap. 3)* dargelegt.

Teil III der Untersuchung befaßt sich mit den OR-Verfahren Prognose, Spieltheorie und Simulation, die bei der *Vorbereitung der Beurteilung* von Akquisitionskandidaten ihren Einsatz finden. Es werden verschiedene Prognosemethoden, bestehend aus konjekturalen, strukturmodellgestützten und zeitreihengestützten Verfahren, dargestellt und deren Anwendung auf das Thema der Untersuchung aufgezeigt. Mit Hilfe der Spieltheorie wird das Zustandekommen eines möglichen Preises eines Aufkaufobjektes durch eine Angebotsstrategie transparent gemacht.

Durch das Verfahren der Simulation wird ein Unternehmenswert (Eigenkapitalwert) festgelegt, der teilweise auf historischen Daten, jedoch überwiegend auf zukünftig erzielbaren Erträgen basiert. Das Simulationsmodell besteht aus drei Teilmodellen, dem G & V-, dem Bilanz- und dem Cash-flow-Modell, die gemeinsam zu einem (möglichen) Unternehmenswert führen.

Teil IV der Untersuchung beschäftigt sich mit der *Durchführung der Beurteilung* und gliedert sich in Entscheidungstheorie, Goal Programming, multiattributive Entscheidungsverfahren, die wiederum aus Satisfizierungsverfahren und ein- und mehrstufigen Gewichtungsverfahren bestehen, und die Lineare Programmierung. Bei der Durchführung der Beurteilung kann es zunächst zu einer Vorauswahl von Kandidaten kommen, die einer weiteren Beurteilung unterzogen werden müssen.

Die Entscheidungstheorie stellt die einzelnen Bestandteile eines Entscheidungsmodells allgemein und akquisitionsspezifisch durch Aufzeigen eines notwendigen Risikoverständnisses und einer Risikoanalyse (bei Entscheidungen unter Risiko) dar. Das Goal Programming zeigt die Beurteilung von Kandidaten beim Vorhandensein von mehreren (konfliktären) Zielsetzungen durch die Minimierung von Zielabweichungen. Die multiattributiven Entscheidungsverfahren, deren Schwerpunkt auf der Analytic Hierarchy Process (AHP)-Technik liegt, zeigen, wie die Auswahl der einzelnen potentiellen Kandidaten mittels eines paarweisen Attributsvergleichs durch eine Attributsgewichtung intersubjektiv nachvollziehbarer gestaltet werden kann. Generell finden ein- und mehrstufige Gewichtungsverfahren bei der endgültigen Auswahl der Kandidaten Anwendung.

Die LP als letzte der zu diskutierenden OR-Verfahren differenziert sich bereits dadurch, daß die Prämisse der strategischen Sichtweise der Beurteilung zugunsten kurzfristiger Renditeziele aufgegeben wird. Das Modell der Linearen Programmierung wird mit Hilfe des Simplex-Algorithmus aufgestellt. Abb. 1 auf der folgenden Seite zeigt den Aufbau der Untersuchung im Überblick.

In *Teil V* der Untersuchung wird versucht, die wichtigsten Interdependenzen zwischen den einzelnen OR-Instrumenten im Überblick aufzuzeigen und eine ganzheitliche Betrachtung des Themas herbeizuführen.

Die Anwendung der Methoden aus verschiedenen Teilgebieten des OR bei der Beurteilung eines Unternehmens hat den Vorteil, daß die Beurteilung weniger subjektiv und gleichzeitig durch die Einbeziehung mathematisch-statistischer Verfahren besser nachvollziehbar und mit einem vertretbaren Aufwand durchgeführt werden kann.

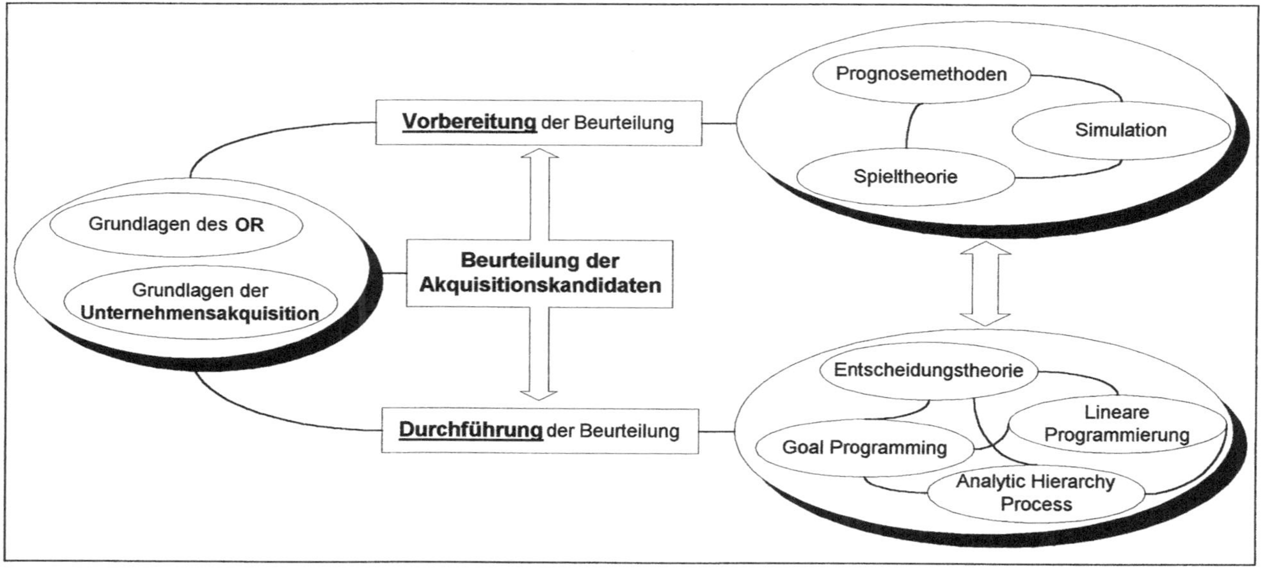

Abb. 1: Aufbau der vorliegenden Untersuchung

Teil II

Grundlagen

1. Begriffsabgrenzungen

Das Thema dieser Untersuchung beinhaltet drei Begriffe, die näher erläutert werden sollen, nämlich 'Akquisitionsobjekte', 'Beurteilung' und 'OR-Verfahren'. Diese werden im weiteren definiert.

1.1 Akquisitionsobjekt und Unternehmensakquisition

Unter einem Akquisitionsobjekt ist ein Unternehmen oder auch eine in sich geschlossene und abgrenzbare, rechtlich unselbständige Teileinheit eines Unternehmens zu verstehen. Legt man dem Verständnis den auf H. Ulrich zurückgehenden Systemansatz der BWL zugrunde, so ist ein Unternehmen als ein 'produktives soziales System' aufzufassen.[20] Der Begriff des Systems als "[...] eine geordnete Gesamtheit von Elementen, zwischen denen irgendwelche Beziehungen bestehen oder hergestellt werden können"[21] for-

---

20 Vgl. Ulrich, H. [1968], Unternehmung als produktives soziales System, Wiesbaden, 1968, insbesondere S. 153.

21 Ulrich, H. [1968], S. 105. Vgl. Hahn, D. [1996], S. 6 - 10 und die dort angeführte Literatur. Im Schrifttum findet sich eine Vielzahl von Systemdefinitionen, die teilweise voneinander abweichen, deren gemeinsamer Begriffsinhalt jedoch am deutlichsten in der obigen von H. Ulrich genannten Definition zum Ausdruck kommt. Vgl. z.B. Kosiol, E., Szyperski, N., Chmielewicz, K. [1965], Zum Standort der Systemforschung im Rahmen der Wissenschaften, in: ZfbF, 1965, S. 337 - 376, S. 338 - 339; Fuchs, H. [1969], Systemtheorie, in: E. Grochla (Hrsg.): HWO, Stuttgart, 1969, Sp. 1618 - 1630, Sp. 1620; Grochla, E. [1970], Systemtheorie und Organisationstheorie, in: ZfB 1970, S. 1 - 16, S. 7; Adam, A., Helten, E., Scholl, F. [1970], Kybernetische Modelle und Methoden, Köln, 1970, S. 65 und S. 115; Flechtner, H.-J. [1970], Grundbegriffe der Kybernetik, Stuttgart, 1970, S. 228; Ackoff, R. L. [1971], Towards a System of Systems Concepts, in: MS Vol. 17 1971, S. 661 - 671, S. 662; Forrester, W. [1972], Grundzüge einer Systemtheorie, Wiesbaden, 1972, S. 9 - 11; Schneeweiß, C. [1991a], Systemanalytische und entscheidungstheoretische Grundlagen, Berlin-Heidelberg-New York, 1991, S. 18 - 22. Durch die hier vertretene Systemauffassung lassen sich Unternehmen als *'komplexe Ganzheiten'* bezeichnen. Vgl. Ulrich, H. [1981], Überlegungen zur Managementlehre, in: IO Management Zeitschrift 6/1981, S. 297 - 300, S. 299.

dert eine ganzheitliche Betrachtungsweise[22], womit die obige Auffassung bezüglich eines Akquisitionsobjektes gerechtfertigt ist; d.h. als Akquisitionsobjekt kommen nicht einzelne materielle bzw. immaterielle Vermögensgegenstände in Betracht.

Der Arbeitskreis "Unternehmensakquisition" der Schmalenbach-Gesellschaft - Deutsche Gesellschaft für Betriebswirtschaft e.V. - versteht in seinem 1989 herausgegebenen Bericht unter einer Unternehmensakquisition (im weiteren auch Akquisition genannt) folgende Tätigkeiten:[23]

- 100 % iger Erwerb von Unternehmensteilen bzw. Vermögensgegenständen, aus denen ein Unternehmen besteht
- Erwerb einzelner in sich geschlossener Teilbereiche eines Unternehmens
- Teilweiser Erwerb - weniger als 100 % der Anteile - eines Unternehmens, wenn dadurch der Erwerber einen Einfluß bei der Durchsetzung der strategischen Zielsetzungen des zu kaufenden Unternehmens ausüben kann

Dieses Verständnis von Akquisition liegt auch der für diese Arbeit entwickelten Definition zugrunde: *Eine Unternehmensakquisition ist der Erwerb einer Anteilshöhe am Kapital bzw. am Vermögen einer Gesellschaft (Personen- oder Kapitalgesellschaft), wodurch dem Käuferunternehmen (auch Erwerberunternehmen oder Akquisiteur genannt) die Möglichkeit der Durchsetzung seiner strategischen Zielsetzung im Verkäuferunternehmen (auch Aufkaufunternehmen bzw. Target genannt) und die dafür notwendige Kontrolle über die erworbenene Unternehmenseinheit eingeräumt wird.*

---

22 Vgl. Ulrich, H. [1968], S. 153 - 165. Vgl. zur ganzheitlich strukturierten Betrachtungsweise eines Systems: Ackoff, R. L. [1971], S. 661; Beer, S. [1963], Kybernetik und Management, Frankfurt a. M., 1963, S. 24.

23 Vgl. Sieben, G. Sielaff, M. [1989], Unternehmensakquisition: Berichte des Arbeitskreises "Unternehmensakquisition" - Herausgegeben im Auftrag der Schmalenbach-Gesellschaft - Deutsche Gesellschaft für Betriebswirtschaft e.V., Stuttgart, 1989, S. 1.

Eine genauere Differenzierung, z.B. nach der Bindungsintensität, ist für das Thema dieser Arbeit nicht von primärer Relevanz.[24] Synonym zu Akquisition wird auch der Begriff Unternehmenskauf verwendet. Vollständigkeitshalber sei erwähnt, daß der Begriff 'Mergers and Acquisitions' (M&A) aus dem Bereich des *Investment Banking* stammt und damit alle Tätigkeiten im Zusammenhang mit Akquisitionen, Fusionen und Beteiligungserwerb von Unternehmen bzw. Unternehmensteilen angesprochen sind.[25] Wird im Laufe der Arbeit der Begriff M&A-Transaktion verwendet, so sind damit die mit einer *Akquisition* einhergehenden Aktivitäten gemeint.

Betriebswirtschaftlich gesehen, spricht man bei einer Unternehmensakquisition von einem externen Unternehmenswachstum, da eine Vergrößerung des Umfangs der unter einheitlicher Leitung stehenden Kombinationen von Produktionsfaktoren im Zeitablauf durch den Erwerb von Verfügungsrechten über bereits existierende Faktorkombinationen stattfindet. [26] Externes Unternehmenswachstum entsteht generell durch vollständigen oder teilweisen Erwerb bereits bestehender Unternehmen. D. Hahn beschreibt diesen Vorgang des externen Unternehmenswachstums als 'Erlangung von Leitungsbefugnis über bestehende produktive Kombinationen', was er auch als 'derivatives Wachstum' bezeichnet.[27] F. X. Bea umschreibt diesen Sachverhalt als 'Angliederung unternehmensfremder Systeme'.[28]

---

24 Vgl. zur Frage der Bindungsintensität: Schubert, W., Küting, K. [1981], Unternehmungszusammenschlüsse, München, 1981, S. 8 - 11; Pausenberger, E. [1989a], S. 623 - 625; derselbe [1993], Sp. 4439 - 4441.

25 Vgl. zu Entwicklungstendenzen im M&A-Bereich: Zimmerer, C. [1993], Unternehmensakquisition, in: W. Wittmann et al. (Hrsg.): HWB Teilband 3, Stuttgart, 1993, Sp. 4294 - 4306, Sp. 4303 - 4306.

26 Vgl. Pausenberger, E. [1989b], Akquisitionsplanung, in: N. Szyperski (Hrsg.): HWPlan, Stuttgart, 1989, Sp. 18 - 26, Sp. 18.

27 Vgl. Hahn, D. [1970], Wachstumspolitik industrieller Unternehmungen, in: BFuP 11/1970, S. 609 - 626, S. 615 - 616. Bezüglich der Arten des externen Unternehmenswachstums vgl. ebenda, S. 616; derselbe [1996], S. 294; Pausenberger, E. [1992], Unternehmensakquisitionen und strategische Allianzen, in: G. Fischer (Hrsg.): Marketing - Lose Blattausgabe - Grundwerk 1992, Teil A, I. Strategische Aspekte, Kap. 2.1, S. 1 - 19, S. 5.

28 Vgl. Bea, F. X. [1974], Wachstumsziele und Wachstumsstrategien der Unternehmung, in: J. Wild (Hrsg.): Unternehmungsführung - Festschrift für Erich Kosiol, Berlin, 1974, S. 445 - 463, S. 454.

1.2 Beurteilung

Unter 'beurteilen' ist die Abgabe eines *Urteils* über jemanden bzw. über etwas zu verstehen.[29] Das Urteil, aufgefaßt als das, was man erteilt, wurde früh auf den Wahrspruch in der Rechtsprechung (Richterurteile) eingeengt.[30] Später wurde das Anwendungsfeld auf andere Gesellschaftsbereiche erweitert, so daß das Urteil gleichzusetzen ist mit einer abwägenden Stellungnahme, i.S. einer Meinungsäußerung über einen Sachverhalt bzw. eine Person.[31] Im allgemeinen Sprachgebrauch wird 'Beurteilung' synonym zur Bewertung, Evaluation, Begutachtung, oder Einschätzung verwendet.[32]

Die Beurteilung eines Akquisitionsobjektes beinhaltet die finanzwirtschaftliche Bewertung des Akquisitionsobjektes i.S. der klassischen Unternehmensbewertung und darüber hinaus auch die nicht finanzielle Beurteilung.[33] Sie ist somit nicht deckungsgleich mit der 'klassischen Unternehmens*bewertung*'[34] mit den bekannten Bewertungsverfahren wie Substanzwert-, Ertragswert- und Discounted Cash-flow-Verfahren (DCF-Verfahren).[35] Die Be-

---

29 Vgl. o.V. [1988], beurteilen, in: G. Drosdowski (Hrsg.): Duden "Stilwörterbuch der deutschen Sprache": Die Verwendung der Wörter im Satz, Bd. 2, Mannheim-Wien-Zürich, 1988, S. 157; o.V. [1985], beurteilen, in: W. Müller (Hrsg.): Duden "Bedeutungswörterbuch", Bd. 10, Mannheim-Wien-Zürich, 1985, S. 141; o.V. [1966], Beurteilung, in: Lexikon-Institut Bertelsmann (Hrsg.): Das Große Deutsche Wörterbuch, s.l., 1966, S. 669; o.V. [1979], beurteilen, in: G. Drosdowski (Hrsg.): Meyers Enzyklopädisches Lexikon, Bd. 30: Das große Wörterbuch der deutschen Sprache 1 (A-F), Mannheim, 1979, S. 378.

30 Vgl. o.V. [1989], Urteil, in: G. Drosdowski (Hrsg.): Duden "Etymologie": Herkunftswörterbuch der deutschen Sprache, Bd. 7, Mannheim-Wien-Zürich, 1989, S. 774.

31 Vgl. o.V. [1989], S. 774.

32 Vgl. o.V. [1986], Beurteilung, in: W. Müller (Hrsg.): Duden "Sinn- und sachverwandte Wörter": Wörterbuch der treffenden Ausdrücke, Bd. 8, Mannheim-Wien-Zürich, 1985, S. 119.

33 Die Frage der Kaufpreisfindung ist heutzutage in vielen Fällen nicht (mehr) eine rein finanzwirtschaftliche Analyse des Targets, sondern es finden auch zunehmend zwar quantifizierbare bzw. quantifizierbar gemachte jedoch nicht finanzielle Größen ihren Niederschlag in der Beurteilung.

34 Gleicher Auffassung ist auch M. C. Petersen bei der Durchführung seiner Untersuchung. Vgl. Petersen, M. C. [1993], Die finanzwirtschaftliche Bewertung strategischer Unternehmenskäufe - Ein Konzept zur Evaluation von Akquisitionszielen im Rahmen der Unternehmensentwicklung, Diss. St. Gallen, 1993, S. 19 - 20.

35 Vgl. zu den Bewertungsverfahren z.B. Sieben, G. [1963], Der Substanzwert der Unternehmung, Wiesbaden, 1963, S. 9 - 48; derselbe [1993], Unternehmensbewertung, in: W. Wittmann et al. (Hrsg.): HWB Teilband 3, Stuttgart, 1993, Sp. 4315 - 4331, Sp.

urteilung eines Aufkaufobjektes ist insofern tiefgründiger als die üblicherweise in die Bewertung einfließenden Inputwerte, die mit Hilfe der OR-Verfahren ermittelt und weiterverarbeitet werden.

In der Praxis der Unternehmensbewertung werden intuitiv Annahmen über die einzusetzenden Inputdaten zur Ermittlung zukünftiger, für das Bewerten des Targets wichtiger Größen getroffen.[36] Die Intuition ist angesichts der Komplexität der Akquisitionsaufgabe und vor allem der i.d.R. knappen zur Verfügung stehenden Zeit sicherlich ein nicht wegzudenkender Faktor bei der Beurteilung. Jedoch sollte man sich nicht dazu bereit finden, die Intuition auch in solchen Bereichen einzusetzen, in denen mit relativ wenig Aufwand mit Hilfe von OR-Verfahren eine Basis geschaffen werden kann, aufgrund der die vorhandenen Informationen besser genutzt werden können und damit eine Möglichkeit entsteht, die Güte der Entscheidung erheblich zu verbessern.

4322 - 4328; Münstermann, H. [1966], Wert und Bewertung der Unternehmung, Wiesbaden, 1966, S. 29 - 138; Coenenberg, A. G., Sieben, G. [1976], Unternehmensbewertung, in: E. Grochla, W. Wittmann (Hrsg.): HWB Bd. I/3, Stuttgart, 1976, Sp. 4062 - 4079; Coenenberg, A. G., Sautter, M. T. [1988], Strategische und finanzielle Bewertung von Unternehmensakquisitionen, in: DBW 6/1988, S. 691 - 710; Coenenberg, A. G., Sautter, M. T. [1992], Strategische und finanzielle Bewertung von Unternehmensakquisitionen, in: W. Busse von Colbe, A. G. Coenenberg (Hrsg.): Unternehmensakquisition und Unternehmensbewertung: Grundlagen und Fallstudien, Stuttgart, 1992, S. 189 - 218; Jung, W. [1993], Praxis des Unternehmenskaufs: Eine systematische Darstellung der Planung und Durchführung einer Akquisition, Stuttgart, 1993, S. 189 - 293. Vgl. auch Teil II Kap. 2.2 dieser Untersuchung.

36 Z.B. wird ein x-% iges Wachstum der Erfolgsgrößen angenommen.

1.3 OR-Verfahren

Ein Verfahren bzw. eine Methode bezeichnet eine Technik, die innerhalb eines Modells zur Anwendung kommen kann.[37] Ein Verfahren ist grundsätzlich zielinvariant. Erst durch die Ausrichtung auf ein bestimmtes Ziel wird es in ein Modell überführt. Im OR[38] kann grundsätzlich jedes Verfahren - unabhängig aus welchem Sachgebiet es stammt -, so z.B. Mathematik, Statistik oder Technik, durch eine bestimmte Zielrichtung in ein Modell überführt werden. Es gibt bis heute keine zufriedenstellende systematische Aufgliederung der OR-Segmente, innerhalb derer Verfahren aus diversen Bereichen ihre Anwendung finden. Um die Teilgebiete des OR und damit auch die darin zum Einsatz kommenden Verfahren zu verdeutlichen, muß ein etwas indirekter Weg beschritten werden. Prototypen von OR-Problemen wurden in folgenden Bereichen entdeckt:

"① Allocation
② Inventory
③ Replacement
④ Queuing
⑤ Sequencing and Coordination
⑥ Routing
⑦ Competitive
⑧ Search"[39]

---

[37] C. W. Churchman, R. L. Ackoff und E. L. Arnoff unterscheiden zwischen den Ausdrücken 'Verfahren' und 'Methoden'. Für sie stellt z.B. die Verwendung einer Tabelle von Zufallszahlen ein (wissenschaftliches) Verfahren dar, während der Untersuchungsplan, der die Verwendung solch einer Tabelle beinhaltet, als eine (wissenschaftliche) Methode anzusehen ist. Vgl. Churchman, C. W., Ackoff, R. L., Arnoff, E. L. [1968], Operations Research - Eine Einführung in die Unternehmensforschung, Wien-München, 1968, S. 21. Dieser Auffassung kann hier nicht gefolgt werden, da v.a. der Aspekt der Zielinvarianz beider Begriffe im Vordergrund steht; beide Begriffe werden synonym verwendet.

[38] Vgl. zur Darstellung der Wesensmerkmale von OR: Teil II Kap. 3.1.

[39] Ackoff, R. L., Sasieni, M. W. [1968], Fundamentals of Operations Research, New York-London-Sydney, 1968, S. 13. Vgl. auch Churchman, C. W., Ackoff, R. L., Arnoff, E. L. [1968], S. 24 - 26 und S. 175 - 181; Ackoff, R. L., Rivett, P. [1969], A Manager's Guide to Operational Research, London-New York-Sydney, 1969, S. 34 - 61; Ackoff, R. L. [1956], The Development of Operations Research as a Science, in: O.R. Vol. 4 3/1956, S. 265 - 295, S. 267 - 285; Ackoff, R. L., Gupta, S. K., Minas, J. S. [1962], Scientific Method - optimizing applied research decisions, New York-London-Sydney, 1962, S. 24 - 25; Laue, H. J. [1972], Operations Research as a Tool for Decision Making, in: C. W. House (Hrsg.): Operations Research: An Introduction to Modern Applications,

Die bisher in der Literatur behandelten OR-Probleme stammen bis auf einige wenige Ausnahmen weitgehend aus den obengenannten Bereichen. P. Rivett und R. L. Ackoff kamen zur folgenden Ansicht: "Managers, however, do not normally think of problems in terms of their forms but in terms of their content."[40] Die Probleminhalte stammen aus folgenden Bereichen innerhalb eines Unternehmens: 'purchasing, production, marketing (distribution, sales and service), research and development, sequencing and spotlighting bottlenecks, personnel, finance and accounting and overall planning'[41]. Die Erkenntnis, daß "OR is not distinguished by what it investigates, but by how it conducts its investigations [...]"[42], zeigt, daß es primär nicht die Intention sein kann, alle möglichen und je verwendeten OR-Verfahren aufzuzählen. Dennoch sollen die wichtigsten OR-Segmente genannt werden:[43] lineare Programmierung, nicht-lineare Programmierung, ganzzahlige Programmierung, Netzwerktechnik, Netzplantechnik, dynamische Optimierung, Spieltheorie, Warteschlangentheorie, Lagerhaltungstechnik, Postoptimalitätsanalyse, Prognoseverfahren, Entscheidungstheorie, multikriterielle Entscheidungsverfahren und Simulation.

In diesen genannten OR-Bereichen findet die OR-Methodik als Problemlösung durch Modellbildung bzw. Problemstrukturierung ihre Anwendung.[44]

Philadelphia-New York-London, 1972, S. 20 - 44, S. 22 - 37; Ackoff, R. L. [1978], Operations Research, in: W. H. Kruskal, J. M. Tanur (Hrsg.): International Encyclopedia of Statistics (Vol. 2), New York-London, 1978, S. 667 - 672, S. 671. Vgl. zu einer anderen Einteilung Krauss, W. [1970], Operations Research - ein Instrument der Unternehmensführung, München, 1970, S. 80 - 83.

40 Ackoff, R. L., Rivett, P. [1969], S. 56.

41 Vgl. Ackoff, R. L., Rivett, P. [1969], S. 56 - 61.

42 Ackoff, R. L., Rivett, P. [1969], S. 61.

43 Vgl. zu einer grafischen Darstellung der wichtigsten OR-Verfahren in historischer Orientierung: Meyer, M. [1979], Operations Research, Systemforschung, Systemtheorie - Ein historischer Abriß, in: WiSt 10/1979, S. 461 - 468, S. 462.

44 Vgl. Müller-Merbach, H. [1974], Kritische Gedanken zur Entwicklung des Operations Research in der BRD, in: H.-J. Zimmermann, A. Schub, H. Späth, J. Stoer (Hrsg.): Proceedings in Operations Research 4 - Vorträge aus der Jahrestagung DGOR 1974, Würzburg-Wien, 1974, S. 273 - 283, S. 274.

2. Kennzeichnung der Unternehmensakquisition

2.1 Unternehmensakquisition als strategische Entscheidung

In Anlehnung an D. Hahn ist unter Projektplanung, die "[...] systematische Entscheidungsvorbereitung und Entscheidungsfällung im Hinblick auf zielorientierte zeitlich begrenzte Aktionsfolgen, die in der Regel einmalig und komplex und stets aperiodischer Natur sind [...]"[45], zu verstehen. Eine Potentialänderung - wie dies eine Akquisition darstellt - wird im Rahmen einer strategischen, grundsätzlich aperiodischen Projektplanung durchgeführt. Sie wird auch als *Potentialplanung* bezeichnet.[46] Die Potentialplanung bildet zusammen mit der Programmplanung den Kern der strategischen Planung. Die strategische Planung als Wachstums-, Unternehmensentwicklungs- und Innovationsplanung hat ihrem Wesen nach wie jede strategische Planungsentscheidung langfristigen Charakter, gilt als eine konstitutive Entscheidung und ist durch folgende Charakteristika gekennzeichnet:[47]

- Strategische Entscheidungen sind von besonderer Bedeutung für die Vermögens- und/oder Erfolgsentwicklung des Unternehmens;
- Strategische Entscheidungen können, bedingt durch die besondere Verantwortung für das ganze Unternehmen, nur aus dem Gesamtzusammenhang heraus getroffen werden;

---

45 Hahn, D. [1996], S. 600. Vgl. zu den Merkmalen von Projekten: Deutsches Institut für Normung (Hrsg.) [1987], DIN 69901, Projektmanagement, Begriffe, Berlin, 1987, S. 1; Frese, E. [1980], Projektorganisation, in: E. Grochla (Hrsg.): HWO, Stuttgart, 1980, Sp. 1960 - 1974, Sp. 1960 - 1961; Hahn, D. [1996], S. 599 und die dort angeführte Literatur.

46 Vgl. Hahn, D. [1996], S. 92, S. 294 und S. 599 - 609; Brunke, D. [1996], Integrierte Planungs- und Kontrollrechnung im Planungs- und Kontrollsystem des Preussag-Konzerns, in: Hahn, D. [1996], S. 1111 - 1146, S. 1129.

47 Vgl. Hahn, D. [1989a], Strategische Unternehmungsführung - Stand und Entwicklungstendenzen unter besonderer Berücksichtigung US-amerikanischer Konzepte, in: E. Seidel, D. Wagner (Hrsg.): Organisation: Evolutionäre Interdependenzen von Kultur und Struktur der Unternehmung, Festschrift zum 60. Geburtstag von Knut Bleicher, Wiesbaden, 1989, S. 55 - 78, S. 59; derselbe [1989b], Strategische Unternehmungsführung - Stand und Entwicklungstendenzen - 1. Teil, in: zfo 3/1989, S. 36 - 39, S. 36 - 37; derselbe [1996], S. 100 - 101; derselbe [1970], S. 610. Eine ähnliche Charakterisierung findet sich z.B bei Köhler, R. [1979], Die Kontrolle strategischer Pläne als betriebswirtschaftliches Problem, in: ZfB 4-5/1976, S. 301 - 318, S. 301; Kreikebaum, H. [1993], Strategische Unternehmensplanung, Stuttgart-Berlin-Köln, 1993, S. 26 - 27.

- Strategische Entscheidungen sind nur von der obersten Unternehmensleitung und/oder den dieser vorgeschalteten (externen) Zentren der Willensbildung des Unternehmens wahrzunehmen, zu veranlassen und zu überwachen;
- Strategische Entscheidungen gelten auf lange Sicht und sind von geringer Häufigkeit;
- Strategische Entscheidungen sind unter der besonderen Beachtung der Werthaltung der oberen Willensbildungszentren und unter Berücksichtigung der bereits bestehenden Unternehmensphilosophie und -kultur zu fällen.

Vergleicht man die Merkmale strategischer Entscheidungen[48] mit der Entscheidung über eine Unternehmensakquisition, so wird deutlich, daß die Akquisition eine strategische Unternehmensentscheidung mit all ihren Merkmalen darstellt. Von einem Anteilserwerb aus kurzfristigen spekulativen Motiven wird in diesem Zusammenhang abgesehen.[49]

48 Vgl. Hahn, D. [1996], S. 100 - 101.

49 Vgl. Petersen, M. C. [1993], S. 10 - 11. Dort wird zwischen strategischer und nicht-strategischer Unternehmensakquisition unterschieden mit der Begründung, daß durch nicht-strategische Unternehmensakquisitionen nur kurzfristige finanzielle Zielsetzungen des Erwerberunternehmens verfolgt würden und deshalb eine intensive Zusammenarbeit der Akquisitionspartner nicht von vornherein angestrebt werden müßte. Diese Unterscheidung erscheint jedoch nicht sinnvoll, da eine Akquisition eine konstitutive Entscheidung im klassischen Sinn darstellt und somit nur strategischer Natur sein kann. Als eine Ausnahme wird deshalb Teil IV Kap. 4 dieser Untersuchung gesehen, wo mit Hilfe der LP bei einem Anteilserwerb kurzfristige 'Spekulationsgewinne' möglich sind. Vgl. zum strategischen Charakter der Akquisition: Hahn, D. [1970], S. 610.

2.2 Unternehmensakquisition als Entscheidungsprozeß[50]

Entscheidungen über externes Wachstum obliegen grundsätzlich der obersten Unternehmensleitung. Das (externe) Wachstum ist Resultat und Gegenstand eines von der obersten Unternehmensleitung in Gang gesetzten und zu überwachenden Problemlösungsprozesses, welcher sich nach D. Hahn als Willensbildung und Willensdurchsetzung gestalten läßt.[51] Wie im vorigen Abschnitt gezeigt wurde, ist die Unternehmensakquisition ein strategisches Entscheidungsproblem, das von der Unternehmensleitung im Rahmen der Unternehmensplanung als "systematische Vorbereitung der Zukunftsgestaltung"[52] des Unternehmens gelöst werden sollte. Hierzu kann, wie bei der Lösung eines jeden Problems, ein Phasenschema zur Fällung von Entscheidungen herangezogen werden, wodurch die grundsätzliche Vorgehensweise und die Verknüpfungen der einzelnen Teilphasen innerhalb des Prozesses gut zum Ausdruck kommen. In der betriebswirtschaftlichen Literatur gibt es unterschiedliche Modifikationen dieses Problemlösungsprozesses.[53] Im weiteren wird das Problem einer Unternehmens-

---

50 Vgl. zu anderen Einteilungsmöglichkeiten des Akquisitionsprozesses z.B. Pausenberger, E. [1989b], Sp. 18 - 26; Krüger, W. [1988b], Management von Akquisitionsobjekten: Probleme, Erfolgsfaktoren und Aufgaben bei der Durchführung von Unternehmenszusammenschlüssen, in: zfo 6/1988, S. 371 - 377; Gomez, P., Weber, B. [1989], Akquisitionsstrategie - Wertsteigerung durch Übernahme von Unternehmungen, Stuttgart, 1989, S. 16 - 17 und S. 22 - 23; Copeland, T., Koller, T., Murrin, J. [1995], S. 440 - 456; Parsons, A. J. [1984], Hidden Value: Key to successful Acquisitions, in: McKinsey Quarterly Sommer/1984, S. 33; Dahm, A. [1982], Der Akquisitionsprozeß: Erfahrungen bei Planung und Verwirklichung unternehmerischer Wachstumsstrategien, in: Handbuch der Unternehmensakquisition, Hrsg. A. J. Rädler, R. Pöllath, Frankfurt a. M., 1982, S. 12 - 38; Zimmerer, C. [1993], Sp. 4295 - 4303; Peel, R. [1994], Identifying and courting the target, in: T. Nash (Hrsg.): Buying and Selling Private Companies: A Director's Guide, London, 1994, S. 13 - 16, S. 13.

51 Vgl. Hahn, D. [1996], S. 33 - 49.

52 Hahn, D. [1996], S. 47.

53 Vgl. z.B. Irle, M. [1971], Macht und Entscheidungen in Organisationen, Frankfurt a.M., 1971, S. 48; Scalan, B. K. [1973], Principles of Management and Organizational Behavior, New York, 1973, S. 113 - 130; Szyperski, N. [1971], Vorgehensweise bei der Gestaltung computergestützter Entscheidungssysteme, in: E. Grochla (Hrsg.): Computergestützte Entscheidungen in Unternehmungen, Wiesbaden, 1971, S. 37 - 64, S. 42 - 43; Griem, H. [1968] Der Prozeß der Unternehmensentscheidung bei unvollkommener Information, Berlin, 1968, S. 57 - 178; Heinen, E. [1968], S. 20 - 21; Wild, J. [1974], Grundlagen der Unternehmungsplanung, Reinbeck, 1974, S. 32 - 117; Rühli, E. [1973], Unternehmungsführung und Unternehmungspolitik Bd. 2, Bern, 1973, S. 17. K. Weber unterteilt den Entscheidungsprozeß vereinfacht in: (1) Alternativenspezifikation,

akquisition nach dem von D. Hahn vorgeschlagenen Prozeß mit seinen sechs Phasen, nämlich der Problemstellung, Suche, Beurteilung, Entscheidung, Realisation und Kontrolle dargestellt, um die grundsätzliche Vorgehensweise bei einer Akquisition und die Bedeutung der einzelnen Phasen aufzeigen zu können.

① Problemstellungsphase: *Ermittlung der Entscheidungsaufgabe eines externen Unternehmenswachstums - in Form einer Akquisition -*

Die Unternehmensakquisition ist im Rahmen der Unternehmensplanung nur Mittel zum Zweck und keineswegs Selbstzweck. Sie stellt somit eine potentielle Lösung für Probleme dar, die meist verschiedenen Ursprungs sind. Zur Ermittlung dieser Probleme werden das erwerbende Unternehmen, dessen Umwelt sowie Unternehmen und Umwelt gemeinsam, z.B. mit Hilfe von Analysemethoden wie GAP-Analysis, Stärken-Schwächen-Analysen oder Portfolio-Technik untersucht, wodurch die sog. strategische Lücke zwischen der zukünftigen Erfolgsposition und der gewünschten Zielposition verdeutlicht wird.[54] Diese strategische Lücke gilt es, durch den Kauf des Akquisitionsobjektes zu schließen.[55] Die Ergebnisse dieser Umwelt- und Unternehmensanalysen sind zu verknüpfen und auf Schlüsselprobleme herunterzubrechen. So kann z.B. das Problem in der Notwendigkeit der Zeiteinsparung bei immer kürzer werdenden Produktlebenszyklen oder schnell ansteigenden Marktwachstumsphasen bestehen,[56] wenn das Ziel des Unternehmens z.B. ein angestrebtes Umsatzwachstum innerhalb einer festgelegten Zeitperiode ist. Auf diese Weise werden aus der Zielsetzung des Käuferunternehmens die mit der Akquisition zu verfolgenden Ziele ab-

---

(2) Alternativenbearbeitung und (3) Alternativenselektion. Vgl. Weber, K. [1993a], Multikriterielle Entscheidungen, München-Wien, 1993, S. 2 - 3.

54 Vgl. Gomez, P., Weber, B. [1989], S. 16 - 17.

55 Vgl. Ansoff, H. I. [1988], The New Corporate Strategy, New York et al., 1988, S. 25.

56 Vgl. Pausenberger, E. [1992], S. 2.

geleitet.[57] In dieser Phase gilt es somit, das Problem zu erkennen, seine Ursachen zu analysieren und die für die Problemstellung relevanten Ziele zu erklären und festzulegen, wodurch letztendlich eine Entscheidungs- bzw. Teilentscheidungsaufgabe eines externen Unternehmenswachstums in Form einer Akquisition als Lösung feststeht. Dabei ist zu beachten, daß das Zielsystem des erwerbenden Unternehmens sich aus Sach-, Wert- und Sozialzielen zusammensetzt, so daß sich dementsprechend die mit der Akquisition verfolgten Ziele auch in diesem Zielsystem wiederfinden lassen bzw. aus diesem ableitbar sind.

② Suchphase: *Ermittlung von Akquisitionsstrategien und potentiellen Akquisitionskandidaten (Alternativen)*

Die Suchphase hat die Aufgabe, geeignete Akquisitionsobjekte als mögliche Handlungsalternativen zu identifizieren. Dabei kann bereits durch die klare Zielvorgabe in der Problemstellung die grundlegende Suchrichtung in Form einer Akquisitionsstrategie quasi vorgegeben sein. Dafür ist es notwendig, die Branche(n) festzulegen, in der(denen) die potentiellen Kandidaten gesucht werden.[58] Danach werden die branchenrelevanten Märkte analysiert. Bei einer güterwirtschaftlichen Akquisitionsstrategie soll die Wettbewerbssituation des Käuferunternehmens gegenüber den Konkurrenten verbessert werden, dagegen wird bei einer finanzorientierten Akquisitionsstrategie die Erlangung von Wettbewerbsvorteilen angestrebt.[59] M. E. Porter unterscheidet generell vier mögliche Akquisitionsstrategien:[60] Portfolio-Management, Restrukturierung, Know-how Transfer und gemeinsame Wahrnehmung von Aktivitäten. Nach der jeweils von der Unternehmensleitung bestimmten

---

57 Vgl. Kinast, G. [1991], Abwicklung einer Akquisition, in: J. Baetge (Hrsg.): Akquisition und Unternehmensbewertung, Düsseldorf, 1991, S. 31 - 43, S. 33.

58 Vgl. Gomez, P., Weber, B. [1989], S. 22 - 23.

59 Vgl. Baetge, J., Krumbholz, M. [1991], Überblick über Akquisitionen und Unternehmensbewertung, in: J. Baetge (Hrsg.): Akquisition und Unternehmensbewertung, Düsseldorf, 1991, S. 1 - 30, S. 18. Vgl. zur Eingrenzung der Suche: Stotland, J. A. [1976], Planning Acquisitions and Mergers, in: Long Range Planning Vol. 9 1/1976, S. 66 - 71, S. 68.

60 Vgl. Porter, M. E. [1987], S. 43.

Akquisitionsstrategie und damit auch der mit der Akquisition verfolgten Zielrichtung gelten gewisse Restriktionen, wodurch die Vielzahl der potentiellen Akquisitionsobjekte eingeschränkt wird. In der Praxis hat sich dabei das Erstellen einer Check-Liste mit den gewünschten Merkmalen des Kandidaten bewährt.[61] Gerade an dieser Stelle wird ganz deutlich, daß der Informationsbedarf über das gewünschte Akquisitionsobjekt groß ist.[62] Durch dieses trichterförmige Vorgehen reduziert sich die Zahl möglicher Akquisitionskandidaten rapide, so daß der für die anschließende Phase der Beurteilung entstehende Aufwand in einem wirtschaftlich vertretbaren Rahmen gehalten wird.

③ Beurteilungsphase: Beurteilung (Bewertung) von Akquisitionskandidaten bezüglich ihrer Zielerreichung

Die Beurteilungsphase ist das Herzstück des Entscheidungsprozesses, da für eine fundierte Entscheidung eine grundlegende Beurteilung unumgänglich ist. Zum einen beinhaltet sie die Ergebnisse der vorherigen Phasen und zum anderen hängt der weitere Verlauf des Prozesses in entscheidendem Maße von den Resultaten der Beurteilung ab. Bei der Beurteilung potentieller Akquisitionskandidaten geht es darum, Zielwirkungen eines möglichen Akquisitionskandidaten bei der tatsächlichen Durchführung des externen Unternehmenswachstums, bezogen auf die Ziele des Käuferunternehmens, ex ante zu verdeutlichen.[63]

Die zur Beurteilung der Alternativen notwendigen Kriterien leiten sich aus dem Zielsystem des Käuferunternehmens bzw. des Entscheidungsträgers

---

61 Vgl. Gomez, P., Weber, B. [1989], S. 15.

62 In der Praxis werden hier Dienste von Marktforschungsinstituten oder Teilservices von M&A-Beratern gern in Anspruch genommen, besonders, wenn die für die Akquisitionsdurchführung zur Verfügung stehende Zeit, wie es meist üblich ist, knapp bemessen ist.

63 Es gibt für die Beurteilung von Potentialänderungsalternativen - bei einer Akquisition vorwiegend auf Unternehmensebene - nach D. Hahn verschiedene Beurteilungsinstrumente, so z.B.: diverse Portfolio-Techniken, Wertanalysen (insbesondere Potentialänderungsanalyse), Strategiewirkungsanalysen (insbesondere personal- und sozialorientierte), Analyse- und Prognoseverfahren (insbesondere Frühwarnsysteme und

ab. Welche Verfahren zur Beurteilung aus dem Bereich des OR verwendet werden können, soll in dieser Arbeit gezeigt werden.

Die Alternativen in Form von Akquisitionsobjekten sind unter strategischen und finanziellen Gesichtspunkten zu beurteilen. Bei der Beurteilung unter strategischen Aspekten, ist die Position der Kandidaten in Relation zur Konkurrenz festzulegen. Voraussetzungen dafür sind genaue Unternehmens- und Umweltanalysen. Bei der finanziellen Bewertung geht es um das Beziffern der Akquisitionskandidaten mit Wertgrößen, die z.T. aus vergangenen, aber v.a. auch zukünftigen G & V- sowie Bilanzpositionen abgeleitet werden können. Wegen seiner Bedeutung für die vorliegende Untersuchung, sollen im weiteren der Begriff des Unternehmenswertes, seine Ausprägungen und Verfahren zur Bewertung von Unternehmen näher erläutert werden.

Der Wert eines Unternehmens ist immer abhängig vom Entscheidungsfeld und vom Zielplan[64] des jeweiligen Entscheidungsträgers[65] und wird somit v.a. determiniert durch verschiedene subjektive Faktoren. Generell ist die Unternehmensbewertung als die Bezifferung eines sozio-technischen Systems mit einem bestimmten Geldbetrag zu verstehen. Es lassen sich drei Ausprägungsformen des Unternehmenswertes unterscheiden:[66]

- Substanzwert
- Ertragswert
- Kapitalwert

Szenario-Technik), dynamische Investitionsrechenverfahren, Nutzwertanalyse, mehrperiodige Gesamtunternehmensmodelle; vgl. hierzu Hahn, D. [1996], S. 296 - 297.

[64] Vgl. zu den Begriffen Entscheidungsfeld und Zielplan und deren spezifische Ausgestaltung bei einem Akquisitionsvorhaben Teil IV Kap. 1.2 dieser Untersuchung.

[65] Vgl. Coenenberg, A. G. [1992], Unternehmensbewertung mit Hilfe der Monte-Carlo-Simulation, in: W. Busse von Colbe, A. G. Coenenberg (Hrsg.): Unternehmensakquisitionen und Unternehmensbewertung, Stuttgart, 1992, S. 111 - 120, S. 112.

[66] Vgl. zu dieser Einteilung Hutzschenreuter, T. [1995], Unternehmungswertorientierte Geschäftsfeldplanung, Veröffentlichte Diplomarbeit am Institut für Unternehmungsplanung Gießen, Gießen, 1995, S. 7.

Entsprechend dieser Einteilung sind auch die Verfahren zur Bewertung von Unternehmen grob zu differenzieren. Es lassen sich traditionelle Verfahren und DCF-Verfahren unterscheiden. Abb. 2 stellt die hier getroffene Einteilung dar.

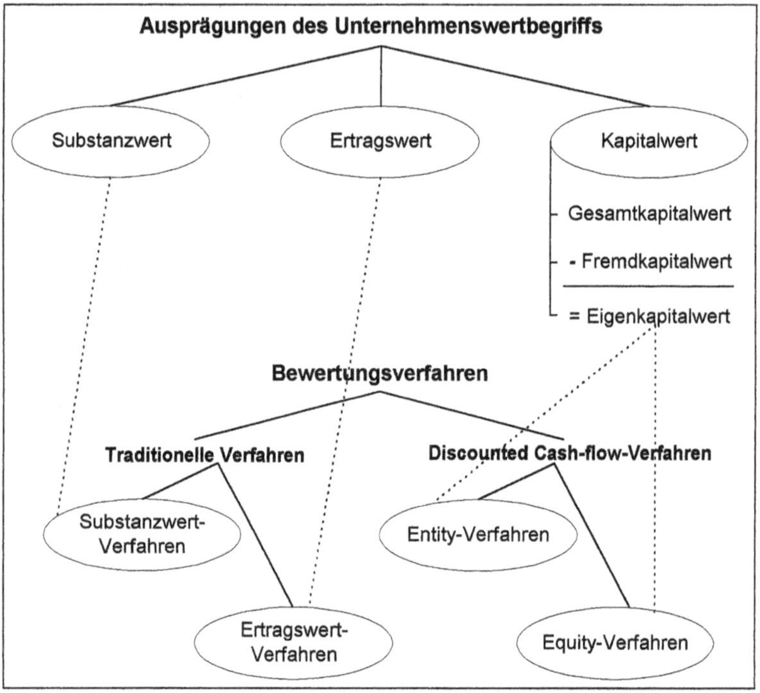

Abb. 2: Ausprägungen des Unternehmenswertes und der dazugehörenden Bewertungsverfahren

Zu den traditionellen zählen Substanzwert- und Ertragswert-Verfahren. Der *Substanzwert* eines Unternehmens entspricht dem Vermögenswert, welches sich durch Neubewertung der vorhandenen Vermögensgegenstände abzüglich des vorhandenen Fremdkapitals zum Bewertungsstichtag ergibt.[67]

[67] Vgl. zum Substanzwert: Sieben, G. [1963], S. 23 - 28; derselbe [1992a], Wesen, Ermittlung und Funktionen des Substanzwertes als 'vorgeleistete Ausgaben', in: W. Busse von Colbe, A. G. Coenenberg (Hrsg.): Unternehmensakquisitionen und Unternehmensbewertung, Stuttgart, 1992, S. 67 - 87, insbesondere S. 68 - 69; Moxter, A. [1983], Grundsätze ordnungsmäßiger Unternehmensbewertung, Wiesbaden, 1983, S.

Die Neubewertung orientiert sich an den Wiederbeschaffungswerten der einzelnen betriebsnotwendigen Vermögensgegenstände.[68] Die nicht betriebsnotwendigen Vermögensgegenstände werden mit ihren Veräußerungspreisen hinzugezählt.[69] Generell ist das Substanzwert-Verfahren wegen seiner fehlenden Zukunftsbezogenheit[70] und damit unter dem Fortführungsgesichtspunkt zur Bewertung von Unternehmen nur unzureichend geeignet und somit lediglich als Kontrollwert[71] zweckmäßig. Schwierigkeiten bestehen auch bei der Bewertung der nicht selbständig verkehrsfähigen Vermögenswerte.[72]

Eine realistischere Bewertung eines Unternehmens sollte daher auf der Betrachtung des zukünftigen Nutzens des Unternehmens für den Investor basieren. Dieser zukünftige Nutzen läßt sich in finanzielle und nicht-finanzielle Komponenten einteilen. Wegen der mangelnden Quantifizierbarkeit kann der nicht-finanzielle zukünftige Nutzen des Investors nur unzureichend im Bewertungskalkül erfaßt werden. Der finanzielle Nutzen kommt durch die

---

41. Vgl. ergänzend Sieben, G., Dörner, W., König, W., Matschke, M. J., Moxter, A., Sielaff, M., Zapf, B. [1977], Podiumsdiskussion über das Thema Grundsätze ordnungsmäßiger Unternehmensbewertung, in: W. Goetzke, G. Sieben (Hrsg.): Moderne Unternehmensbewertung und Grundsätze ihrer ordnungsmäßigen Durchführung - Bericht von der 1. Kölner BFuP-Tagung am 18. und 19. November 1976 in Köln, Köln, 1977, S. 257 - 295, insbesondere S. 270 - 272; Jaensch, G. [1966], Wert und Preis der ganzen Unternehmung, Köln-Opladen, 1966, S. 74 - 76; derselbe [1989], Unternehmensbewertung bei Akquisitionen in den USA, ZfbF 4/1989, S. 329 - 339, S. 330; Coenenberg, A. G. [1984], Entscheidungsorientierte Unternehmensbewertung und 'Ertragsschwäche', in: BFuP 6/1984, S. 496 - 507, S. 501; Bellinger, B., Vahl, G. [1992], Unternehmensbewertung in Theorie und Praxis, Wiesbaden, 1992, S. 126 - 145.

68 Die Wiederbeschaffungswerte werden in der Praxis nach der Indexmethode, der Methode der direkten Preisermittlung, der Methode der Preisermittlung nach ausgewählten Einheiten und nach der Methode der funktionalen Preisermittlung errechnet. Vgl. zu diesen Methoden im einzelnen Jung, W. [1993], Praxis des Unternehmenskaufs: Eine systematische Darstellung der Planung und Duchführung einer Akquisition, Stuttgart, 1993, S. 191 - 194.

69 Vgl. Moxter, A. [1983], S. 53.

70 Vgl. Ballwieser, W. [1987], Unternehmensbewertung und Komplexitätsreduktion, Wiesbaden, 1987, S. 31.

71 Vgl. Hahn, D. [1996], S. 313 und die dort aufgeführte Literatur.

72 Vgl. Sieben, G. [1992b], Zur Wertfindung bei der Privatisierung von Unternehmen in den neuen Bundesländern durch die Treuhandanstalt, in: DB 41/1992, S. 2041 - 2051, S. 2044.

Einnahmen zum Ausdruck, die dem Investor in Zukunft aus dem Unternehmen zufließen. Hier setzt das Ertragswert-Verfahren an.

Der *Ertragswert* eines Unternehmens ergibt sich bei Unterstellung einer unendlichen Lebensdauer durch Kapitalisierung der erwarteten zukünftigen Gewinne (Nettoentnahmen[73]) in Form der den Eigentümern zufließenden Beträge nach der Formel der ewigen Rente mit einem adäquaten Kalkulationszinsfuß.[74] Damit unterstellt das Ertragswert-Verfahren die Konstanz der durchschnittlichen zukünftigen Gewinne.[75] Probleme bestehen hier, welche Größe den 'echten Gewinn' des Unternehmens darstellt, so daß errechnete Werte eines Unternehmens mittels Ertragswertverfahren i.d.R. je nach Bezugsgröße variieren können[76] und außerdem der Gewinn als bilanz- und somit steuerpolitische Manövriergröße nicht als eine Bezugsgröße einer

---

[73] Vgl. Ballwieser, W. [1993], Methoden der Unternehmensbewertung, in: G. Gebhardt, W. Gerke, M. Steiner, M. (Hrsg.): Handbuch des Finanzmanagements: Instrumente und Märkte der Unternehmensfinanzierung, München, 1993, S. 152 - 176, S. 153; Sieben, G. [1993], Unternehmensbewertung, in: W. Wittmann et al. (Hrsg.): HWB Teilband 3, Stuttgart, 1993, Sp. 4315 - 4331, Sp. 4323; Maul, K.-H. [1976], Unternehmensbewertung bei Unsicherheit, in: WPg 21/1976, S. 573 - 579, S. 575.

[74] Vgl. Moxter, A. [1983], S. 46; Busse von Colbe, W. [1992] Die Resonanz betriebswirtschaflicher Erkenntnisse zur Unternehmensbewertung in der zivilrechtlichen und steuerlichen Rechtsprechung, in: W. Busse von Colbe, A. G. Coenenberg (Hrsg.): Unternehmensakquisitionen und Unternehmensbewertung: Grundlagen und Fallstudien, Stuttgart, 1992, S. 173 - 186, S. 176 und Sieben, G., Diedrich, R. [1992], Aspekte der Wertfindung bei strategisch motivierten Unternehmensakquisitionen, in: W. Busse von Colbe, A. G. Coenenberg (Hrsg.): Unternehmensakquisitionen und Unternehmensbewertung: Grundlagen und Fallstudien, Stuttgart, 1992, S. 219 - 235, S. 225.

Hinsichtlich der Wahl des Kapitalisierungszinssatzes bestehen zwei Möglichkeiten: Zum einen kann vom Zinssatz einer Alternativinvestition und zum anderen vom Zinssatz langfristiger Ausleihungen ausgegangen werden. Vgl. Peemöller, V. H. [1993], Stand und Entwicklung der Unternehmensbewertung, in: DStR 11/1993, S. 409 - 416, S. 410. Die Quantifizierung des Risikos und seine Überführung in einen angepaßten Risikozuschlag im Kalkulationszinsfuß ist nicht immer unumstritten. Vgl. Zimmerer, C. [1988], Ertragswertgutachten - Eine Polemik, in: DBW 1988, S. 417 - 420.

[75] Vgl. zum Ertragswert allgemein: Jacob, H. [1960], Die Methoden zur Ermittlung des Gesamtwertes einer Unternehmung, in: ZfB 1960, S. 209 - 222, S. 211 - 220; Moxter, A. [1983], S. 75 - 77; Coenenberg, A. G. [1984], S. 500; Bellinger, B., Vahl, G. [1992], S. 195 - 198.

[76] Vgl. zu einer möglichen Unterscheidung verschiedener Basisgrößen als in Frage kommende 'Ertragsgrößen': Voigt, J. F. [1990], Unternehmensbewertung und Potentialanalyse: Chancen und Risiken von Unternehmen treffsicher bewerten, Wiesbaden, 1990, S. 30 - 35. Vgl. zu der Tatsache, daß bei der Wertermittlung der Käufer den für ihn 'gültigen' Gewinnbegriff zugrunde legen muß: Arbeitskreis 'Unternehmensbewertung im Rahmen der unternehmerischen Zielsetzung' [1976], Unternehmensbewertung als Grundlage unternehmerischer Entscheidungen, in: ZfbF 1976, S. 99 - 121, S. 102.

Berechnung des Ertragswertes eines Unternehmens das beste Performance-Maß darstellt.[77]

Obwohl das Ertragswertverfahren den Nachteil der fehlenden Zukunftsbezogenheit des Substanzwert-Verfahrens durch Diskontierung zukünftiger Erträge kompensiert, bietet es aus den genannten Gründen keinen zufriedenstellenden Ansatz zur Bewertung ganzer Unternehmen; anders jedoch der Kapitalwertansatz, der bei den DCF-Verfahren[78] zum Ausdruck kommt.[79]

Bevor die Ausprägungen der DCF-Verfahren dargestellt werden, soll der Kapitalwertbegriff näher erläutert werden. Der Kapitalwert eines Unternehmens ist bei endlicher Lebensdauer gleichzusetzen mit der Summe der diskontierten zukünftig erwarteten Zahlungsüberschüsse, ausgedrückt in Gegenwarts- und Endvermögenswert.[80] Nach D. Hahn lassen sich drei verschiedene Ausprägungen des Kapitalwertes unterscheiden:[81]

---

77 Vgl. Sieben, G. [1993], Sp. 4327. Kritik richtet sich gegen das Ertragswertverfahren auch wegen seiner ausschließlichen Orientierung am Gewinnziel und der Gleichsetzung von Geld und Nutzen; vgl. Coenenberg, A. G. [1984], S. 500.

78 Vgl. zum DCF-Verfahren z.B.: Copeland, T., Koller, T., Murrin, J. [1995], S. 135 - 158; Kolbe, A. L., Read, J. A., Jr., Hall, G. R. [1984], The Cost of Capital - Estimating the Rate of Return for Public Utilities, The MIT Press, Cambridge (Mass.), London, 1984, S. 53 - 63; Brealey, R. A., Myers, S. C. [1991], Principles of Corporate Finance (International Edition), McGraw-Hill Inc., New York-St. Louis-San Francisco et al., 4th Edition, 1991, S. 12 - 24; Brealey, R. A., Myers, S. C., Marcus, A. J. [1995], Fundamentals of Corporate Finance, McGraw-Hill Inc., New York, St. Louis, San Francisco et al., 1995, S. 141 - 148; Meyersiek, D. [1991], Unternehmenswert und Branchendynamik, in: BFuP 3/1991, S. 233 - 240; Weber, B. [1991], S. 222 - 223.

79 Nach einer empirischen Untersuchung von V. H. Peemöller und P. Bömelburg sind die am häufigsten in Deutschland in der Praxis angewandten Bewertungsverfahren das Ertragswert- und das DCF-Verfahren; vgl. Peemöller, V. H., Bömelburg, P. [1994], Unternehmensbewertung in Deutschland - Eine empirische Erhebung -, in: WPg 22/1994, S. 741 - 749, S. 742.

80 Vgl. Hahn, D. [1994], Unternehmungsziele im Wandel, in: P. Gomez, D. Hahn, G. Müller-Stewens, R. Wunderer (Hrsg.): Konzepte zur organisatorischen Erneuerung, S. 59 - 83, S. 69. Nach der Kapitalwertmethode errechnet sich der Kapitalwert einer Investition durch Diskontierung der dem Planungshorizont zugrunde liegenden Einzahlungsüberschüsse auf den Betrachtungszeitpunkt zuzüglich des ebensfalls auf den Betrachtungszeitpunkt diskontierten Restwertes am Ende des Planungshorizonts. Eine Investition stellt stets einen Wertzuwachs bezogen auf den Betrachtungszeitpunkt dar, wenn der hierfür errechnete Kapitalwert positiv ist. Vgl. zur Kapitalwertmethode: Busse von Colbe, W., Laßman, G. [1977], Betriebswirtschaftstheorie Bd. 3 Investitionstheorie, Berlin-Heidelberg-New York, 1977, S. 43 - 92; Schmidt, R. H., Terberger, E. [1996], Grundzüge der Investitions- und Finanzierungstheorie, Wiesbaden, 1996, S. 126 - 142; Perridon, L., Steiner, M. [1993], Finanzwirtschaft der Unternehmung, München, 1993,

- Gesamtkapitalwert
- Eigenkapitalwert und
- Residualer Unternehmenskapitalwert

Der Berechnung des Gesamtkapitalwertes eines Unternehmens werden, ausgehend von Ein- und Auszahlungsgrößen, Zahlungsüberschüsse *vor kapitalgeberbezogenen Zahlungen* zugrunde gelegt.[82] Der Free Cash-flow[83] bildet als periodischer Zahlungsüberschuß vor Zahlungen an die Kapitalgeber die Basis der Gesamtkapitalwertberechnung.[84] Der Gesamtkapitalwert kann nach seiner Entstehung und Verwendung unterteilt werden. Von der Entstehungsseite errechnet sich der Gesamtkapitalwert durch Diskontierung der periodischen zukünftigen Free Cash-flows der Planungsperiode auf den Betrachtungszeitpunkt zuzüglich dem Barwert des Restwertes (Liquidations- bzw. Fortführungswert[85]) am Ende der Planungsperiode und dem Marktwert des nichtbetriebsnotwendigen Vermögens.[86] Von der Verwendungsseite her

---

S. 58 - 62. Vgl. ergänzend Büschgen, H. E. [1981], Betriebliche Finanzwirtschaft - Unternehmensinvestitionen, Frankfurt a. M., S. 58 - 78.

81 Vgl. Hahn, D. [1994], S. 72 - 77; derselbe [1996], S. 14 - 16 und S. 312 - 322.

82 Vgl. Hahn, D. [1996], S. 313.

83 Vgl. zum Cash-flow- / Free Cash-flow-Begriff, zur -analyse und -berechnung z.B.: Hahn, D. [1996], S. 532 - 539; Copeland, T., Koller, T., Murrin, J. [1995], S. 136 - 140; Coenenberg, A. G., Cantner, J., Günther, E. [1995], Cash Flow, in: W. Gerke, M. Steiner (Hrsg.): Handwörterbuch des Bank- und Finanzwesens, Stuttgart, 1995, Sp. 373 - 386; Perridon, L., Steiner, M. [1993], S. 483 - 489.

84 Vgl. Hahn, D. [1996], S. 313 - 314; Gomez, P. [1992], Unternehmensakquisitionen vor dem Hintergrund des Shareholder Value, in: G. Sieben, H.-G. Stein (Hrsg.): Unternehmensakquisitionen - Strategien und Abwehrstrategien, Stuttgart, 1992, S. 7 - 20, S. 13.

85 Vgl. zur Schätzung des Restwertes in Form eines Fortführungswertes: Copeland, T., Koller, T., Murrin, J. [1995], S. 309. Vgl. zur Wichtigkeit des Fortführungswertes: Reimann, B. C. [1988], Managing for the Shareholders: An Overview of Value-Based Planning, in: Planning Review Vol. 16 1/1988, S. 10 - 22, S. 13. Die Annahme einer unendlichen Lebensdauer resultiert aus der Tatsache, daß die tatsächliche Lebensdauer nicht bekannt ist und daher vereinfacht als unendlich angenommen wird; vgl. Göppl, H. [1980], Unternehmensbewertung und Capital-Asset-Pricing-Theorie, in: WPg 9/1980, S. 237 - 245, S. 238.

86 Vgl. Rappaport, A. [1994], Shareholder Value: Wertsteigerung als Maßstab für die Unternehmensführung, Stuttgart, 1994, S. 53 - 54; Hahn, D. [1996], S. 314 - 315; Reimann, B. C. [1988], S. 13. Vgl. zu einer anderen Berechnungsweise des Gesamtkapitalwertes durch Diskontierung zukünftiger Einzahlungsüberschüsse aus betrieblichen (Operating Cash-flow) und nicht-betrieblichen (Non-Operating Cash-flow) Aktivi-

läßt sich der Gesamtkapitalwert in den Wert des Eigenkapitals (Shareholder Value) und den Wert des Fremdkapitals (Debt Value) einteilen.[87] Der Eigenkapitalwert stellt somit die Differenz aus dem Gesamtkapitalwert und Fremdkapitalwert dar. Nach dem Shareholder Value-Ansatz stehen diskontierte Überschüsse nur den Eigenkapitalgebern zu.[88] Da jedoch diese Überschüsse nur durch die *gemeinsame* Zusammenarbeit der Eigenkapitalgeber und Mitarbeiter des Unternehmens erwirtschaftet werden können, ist nach D. Hahn der Shareholder Value in einen vertraglich vereinbarten Eigenkapitalwert und in den residualen Unternehmenskapitalwert zu unterteilen.[89]

Da bei der Berechnung des Substanzwertes vom Gesamtvermögen die Fremdkapitalbestandteile abgezogen werden und bei der Ertragswertberechnung eine Diskontierung der Gewinne stattfindet, die nur den Eigenkapitalgebern zustehen,[90] ist der Kapitalwert eines Unternehmens nur in seiner Ausprägung als Eigenkapitalwert mit dem Substanz- und dem Ertragswert vergleichbar.[91] Deshalb steht im Rahmen finanzieller Beurteilung von Akquisitionsobjekten nur der Eigenkapitalwert - als Marktwert des vorhandenen Eigenkapitals - als Entscheidungsgröße im Zentrum der Betrachtung.[92]

---

täten innerhalb des Planungszeitraumes auf den Bewertungszeitpunkt zuzüglich des Restwertes am Ende der Planungsperiode: Hahn, D. [1996], S. 315 - 316.

87 Vgl. Rappaport, A. [1994], S. 54; Copeland, T., Koller, T., Murrin, J. [1995], S. 141.

88 Vgl. Hahn, D. [1996], S. 317 - 318; Bühner, R. [1993], Shareholder Value: Eine Analyse von 50 großen Aktiengesellschaften in der Bundesrepublik Deutschland, in: DBW 6/1993, S. 749 - 769, S. 750.

89 Vgl. zum Konzept der Überschußverwendung nach D. Hahn: Hahn, D. [1994], S. 72 - 75; derselbe [1996], S. 14 - 16 und 318 - 319.

90 Vgl. Hutzschenreuter, T. [1995], S. 7.

91 Vgl. Dirrigl, H. [1994], Konzepte, Anwendungsbereiche und Grenzen einer strategischen Unternehmensbewertung, in: BFuP 5/1994, S. 409 - 432, S. 411.

92 Vgl. Hahn, D. [1996], S. 312; Gomez, P. [1995], Shareholder Value, in: W. Gerke, M. Steiner (Hrsg.): Handwörterbuch des Bank- und Finanzwesens, Stuttgart, 1995, Sp. 1720 - 1728, Sp. 1726; Weber, B. [1991], S. 225. Aus Anteilseignersicht (Shareholder Value-Ansatz) stellt ein konkretes Aquisitionsobjekt dann eine angemessene Investitionsalternative dar, wenn daraus ein (hoher) Aktionärsnutzen in Form von Dividenden bzw. Kursgewinnen resultiert. Generell werden Akquisitionen bzw. Akquisitionsvorhaben aus der Sicht des kaufenden Unternehmens daran gemessen, inwieweit sie zur Steigerung des Shareholder Value und damit des Erfolgspotentials des Unternehmens beitragen (können); vgl. Rappaport, A. [1994], S. 12 - 13; Gomez, P. [1992], S. 9.

Der Eigenkapitalwert wird mit dem DCF-Verfahren berechnet, bei dem zwei verschiedene Ausprägungen unterschieden werden:[93]

(1) Entity-Verfahren und

(2) Equity-Verfahren

Beide errechnen auf verschiedene Art und Weise den *Eigenkapitalwert* des Unternehmens und kommen zu übereinstimmenden Ergebnissen.[94] Der Unterschied zwischen den beiden Verfahren liegt in der Zugrundelegung einer unterschiedlichen Basisgröße i.S. von entziehbaren bzw. ausschüttbaren Überschüssen. Dementsprechend differieren auch die zu verwendenden Diskontierungszinssätze. Beim Entity-Verfahren stehen die entziehbaren Überschüsse als Free Cash-flows nach der Diskontierung in Form eines Gesamtkapitalwertes den Eigen- *und* Fremdkapitalgebern zu. Der Eigen-kapitalwert ergibt sich bei der Entity-Methode durch Reduzierung des Gesamtkapitalwertes um den Wert des Fremdkapitals. Das Equity-Verfahren berücksichtigt den Wert fremdkapitalbezogener Ansprüche bereits bei den

---

93 Vgl. Copeland, T., Koller, T., Murrin, J. [1995], S. 135 - 141 und 153; Drukarczyk, J. [1996], Unternehmensbewertung, München, 1996, S. 142 - 156 und 176 - 178; Schmidt, J. G. [1995], Die Discounted Cash-flow-Methode - nur eine kleine Abwandlung der Ertragswertmethode?, in: ZfbF 12/1995, S. 1088 - 1118, S. 1090 - 1091. H. Dirrigl folgt ebenfalls der hier getroffenen Einteilung, jedoch bezeichnet er das Entity-Verfahren als Brutto-Methode und das Equity-Verfahren als Netto-Methode; vgl. Dirrigl, H. [1994], S. 414 - 415.

Es gibt noch eine weitere Differenzierung der DCF-Verfahren, nämlich die Methode des Adjusted Present Value (APV-Methode). Die APV-Methode unterstellt zunächst eine ausschließliche Eigenfinanzierung der operativen Tätigkeiten eines Unternehmens und stellt deren Wert unter Beachtung der steuerlichen Vorschriften optimierten bzw. vom Management geplanten Ausschüttungspolitik dar. In einem zweiten Schritt werden die Wertbeiträge der vom Management gewählten Kapitalstruktur in Form des Unternehmens- und des Einkommensteuereffektes ermittelt. Die so ermittelten Wertbeiträge ergeben den Gesamtkapitalwert des Unternehmens. Der Eigenkapitalwert ergibt sich bei der APV-Methode dann durch Reduktion des Gesamtkapitalwertes um den Wert der Ansprüche der Fremdkapitalgeber und der Pensionszahlungsberechtigten. Vgl. zur APV-Methode: Drukarczyk, J. [1996], S. 156 - 173; derselbe [1995], DCF-Methoden und Ertragswertmethode - einige klärende Anmerkungen, in: WPg 10/1995, S. 329 - 334, S. 331 - 334; Drukarczyk, J., Richter, F. [1995], Unternehmenswert, anteilseignerorientierte Finanzentscheidung und APV-Ansatz, in: DBW 5/1995, S. 559 - 580 und Richter, F. [1996], Die Finanzierungsprämissen des Entity-Ansatzes vor dem Hintergrund des APV-Ansatzes zur Bestimmung von Unternehmenswerten, in: ZfbF 12/1996, S. 1076 - 1097.

94 Vgl. Copeland, T., Koller, T., Murrin, J. [1995], S. 152 - 153; Drukarczyk, J. [1996], S. 142. J. Drukarczyk belegt dies mittels Zahlenbeispielen; vgl. derselbe [1996], S. 144 - 149 und S. 176 - 177.

diskontierten Überschüssen i.S. einer fiktiven Maximalausschüttung, die dann nur den Eigentümern zusteht. Beide Verfahren werden im weiteren erläutert.

(1) Entity-Verfahren

Das Entity-Verfahren errechnet zunächst den Gesamtkapitalwert eines mit Eigen- und Fremdkapital finanzierten Unternehmens durch Diskontierung der zukünftigen Free Cash-flows, des Endwertes (Fortführungs- bzw. Liquidationswert) am Ende des Planungshorizontes und des nicht-betriebsnotwendigen Vermögens mittels eines durchschnittlich gewogenen Kapitalkostensatzes (WACC = Weighted Average Cost of Capital). Dieser ist wie folgt zu definieren:[95]

WACC = [Fremdkapitalzinssatz x (1 - Grenzsteuersatz) x Fremdkapital-Anteil] +
[Eigenkapitalzinssatz x Eigenkapital-Anteil]

Die gewichteten Kapitalkosten werden durch die Kapitalstruktur als das Verhältnis von Fremd- bzw. Eigenkapital zum Gesamtkapital, durch die Kosten des Fremdkapitals nach Steuern unter Beachtung der Abzugsfähigkeit von Fremdkapitalzinsen[96] (Kürzung der steuerlichen Bemessungsgrundlage) und durch die Kosten des Eigenkapitals[97] (Cost of Equity) bestimmt. Die Ko-

95 Vgl. zur Berechnung des WACC z.B. Copeland, T., Koller, T., Murrin, J. [1995], S. 247 - 281; Hahn, D. [1996], S. 315 - 316; Brealey, R. A., Myers, S. C., Marcus, A. J. [1995], S. 280; Brealey, R. A., Myers, S. C. [1991], S. 465. Eine Investitionsmöglichkeit ist hiernach als gut zu beurteilen, wenn zusätzlich zu den unter Berücksichtigung des Steuereffektes zu zahlenden Fremdkapitalzinsen eine über der Verzinsung für das Eigenkapital liegende Rendite erzielt wird; Vgl. Schulze, S. [1994], Berechnung von Kapitalkosten: ein Konzept für nationale und internationale Unternehmen, Diss. St. Gallen, 1994, S. 58.

96 Vgl. z.B. Hahn, D. [1996], S. 315; Drukarczyk, J. [1993], Theorie und Politik der Finanzierung, München, 1993, S. 177 - 185; derselbe [1996], S. 131; Miles, J. A., Ezzell, J. R. [1980], The Weighted Average Cost of Capital, Perfect Capital Markets, and Project Life: A Clarification, in: Journal of Financial and Quantitative Analysis Vol. 15 3/1980, S. 719 - 730, S. 720.

97 Die Berechnung der Eigenkapitalkosten erfolgt nach dem 'Capital Asset Pricing Model' (CAPM). Vgl. Rappaport, A. [1994], S. 60 - 62; Hahn, D. [1996], S. 315; Perridon, L., Steiner, M. [1993], S. 447 - 448; Brealey, R. A., Myers, S. C., Marcus, A. J. [1995], S. 284 - 285; Reimann, B. [1988], S. 11; Drukarczyk, J. [1996], S. 179 - 184; Arbeitskreis "Finanzierung" der Schmalenbach-Gesellschaft Deutsche Gesellschaft für Betriebswirtschaft e.V. [1996], Wertorientierte Unternehmenssteuerung mit differenzierten Kapitalkosten, in: ZfbF 6/1996, S. 543 - 578, S. 547 - 548. Dabei gilt das CAPM annah-

sten des Fremdkapitals[98] (Cost of Debt) orientieren sich an den maßgeblichen Marktbedingungen für Fremdkapital und an dem für Unternehmen geltenden Steuersatz. Der Eigenkapitalzinssatz wird bestimmt durch den Zinssatz risikofreier Anlagen zuzüglich einer geschäftsspezifischen Risikoprämie.[99] Die Kosten des Eigenkapitals ergeben sich aus der Multiplikation des Eigenkapitalzinssatzes mit dem Eigenkapitalanteil des Unternehmens.

Der so zu errechnende Gesamtkapitalwert des Unternehmens wird um den Marktwert des Fremdkapitals, welcher vereinfacht das im Unternehmen existierende Fremdkapital ist,[100] reduziert und man gelangt zum Marktwert des Eigenkapitals:[101]

$$\text{Eigenkapitalwert} = \text{Gesamtkapitalwert} - \text{Fremdkapitalwert}$$

"Daß beim Fremd- und Eigenkapital der Marktwert genommen wird, läßt sich dadurch begründen, daß Strategien langfristig finanziert werden müssen und die Berücksichtigung kurzfristiger Zinsvorteile zu Verzerrungen führen

---

megemäß zunächst für vollkommene Kapitalmärkte (ohne Einbezug von Steuern); vgl. hierzu Piches, G. E. [1992], Essentials of Financial Management, Harper Collins Publishers Inc., New York, 4th Edition, 1992, S. 143; Perridon, L., Steiner, M. [1993], S. 250. Vgl. zur Steuerberücksichtigung: Piches, G. E. [1992], S. 370.

CAPM geht ursprünglich auf folgende Werke zurück: Vgl. Sharpe, W. F., [1964], Capital Asset Prices - A Theory of Market Equilibrium under Conditions of Risk, in: The Journal of Finance Vol. 19 1964, S. 425 - 442, besonders S. 438; Lintner, J. [1965], The Valuation of Risk Assets and the Selection of Risky Investments in Stock Portfolios and Capital Budgets, in: The Review of Economics and Statisitics Vol. 47 1965, S. 13 - 37, besonders S. 16 - 17; Mossin, J. [1966], Equilibrium in a Capital Asset Market, in: Econometrica Vol. 34 1966, S. 768 - 783.

98 Vgl. zur Berechnung der Fremdkapitalkosten: Hampton, J. J. [1976], Financial Decision Making, Concepts, Problems and Cases, Reston/Virginia, 1976, S. 304 - 306, Rappaport, A. [1976], Financial Analysis for Mergers and Acquisitions, in: M&A Vol. 10 Winter/1976, S. 18 - 36, S. 24; derselbe [1994], S. 58 - 60.

99 Vgl. IdW [1980], Entwurf einer Verlautbarung des Arbeitskreises Unternehmensbewertung - Grundsätze zur Durchführung von Unternehmensbewertungen, in: WPg 14-15/1980, S. 409 - 421, S. 411. Laut einer empirischen Untersuchung wird für Deutschland eine Risikoprämie von 6 % vorgeschlagen; vgl. Siegert, T. [1995], Shareholder-Value als Lenkungsinstrument, in: ZfbF 6/1995, S. 580 - 607, S. 582. Dies ist jedoch nur ein Richtwert und muß unternehmensspezifisch angepaßt werden.

100 Vgl. Hahn, D. [1996], S. 317; Arbeitskreis "Finanzierung" der Schmalenbach-Gesellschaft Deutsche Gesellschaft für Betriebswirtschaft e.V. [1996], S. 571.

101 Vgl. z.B. Hahn, D. [1996], S. 319, Gomez, P. [1995], Sp. 1726; Weber, B. [1991], S. 222 - 223; Ballwieser, W. [1993], S. 165 - 166.

würde."[102] Voraussetzung für die Diskontierung mit dem WACC ist die Konstanz der Kapitalstruktur im Zeitablauf, denn der WACC wird nicht periodisch der sich möglicherweise sonst ändernden Kapitalstruktur angepaßt.

(2) Equity -Verfahren[103]

Beim Equity-Verfahren werden die den *Eigentümern* zufließenden Überschüsse ermittelt und mit den Eigenkapitalkosten diskontiert.[104] Zu diesem Zweck sind die entziehbaren Überschüsse in Form von Free Cash-flows bei ausschließlicher Eigenfinanzierung in residuale Überschüsse umzurechnen. Hierzu werden die errechneten Free Cash-flows reduziert um die Fremdkapitalzinsen des Unternehmens unter Berücksichtigung der auf die Fremdkapitalzinsen entfallenen Steuern [Fremdkapitalzinsen x (1 - Grenzsteuersatz)]. Nun ist zu beachten, daß durch die Zugrundelegung der Free Cash-flows als Basisgröße die Kapitalstruktur im Zeitablauf ebenso ex ante vorgegeben wird, wie bei dem Entity-Verfahren. Der Fremdkapitalwert muß der Entwicklung des Gesamtkapitalwertes des Unternehmens im Zeitablauf folgen, so daß zusätzlich eine Veränderung der Höhe des Fremdkapitalwertes im Zeitablauf in der fiktiven Maximalausschüttung für die Eigenkapitalgeber berücksichtigt werden muß.[105] Hierfür bezieht man die Differenz zwischen dem Fremdkapitalwert zum Zeitpunkt $t = 0$ und $t = 1$ mit in die Berechnung ein. Für Δ Fremdkapitalwert > 0 führt dies zu einer Erhöhung der Maximalausschüttung und vice versa.

Die fiktive Maximalausschüttung wird nur mit den Eigenkapitalkosten diskontiert, denn die Fremdkapitalkosten sind bereits bei der Herleitung der fiktiven Maximalausschüttung berücksichtigt worden.[106] Das Equity-Verfah-

---

102 Gomez, P. [1995], Sp. 1726.

103 Vgl. zum Equity-Verfahren: Drukarczyk, J. [1996], S. 176 - 177; Schmidt, J. G. [1995], S. 1091.

104 Vgl. Gomez, P. [1995], Sp. 1726; Drukarczyk, J. [1996], S. 177.

105 Vgl. Drukarczyk, J. [1996], S. 177.

106 Vgl. Drukarczyk, J. [1996], S. 177; Gomez, P. [1995], Sp. 1726; Dirrigl, H. [1994], S. 414 - 415. Die nochmalige Berücksichtigung der Fremdkapitalkosten im Diskontierungszinssatz würde eine Doppelzählung hervorrufen.

ren gelangt auf diese Weise zum Marktwert des Eigenkapitals zum Bewertungszeitpunkt.

Jedoch umfaßt die finanzielle Bewertung nur einen Teilaspekt der Beurteilung, die (strategische) Beurteilung stellt zudem auf andere Aspekte ab. Letztlich muß das Ergebnis der Beurteilung Ausdruck des *Nutzens* sein, der dem Erwerber aus dem Objekt zukünftig zufließt. Dabei enthält der Nutzen auch Komponenten, die nicht unmittelbar in Geldeinheiten ausdrückbar sind wie z.B. Imagegewinn oder Schutz vor eventuellen Konkurrenten durch Erhöhung der Markteintrittsschranken.

④ Entscheidungsphase: *Festlegung der zu realisierenden Akquisition*

In dieser Phase werden verschiedene Akquisitionsalternativen miteinander verglichen sowie allgemein die Resultate der Beurteilung analysiert und auch diskutiert. Letztendlich geht es aber in der Phase der Entscheidung um die Bestimmung des (der) Akquisitionskandidaten mit dem höchsten Zielerreichungsgrad, um so die in der Problemstellung eventuell entdeckten Wachstumslücken zu schließen. Die nicht als optimal erachteten Akquisitionsalternativen scheiden wegen ihrer unzureichenden Zielerreichung aus.

⑤ Realisationsphase: *Durchsetzung der zu realisierenden Akquisitionsmöglichkeit*

Die Realisationsphase beinhaltet die genaue Ausarbeitung und Veranlassung der Durchführung sowie die letztendliche Durchführung selbst. Sie stellt die 'eigentliche' Unternehmensakquisition dar. Es bietet sich an, bei der Durchführung eines Akquisitionsvorhabens einen Netzplan mit integrierten Meilensteinen aufzustellen, um so die Lenkung besser verfolgen zu können und eventuelle Störungen ex ante zu verhindern bzw. um rechtzeitig Gegenmaßnahmen ergreifen zu können. Vor der endgültigen Akquisitionsdurchführung wird in der Praxis eine 'Due Diligence'-Phase durchlaufen, in der Bilanzen, G&V etc. des Verkaufsobjektes vom Verkäufer offengelegt und vom potentiellen Käuferunternehmen überprüft werden.

Prinzipiell gibt es zwei Möglichkeiten hinsichtlich der Durchführung einer Akquisition:[107] (1) Erwerb von Wirtschaftsgütern (Asset-Deal) und (2) den Erwerb einer Beteiligung (Share-Deal), wobei bei dem letzteren in bezug auf die Bindungsintensität nach absoluter Mehrheitsbeteiligungs-[108] und Eingliederungsmöglichkeit differenziert werden kann. Bei dem Erwerb von Wirtschaftsgütern (Aktiva & Passiva) ist es in der Praxis durchaus üblich, auf die Übernahme bestimmter Aktiva- und/oder Passiva-Posten zu verzichten. Generell ist die Wahl der Durchführung durch die Rechtsform und die steuerlich-rechtlichen und die finanz-technischen Aspekte geprägt. All diese Faktoren werden mit dem Akquisitionspartner gemeinsam erarbeitet und vertraglich festgelegt. Sind die Verhandlungen erfolgreich verlaufen und sind sich die Partner über den Kaufpreis und die Zahlungsart einig, so werden entsprechende Verträge erarbeitet und unterschrieben. Der Unternehmenskauf ist dann getätigt und die Transaktion somit abgeschlossen. Oft werden in dieser Phase diverse externe Mitglieder wie M&A-Berater, Rechtsanwälte, Wirtschaftsprüfer etc. an der Durchführung des Vorhabens beteiligt.[109]

---

107 Vgl. z.B. Baetge, J., Krumbholz, M. [1991], S. 22 - 23 oder Herzig, N., Hötzel, O. [1992], Steuerorientierte Gestaltungsinstrumente beim Unternehmenskauf, in: W. Busse von Colbe, A. G. Coenenberg (Hrsg.): Unternehmensakquisitionen und Unternehmensbewertung: Grundlagen und Fallstudien, Stuttgart, 1992, S. 293 - 309, S. 302 - 303.

108 Die Mehrheitsbeteiligung sei hier explizit aufgeführt, da nur durch sie eine Möglichkeit der *beherrschenden* Einflußnahme gegeben ist.

109 Vgl. zu einer möglichen Aufteilung der Maßnahmen im Rahmen der Durchsetzung eines Unternehmenskaufes: Humpert, F. W. [1992], Unternehmensakquisition - Erfahrungen beim Kauf von Unternehmen, in: W. Busse von Colbe, A. G. Coenenberg (Hrsg.): Unternehmensakquisitionen und Unternehmensbewertung: Grundlagen und Fallstudien, Stuttgart, 1992, S. 357 - 376, S. 375 - 376.

⑥ <u>Kontrollphase:</u> *Ermittlung des Akquisitionserfolges*

Diese letzte Phase des Akquisitionsprozesses beinhaltet zum einen die Feststellung der Durchführungsresultate der Akquisition und zum anderen einen Soll-/Ist-Vergleich, d.h. eine Gegenüberstellung der Durchführungs- und Entscheidungsergebnisse, und schließlich die eventuelle Integration[110] i.S. einer organisatorischen Zusammenlegung der Unternehmenssysteme von Käufer und Verkäufer, weshalb sie des öfteren als Integrations- und Kontrollphase bezeichnet wird. Diese Phase gilt als schwierigste und oftmals über Erfolg- und Mißerfolg entscheidende Phase.[111]

---

[110] Vgl. zu Integrationsmöglichkeiten nach dem Unternehmenskauf: Gomez, P., Weber, B. [1989], S. 72 - 75.

[111] Vgl. Sieben, G., Sielaff, M. [1989], S. 40. Vgl. zur Erfolgsbeurteilung von Akquisitionen die Ausführungen in Teil I Kap. 1 und die dort angeführte Literatur.

3. Kennzeichnung des OR

3.1 Geschichtliche Entwicklung und Wesen des OR

Der Begriff 'Operational Research' wurde erstmals um 1938 in Großbritannien im militärischen Kontext verwendet.[112] Damals führte die britische Luftwaffe ein Projekt ein, das diesen Namen trug.[113] Projektmitglieder waren Mathematiker, Militärs und Techniker. Sie hatten die Aufgabe, die Wirksamkeit militärischer Operationen, insbesondere die U-Boot-Bekämpfung und das sich damals in der Entwicklung befindliche Radarsystem zur Luftverteidigung durch den Einsatz mathematischer Verfahren zu verbessern.[114] Um 1940 wurde in den USA,[115] ebenfalls im militärischen Zusammenhang, der Begriff 'Operations Research' eingeführt, der sich auch in fast allen europäischen Ländern durchgesetzt hat.[116] Nach dem zweiten Weltkrieg wurden OR-Gruppen zu einem quasi festen Bestandteil des amerikanischen und

---

112 Vgl. zur Geschichte des OR: Trefethen, F. N. [1954], A History of Operations Research, in: J. F. McCloskey, F. N. Trefethen (Hrsg.): Operations Research for Management, Baltimore, 1954, S. 3 - 35, S. 3 - 28; Brusberg, H. [1965], Der Entwicklungsstand der Unternehmensforschung mit besonderer Berücksichtigung der Bundesrepublik Deutschland, Wiesbaden, 1965, S. 25 - 66; McCloskey, J. F. [1987], The Beginning of Operations Research: 1934 - 1941, in: O.R. Vol. 35 1/1987, S. 143 - 152; Thierauf, R. J., Grosse, R. A. [1970], Decision Making through Operations Research, New York-London-Sydney-Toronto, 1970, S. 3 - 7. Vgl. zu den Ursprüngen des OR: Larnder, H. [1984], The Origin of Operational Research, in: O.R. Vol. 32 1984, S. 465 - 475; Müller-Merbach, H. [1989], Operations Research und Planung, in: N. Szyperski (Hrsg.): HWPlan, Stuttgart, 1989, Sp. 1290 - 1299, Sp. 1290 - 1291.

113 Vgl. McCloskey, J. F. [1987], S. 146 - 147.

114 Vgl. Trefethen, F. N. [1954], S. 10. Probleme, die nach dem Krieg als durch den Einsatz von OR-Techniken gelöst bekannt wurden, waren: das Geleitzugproblem (Zusammensetzung von Geleitzügen bei denen Kriegs- und Handelsschiffe weniger von feindlichen Mächten angegriffen wurden), das U-Boot-Suchproblem (Entwicklung von Bekämpfungsstrategien gegen die feindliche U-Boot-Macht), das Bombardierungsproblem (optimale Zerstörung durch adäquaten Einsatz von Bomberverbänden) und das Radarproblem (Bestimmung der optimalen Standorte der Radaranlagen gegen feindliche Luftangriffe). Vgl. hierzu Kulhavy, E. [1963], Operations Research - Die Stellung der Operationsforschung in der Betriebswirtschaftslehre, Wiesbaden, 1963, S. 24 - 25; McCloskey, J. F. [1987], S. 143 - 146.

115 Vgl. zur Geschichte des OR speziell in den USA: Morse, P. M. [1986], The Beginning of Operations Research in the United States, in: O.R. Vol. 34 1/1986, S. 10 - 17.

116 Seither wurden zahlreiche Übersetzungen für 'Operations Research' vorgeschlagen, so sind z.B. Ablauf- und Planungsforschung, Operationsforschung, Operationsanalytik, Entscheidungsforschung, Unternehmensforschung, Planungs- und Verfahrensforschung zu nennen. Im Rahmen dieser Arbeit wird der Begriff 'Operations Research' verwendet, mit der Absicht, den Ursprung und Hintergrund von OR nicht zu vernachlässigen.

britischen Militärs; sie waren damals überwiegend mit Planungsaufgaben beauftragt.[117]

Nachdem OR im militärischen Bereich große Erfolge verzeichnet hatte, wurde versucht, das Anwendungsfeld von OR-Techniken auf nicht-militärische Bereiche, z.B. Technik und Wirtschaft bzw. Industrie zu übertragen.[118] Die damaligen Probleme[119] bezogen sich in erster Linie auf die optimale Verteilung und Kombination von Ressourcen und Maschinen in Energieversorgungsindustrien.

Für den Begriff OR gibt es in der bisherigen Literatur eine Vielzahl von Beschreibungs- und Definitionsversuchen, die sich teilweise sehr voneinander unterscheiden.[120] Es ist nicht Aufgabe dieser Untersuchung, den Begriff des

---

117 Vgl. Trefethen, F. N. [1954], S. 22 - 24

118 Vgl. genauer Little, J. D. C. [1991], Operations Research in Industry: New Opportunities in a Changing World, in: O.R. Vol. 39 4/1991, S. 531 - 542, S. 533 - 534 und Pocock, J. W. [1958], Operations Research: Eine Aufgabe der Unternehmensführung, in: American Management Association, Inc. (Hrsg.): Operations Research: Mittel moderner Unternehmensführung, Essen, 1958, S. 15 - 31, insbesondere S. 19 - 20.

119 R. L. Ackoff, S. K. Gupta und J. S. Minas, J. S. unterteilen die Problemarten in 'evaluative' und 'developmental'. Bei der ersten Gruppe liegt ein Beurteilungsproblem vor, wohingegen bei der zweiten eine Lösung zu entwickeln ist, welche die bisherigen Lösungen übertrifft. Vgl. Ackoff, R. L., Gupta, S. K., Minas, J. S. [1962], S. 24 - 25.

120 Vgl. Beer, S. [1966], Decision and Control - The Meaning of Operational Research and Management Cybernetics, London-New York-Sydney, 1966, S. 92; Arnoff, E. L., Netzorg, M. J. [1972], Operations Research - The Basics, in: C. W. House (Hrsg.): Operations Research: An Introduction to Modern Applications, Philadelphia-New York-London, 1972, S. 4 - 19, S. 4 - 5; Miller, D. W., Starr, M. K. [1960], Executive Decisions and Operations Research, New Jersey, 1960, S. 103 - 104; Thierauf, R. J., Grosse, R. A. [1970], S. 12 - 14; Müller-Merbach, H. [1979], Operations Research - mit oder ohne Zukunftschancen?, in: K. Krüger, G. Rühl, K. J. Zink (Hrsg.): Industrial Engineering und Organisations-Entwicklung im kommenden Dezennium, München, 1979, S. 291 - 311, S. 293. An dieser Stelle heißt es: "Jeder kann [...] nur noch festlegen, was für ihn selbst Operations Research ist, was nach seinem Weltbild Operations Research sein sollte, welche Tätigkeiten er als Fachmann des Operations Research ausfüllen wollte und für welche Aufgaben er [...] den Nachwuchs des Operations Research auszubilden versuchen würde." Vgl. auch Pocock, J. W. [1958], S. 18; Schneeweiß, C. [1993], Operations Research, in: W. Wittmann et al. (Hrsg.): HWB Teilband 2, Stuttgart, 1993, Sp. 2940 - 2953, Sp. 2940 - 2941; Kosiol, E. [1961], Modellanalyse als Grundlage unternehmerischer Entscheidungen, in: ZfhF Neue Folge 1961, S. 317 - 334, S. 327. Für eine klassische Definition vgl. z.B. Goodeve, C. F., Ridley, G. R. [1953], A Survey of O.R. in Great Britain, in: ORQ Vol. 4 2/1953, S. 21 - 24, S. 21 - 22; Brown, R. G. [1951], A Proposed Definition of Operations Research, in: ORQ Vol. 2 2/1951, S. 21 - 24; Dinkelbach, W. [1980], Operations Research in entscheidungstheoretischer Sicht, in: R. Henn, B. Schips, P. Stähly (Hrsg.): Quantitative Wirtschafts- und Unternehmensforschung (Ergebnisband des St. Galler Symposiums 1979), Berlin-Heidelberg-New York, S. 330 - 346, S. 330 - 331.

OR neu zu definieren. Vielmehr sollen durch die Beschreibung der wichtigsten Wesensmerkmale des OR die relevanten Aspekte des OR verdeutlicht werden, die für das weitere Verständnis der vorliegenden Untersuchung notwendig erscheinen. Doch zuvor soll der Begriff OR insofern spezifiziert werden, als es eine Reihe von Autoren gibt, die zwischen theoretischem und praktischem OR unterscheiden.[121] OR aus der Sicht der Theorie entwickelt mit Hilfe mathematischer Verfahren Modelle zur einwandfreien Lösung eines 'theoretischen Problems', unabhängig von der Fragestellung, ob diese Probleme in der Praxis je auftreten (werden). Dagegen ist OR aus der Sicht eines Praktikers die modellgestützte Entscheidungsvorbereitung für Probleme in sozio-technischen Systemen. Gerade diese retrograde Vorgehensweise, die von realen Problemen ausgeht und das Ziel hat, eine Modellentwicklung und -lösung herbeizuführen, ist der entscheidende Unterschied zwischen theoretischem und praktischem OR.

Allgemein ist für OR die Ausrichtung auf *komplexe*[122] Problemsituationen kennzeichnend. Das Wesen des OR kann durch die Beschreibung seiner wichtigsten Merkmale gekennzeichnet werden, die jedoch nicht separat, sondern miteinander vernetzt zu betrachten sind.

Ein typisches Merkmal des OR ist die Systembezogenheit.[123] Damit ist gemeint, daß in dem aufzustellenden Modell alle Systemkomponenten, die das Verhalten der zu betrachtenden Variable(n) beeinflussen, Berücksichtigung finden müssen. Die Forderung nach Systembezogenheit bedeutet somit, daß Probleme in ihrer Vielschichtigkeit durch analytisches und synthetisches

---

121 Vgl. Gößler, R. [1974], Operations-Research-Praxis - Einsatzformen und Ergebnisse, Wiesbaden, 1974, S. 29 - 31; Zimmermann, H.-J. [1987], Methoden und Modelle des Operations Research, Braunschweig-Wiesbaden, 1987, S. 1 - 2; Müller-Merbach, H. [1979], S. 292 - 295.

122 Komplexität ist die "Fähigkeit eines Systems, in einer gegebenen Zeitspanne eine große Zahl von verschiedenen Zuständen annehmen zu können." Ulrich, H., Probst, G. J. [1991], Anleitung zum ganzheitlichen Denken und Handeln: ein Brevier für Führungskräfte, Bern-Stuttgart, 1991, S. 58. Vgl. zur Komplexität: Malik, F. [1984], Strategie des Managements komplexer Systeme, Berlin, 1984, S. 186.

123 Vgl. Ackoff, R. L., Rivett, P. [1969], S. 10 - 18; Krauss, W. [1970], S. 60 - 61; Laue, H. J. [1972], S. 20 - 22; Ackoff, R. L., Sasieni, M. W. [1968], S. 16 - 17; Pocock, J. W. [1958], S. 18.

Vorgehen zu erfassen, das Zusammenwirken von Teilen und Ganzheit in einer interdisziplinären Betrachtung zu erkennen und zu akzeptieren sind.[124] Eine logische Folge daraus ist, daß komplexe Problemsituationen - wie z.B. die Beurteilung von Akquisitionsobjekten - teilweise unbestimmt und nicht gänzlich durchschaubar sind.[125] Das Prinzip der Systembezogenheit führt zu der Forderung der Ganzheitsbetrachtung.[126] Selbstverständlich ist dies nicht ganz unproblematisch, wenn man bedenkt, daß die bisherige Aufgabe des OR die Berechnung von Optima in einem Teilsystem bzw. für einzelne Systemkomponenten war. Nun aber wird die Forderung nach einem Gesamtoptimum gestellt.[127] Die Ganzheitsbetrachtung ist bedingt durch die gegenseitige Abhängigkeit der einzelnen Elemente in einem System. Die immer stärker werdende Verzahnung der einzelnen Abläufe des Unternehmensgeschehens läßt die Notwendigkeit einer Ganzheitsbetrachtung im OR immer dringlicher werden.

Ein weiteres wichtiges Merkmal des OR ist die Zusammensetzung des OR-Teams.[128] Das Team sollte sich im Idealfall aus Experten in Form einer gemischten Arbeitsgruppe zusammensetzen.[129] Ein einzelner allein kann nicht

---

124 Vgl. Churchman, C. W., Ackoff, R. L., Arnoff, E. L. [1968], S. 19. Zur Darstellung eines Beispiels einer OR-Untersuchung (eines Systems) als Ganzheit vgl. Churchman, C. W., Ackoff, R. L., Arnoff, E. L. [1968], S. 28 - 62.

125 Vgl. Ulrich, H., Krieg, W. [1973], Das St. Galler Management-Modell, in: B. Hentsch, F. Malik (Hrsg.): Systemorientiertes Management, Bern-Stuttgart, 1973, S. 63 - 94, S. 66.

126 Vgl. Krauss, W. [1970], S. 60 - 61. H. Müller-Merbach bringt diesen Aspekt bei der Beschreibung von Optimierungsmodellen zum Ausdruck. Vgl. Müller-Merbach, H. [1989], Sp. 1295; derselbe [1992], Operations Research, in: H. Corsten (Hrsg.): Lexikon der Betriebswirtschaftslehre, München-Wien, 1992, S. 631 - 635, S. 631.

127 Vgl. Churchman, C. W., Ackoff, R. L., Arnoff, E. L. [1968], S. 17 - 18.

128 Vgl. Churchman, C. W., Ackoff, R. L., Arnoff, E. L. [1968], S. 19 - 20; Ackoff, R. L., Sasieni, M. W. [1968], S. 7 - 8; Ackoff, R. L., Rivett, P. [1969], S. 18 - 23; Krauss, W. [1970], S. 61 - 65; Zimmermann, H.-J. [1976], Unternehmensforschung (Operations Research), in: E. Grochla, W. Wittmann (Hrsg.): HWB Bd. I/3, Stuttgart, 1976, Sp. 4041 - 4054, Sp. 4044; Kleibohm, K., Nastansky, L. [1984], Operations Research - Operations Research als angewandte Modelltechnologie für quantitativ-analytische Entscheidungsplanung, in: Management-Enzyklopädie, Landsberg am Lech, 1984, S. 297 - 310, S. 298 - 300.

129 Mit Bezug auf das Thema dieser Untersuchung betont G. Naber den Aspekt der interdisziplinären Zusammensetzung der 'Acquisition Group', um die Nutzung eines breitgefächertes Wissens sicherzustellen. Vgl. Naber, G. [1987], Strategische Planung von Unternehmensakquisitionen - Organisatorische Anbindung und Aufgabenverteilung, in: 1/1987, S. 43 - 46, S. 45.

mit verschiedenen Disziplinen derart vertraut sein, daß er das zu lösende Problem aus der Sicht aller geeigneten Disziplinen bzw. betroffener Funktionsbereiche im Unternehmen lösen kann.[130] Idealerweise sollten Vertreter aller für die Problemstellung auch nur geringfügig relevant erscheinenden Disziplinen bzw. Funktionsbereiche präsent sein.[131] Dieses auch mit dem Begriff der *Interdisziplinarität* beschriebene Merkmal ist durch die Systembezogenheit und die damit verbundene Ganzheit bedingt. Durch die interdisziplinäre Zusammensetzung des Teams wird auf der einen Seite die Kreativität der einzelnen Mitglieder gefördert und das Risiko der Fehleinschätzung oder gar Vernachlässigung von Problemkomponenten vermindert.[132] Auf der anderen Seite ist es so gut wie garantiert, daß für jedes Spezialproblem neue, noch nicht verwendete Methoden und Lösungstechniken entwickelt werden und Anwendung finden; dies ist vor allem bedingt durch die unterschiedlichen Sichtweisen der Teammitglieder.[133]

Ein weiteres wichtiges Merkmal, bei dem jedoch in der Literatur bis heute noch Uneinigkeit besteht, ist der Wissenschaftscharakter des OR.[134] Darunter ist zweierlei zu verstehen:[135] Es ist die Frage zu klären, ob OR als eine (moderne) Wissenschaft gilt oder ob unter OR die allgemeine Anwendung wissenschaftlicher Methoden verstanden wird. Vertreter der klassischen Auffassung von OR wie z.B. S. Beer[136] sehen OR als eine Wissenschaft, da durch die interdisziplinäre Zusammensetzung des OR-Teams neue Lösungswege bzw. -verfahren für die zu betrachtende Problemstellung ent-

130 Vgl. Gößler, R. [1974], S. 12 und die dort angeführte Literatur; Churchman, C. W., Ackoff, R. L., Arnoff, E. L. [1968], S. 20; Ackoff, R. L., Sasieni, M. W. [1968], S. 7 - 8.

131 Vgl. Ackoff, R. L., Sasieni, M. W. [1968], S. 8.

132 Vgl. Krauss, W. [1970], S. 62; Thierauf, R. J., Grosse, R. A. [1970], S. 9.

133 Vgl. Churchman, C. W., Ackoff, R. L., Arnoff, E. L. [1968], S. 19 - 20; Ackoff, R. L., Sasieni, M. W. [1968], S. 7 - 8; Thierauf, R. J., Grosse, R. A. [1970], S. 9.

134 Vgl. Ackoff, R. L., Gupta, S. K., Minas, J. S. [1962], S. 1 - 9.

135 Vgl. zu dieser Argumentation: Krauss, W. [1970], S. 66 - 68.

136 Vgl. Beer, S. [1966].

wickelt werden[137] und dies für eine (moderne) Wissenschaft charakteristisch sei.[138] Diese Frage ist im Rahmen dieser Arbeit nicht von primärer Relevanz. Interessanter erscheint es dagegen aufzuzeigen, ob für OR die Anwendung wissenschaftlicher Methoden typisch ist.[139] Zur Klärung dieses Gesichtspunktes ist von der Geschichte des OR auszugehen. Bei seiner Entdeckung war OR in erster Linie deshalb so erfolgreich, weil die damaligen hochqualifizierten Wissenschaftler in den OR-Teams bei der Lösung der betrachteten Probleme jeweils ihre, von der durch sie vertretenen Disziplin abhängige wissenschaftliche Vorgehensweise anwandten.[140] OR stellt weniger die Ergebnisse, die durch die Anwendung wissenschaftlicher Methoden erreicht werden, in den Vordergrund, sondern die Verfahren und die Operationen, die zu diesen (optimalen) Ergebnissen führen.[141]

Ein wesentliches Ziel von OR ist die Hervorbringung einer wissenschaftlichen Grundlage für Entscheidungen, die das (gesamte) Unternehmen betreffen. Dabei versucht OR die Wechselbeziehungen, die in der Verschiedenartigkeit der Ziele zum Ausdruck kommen, und die nachfolgenden Wechselwirkungen für alle in den jeweiligen Entscheidungsprozeduren involvierten Personen - soweit dies für die Problemlösung als relevant erscheint - in einer optimalen Art und Weise zu berücksichtigen.

Für die praktische Vorgehensweise bedeutet dies, daß das umfassende Problem in einzelne Problemteile zerlegt und diese sukzessive gelöst wer-

---

137 Vgl. Goodeve, C. [1954], Operational Research as a science, in: J. F. McCloskey, F. N. Trefethen (Hrsg.): Operations Research for Management, Baltimore, 1954, S. 49 - 65, S. 51 - 52 und S. 65; Gößler, R. [1974], S. 6 - 7.

138 Vgl. zur interdisziplinären Zusammensetzung des OR-Teams: Thompson, W. W., Jr. [1967], Operations Research Techniques, Columbus/Ohio, 1967, S. 3 - 4. Vgl. zur Beschreibung wissenschaftlicher Methoden: Ackoff, R. L., Gupta, S. K., Minas, J. S. [1962], S. 1 - 9; Camp, G. D. [1958], Die wissenschaftliche Methode - Strategie oder Taktik?, in: American Management Association, Inc. (Hrsg.): Operations Research: Mittel moderner Unternehmensführung, Essen, 1958, S. 129 - 135, insbesondere S. 129 - 131.

139 Vgl. zu dieser Sichtweise z.B. Waddington, C. H. [1973], O.R. in World War 2, London, 1973, S. VII - VIII.

140 Vgl. Churchman, C. W., Ackoff, R. L., Arnoff, E. L. [1968], S. 19 - 20.

141 Vgl. Goodeve, C. [1954], S. 51 - 52.

den,[142] um so schrittweise zu einer gesamtoptimalen Lösung zu gelangen. Es gelingt oft nur, die Lösungsmenge einzugrenzen[143] bzw. verschiedene Optimallösungen zur Verfügung zu stellen, was besonders bei Problemen mit mehreren Zielsetzungen der Fall ist. Die Schwierigkeit liegt darin, daß das Gesamtproblem zu Anfang der Untersuchung gar nicht explizit formuliert werden kann, so daß durch die Lösung der einzelnen Problemteile neue für das Verständnis des Gesamtproblems wichtige Aspekte erst im Zeitablauf aufgeworfen werden. Es ist für die OR-Verfahren nicht ausschlaggebend, eine endgültige (gesamtoptimale) Lösung *'auf einen Schlag'* zu erzielen.[144] In diesem Fall wäre OR nicht 'richtig' eingesetzt.[145] Dies ist vor allem vor dem Hintergrund zu sehen, daß das *Auffinden* der bestmöglichen Lösung für OR charakteristisch ist und diese i.d.R. nicht auf Anhieb erzielt werden kann, sondern erst durch eine iterative Vorgehensweise, die eine Annäherung an die 'endgültig optimale' Lösung ermöglicht.

Es ist richtig, OR nur eine Entscheidungsunterstützungsfunktion[146] zuzuschreiben, denn die endgültige Entscheidung liegt bei den verantwortlichen Führungskräften und nicht bei den OR-Fachleuten.[147] Sie bieten nur Empfehlungen und wissenschaftliche Grundlagen für die letztliche Auswahl der Alternative(n) an. Nach der getroffenen Entscheidung können OR-Fachleute bei der praktischen Realisierung der Lösung bzw. deren Überprüfung wieder unterstützend tätig werden.

Nachdem die wichtigsten Charakteristika von OR angesprochen wurden, soll die allgemeine Vorgehensweise der OR-Methoden, verstanden als OR-Methodik, erläutert werden.

---

142 Vgl. Krauss, W. [1970], S. 166 - 167.

143 Vgl. Müller-Merbach, H. [1974], S. 274.

144 Vgl. Müller-Merbach, H. [1974], S. 274.

145 Vgl. Churchman, C. W., Ackoff, R. L., Arnoff, E. L. [1968], S. 17.

146 Vgl. Mag, W. [1989], Entscheidungstechniken, in: N. Szyperski (Hrsg.): HWPlan, Stuttgart, 1989, Sp. 389 - 396, Sp. 391.

147 Vgl. Hanssmann, F. [1971], Unternehmensforschung - Hilfsmittel moderner Unternehmensführung, Wiesbaden, 1971, S. 20 - 21.

3.2 Charakterisierung der OR-Methodik

Die Vorgehensweisen bei der Entwicklung von OR-Methoden und deren Anwendung sind aufgrund der unterschiedlichen Problemstellungen nicht immer identisch, jedoch sehr ähnlich.[148] Trotz einiger Abweichungen bei konkreten Problemstellungen soll die *allgemeine* Vorgehensweise bei OR-Problemen, bezeichnet als OR-Methodik bzw. OR-Prozeß, dargestellt werden. Wie bereits aus den dargestellten Wesensmerkmalen des OR hervorgeht, ist OR (grob) als 'ein Denken in verschiedenen Modellen bzw. Modelltypen' aufzufassen. Deshalb scheint es sinnvoll, einen kurzen Abriß über die für OR relevanten Modell-Grundlagen zu geben.

3.2.1 Grundsätzliches zu Modellen

3.2.1.1 Modellbildung als zentrales Element

Ein Modell hat in erster Linie nicht die Aufgabe, den Zustand des Sachverhaltes zu beschreiben,[149] sondern zu versuchen, Informationen darüber zu geben, wie sich gewisse Veränderungen der Ist-Situation in Zukunft auswirken werden. Man verändert somit das Modell bzw. die Modellparameter, um Schlußfolgerungen auf Sachverhalte der Realität ziehen zu können. Da Entscheidungen im Rahmen der OR-Methodik eine zentrale Stellung einnehmen und Modelle relevante Elemente des unternehmerischen Entscheidungsfeldes erfassen, erfordert die optimale Auswahl der Alternative(n) die Bildung eines Modells über ein bestimmtes Objekt.[150] Die Modellbetrachtung steht bei OR im Mittelpunkt. Durch die Modellbetrachtung im OR sollen die

---

[148] Vgl. z.B. Miller, D. W., Starr, M. K. [1960], S. 385 - 390; Ackoff, R. L. [1978], S. 670.

[149] Hier werden Demonstrationsmodelle, die zur Veranschaulichung von Zusammenhängen verwendet werden, nicht berücksichtigt, obwohl sie in den wissenschaftlichen Modellen aus unterschiedlichen Gründen herangezogen werden. Vgl. Stachowiak, H. [1973], Allgemeine Modelltheorie, Wien-New York, 1973, S. 138 - 139.

[150] Vgl. Grochla, E. [1969], Modelle als Instrumente der Unternehmensführung, in: ZfbF 1969, S. 382 - 397, S. 385.

Entscheidungsträger zu neuen für die Problemstellung relevanten Aspekten gelangen.[151]

Nach W. Dinkelbach ist ein Modell "[...] eine isomorphe Abbildung eines als empirisches System vorliegenden Ausschnittes der Wirklichkeit auf ein numerisches System."[152] Die isomorphe Abbildung, i.S. einer ein-eindeutigen Funktion,[153] ist nur auf numerische Systeme anwendbar, so daß die Beschreibung der Realität als System unumgänglich ist.[154] Ähnlich sieht G. Niemeyer Modelle als "[...] materielle oder immaterielle (geistige, formale) Systeme, die andere Systeme so darstellen, daß eine experimentelle Manipulation der abgebildeten Strukturen und Zustände möglich ist."[155] Eine Charakterisierung des Modellbegriffs in bezug auf das Themas der Untersuchung erscheint durch die Darstellung der auf H. Stachowiak zurückgehenden Hauptmerkmale sinnvoll:[156]

(1) Abbildungsmerkmal

(2) Verkürzungsmerkmal

(3) Pragmatisches Merkmal

(1) Modelle sind Abbildungen bzw. Repräsentationen natürlicher oder künstlicher Originale, die wiederum Modelle sein können.[157]

---

151 Vgl. Miller, D. W., Starr, M. K. [1960], S. 115; Müller-Merbach, H. [1989], Sp. 1292 - 1293.

152 Dinkelbach, W. [1973], Modell - ein isomorphes Abbild der Wirklichkeit?, in: E. Grochla, N. Szyperski (Hrsg.): Modell- und computergestützte Unternehmensplanung, Wiesbaden, 1973, S. 153 - 162, S. 161. Vgl. Köhler, R. [1975], Modelle, in: E. Grochla, W. Wittmann (Hrsg.): HWB Bd. I/2, Stuttgart, 1975, Sp. 2701 - 2716, Sp. 2705 - 2708.

153 Vgl. zur Isomorphie: Köhler, R. [1975], Sp. 2706.

154 Vgl. Dinkelbach, W. [1973], S. 161.

155 Niemeyer, G. [1977], Kybernetische System- und Modelltheorie, München, 1977, S. 57.

156 Vgl. Stachowiak, H. [1973], S. 131 - 133; Ackoff, R. L. [1956], S. 286; Kulhavy, E. [1963], S. 96 - 97; Ackoff, R. L., Rivett, P. [1969], S. 23 - 33; Hillier, F. S., Lieberman, G. J. [1967], Introduction to Operations Research, San Francisco-Cambridge-London-Amsterdam, 1967, S. 14 - 16; Münstermann, H. [1969], Unternehmungsrechnung, Wiesbaden, 1969, S. 159 - 162; Bamberg, G., Coenenberg, A. G. [1994], Betriebswirtschaftliche Entscheidungstheorie, München, 1994, S. 12 - 14.

157 Vgl. Stachowiak, H. [1973], S. 131 - 132; Weber, K. [1993a], S. 6; Charnes, A., Colantoni, C., Cooper, W. W., Kortanek, K. O. [1972], Economic Social and Enterprise Accounting and Mathematical Models, in: The Accounting Review Vol. 47 1/1972, S. 85 - 108, S. 85.

(2) Modelle erfassen nicht alle Attribute der repräsentierten Originale, sondern nur jene, die (von den Modellschaffern/Modellbenutzern) für die Modellbetrachtung/Modellösung als relevant erscheinen.[158]

(3) Schließlich sind Modelle ihren Originalen nicht per se zugeordnet.[159] Sie üben *ihre* Ersetzungsfunktion:[160]

- für bestimmte erkennende und/oder handelnde und mit dem Modell arbeitende Subjekte
- innerhalb bestimmter Zeitintervalle

  und
- unter Einschränkung auf bestimmte gedankliche bzw. tatsächliche Operationen.

Da sich die Mathematik gegenüber natürlichen Sprachen durch ihre Präzision, problemunabhängige Vorgehensweise, reichhaltige Syntax und interdependente Berücksichtigung der Systemelemente auszeichnet und viele Probleme in komplexen Ganzheiten sich auf quantitative Art darstellen lassen, eignet sich die Mathematik als Instrument zur Darstellung und Analyse von Zusammenhängen bei (OR-)Problemen.[161] Dies impliziert jedoch nicht, daß OR-Modelle auf quantitative Problemstellungen eingeschränkt sind. OR benutzt auch andere methodische Hilfsmittel.

---

158 Vgl. Stachowiak, H. [1973], S. 132; Menges, G. [1974], Grundmodelle wirtschaftlicher Entscheidungen - Einführung in moderne Entscheidungstheorien unter besonderer Berücksichtigung volks- und betriebswirtshaftlicher Anwendungen, Düsseldorf, 1974, S. 80; Kern, W. [1987], Operations Research: Einführung und Überblick, Stuttgart, 1987, S. 19 - 20.

159 Vgl. Stachowiak, H. [1973], S. 132.

160 Vgl. Stachowiak, H. [1973], S. 132 - 133.

161 Vgl. Ackoff, R. L. [1954], Statistics in Operations Research and Operations Research in Statistics, in: J. F. McCloskey, F. N. Trefethen (Hrsg.): Operations Research for Management, Baltimore, 1954, S. 117 - 133, S. 118; Ackoff, R. L., Sasieni, M. W. [1968], S. 9; Kern, W. [1987], S. 18; Müller-Merbach, H. [1992], S. 631.

In OR lassen sich Modelle i.d.R. als Gleichungsform und in der mathematischen Betrachtungsweise wie folgt darstellen:[162]

$$E = f(x_i, y_j)$$

E steht für die Wirksamkeit des Systems, x_i für beeinflußbare Veränderliche des Systems, und y_j steht für nicht beeinflußbare Veränderliche des Systems.[163] Restriktionen bezüglich der Werte der Veränderlichen können durch Gleichungen bzw. Ungleichungen ausgedrückt werden.

Jedes Modell ist zielgerichtet. Das Ziel eines jeden Modells bestimmt den Modellverlauf, indem es den Realitätsausschnitt für das Modell festlegt und damit auch relevante Einflußfaktoren des Modells bestimmt. Vier Modellmerkmale, auf die im folgenden eingegangen wird, sind für OR in erster Linie von Interesse.

3.2.1.2 Klassifikation von Modellen

Den Gliederungsmöglichkeiten der verschiedenen Modelltypen sind keine Grenzen gesetzt. Je nach Merkmalsausprägung können zahlreiche Modelle unterschieden werden.[164] Im Rahmen von OR ist eine Einteilung, wie in Tab. 1 dargestellt, sinnvoll.

---

162 Vgl. z.B. Ackoff, R. L., Sasieni, M. W. [1968], S. 8 - 11; Churchman, C. W., Ackoff, R. L., Arnoff, E. L. [1968], S. 155 - 156; Laue, H. J. [1972], S. 21 - 22; Hillier, F. S., Lieberman, G. J. [1967], S. 14 - 15; Ackoff, R. L. [1978], S. 670.

163 Vgl. Thompson, W. W., Jr. [1967], S. 4 - 6; Ackoff, R. L., Rivett, P. [1969], S. 27 - 28; Heinen, E. [1968], Einführung in die Betriebswirtschaftslehre, Wiesbaden, 1968, S. 163 - 158.

164 Vgl. Hillier, F. S., Lieberman, G. J. [1967], S. 115 - 120; Thierauf, R. J., Grosse, R. A. [1970], S. 15 - 23; Meyer, M. [1986], Operations Research - Systemforschung: Eine Einführung in die praktische Bedeutung, Stuttgart, 1986, S. 16 - 21; Hanssmann, F. [1987], Einführung in die Systemforschung: Methodik der modellgestützten Entscheidungsvorbereitung, München 1987, S. 84 - 89; Kern, W. [1987], Operations Research: Einführung und Überblick, Stuttgart, 1987, S. 6 - 10; Berthel, J. [1970], Modelle, allgemein, in: E. Kosiol (Hrsg.): HWR, Stuttgart, 1970, Sp. 1122 - 1129, insbesondere Sp. 1121 - 1128; H. Müller-Merbach teilt 'OR-Modelle' in Optimierungs- und Bewertungsmodelle ein. Danach sind Optimierungsmodelle in erster Linie durch Zielfunktionen und Restriktionen gekennzeichnet. Sie bedingen eine ganzheitliche Systembetrachtung und führen zur Bestimmung optimaler Lösungen. Hingegen gestatten Bewertungsmodelle lediglich die Bewertung "[...] von vorher festzulegenden Entscheidungen

Merkmale	Merkmalsausprägungen			
Zweck der Modellbildung	Ermittlung	Erklärung		Entscheidung
Lösungsmethodik	grafisch	numerisch		analytisch
Zeitbezug	statisch		dynamisch	
Bestimmtheit der Variable	deterministisch		stochastisch	

Tab. 1: Wichtigste Merkmalsausprägungen von Modellen im Rahmen des OR

Die wohl bekannteste Einteilung der Modelle in der entscheidungsorientierten Betriebswirtschaftslehre ist die nach dem Zweck der Modellbildung in Ermittlungs-, Erklärungs- und Entscheidungsmodelle.[165] Ermittlungsmodelle beschreiben die Objekte eines Gegenstandsbereichs nach bestimmten Aspekten[166] unter Zuhilfenahme mathematischer Gleichungen, ohne dabei funktionale Beziehungen und Restriktionen aufzuzeigen.[167] Sie ermitteln vorwiegend Informationen und sind überwiegend vergangenheitsorientiert. Erklärungsmodelle bestehen aus Erklärungsgleichungen,[168] die Auskunft über den realen Sachverhalt bzw. über die Wirkungsweise eines Systems geben (Kausalitätsfunktion).[169] Die Erklärungsgleichungen werden bei diesem Modelltyp durch Restriktionen ergänzt (Wirkungsrestriktionen).[170] Erwartungsvariablen ergeben sich aufgrund der Variation der Wirkungen der unabhängigen Variablen.[171] Entscheidungsmodelle sind im Prinzip Erklärungsmodelle, in denen explizit eine (mehrere) Zielfunktion(en) aufgenommen ist (sind).[172] Ziel der Entscheidungsmodelle ist es, eine rationale Ent-

und Alternativen zu ihnen." Müller-Merbach, H. [1989], Sp. 1295. In einem früheren Aufsatz führte H.-J. Zimmermann - entsprechend den Problemklassen in OR - (1) Programmierungsmodelle, (2) Engpaßmodelle, (3) Konkurrenzmodelle und (4) Lagerhaltungsmodelle; vgl. derselbe [1976], Sp. 4045 - 4050.

165 Zur Charakterisierung von Erklärungs- und Entscheidungsmodellen vgl. z.B. Heinen, E. [1968], S. 157 - 168; Grochla, E. [1969], S. 386 - 390.

166 Vgl. Grochla, E. [1969], S. 386.

167 Vgl. Hahn, D. [1996], S. 57.

168 Vgl. Heinen, E. [1968], S. 159.

169 Vgl. Grochla, E. [1969], S. 388 - 389; Heinen, E. [1968], S. 160; Hammann, P. [1969], Entscheidungsmodelle in der betriebswirtschaftlichen Theorie, in: ZfhF Neue Folge 1969, S. 457 - 467, S. 457; Köhler, R. [1975], Sp. 2711.

170 Vgl. z.B. Hammann, P. [1969], S. 458 - 459.

171 Vgl. Hahn, D. [1996], S. 57.

172 Vgl. Hahn, D. [1996], S. 58. Vgl. zu einer Differenzierung der Entscheidungsmodelle in uni- und multikriteriell - *nach der Anzahl der explizit aufgenommenen Zielfunktionen* - Weber, K. [1993a], S. 6 - 8; Dinkelbach, W. [1993], Entscheidungstheorie, in: W. Wittmann et al. (Hrsg.): HWB Teilband 1, Stuttgart, 1993, Sp. 929 - 943, Sp. 934.

scheidungsfindung zu unterstützen, indem sie alle Handlungsalternativen des betrachteten Problems als Lösung erfassen und deren Zielwirkungen beurteilen. Sie liefern - durch ihre formale Darstellung eines Entscheidungsproblems[173] - in der betrieblichen Praxis für den Entscheidungsträger eine fundierte Hilfestellung bei der Gestaltung seines Entscheidungsfeldes.[174]

Die Lösungsmethodik als Einteilungsmerkmal für Modelle läßt die Differenzierung in grafische, numerische und analytische Modelle zu.[175] Grafische Modelle werden bei verhältnismäßig einfachen Problemen angewandt. I.d.R. sind grafische Modelle ohne größeren Aufwand erstellbar. Die Beschränkung der Anzahl der abhängigen Variablen ist durch die Eingrenzung auf höchstens drei Dimensionen gegeben. Numerische Modelle sind dagegen mit erheblich größerem Aufwand verbunden. Sie errechnen alle im Rahmen der Lösungsmenge zulässigen Lösungen für die entscheidungsre-

---

W. Dinkelbach unterteilt Entscheidungsmodelle in: (1) Entscheidungsmodelle bei unvollkommener Information, (2) Entscheidungsmodelle mit mehreren Zielfunktionen, (3) Dynamische Entscheidungsmodelle und (4) Entscheidungsmodelle mit mehreren Entscheidungsträgern; vgl. Dinkelbach, W. [1974], Entscheidungstheorie, in: E. Grochla, W. Wittmann (Hrsg.): HWB Bd. I/1, Sp. 1290 - 1301, Sp. 1296 - 1299. W.-R. Bretzke unterteilt Entscheidungsmodelle nach der Art des Situationsbezuges in 'Konkrete Entscheidungsmodelle', bei denen die Modellparameter numerisch spezifiziert sind, und 'Allgemeine Entscheidungsmodelle', die eine rein algebraische Modellstruktur aufweisen. Vgl. Bretzke, W.-R. [1980], Der Problembezug von Entscheidungsmodellen, Tübingen, 1980, S. 10 - 11.

173 Vgl. Dinkelbach, W. [1993], Sp. 930.

174 Vgl. Heinen, E. [1972], Zur Problembezogenheit von Entscheidungsmodellen, in: WiST 1/1972, S. 3 - 7, insbesondere S. 3 - 5. E. Heinen teilt die Entscheidungsmodelle in geschlossene und offene ein. Bei geschlossenen Entscheidungsmodellen sind die zugrunde liegenden Probleme vollständig definiert und haben folgende Merkmale: (1) bestimmte Anzahl sich gegenseitig ausschließender Alternativen, (2) hinreichend bekannte Konsequenzen, (3) klar fundierte Ziele und Regeln und (4) Vorhandensein von Lösungsalgorithmen, die die zielgerichtete Auswahl einer Alternative aus der bestehenden Alternativenmenge ermöglichen. Hier ist eine analytische Lösung des Problems möglich. Hingegen sind bei offenen Entscheidungsmodellen Probleme unvollständig definiert - d.h. mindestens eines der obigen Merkmale ist verletzt.

175 Diese Einteilung ist auf eine Klassifikation bestehender Problemfelder in analytische, numerische und Simulationsprobleme zurückzuführen, wobei bei der vorliegenden Einteilung Simulationsmodelle nicht vertreten sind. Vgl. Thompson, W. W., Jr. [1967], S. 4 - 6. Vgl. zu einer generellen Einteilung von Problemen in OR: Krauss, W. [1970], Operations Research - ein Instrument der Unternehmensführung, München, 1970, S. 164 - 168.

levanten Variablen.[176] Der Rechenaufwand steigt mit der Anzahl der abhängigen Variablen. Als letzte Modellart innerhalb dieses Merkmals sind analytische Modelle zu nennen, wobei hierzu auch iterative und heuristische Modelle zählen. Analytische Modelle berechnen mit Hilfe mathematisch-statistischer Verfahren eine formelmäßig dargestellte Struktur der Modelllösung, die durch mathematische Berechnungen die Optimallösung des Modells liefert.

Ein anderes wichtiges Einteilungskriterium ist der Zeitbezug der Modelle. Je nachdem, ob ein Zeitpunkt oder ein Zeitraum für die Problemstellung wichtig erscheint, unterscheidet man zwischen statischen und dynamischen Modellen.[177] In dynamischen Modellen ist die Zeit ausdrücklich als Variable berücksichtigt. Dynamische Modelle stehen im Mittelpunkt von Modellen im Rahmen des OR; dabei werden Veränderungen eines im Modell abgebildeten Systems als eine sequentielle Kette von (Teil-)Entscheidungen dargestellt. Statische Modelle sind dagegen zeitinvariant und daher für betriebswirtschaftliche Problemlösungsbetrachtungen wenig geeignet, dennoch können sie aus praktischen Gründen nicht außer acht gelassen werden.

Das letzte hier als wichtig erachtete Merkmal bezieht sich auf die Bestimmtheit der Variable.[178] Deterministische Modelle setzen vollkommene Information und sonstige Sicherheit bezüglich der Modellgrößen voraus. Sie spielen angesichts dieser Prämisse in der ökonomischen Realität kaum eine Rolle. Dagegen haben stochastische Modelle einen wesentlich höheren Realitätsbezug. Dort werden Modelldaten durch Parameter abgebildet, die einer bestimmten Wahrscheinlichkeitsverteilung unterliegen.

---

[176] Vgl. Thompson, W. W., Jr. [1967], S. 5.

[177] Vgl. z.B. Kosiol, E. [1961], S. 323; Heinen, E. [1968], S. 161 - 163.

[178] Vgl. z.B. Heinen, E. [1968], S. 161.

3.2.2 OR-Methodik als Prozeß

Unabhängig von der Problemstellung und vom aufzustellenden Modell können jeder OR-Untersuchung sechs Phasen zugrunde gelegt werden, die insgesamt auch als OR-Prozeß bezeichnet werden.[179] Die erste Phase der Problemerkennung und -formulierung beinhaltet die Festlegung der Ziele[180] des Entscheidungsträgers und der groben Handlungsmöglichkeiten, die sich für das Problem anbieten.[181] Diese sind richtungsweisend für die Modellkonstruktion. Sie helfen dem OR-Team, sich eine Vorstellung darüber zu bilden, wie das aufzustellende Modell strukturiert sein sollte. Da die folgenden Phasen auf dieser ersten aufbauen, kommt ihr eine hohe Bedeutung zu.[182] Die Phase der Problemerkennung und -formulierung sollte eine intensive und genaue Analyse der Ist-Situation liefern, da dies für das Modellergebnis prägend ist.[183]

In der zweiten Phase wird ein mathematisches Modell gebildet, in dem alle für die Problemstellung auch nur in geringem Maße relevanten Variablen z.B. durch mathematische, statistische und logische Symbole berücksichtigt werden.[184]

---

179 Vgl. Ackoff, R. L. [1956], S. 265 - 267; Ackoff, R. L., Sasieni, M. W. [1968], S. 11; Churchman, C. W., Ackoff, R. L., Arnoff, E. L. [1968], S. 21 - 27; Rivett, P. [1972], Principles of Model Building: The Construction of Models for Decision Analysis, London-New York-Sydney-Toronto, 1972, S. 4 - 6; Arnoff, E. L., Netzorg, M. J. [1972], S. 8 - 9; Laue, H. J. [1972], S. 40 - 41; Asmussen, R. [1981], Probleme bei der Anwendung von Operations Research Verfahren in kleineren und mittleren Unternehmungen, Düsseldorf, 1981, S. 58 - 61; Schneeweiß, C. [1993], Sp. 2942 - 2943; Kleibohm, K., Nastansky, L. [1984], S. 298 - 300; Kern, W. [1987], S. 18 - 19.

180 Vgl. zur Festlegung der Ziele in OR-Modellen: Fritz, W. [1986], Empirische Zielforschung und Operations Research - Eine Untersuchung unternehmerischer Ziele und ihre Konsequenzen für das Operations Research, in: OR Spektrum 1986, S. 99 - 108.

181 Vgl. Hillier, F. S., Lieberman, G. J. [1967], S. 12 - 13; Churchman, C. W., Ackoff, R. L., Arnoff, E. L. [1968], S. 21 - 24.

182 Vgl. Laue, H. J. [1972], S. 40.

183 Vgl. Laue, H. J. [1972], S. 40; Hillier, F. S., Lieberman, G. J. [1967], S. 13; Ackoff, R. L. [1956], S. 269 - 270.

184 Vgl. Hillier, F. S., Lieberman, G. J. [1967], S. 15.

Mathematische Symbole befassen sich mit der Quantität, statistische mit der Wahrscheinlichkeit und logische mit der Notierung.[185] Dafür ist es notwendig, Vereinfachungen vorzunehmen und die Modellannahmen genau zu spezifizieren. In bezug auf die beschriebenen Merkmale eines Modells ist es hier wichtig, nochmals zu erwähnen, daß das aufgestellte Modell kaum mit der Realität vollkommen kompatibel sein kann (Verkürzungsmerkmal).[186] R. L. Ackoff und M. W. Sasieni äußern sich in diesem Zusammenhang folgendermaßen: "The trick [...] is to find the right variables and the correct relationship between them."[187] In der Modellbildung liegt die eigentliche Leistung des OR-Teams[188], das die volle Verantwortung für die Modellergebnisse auf sich zu nehmen hat. In der Praxis lautet meist in dieser Phase des OR-Prozesses die Frage nicht, ob ein Modell aufgestellt werden kann, sondern, ob diese Aufgabe in der erforderlichen Zeit zu bewältigen ist. I.d.R. werden leider dann bei den Modellannahmen Abstriche gemacht. Es gibt Versuche, Modelle danach zu spezifizieren, welche Problemstellung sie behandeln.[189] Wichtiger erscheint es jedoch, jene Probleme, die bei Aufstellung eines Modells auftauchen können, kurz zu umreißen.

Schwierigkeitsgrade bei der Modellbildung können wie folgt gestaltet sein:[190] Im einfachsten Fall sind die Systemstrukturen sofort erkennbar. Das System enthält nur eine geringe Zahl von Elementen, und die Beziehungen zwischen ihnen sind einfacher Natur. Die Modellbildung bereitet dann keine Schwierigkeiten. Sind die Vernetzungen der Elemente nur gering ausgestaltet und die Systemstrukturen damit noch relativ leicht erkennbar, so besteht die Schwierigkeit lediglich in der Übersetzung der Vernetzung in die Modellsprache. Weitaus mehr Schwierigkeiten bereiten Fälle, in denen aufgrund nur unvollständig erhältlicher Daten keine eindeutigen Systemstruktu-

---

185 Vgl. Beer, S. [1966], S. 112.

186 Vgl. hierzu Teil II Abschnitt 3.2.1.1.

187 Ackoff, R. L., Sasieni, M. W. [1968], S. 60.

188 Vgl. Hillier, F. S., Lieberman, G. J. [1967], S. 14; Hanssmann, F. [1971], S. 17.

189 Vgl. z.B. Laue, H. J. [1972], S. 26 - 38.

190 Vgl. Ackoff, R. L., Sasieni, M. W. [1968], S. 63 - 74.

ren eruiert oder Wirkungen einzelner Variablen nicht isoliert werden können. Schließlich sind auch Varianten denkbar, bei denen überhaupt keine systembeschreibenden Daten existieren und eine empirische Vorgehensweise ausgeschlossen ist.

Ist das OR-Modell ausreichend auf das Anwendungsproblem zugeschnitten, so wird in einer dritten Phase ein Lösungsverfahren für das Modell abgeleitet. Dies wird durch empirisches Experimentieren, mathematisch-statistische Vorgehensweisen oder z.B. durch Verwendung von Monte-Carlo-Simulationen herbeigeführt.[191] In einer vierten Phase wird das Modell getestet. Dieser Phase sollte eine genaue Datensammlung und adäquate Datenaufbereitung vorausgegangen sein. Der Test besteht darin, vorhandene Daten bzw. Situationen mit Hilfe des Modells durchzuspielen. Sind die erzielten Ergebnisse zufriedenstellend, so kann zur nächsten Phase übergegangen werden. Ist das nicht der Fall, so ist eine genaue Ursachenanalyse durchzuführen. Die fünfte Phase, die Überwachung und Anpassung der Modellösung, ist nicht zwingend als eine gesonderte Phase zu nennen; sie kann ebensogut innerhalb der Modell-Test-Phase integriert stattfinden.

In der fünften Phase wird das langfristige Verhalten des Modells geprüft. Besteht eine Lösung nicht die Prüfung, i.S. einer zu großen Abweichung vom gegebenen Soll-Wert, so finden Rückkopplungen zu vorherigen Phasen statt, mit dem Ziel, das Modell stabiler zu gestalten. Hier können u.a. auch Sensitivitätsanalysen zur Anwendung kommen.[192]

In der Realität wird nicht jede Phase auch tatsächlich durchlaufen. Es können Phasen übersprungen oder auch teilweise die Reihenfolge geändert werden.[193] Mögliche Rückkopplungen zwischen den einzelnen Phasen sind Abb. 3 zu entnehmen. Sind eventuelle Rückkopplungen erfolgt und ist unter Berücksichtigung von Kosten-Nutzen-Überlegungen ein (annähernd) opti-

---

191 Vgl. Ackoff, R. L. [1956], S. 285.

192 Vgl. Laue, H. J. [1972], S. 40; Hillier, F. S., Lieberman, G. J. [1967], S. 19.

193 Vgl. Ackoff, R. L. [1956], S. 266; Hillier, F. S., Lieberman, G. J. [1967], S. 20.

males Ergebnis für die jeweilige Problemstellung erzielt, so wird in einer letzten Phase die Modellösung in die Realität umgesetzt.[194]

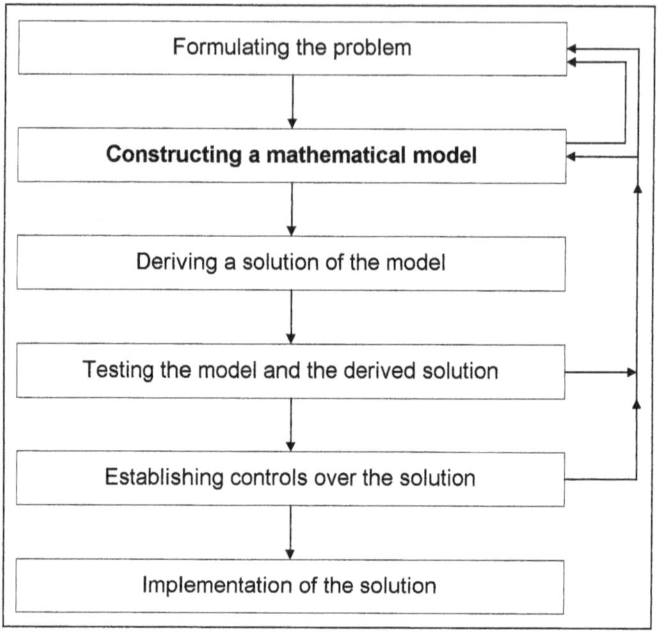

Abb. 3: Phasen des OR-Prozesses[195]

---

[194] Vgl. Miller, D. W., Starr, M. K. [1960], S. 4 - 7. F. S. Hillier und G. J. Lieberman schlagen folgende Vorgehensweise für die Implementierungsphase vor: "First, the operations research team gives operating management a careful explanation of the solution to be adopted and how it relates to operating realities. Next, these two parties share the responsibility for developing the procedures required to put this solution into operation. Operating management then sees that a detailed indoctrination is given to the personnel involved, and the new course of action is initiated. Finally, if the nature of the problem permits it, the initial experience with this course of action is used by the operations research team to detect modifications that should be made in the future." Hillier, F. S., Lieberman, G. J. [1967], S. 20.

[195] Erstellt in Anlehnung an die generelle Beschreibung des OR-Prozesses. Vgl. z.B. Ackoff, R. L. [1956], S. 265 - 267; Hillier, F. S., Lieberman, G. J. [1967], S. 12 - 20; Ackoff, R. L., Sasieni, M. W. [1968], S. 11; Arnoff, E. L., Netzorg, M. J. [1972], S. 8 - 9; Laue, H. J. [1972], S. 40 - 41; Weber, H. H. [1972], Einführung in Operations Research, Frankfurt a.M., 1972, S. 1 - 4; Kleibohm, K., Nastansky, L. [1984], S. 298 - 300. Vgl. zu einer etwas anderen Einteilung Johnson, K. L. [1973], Operations Research, Düsseldorf, 1973, S. 4 - 7; Kern, W. [1987], S. 18 - 19.

Wieviel Zeit für die einzelnen Phasen benötigt wird, ist problemspezifisch zu klären. Oft wird allein durch die Anwendung des OR-Prozesses auf ein konkretes Problem - noch ohne Erzielung eines Ergebnisses - deutlich, wie viele und welche noch unentdeckten Probleme und Strukturen erkannt werden können.[196] Zumal zu beachten ist, daß die endgültige Formulierung eines Praxisproblems meist erst am Ende des OR-Prozesses möglich ist. Somit ist es gerechtfertigt, wenn H. Müller-Merbach in diesem Zusammenhang von OR als '*Problemlösen durch Problemstrukturieren*'[197] spricht.[198]

Die dargestellten Sachverhalte und Zusammenhänge setzen voraus, daß das Ziel der OR-Untersuchung genau spezifizierbar, das Problem durch das aufgestellte Modell präzise zu beschreiben ist und außerdem die benötigten Daten für das Modell erhältlich sind und dem OR-Team genügend Raum für Diskussion und Improvisation bleibt.[199] Diese Idealvoraussetzungen sind bei der Anwendung des theoretischen OR auf Praxisprobleme fast nie gegeben. Zur Unvollkommenheit der Voraussetzungen kommt hinzu, daß das Projekt aus diversen Gründen oft in einer sehr kurzen Zeit durchgeführt werden muß.[200]

---

196 Vgl. Müller-Merbach, H. [1974], S. 274.

197 Vgl. Ackoff, R. L., Rivett, P. [1969], S. 61; Müller-Merbach, H. [1974], S. 274.

198 OR setzt zwar die Lösung des Problems durch Errechnen einer Optimallösung voraus, oft ist es jedoch so, daß die Optimallösung gar nicht so sehr im Vordergrund des Interesses steht, sondern vielmehr das Erkennen der relevanten Strukturen des Problems und der Reihenfolge der Vorzugswürdigkeit verschiedener Alternativen bei Sensitivitätsüberlegungen. Vgl. hierzu Soom, E. [1978], Möglichkeiten und Grenzen der Anwendung von Operations Research in der Betriebswirtschaft, in: H. Müller-Merbach (Hrsg.): Quantitative Ansätze in der Betriebswirtschaftslehre, München, 1978, S. 45 - 52, S. 45; Müller-Merbach, H. [1989], Sp. 1291.

199 Vgl. Dorfman, R. [1960], Operations Research, in: The American Economic Review Vol. 50 1960, S. 575 - 623, S. 613; Simon, H. A., Newell, A. [1958], S. 4 - 5.

200 Vgl. Dorfman, R. [1960], S. 614.

3.2.3 Wandel des OR

Es wurden in der OR-Literatur Prototypen von Problemen durch Entwicklung von Standardverfahren gelöst. Diese Standardverfahren wurden weiterentwickelt und spezialisiert. Auch heute werden meist nur solche Probleme mit Hilfe der OR-Verfahren gelöst, die auf diese Ursprungsprobleme zurückzuführen sind. Die meisten OR-Lehrbücher behandeln ausführlich die theoretische Durchführung der OR-Verfahren, ohne jedoch auf die eigentlichen Prototypen der Probleme einzugehen. Probleme, die bei der Umsetzung dieser theoretischen Verfahren in die Praxis auftreten können, finden entweder nur in kurzen Passagen ihren Platz, oder sie werden überhaupt nicht erwähnt. Die Veröffentlichungen zum Themengebiet OR sollten sich jedoch nicht vorwiegend auf die Theorie, sondern im gleichen Maße auf Praxisprobleme und Schwierigkeiten, die bei der Anwendung der OR-Verfahren entstehen (könnten) konzentrieren. Bei operativen Entscheidungen - aus der Sicht des Gesamtunternehmens gesehen - gehört die Anwendung der OR-Verfahren zwischenzeitlich zur Routine der Entscheidungsvorbereitung. Es wurde bis heute versucht, stets eine optimale Lösung in einzelnen Funktionsbereichen des Unternehmens zu eruieren. Diese Lösungen können aber gesamtunternehmerisch gesehen nur suboptimal sein. Die Argumentation, daß sich OR erst in den Funktionsbereichen mit suboptimalen Lösungen beweisen muß, bevor man es auf strategische Problemfelder anwenden kann, wurde bereits vor mehr als 20 Jahren als oberflächlich bezeichnet und mit Recht in Frage gestellt.[201] Die Realisierung der Suboptima im Unternehmen führt nicht automatisch zu dem gewünschten Totaloptimum.[202]

Merkmale strategischer Entscheidungen, wie sie im Teil II Kap. 2.1 beschrieben sind, machen die Bedeutung strategischer Entscheidungen deutlich. Die Wichtigkeit strategischer Entscheidungen - wie z.B. ein Unternehmenskauf - rechtfertigt die Benutzung aufwendiger OR-Verfahren zur Ent-

201 Vgl. Gößler, R. [1974], S. 18 - 19.

202 Vgl. Kern, W. [1987], S. 125.

scheidungsunterstützung. Die Argumentation von R. Gößler[203], daß OR-Verfahren als mathematische Methoden zu restriktive Forderungen an reale Probleme stellen, die bei strategischen Entscheidungen nicht erfüllt seien, erscheint als nicht mehr zeitgemäß. Wie diese Arbeit zeigen wird, eignen sich OR-Verfahren sehr wohl für strategische Problemfelder wie z.B. die Unternehmensakquisition. Es sind natürlich Abstriche bezüglich der erhältlichen Daten, der zur Verfügung stehenden Zeit der Modellerstellung und -lösung etc. zu machen. Aber prinzipiell sind OR-Probleme auch strategischer Natur, denn sie setzen einen hohen Komplexitätsgrad voraus, erfordern ausgeprägtes Modelldenken und gehen vom Fortbestand des Unternehmens aus.[204] Man könnte sogar noch weitergehen und OR teilweise als eine Art *'general management consulting'* im eigenen Unternehmen bezeichnen.[205]

---

203 Vgl. Gößler, R. [1974], S. 20.

204 Vgl. Soom, E. [1978], S. 46.

205 Vgl. Simon, H. A., Newell, A. [1958], S. 5 - 6; Pocock, J. W. [1954], Management Consulting and Operations Research, in: J. F. McCloskey, F. N. Trefethen (Hrsg.): Operations Research for Management, Baltimore, 1954, S. 80 - 96, S. 89 - 96.

Teil III

OR-Verfahren und deren Anwendung bei der Vorbereitung der Beurteilung von Akquisitionsobjekten

1. Prognose

Im folgenden wird versucht, eine vergleichende Darstellung der verschiedenen im Rahmen des Themas interessanten Prognosemethoden[206] und deren Grundlagen zu geben, um anschließend die Anwendung der Prognosemethoden bei der Beurteilung von Akquisitionskandidaten aufzeigen zu können.

1.1 Grundlagen der Prognose

1.1.1 Begriffliche Abgrenzungen

In der wirtschaftswissenschaftlichen Literatur lassen sich für den Begriff der 'Prognose' zahlreiche Definitionen finden, von denen einige als Beispiel an dieser Stelle genannt werden. S. C. Wheelwright und S. Makridakis sehen als Hauptaufgabe der Prognose (forecast) die Vorhersage der relevanten Umweltfaktoren an.[207] Es bleibt offen, ob diese durch das Unternehmen bzw. die Entscheidungsträger beeinflußbar sind. H.-D. Haustein spezifiziert in seiner Prognose-Definition, worauf diese Vorhersagen basieren. Er definiert Prognose als "eine theoretisch oder empirisch fundierte Aussage über einen künftigen Sachverhalt der objektiven Realität"[208]. Er betont zudem, daß darunter wissenschaftlich begründete Voraussagen über Inhalt, Richtung und Umfang von Prozessen zu verstehen seien, die ökonomischen und

---

206 Vgl. zum Begriff der Prognosemethode Hansmann, K.-W. [1993], Prognose und Prognosemethoden, in: W. Wittmann et al. (Hrsg.): HWB Teilband 2., Stuttgart, 1993, Sp. 3546 - 3559, Sp. 3550.

207 Vgl. Makridakis, S., Wheelwright, S. C. [1989], Forecasting Methods for Management, New York-Chichester-Brisbane, 1989, S. 18; Weber, K. [1990], Wirtschaftsprognostik, München, 1990, S. 1 - 3.

208 Haustein, H.-D. [1969], Wirtschaftsprognose: Grundlagen - Elemente - Modelle, Berlin, 1969, S. 21.

anderen Fachrichtungen angehören.[209] Danach ist das Wesen einer Prognose die Vorhersage wahrscheinlicher bzw. möglicher Ereignisse im Zeitablauf.[210] Ein anderer Autor, H. Theil, umschreibt den Prognose-Begriff ähnlich wie H.-D. Haustein als eine Aussage über eines oder mehrere zukünftige Ereignisse, die auf Beobachtungen und einer Theorie basiert.[211] Durch die erste Bedingung - die Basierung auf Beobachtungen - ist eine Vergangenheitsanalyse sichergestellt, und mittels der zweiten Bedingung - einer Theorie - müssen Prämissen und sachlogische Zusammenhänge angegeben werden, auf denen die Prognose aufbaut.[212] Diese zwei Grundbausteine der zukunftsbezogenen Aussage sind auch in der Definition von K. Weber enthalten. Danach sind Prognosen "[...] zukunftsbezogene, aufgrund praktischer Erfahrung oder theoretischer Erkenntnisse ein- oder mehrmalig erarbeitete, kurz-, mittel- oder langfristig orientierte und zeitpunkt- oder zeitraumbetreffende Aussagen qualitativer oder quantitativer Art über natürliche oder künstliche Systeme."[213] Durch diese Definition werden einerseits die Prognosestruktur, d.h. Prognoseorientierung (Zeitpunkt- oder Zeitraumbezogenheit), Prognosehorizont (Kurz-, Mittel oder Langfristigkeit) und Prognosehäufigkeit (Ein- oder Mehrmaligkeit), andererseits die Ergebnisse der Prognose (qualitativer oder quantitativer Art) besonders hervorgehoben.[214] Verglichen mit den anderen Definitionen der Prognose ist die von K. Weber umfassender und beinhaltet durch die Strukturklarheit der Prognose und die Ergebnisartbezogenheit eine größere Vielfalt von relevanten Aspekten und soll daher im folgenden zugrunde gelegt werden.

Von der Prognose ist die 'Prognostik' zu unterscheiden. Prognostik (forecasting) ist "[...] die Gesamtheit der zukunftsforschenden Arbeiten verschie-

---

209 Vgl. Haustein, H.-D. [1969], S. 22.

210 Vgl. Weber, K. [1975], Prognose und Prognoseverfahren, in: E. Grochla, W. Wittmann (Hrsg.): HWB Bd. I/2, Stuttgart, 1975, Sp. 3188 - 3203, Sp. 3188.

211 Vgl. Theil, H. [1966], Applied Economic Forecasting, Amsterdam, 1966, S. 1 - 2.

212 Vgl. Hansmann, K.-W. [1993], Sp. 3546.

213 Weber, K. [1990], S. 1.

214 Vgl. Weber, K. [1990], S. 2, Abb. 1.

dener Wissenschaftsdisziplinen und Tätigkeitsbereiche [...]" [215]. Die Erstellung von Prognosen ökonomischer Systeme wird als 'Wirtschaftsprognostik' bezeichnet.[216]

Prognosen liefern Aussagen über das zukünftige Eintreffen bestimmter Ereignisse unter Annahme bestimmter Randbedingungen (Ereigniswahrscheinlichkeiten). Es kann nach J. Wild eine Unterscheidung zwischen Lage- und Wirkungsprognosen getroffen werden.[217] Eine Lageprognose liegt vor, wenn diese 'bestimmten Ereignisse' aus Umweltdaten bestehen und ihr Eintreffen unabhängig von Aktionen Dritter ist (aktionsunabhängige Prognosen). Dagegen spricht er von Wirkungsprognosen bzw. aktionsabhängigen Prognosen, wenn die zukünftigen Ereignisse durch Eingriff des 'Prognostikers' bzw. der Entscheidungsträger beeinflußt werden und somit Ausdruck von Konsequenzen bzw. Wirkungen einer bestimmten Strategiewahl sind.[218]

Die Begriffe Planung und Prognose sind nicht identisch zu gebrauchen. Aus der Planung resultiert ein Bedarf an Prognosen.[219] Prognosen umfassen fundierte Informationen für die Planung.[220] Dagegen besteht die Planung aus dem Transfer der prognostizierten Ergebnisse (Informationen) zu Entscheidungen. S. C. Wheelwright und S. Makridakis sprechen von Planung,

---

215 Haustein, H.-D. [1969], S. 21.

216 Vgl. Weber, K. [1991a], Wirtschaftsprognostik, in: DU 1/1991, S. 65 - 74, S. 65.

217 Vgl. Wild, J. [1974], S. 52.

218 Vgl. Fulda, E., Härter, M., Lenk, H. [1989], Prognoseprobleme, in: N. Szyperski (Hrsg.): HWPlan, Stuttgart, 1989, Sp. 1637 - 1645, Sp. 1638.

219 Vgl. Reiß, M. [1989], Prognose und Planung [1989], in: N. Szyperski (Hrsg.): HWPlan, Stuttgart, 1989, Sp. 1628 - 1637, Sp. 1631. Somit kann die Schlußfolgerung gezogen werden, daß Prognosen ein Grundbestandteil und die Voraussetzung jeder Planung darstellen. Vgl. Schöllhammer, H. [1970], Die Delphi-Methode als betriebliches Prognose- und Planungsverfahren, in: ZfbF 1970, S. 128 - 137, S. 129.

220 Vgl. zur Informationsbeschaffungsfunktion der Prognose für die Planung: Gerfin, H. [1964], Langfristige Wirtschaftsprognose, Tübingen-Zürich, 1964, S. 11; Berekoven, L. [1963], Unternehmung und Marktprojektion, in: J. Fettel, H. Linhardt (Hrsg.): Der Betrieb in der Unternehmung, Festschrift für W. Rieger zu seinem 85. Geburtstag, Stuttgart, 1963, S. 187 - 201, S. 187; Isenson, R. S. [1967], Technological Forecasting in Perspective, in: MS Vol. 13 2/1967, S. B-70 - B-83, S. B-70; Neter, J., Wasserman, W. [1969], Fundamental Statistics for Business and Economics, Boston, 1969, S. 608; Makridakis, S., Wheelwright, S. [1973], Integrating Forecasting and Planning, in: Long Range Planning Vol. 6 September/1973, S. 53 - 63, S. 53 und S. 56.

wenn die Prognoseergebnisse angewandt werden, um eine Entscheidung zu treffen.[221] Eine Entscheidung kann somit nur qualitativ hochwertig sein und rational getroffen werden, wenn eine 'entsprechende' Prognose vorausgegangen ist.[222] Wie die Prognose hierfür gestaltet sein muß, wird im Verlauf der folgenden Kap. erläutert.

1.1.2 Der Prozeß der Prognostik

Jeder Prognoseerstellung liegt ein mehrstufiger Prozeß zugrunde. Der Prognoseprozeß kann theoretisch in beliebigem Detaillierungsgrad dargestellt werden, im folgenden wird er jedoch nur soweit spezifiziert, wie dies im Rahmen des Themas als notwendig erscheint.

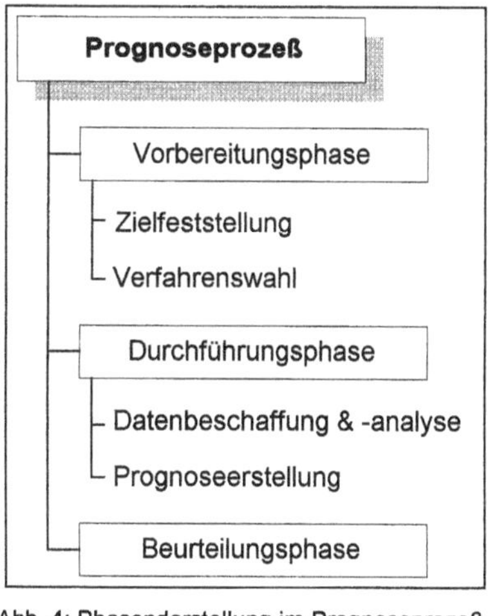

Abb. 4: Phasendarstellung im Prognoseprozeß

Abb. 4 zeigt die Phasen des Prognoseprozesses, der aus Vorbereitungs-, Durchführungs- und Beurteilungsphase besteht.[223] In der Vorbereitungsphase werden zunächst die Prognoseziele problemspezifisch festgelegt. Mit

---

221 Vgl. Makridakis, S., Wheelwright, S. C. [1989], S. 23.

222 Vgl. Haustein, H.-D. [1969], S. 42.

223 Vgl. Weber, K. [1990], S. 8; Hüttner, M. [1986], Prognoseverfahren und ihre Anwendung, Berlin-New York, 1986, S. 300 - 301.

diesem wichtigen Teilschritt ist der Grundbaustein für alle folgenden Schritte gelegt. Der nächste Teilschritt ist die Auswahl eines geeigneten Prognoseverfahrens. Dies geschieht in Übereinstimmung mit der zur Verfügung stehenden Zeit für die Prognoseerstellung und den zugrunde gelegten Zielen. Das gewählte Prognoseverfahren bestimmt Inhalt, Ausmaß und Struktur der benötigten Daten.[224] Sind Zielfestlegung und Verfahrenswahl erfolgt, so werden in der Durchführungsphase Daten beschafft und analysiert. Die Durchführungsphase stellt das Kernstück der Prognostik dar.[225] Die Qualität der Prognose hängt entscheidend von der richtigen Datenbeschaffung und -analyse ab.[226] Für den Prognostiker birgt dieser Teilschritt jedoch insofern einen Konflikt, als einerseits die erforderlichen Daten möglichst schnell und andererseits so detailliert wie möglich zu beschaffen sind.

Als wichtigste Phase des Prognoseprozesses ist die Durchführung genauer darzulegen, als die vorangegangene Abb. 4 überblicksmäßig veranschaulicht.[227] Zur Erstellung der Prognose sind zunächst die zu prognostizierenden Variablen und der Prognosehorizont zu bestimmen. Im Anschluß daran ist ein Erklärungsmodell mit den zu prognostizierenden Variablen aufzustellen, das anschließend hinsichtlich der Zeitstabilitätshypothese zu prüfen ist. Nach der Auswahl eines geeigneten Prognoseverfahrens sind Meßvorschriften für die Prognosevariablen zu bestimmen, um daraufhin die erfaßten Daten in das gewählte Verfahren einsetzen zu können.[228] Die sich ergebenden Prognoseergebnisse werden einer kritischen Beurteilung unterzogen; ggf. muß das Modell revidiert werden, um bessere Ergebnisse zu er-

---

224 Vgl. Haustein, H.-D. [1969], S. 47. Vgl. zu einer zusammenstellenden Darstellung vorhandener Prognoseverfahren, abhängig vom Prognosehorizont, den vorhandenen Daten und den Prognosekosten: Makridakis, S., Wheelwright, S. [1973], S. 54 - 55.

225 Vgl. Weber, K. [1990], S. 9.

226 Vgl. Schröder, M. [1994], Einführung in die kurzfristige Zeitreihenprognose und Vergleich der einzelnen Verfahren, in: P. Mertens (Hrsg.): Prognoserechnung, Heidelberg, 1994, S. 7 - 39, S. 9 - 10.

227 Vgl. Hansmann, K.-W. [1993], Sp. 3547.

228 Vgl. Brockhoff, K. [1977], Prognoseverfahren für die Unternehmensplanung, Wiesbaden, 1977, S. 22 - 33.

zielen. Eine Zusammenfassung der beschriebenen Schritte für die Prognoseerstellung ist in Abb. 5 dargestellt.

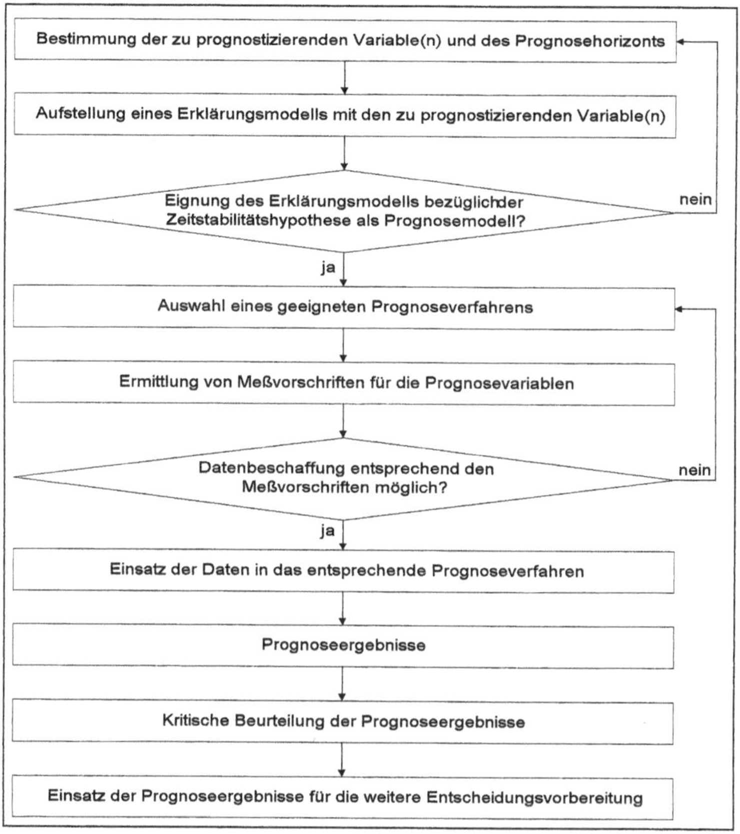

Abb. 5: Schritte bei der Prognoseerstellung[229]

Als letzte Phase des Prognoseprozesses schließt sich die Beurteilungsphase an.[230] Hier werden auf der einen Seite die Ergebnisse der Prognose und auf der anderen Seite die Prognostik an sich beurteilt. Zur Beurteilung der Prognosetechniken finden sich in der Literatur vielfältige Hinweise,

229 Vgl. Brockhoff, K. [1977], S. 49.

230 Vgl. Levenbach, H., Clearly, J. P. [1981], The Beginning Forecaster, Belmont, 1981, S. 247 - 257.

beispielsweise bei R. A. Reid: "[...] it is meaningful to evaluate a forecasting technique by using several different error measures [...]"[231]. Weiterhin "The manager must periodically decide whether the current forecasting process ist producing a forecast that is acceptable for planning purposes"[232]. Generell ist eine Einteilung der Beurteilungsmethoden in grafische Auswertungen und in Kennzahlen möglich. Zusätzliche Aspekte können z.B. mit Hilfe einer Kosten-Nutzen-Analyse einbezogen werden.[233]

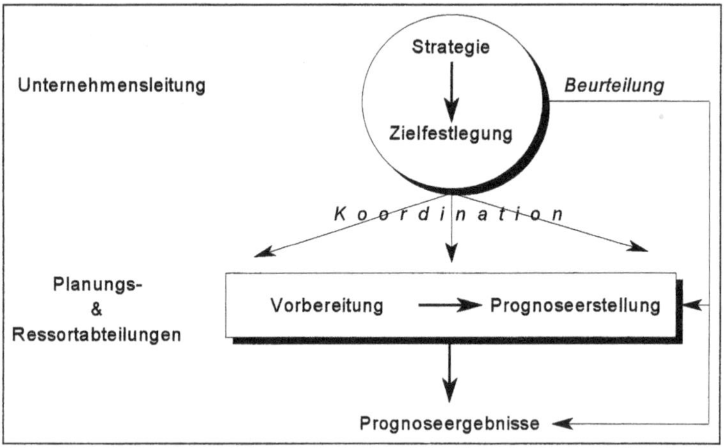

Abb. 6: Verantwortungsbereiche innerhalb des Prognoseprozesses

Abb. 6 stellt ablauforganisatorische Aspekte des Prognoseprozesses in den Vordergrund und zeigt, daß durchaus verschiedene Personengruppen in diesen Prozeß involviert sind. Die Zielfestlegung erfolgt je nach Führungskonzeption entweder nur durch die oberste Unternehmensleitung oder in Zusammenarbeit mit den betroffenen Ressorts. Die Beurteilung findet jedoch durch die oberste Leitung statt. Hierzu R. A. Reid: "[...] Assessing forecast errors relative to acceptable tolerances and evaluating the costs and benefits of utilizing alternative forecast models or techniques are definitly

231 Reid, R. A. [1986], The Forecasting Process: Guidelines for the MIS Manager, in: Journal of Systems Management Vol. 37 11/1986, 33 - 37, S. 36.

232 Reid, R. A. [1986], S. 37.

233 Vgl. Weber, K. [1990], S. 10 - 11.

within the domain of the manager [...]".[234] Erstellung, Beurteilung und Kontrolle der Prognose geschehen sinnvollerweise in verschiedenen Verantwortungsbereichen. Die Vorbereitung und Erstellung der Prognose obliegen den Planungs- und jeweiligen Ressortabteilungen.

1.1.3 Klassifikation der einzelnen Prognosemethoden

Unter Prognosemethoden bzw. -verfahren wird die Gesamtheit aller formalen Instrumente zur konkreten Erstellung bzw. Erarbeitung von Prognosen jeglicher Art verstanden, wobei die Instrumente ziel- bzw. probleminvariant sind.[235] Ein Prognosemodell ist im Gegensatz zu einer Prognosemethode zielgerichtet bzw. auf eine bestimmte Problemstruktur zugeschnitten.[236] Nach E. Kosiol sind unter Prognosemodellen Aussagensysteme zu verstehen, aus denen Vorhersagen zukünftiger Sachverhalte und Situationen abgeleitet werden können.[237] Es ist möglich, daß in einem Prognosemodell nur eine Prognosemethode zur Anwendung kommt; i.d.R. kann aber davon ausgegangen werden, daß mehrere Prognosemethoden in einem Prognosemodell ihren Einsatz finden.

Die Prognosemethoden können auf solch vielfältige Weise eingeteilt werden, daß keine einheitliche Gliederungsmöglichkeit existiert.[238] Im allgemeinen spricht man von Prognosen qualitativer und quantitativer Art,[239] jedoch kommen bei dieser Einteilung die bestehenden Unterschiede der Prognoseverfahren nicht deutlich heraus, so daß hier in Anlehnung an K. Weber Pro-

---

234 Reid, R. A. [1986], S. 37.

235 Vgl. Hansmann, K.-W. [1993], Sp. 3550; Rogge, H.-J. [1972], Methoden und Modelle der Prognose aus absatzwirtschaftlicher Sicht, Diss. Berlin, 1972, S. 26.

236 Vgl. Teil II Kap. 1.3 und Kap. 3.2.1.

237 Vgl. Kosiol, E. [1968], Entscheidung, Information und Prognose, in: E. Kosiol, E. Sundhoff (Hrsg.): Betriebswirtschaft und Marktpolitik - Festschrift für Rudolf Seyffert zum 75. Geburtstag, Köln-Opladen, 1968, S. 275 - 289, S. 285.

238 Vgl. Emde, W. B. [1989], Prognosetechniken und -systeme, in: N. Szyperski (Hrsg.): HWPlan, Stuttgart, 1989, Sp. 1645 - 1658, insbesondere Sp. 1646 - 1656; Schultheiss, R. R. [1971], Versuch einer Systematisierung praktikabler Prognoseverfahren, in: DU 2/1971, S. 159 - 189, S. 164.

239 Vgl. z.B. Makridakis, S., Wheelwright, S. [1973], S. 53.

gnosemethoden in drei Kategorien eingeteilt werden:[240] (1) Konjekturale Prognosemethoden, (2) Strukturmodellgestützte Prognosemethoden und (3) Zeitreihengestützte Prognosemethoden. Im weiteren werden die Grundzüge der drei genannten Prognosemethoden dargestellt.

1.1.3.1 Konjekturale Prognosemethoden

Den konjekturalen Prognosemethoden ist gemeinsam, daß sie auf subjektiven Einschätzungen des Prognostikers beruhen, ohne wesentliche mathematische Hilfsmittel zu Prognoseergebnissen führen und sich für langfristige Prognosen eignen.[241] Im nachhinein kann daher die Verarbeitung der Prognosedaten zu den Prognoseergebnissen generell nicht objektiv nachvollzogen werden.[242] Die bekannten Verfahren der konjekturalen Prognosemethoden sind die Szenario-Technik und die Delphi-Methode. Daneben gibt es Spezialverfahren wie z.B. die 'Cross-Impact-Analysis' oder die 'System for Event Evaluation and Review-Technik'. Die Cross-Impact-Analysis wird im folgenden u.a. dargestellt, da sie sich, wie noch zu zeigen ist, für die Beurteilung von Akquisitionsobjekten gut eignet. Sie verwendet im Gegensatz zur Szenario-Technik und zur Delphi-Methode mehr mathematische Hilfsmittel und ist daher objektiv besser nachvollziehbar als bekannte Standardverfahren konjekturaler Art.

1.1.3.1.1 Szenario-Technik

'Szenarien' sind Beschreibungen von Zukunftsalternativen, die sich i.d.R. auf sozio-technische Systeme und deren Umfelder beziehen.[243] Die Szena-

---

240 Vgl. zu einer früheren Einteilung der Prognoseverfahren von K. Weber in qualitative und quantitative Verfahren: Weber, K. [1975], Sp. 3190 - 3200.

241 Vgl. Makridakis, S., Wheelwright, S. [1973], S. 55.

242 Vgl. Hansmann, K.-W. [1993], Sp. 3551 - 3552.

243 Vgl. Weber, K. [1990], S. 120; Geschka, H., Hammer, R. [1992], Szenario-Technik in der strategischen Unternehmungsplanung, in: D. Hahn, B. Taylor (Hrsg.): Strategische Unternehmungsplanung - Strategische Unternehmungsführung, Heidelberg, 1992, S. 311 - 336, S. 314. Ursprünglich war die Szenario-Technik eine militärstrategische Anwendung, doch seit der Ölkrise 1973/74 fand sie auch in der Unternehmensplanung

rio-Technik wurde zum ersten Mal von H. Kahn und A. J. Wiener in den 60er Jahren vorgestellt.[244] Sie kann als ein Prognoseverfahren beschrieben werden, das verschiedene alternative Zukunftsentwicklungen bzw. -zustände aufzeigt.[245] An dieser Stelle wird deutlich, daß man dementsprechend zwischen Situations- und Entwicklungsszenarien unterscheiden kann, wobei meist die letzteren von Bedeutung sind. Entwicklungsszenarien beziehen sich auf eine lange Zeitspanne und werden zum Zwecke des Sichtbarmachens alternativer plausibler, konsistenter und interessierender künftiger Entwicklungen aufgestellt. Bezüglich des Inhaltes von Szenarien kann eine Unterscheidung zwischen globalen und unternehmensspezifischen Szenarien getroffen werden.[246] Welche Zeitspanne für die Durchführung einer Szenario-Technik sinnvoll ist, hängt im Detail von der jeweiligen Problemstellung ab. In Großunternehmen ist die Szenario-Technik ein beliebtes Instrument, das auf komplexe Untersuchungsgegenstände angewandt wird.[247] Typisch für die Szenario-Technik ist, daß nicht nur eine einzige mögliche Zukunftsentwicklung, sondern unter Zuhilfenahme von Annahmen alternative Entwicklungen und Bandbreiten möglicher künftiger Entwicklungen aufgezeigt werden.[248]

Zum ersten Mal wurde die Szenario-Technik von der Royal Dutch/Shell-Gruppe im Jahr 1971 angewandt. Innerhalb von gut zwei Jahren war die Szenario-Technik dann bei der Royal Dutch ein fester Bestandteil der strategischen Planung.[249] Die Szenario-Erstellung erfolgt in mehreren Stu-

---

ihren Einsatz. Vgl. Reibnitz, U. von [1989], Szenario-Planung, in: N. Szyperski (Hrsg.): HWPlan, Stuttgart, 1989, Sp. 1980 - 1996, Sp. 1981.

244 Vgl. Kahn, H., Wiener, A. J. [1968], Ihr werdet es erleben - Voraussagen der Wissenschaft bis zum Jahre 2000, München-Wien-Zürich, 1968.

245 Vgl. Oberkampf, V. [1976], Szenario-Technik: Darstellung der Methode, Frankfurt a. M., 1976, S. 7.

246 Vgl. Götze, U. [1991], Szenario-Technik in der Unternehmensplanung, Wiesbaden, 1991, S. 41.

247 Vgl. Mattrisch, G. [1989], Erstellung und Verwendung von Szenarien für strategieorientierte Analyse- und Planungsaufgaben - Forschungsinstitut Berlin der Daimler-Benz AG, Berlin 7/1989.

248 Vgl. Geschka, H., Hammer, R. [1992], S. 319 - 320.

249 Vgl. Wack, P. [1985], Uncharted Waters Ahead, in: HBR Vol. 63 5/1985, S. 72 - 89, S. 77.

fen.[250] Inhalt der ersten Stufe ist die Festlegung des Ziels und die Selektion von Experten-Teams. Die eigentliche Phase der Szenario-Technik setzt erst in der nächsten Stufe ein, die am besten durch die Termini Strukturanalyse und Prognose zu beschreiben ist. Die Strukturanalyse beinhaltet die Analyse der gegenwärtigen Situation durch Beschreibung der Ist-Situation mit Hilfe qualitativer und ergänzend quantitativer Daten sowie die Festlegung potentiell relevanter Rahmenbedingungen, die sich i.d.R. auf ökonomische, politische, technologische und sozio-kulturelle Faktoren beziehen.[251] Von diesen Rahmenbedingungen (auch Einflußfaktoren genannt), sind Handlungsfaktoren zu unterscheiden, die durch eigenes Handeln beeinflußbar sind. Die Prognose besteht aus der Zugrundelegung bestimmter Annahmen über die Entwicklung der relevanten Rahmenbedingungnen in der Zukunft und die Prognoseerstellung unter Zuhilfenahme mathematisch-statistischer Verfahren. Die letzte Stufe beinhaltet die Aggregation der möglichen Zukunftsentwicklungen zu 'Zukunftsbildern, die Berücksichtigung potentieller künftiger Störgrößen und eventuell die Empfehlung zukunftsbezogener Strategien. Es ist wichtig, daß am Schluß einer Untersuchung möglichst nicht (nur) ein Szenario zustande kommt, sondern mehrere (komplexe) Szenarien, die die Planung *alternativer* Maßnahmen und Strategien ermöglichen.

Abb. 7 zeigt das Grundmodell zur Darstellung von Szenarien.[252] Es ist daraus zu ersehen, daß, ausgehend vom Prognosezeitpunkt (Gegenwart), versucht wird, mögliche Szenarien aufzuzeigen. Dabei geht man davon aus, daß zukünftige Entwicklungen zunächst sehr stark durch Strukturen der Ge-

---

250 Es sind in der Literatur differenzierte Stufenpläne ausgearbeitet worden, wobei hier ein Stufenplan in Anlehnung an K. Weber zugrunde gelegt werden soll. Vgl. Weber, K. [1990], S. 122 - 123; Geschka, H., Hammer, R. [1992], S. 320 - 323 und insbesondere die Zusammenstellung der Szenario-Technik in Stufenplänen nach verschiedenen Autoren auf S. 317; Götze, U. [1991], S. 98 und S. 374 - 385.

251 Es sei erwähnt, daß bei zu hoher Anzahl der Einflußfaktoren, das Gesamtsystem in einzelne Subsysteme aufzuspalten ist, um mit diesen separat weiterarbeiten zu können; später gelangt man durch Aggregation der einzelnen Teilergebnisse zu einem Gesamtszenario.

genwart geprägt sind. Je weiter der Prognosehorizont entfernt ist, desto mehr nimmt der Einfluß der Gegenwart ab, und es öffnet sich ein weiteres Spektrum von potentiellen Möglichkeiten, was durch die Trichterform zum Ausdruck kommt. Des weiteren ist zu sehen, daß es nicht ausreicht, vergangene Entwicklungen in die Zukunft zu verlängern, da so z.B. Strukturbrüche nicht berücksichtigt werden können.

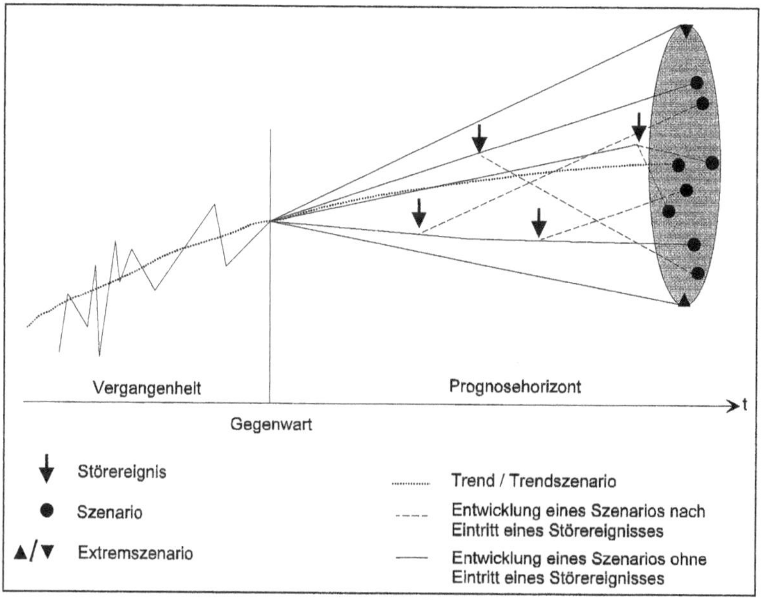

Abb. 7: Grundmodell zur Darstellung von Szenarien[253]

Meist bildet man ein Trendszenario und verschiedene Alternativszenarien. Im Trendszenario soll, ausgehend vom heutigen Kenntnisstand, die am wahrscheinlichsten eintretende Situation aufgezeigt werden, wobei i.d.R. eine Orientierung am langfristigen Trend stattfindet. Trendbrüche signalisieren die bestehende Dynamik der Umfelder. Alternativszenarien können ein-

252 Vgl. Geschka, H., Hammer, R. [1992], S. 314 - 315; Helling, N. U. [1994], Strategieorientierte Unternehmensbewertung: Instrumente und Techniken, Wiesbaden, 1994, S. 97 - 100.

253 Vgl. Geschka, H., Hammer, R. [1992], S. 315.

treten, wenn sich Störereignisse einstellen. Zusätzlich zu Trend- und Alternativszenarien kann man Extremszenarien bilden, die die Funktion einer 'Worst-' bzw. 'Best-Case-Betrachtung' haben, diese befinden sich in Abb. 7 an den Rändern des Trichters.

Schließlich soll noch darauf hingewiesen werden, daß die Szenario-Technik eine gute Basis für Unternehmensanalysen und solche unternehmerische Entscheidungen bietet, die das Ziel haben, Maßnahmen und Strategien zu ergreifen.[254] Da das Unternehmen in seine Umwelt eingebunden ist, sind Aussagen zur globalen Umwelt mindestens genauso wichtig wie unternehmensspezifische Szenarien, wenn nicht sogar wichtiger, da sie die Basis für unternehmensspezifische Zukunftsaussagen darstellen.[255]

Des weiteren findet durch die Szenario-Technik ein reger Gedankenaustausch zwischen den am Szenario-Prozeß beteiligten Experten statt.[256] Mögliche positive Konsequenzen daraus sind Offenheit gegenüber Ideen und Entwicklungen sowie die Erweiterung des Problembewußtseins.

1.1.3.1.2 Delphi-Technik

Da individuelle Urteile einzelner Experten differieren können, und damit eine Trendaussage erschwert wird, versucht die Delphi-Technik durch die Bildung einer Gruppierung diesem Problem zu begegnen.[257] Der Begriff 'Gruppenprognose' ist genau genommen nicht richtig, "[...] since the indivi-

---

[254] Vgl. Wilson, I. H. [1978], Scenarios, in: J. Fowles (Hrsg.): Handbook of Futures Research, Westport, Connecticut-London, 1978, S. 225 - 247, S. 228 - 229; Götze, U. [1994], Strategische Planung auf der Grundlage von Szenarien, in: J. Bloech, U. Götze, B. Huch et al. (Hrsg.): Strategische Planung: Instrumente, Vorgehensweisen und Informationssysteme, Heidelberg, 1994, S. 101 - 124, S. 106.

[255] Vgl. Geschka, H., Reibnitz, U. von [1989], Zukunftsanalysen mit Hilfe von Szenarien - erläutert an einem Fallbeispiel 'Freizeit im Jahr 2000', in: Politische Didaktik 4/1989, S. 71 - 101, S. 100; Reibnitz, U. von [1989], Sp. 1980 - 1983.

[256] Vgl. zur Darstellung der Stufen der Szenario-Technik Reibnitz, U. von [1989], Sp. 1985 - 1993.

[257] Vgl. Brown, B. B. [1968], Delphi-Process: A Methodology Used for Elications of Opinions of Experts, RAND-Corporation, P-3925, Santa Monica, September/1968, S. 13.

duals are never brought together as a group"[258], so daß die Anonymität der einzelnen Gruppenmitglieder bewahrt bleibt. Die Delphi-Technik gilt als eine Art der Gruppenprognose, wobei der stattfindende Gruppenkommunikationsprozeß so strukturiert wird, daß sich die einzelnen Gruppenmitglieder in mehreren Runden als Gesamtheit mit komplexen Fragestellungen beschäftigen. Ergebnisse jeder Runde werden zu einer Gruppenmeinung verdichtet und den Experten bekannt gegeben.[259] Dieser Prozeß wird bis zu einer bestimmten Iterationszahl fortgeführt.

Ausgangspunkt der Entwicklung dieses Prognoseverfahrens waren verteidigungsbezogene Projekte der *Rand Corporation* in den 50er Jahren.[260] Gegenstand solcher Prognosen können sowohl qualitative als auch quantitative Größen sein. Ausgehend von den USA, fand diese Technik auch in Europa Anerkennung und ein breites Einsatzgebiet. Dabei hat die ursprüngliche Ausgestaltung der Delphi-Technik durch einige Kennzeichen, die in der Literatur übereinstimmend als Charakterisierungsmerkmale genannt und nachfolgend aufgeführt werden, verschiedentlich Abwandlungen erfahren:[261]

- Vorbestimmter Informationsfluß
- Informationsrückfluß an die Teilnehmer
- Anonymität der Teilnehmer
- (i.d.R.) schriftliche Befragung
- Teilnehmer sind Experten

---

258 Makridakis, S., Wheelwright, S. [1973], S. 62.

259 Vgl. Weber, K. [1975], Sp. 3191.

260 Vgl. Dalkey, N., Helmer, O. [1963], An Experimental Application of the Delphi Method to the Use of Experts, in: MS Vol. 9 3/1963, S. 458 - 467; Helmer, O. [1983], Looking Foreward - A Guide to Future Research, Beverly Hills-New York, 1983, S. 243; Hansmann, K.-W. [1993], Sp. 3551; Geschka, H., [1977], Delphi, in: G. Bruckmann (Hrsg.): Langfristige Prognosen - Möglichkeiten und Methoden der Langfristprognostik komplexer Systeme, Würzburg-Wien, 1977, S. 27 - 44, S. 27.

261 Vgl. Linstone, H. A. [1978], The Delphi Technique, in: J. Fowles (Hrsg.): Handbook of Futures Research, Westport, Connecticut-London, 1978, S. 273 - 300, S. 274; Hansmann, K.-W. [1993], Sp. 3551, Wechsler, W. [1978], Delphi-Methode - Gestaltung und Potential für betriebliche Prognoseprozesse, Diss. Münster, München, 1978, S. 24; Welters, K. [1989], Delphi-Technik, in: N. Szyperski (Hrsg.): HWPlan, Stuttgart, 1989, Sp. 262 - 269, S. 262; Geschka, H., [1977], S. 39 - 41.

Hinsichtlich der Gestaltung bestehen vielerlei Variationsmöglichkeiten:[262]

① Aufgaben der Monitorgruppe

- Formulierung der Problemstellung
- Ausarbeitung des Fragebogens
- Auswahl der Experten
- Auswertung des Ergebnisse
- Weiterleitung der Ergebnisse

② Anzahl der einbezogenen Ergebnisse

- abhängig vom Budget (Zeit, Kosten) und von der Aufgabenstellung

③ Inhalt der Fragen

- Angabe möglicher Ergebnisse
- Angabe von Eintrittswahrscheinlichkeiten
- Angabe verwendeter Informationsquellen

④ Form der erhaltenen Antworten

- vorbestimmt durch die vorgegebene Fragestellung (schriftlich/mündlich, formatiert/unformatiert)

⑤ Anzahl der Befragungsrunden

- im vorhinein feste Anzahl bestimmt
- Abbruchkriterium = Erreichen einer gewissen Meinungskonvergenz

Neue Variationen nutzen die Entwicklungen der Datentechnik z.B. in Form von 'Real-time-remote-Konferenzen' ('Echt-Zeit-Delphi-Prozesse').[263]

---

262 Vgl. Götze, U. [1991], S. 246 - 248 und Wechsler, W. [1978], S. 32 - 158; Geschka, H., [1977], S. 38 und 42 - 43.

263 Vgl. Linstone, H. A. [1978], S. 275, Linstone, H. A., Turoff, M. [1975a], Introduction, in: H. A. Linstone, M. Turoff (Hrsg.): The Delphi Method - Techniques and Applications, London-Amsterdam-Don Mils, 1975, S. 3 - 12, S. 5; Brockhoff, K. [1979], Delphi-Prognosen im Computer-Dialog: Experimentelle Erprobung und Auswertung kurzfristiger Prognosen, Tübingen, 1979, S. 6.

1.1.3.1.3 Cross-Impact-Technik

Die Cross-Impact-Technik[264] nimmt innerhalb der konjekturalen Prognosemethoden eine Sonderstellung ein. Die Szenario-Technik wie auch die Delphi-Methode haben langfristige Vorhersagen zum Zweck, jedoch bleibt die gegenseitige Einflußnahme der einzelnen künftigen Ereignisse weitestgehend außer acht.[265] Diesen Nachteil versucht die Cross-Impact-Analysis zu beseitigen, indem sie die wahrscheinliche Einflußnahme der zukünftigen Ereignisse im voraus berücksichtigt. Deshalb könnte man die Cross-Impact-Analysis als eine abgeänderte Form der Standardverfahren der konjekturalen Prognoseverfahren bezeichnen.[266] Die Cross-Impact-Analysis wurde zum ersten Mal im Jahre 1968 von T. J. Gordon und H. Hayward dargestellt.[267] Seither sind verschiedene Varianten dieser Methode entwickelt, weitergeführt und auf diverse Problemfelder angewandt worden;[268] hier soll das Grundmodell dargestellt werden.

Cross-Impact-Analysis kann definiert werden als "[...] a generic term for a family of techniques that try to evaluate changes in likelihood of occurence among an entire set of possible future events and trends in light of limited changes in probability for some of the items in that set."[269] Hierfür ist eine Modellaufstellung notwendig, durch die die Verflechtungsbeziehungen der Wahrscheinlichkeiten zwischen dem Eintreffen bestimmter Ereignisse, d.h.

---

264 Cross-Impact-Technik - im weiteren auch Cross-Impact-Analysis genannt - wird als eine sog. 'Wirkungswert-Analyse' verstanden.

265 Vgl. Geschka, H., [1977], S. 36; Linstone, H. A., Turoff, M. [1975b], Cross-Impact Analysis: Introduction, in: H. A. Linstone, M. Turoff (Hrsg.): The Delphi Method - Techniques and Applications, London-Amsterdam-Don Mils, 1975, S. 325 - 326; Helmer, O. [1977], Problems in Futures Research - Delphi and causal cross-impact-analysis, in: Futures Vol. 9 1/1977, S. 17 - 31, S. 19.

266 Vgl. Weber, K. [1975], Sp. 3191.

267 Vgl. Gordon, T. J., Hayward, H. [1968], Initial Experiments with the Cross Impact Matrix Method of Forecasting, in: Futures Vol. 1 2/1968, S. 100 - 116.

268 Vgl. z.B. Ryan, A. D. [1975], Cross-Impact-Analysis for Bell-Canada, Bell Canada, Business Planning Paper Nr. 10, 1975 (zitiert nach Wechsler, W. [1978], S. 109 - 116); Gordon, T. J., Rochberg, R., Enzer, S. [1970], Research on Cross-Impact Techniques with Applications to Selected Problems in Economics, Political Science, and Technology Assessment, The Institute for the Future, Report R-12, August/1970.

269 Enzer, S. [1972], Cross-Impact Techniques in Technology Assessment, in: Futures Vol. 4 1/1972, S. 30 - 51, S. 32.

die aus dem Eintreffen bestimmter Ereignisse resultierenden Auswirkungen, genau dargestellt werden.[270] Ziel der Modellaufstellung ist es, zum einen die relevante Verkettung aller wichtigen künftigen Ereignisse und zum anderen den genauen Wirkungsgrad der gegenseitigen Beeinflussung der Eintrittswahrscheinlichkeiten der Ereignisse darzustellen.[271] Kausale Interdependenzen können nur berücksichtigt werden, wenn die zeitliche Dimension ein Grundbestandteil des Modells darstellt.[272] Dabei geht man folgendermaßen vor:[273] Nachdem das Prognoseproblem identifiziert worden ist, werden potentielle künftige Ereignisse D_n mit ihren Eintrittswahrscheinlichkeiten P_n zum Zeitpunkt t subjektiv gewählt. D_m sind Ereignisse, die eintreten, wenn die Ereignisse D_n bereits eingetreten sind. Um die genauen gegenseitigen Wirkungsgrade dieser Ereignisse (D_m) zeigen zu können, wird eine Cross-Impact-Matrix entwickelt. Wie aus Tab. 2 zu ersehen ist, wird zunächst nur tabellarisch dargestellt, ob ein Wirkungszusammenhang zwischen den Ereignissen besteht und wenn ja, ob dieser positiv oder negativ ist, was durch die Pfeilrichtung zum Ausdruck kommt.

---

270 Vgl. Enzer, S. [1972], S. 32. Es ist generell zu unterschieden zwischen bedingten Wahrscheinlichkeiten und Eintrittswahrscheinlichkeiten bei der Cross-Impact-Technik. Die bedingten Wahrscheinlichkeiten geben im Prinzip die Korrelation zwischen zwei Attributen bzw. Ereignissen an. Dagegen stellen die Eintrittswahrscheinlichkeiten bei der Cross-Impact-Technik, die *Wahrscheinlichkeit* dar, daß ein Ereignis *in Zukunft* eintreten wird, wenn ein bestimmtes Ereignis vorausgegangen ist. Vgl. Enzer, S., Alter, S. [1978], Cross-Impact Analysis and Classical Probability - The question of consistency, in: Futures Vol. 10 3/1978, S. 227 - 239, S. 230 - 231.

271 J. Kane schlägt zur Durchführung einer Cross-Impact-Analyse die Verwendung einer Simulationssprache (KSIM) vor, um die grundsätzliche Vorgehensweise einer größeren Anzahl von Modellbenutzern zugänglich machen zu können, ohne daß ein größerer Lernaufwand bezüglich der Spezifika der Simulationssprache erforderlich wäre. Vgl. Kane, J. [1975], A Primer for a New Cross-Impact Language - KSIM (with Examples Shown from Transportation Policy), in: H. A. Linstone, M. Turoff (Hrsg.): The Delphi Method - Techniques and Applications, London-Amsterdam-Don Mils, 1975, S. 369 - 382.

272 Vgl. Helmer, O. [1977], S. 19; Enzer, S., Alter, S. [1978], S. 237.

273 Vgl. z. B. Helmer, O. [1981], Reassessment of Cross-Impact Analysis, in: Futures Vol. 13 5/1981, S. 389 - 400, S. 393 - 397.

Ereignisse D_n	P_n	D_m				
		D_1	D_2	D_3	...	D_n
D_1	P_1		—	↑	...	...
D_2	P_2	↓		↑	...	...
D_3	P_3	—	↓		...	...
...	...	...	...	...		
D_n	P_n	...	...	...	...	

↑ = positiver Cross-Impact; ↓ = negativer Cross-Impact; — = kein Cross-Impact

Tab. 2: Vereinfachte Cross-Impact-Matrix[274]

Grundsätzlich gibt es, wie Abb. 8 zeigt, drei Möglichkeiten für die Verkoppelung der Ereignisse.

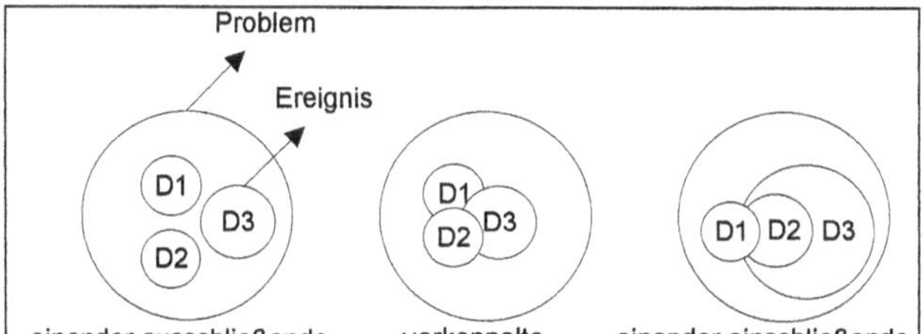

Abb. 8: Verkoppelungsmöglichkeiten zwischen den Ereignissen[275]

T. J. Gordon und H. Hayward berechnen mit Hilfe der unten dargestellten Gleichung[276] die Ereigniswahrscheinlichkeiten P_n' für ein Ereignis D_n unter der Annahme, daß ein Ereignis D_m zum Zeitpunkt t+a ($a \in \mathbb{N}$) bereits eingetreten ist. Dabei ist P_n die Eintrittswahrscheinlichkeit für das Ereignis D_n, unabhängig vom Eintritt des Ereignisses D_m. P_n' wird beeinflußt von der Ursprungswahrscheinlichkeit P_n, der Art des Zusammenhangs der Ereignisse D_m und D_n (dargestellt als M 'function of the connection mode') und dem

274 Vgl. Weber, K. [1990], S. 144; Sullivan, W. G., Claycombe, W. W. [1977], Fundamentals of Forecasting, Reston, Virginia, 1977, S. 166.

275 Vgl. Enzer, S. [1971], Delphi and Cross-Impact Techniques - An Effective Combination for Systematic Futures Analysis, in: Futures Vol. 3 1/1971, S. 48 - 61, S. 52.

276 Vgl. Gordon, T. J., Hayward, H. [1968], S. 106; Mitchell, R. B., Tydeman, J., Curnow, R. [1977], Scenario Generation - Limitations and Developments in Cross-Impact-Analysis, in: Futures Vol. 9 3/1977, S. 205 - 215, S. 208 - 209.

Zeitpunkt t_m, für den die Wahrscheinlichkeiten geschätzt werden.[277] T. J. Gordon und H. Hayward setzen voraus, daß zwischen P_n und P_n' kein linearer Zusammenhang besteht [278] und gehen von folgender Grundgleichung aus:[279]

$$P_n' = aP_n^2 + bP_n + c$$

Nach Umformung und Ersetzen von a durch $a = kS\frac{t - t_m}{t}$, wobei $k \in [-1; +1]$ je nach Wirkungsgrad und $S \in]0, 1[$, als Maß für die Stärke des Zusammenhangs, ergibt sich als Endgleichung:[280]

$$P_n' = kS\frac{t - t_m}{t}P_n^2 + [1 - kS\frac{t - t_m}{t}]P_n \quad .$$

Nun kann eine detailliertere Cross-Impact-Matrix aufgestellt werden, die sich jedoch nur insofern von der in Tab. 2 dargestellten unterscheidet, als sie zusätzlich die Wahrscheinlichkeiten P_n' enthält.[281] Abb. 9 zeigt, welche weiteren Schritte folgen müssen:[282]

---

277 Vgl. Gordon, W. J., Hayward, H. [1968], S. 104.

278 Vgl. Sullivan, W. G., Claycombe, W. W. [1977], S. 168; Enzer, S. [1972], S. 40 - 41; Enzer, S. [1971], S. 60 - 61.

279 Vgl. Gordon, W. J., Hayward, H. [1968], S. 105.

280 Vgl. Gordon, W. J., Hayward, H. [1968], S. 106.

281 Vgl. Sullivan, W. G., Claycombe, W. W. [1977], S.170 - 171; Helmer, O. [1977], S. 24; Turoff, M. [1975], An Alternative Approach to Cross Impact Analysis, in: H. A. Linstone, M. Turoff (Hrsg.): The Delphi Method - Techniques and Applications, London-Amsterdam-Don Mils, 1975, S. 338 - 368, S. 359 - 361.

282 Vgl. Weber, K. [1990], S. 146; Enzer, S. [1972], S. 34 - 35; Sullivan, W. G., Claycombe, W. W. [1977], S. 168 - 169; Mitchell, R. B., Tydeman, J., Curnow, R. [1977], S. 208 - 209.

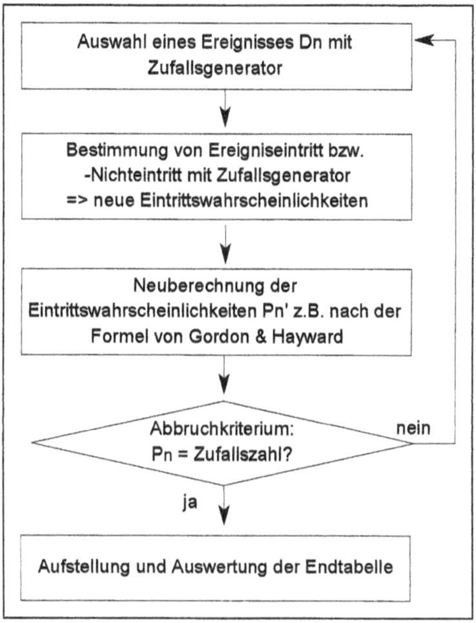

Abb. 9: Flußdiagramm zur P_n-Berechnung

Die obigen Schritte müssen mit Hilfe der EDV für alle Ereignisse sehr oft (ca. tausendmal) durchlaufen werden; je öfter der Durchlauf erfolgt, desto besser sind die ‘endgültigen’ Wahrscheinlichkeiten $P_n^{'}$. Die Vorteile dieser Methode liegen in der Berücksichtigung der genauen Wirkungsgrade zwischen den Ereignissen, woaus eine dataillierte Analyse der Primärinformationsbasis möglich ist,[283] sowie des weiteren darin, daß für die Ereignisse keinerlei ‘Typ-Restriktionen’ bzw. Formvorschriften existieren und zudem alle Schritte klar nachvollziehbar sind.[284]

M. Turoff schlägt vor, die Cross-Impact-Analysis auch in einer formähnlichen On-line-Konferenz wie bei der Delphi-Technik zu gestalten.[285] “It would be

283 Vgl. Enzer, S., Alter, S. [1978], S. 237.

284 Vgl. Sullivan, W. G., Claycombe, W. W. [1977], S. 172; Enzer, S. [1972], S. 32; Weber, K. [1990], S. 145.

285 Vgl. Turoff, M. [1975], S. 362. Vgl. zu einer von M. Turoff durchgeführten On-Line-Delphi-Computer-Konferenz und den Spezifika hinsichtlich Hard- und Software und Kosten solch einer Studie: derselbe [1972] Delphi-Conferencing: Computer-Based

necessary to tie this particular conference structure to a general discussion conference (such as the "Delphi Conferencing" system) in order that the group can first specify the event set and later discuss disagreement on causal effects."[286]

1.1.3.2 Strukturmodellgestützte Prognosemethoden

Die wichtigsten Standardverfahren der strukturmodellgestützten Prognosemethoden bestehen aus Wachstums-, Simulations-, Regressions- und Lernkurvenmodellen. Wachstums- und Lernkurvenmodelle eignen sich für gesamtwirtschaftliche und längerfristige Prognosen. Im weiteren sind die Regressionsmodelle von Interesse. Mit Bezug auf das Thema dieser Untersuchung eignen sie sich beispielsweise am besten für kurz- und mittelfristige Vorhersagen. Außerdem sind sie leicht nachvollziehbar, ohne größeren Rechenaufwand durchführbar und kostengünstig einsetzbar.[287]

Im folgenden werden Methoden und Formen der Regressionsrechnung dargestellt. Mit Hilfe der Regressionsrechnung wird versucht, die Ursachen für eine bestimmte Entwicklung zu erkunden, diese zu prognostizieren, um somit auf das zukünftige Verhalten der gesuchten abhängigen Variablen (Regressand) schließen zu können.[288] Eine zufällige Komponente (u_i) nimmt alle Störgrößen auf. Diese Vorgehensweise ist selbstverständlich nur dann sinnvoll, wenn die Prognose der unabhängigen Variable (Regressor) weniger mühevoll ist als die der abhängigen. Kann nun eine Korrelation zwischen der abhängigen und der unabhängigen Variable festgestellt werden, so wird zum einen versucht - mittels der Methode der kleinsten Quadrate oder der Maximum-Likelihood-Methode[289] - den Funktionstyp, der die Beziehung

---

Conferencing with Anonymity, in: Technological Forecasting and Social Change Vol. 3 1972, S. 159 - 204.

286 Turoff, M. [1975], S. 362 - 363.

287 Vgl. Weber, K. [1990], S. 15 - 16.

288 Vgl. Newbold, P., Bos, T. [1990], Introductory Business Forecasting, Cincinnati, 1990, S. 66 - 68; Neter, J., Wasserman, W. [1969], S. 512.

289 Vgl. zu diesen beiden Methoden z.B. Hartung, J. [1993], Statistik: Lehr- und Handbuch der angewandten Statistik, München, 1993, S. 126 - 129.

zwischen der unabhängigen und der gesuchten Variablen beschreibt, zu finden. Zum anderen wird mit Hilfe der statistischen Korrelationsrechnung der Einfluß der unabhängigen auf die abhängige Variablen ermittelt.[290] Die Schwierigkeit der Regressionsrechnung besteht darin, den richtigen Funktionstyp zu bestimmen, da einerseits von den Vergangenheitswerten der Variablen nicht ohne weiteres auf den Funktionstyp geschlossen werden kann und andererseits jedes Untersuchungsziel ein anderes Regressionsmodell verlangen kann.[291]

Regressor-Anzahl j / Funktionstyp	j = 1	j > 1
linear	lineare Einfachregression	lineare multiple Regression
nichtlinear	nichtlineare Einfachregression	nichtlineare multiple Regression

Tab. 3: Klassifikation der Regressionsmodelle[292]

Es gibt verschiedene Möglichkeiten, Regressionsmodelle zu klassifizieren. Beispielsweise kann man, wie Tab. 3 zeigt, nach der Zahl der unabhängigen Variablen und der Art der Korrelation vorgehen. Ist die Entwicklung der abhängigen Variablen auf den Einfluß einer einzigen Bestimmungsgröße zurückzuführen, dann spricht man von der Einfachregression, bei mehreren Bestimmungsgrößen entsprechend von der multiplen Regression.[293] Die Korrelation zwischen der abhängigen und der unabhängigen Variablen, ausgedrückt im Funktionstyp, kann lineare bzw. nichtlineare Gestalt annehmen. Beide Klassifizierungsmerkmale lassen eine weitere Unterteilung nach der Anzahl der Regressionsstufen in einstufige und mehrstufige Regression zu. Bei einer mehrstufigen Regression können auch mittelbare Einflußfaktoren berücksichtigt werden; d.h. ein oder mehrere Regressanden sind wiederum

290 Vgl. Bohley, P. [1992], Statistik: ein einführendes Lehrbuch für Wirtschafts- und Sozialwissenschaftler, München-Wien, 1992, S. 233 - 250.

291 Vgl. Weber, K. [1990], S. 78.

292 Vgl. Weber, K. [1990], S. 79. Zur genauen Beschreibung jeder Ausprägung: vgl. Bleymüller, J., Gehlert, G., Gülicher, H. [1994], Statistik für Wirtschaftswissenschaftler, München, 1994, S. 139 - 179; Hartung, J. [1993], S. 573 -575 und 589 - 591.

293 Vgl. Neter, J., Wasserman, W. [1969], S. 555.

abhängige Variablen (in einer anderen Stufe). Prinzipiell muß die Auswahl der Regressionsmodelle und -art in kausalem Zusammenhang mit der Aufgabenstellung erfolgen, wobei Kosten-Nutzen-Überlegungen Beachtung finden sollten.

1.1.3.3 Zeitreihengestützte Prognosemethoden

Das Hauptmerkmal aller zeitreihengestützten Prognosemethoden ist die Fortschreibung früherer Werte in die Zukunft. Die wichtigste Voraussetzung hierfür ist das Vorhandensein einer Zeitreihe. Unter einer Zeitreihe ist eine zeitlich geordnete Folge von Ausprägungen eines bestimmten Merkmals zu verstehen.[294] Es sind diskrete und stetige Zeitreihen zu unterscheiden. I.d.R. werden bei wirtschaftlichen Analysen diskrete Zeitreihen genutzt. Die Grundidee besteht darin, mit Hilfe historischer Werte Strukturen innerhalb der Zeitreihe zu erkennen, um damit auf zukünftige Entwicklungen zu schließen. Dabei wird zugrunde gelegt, daß sich jede ökonomische Zeitreihe in zwei Komponenten aufspalten läßt:[295] in eine systematische Komponente und in den verbleibenden Rest. Der Rest beinhaltet alle Störgrößen - Zufallseinflüsse. Die systematische Komponente unterliegt mathematischen Gesetzmäßigkeiten, wobei ein funktionaler Zusammenhang zwischen der Zeit und der betrachteten Größe vorausgesetzt wird. Die zufällige Komponente unterliegt keinem funktionalem Zusammenhang, sondern einer Wahrscheinlichkeitsverteilung mit dem Erwartungswert Null.

Es werden in der Zeitreihenanalyse verschiedene Schwankungen unterschieden, die den Trend überlagern können:

- Zeitreihen mit zyklischen Schwankungen
- Zeitreihen mit saisonalen Schwankungen

[294] J. Neter, W. Wasserman und G. A. Whitmore fordern sogar, daß diese Ausprägungen jeweils im gleichen zeitlichen Abstand erfaßt werden. Vgl. Neter, J., Wasserman, W., Whitmore, G. A. [1978], Applied Statistics, Boston-London-Sydney, 1978, S. 605; Hansmann, K.-W. [1993], Sp. 3546 und Schlittgen, R., Streitberg, H. J. [1994], Zeitreihenanalyse, München-Wien, 1994, S. 1.

[295] Vgl. Makridakis, S., Wheelwright, S. C. [1973], S. 55; dieselben [1989], S. 96 - 97;

Die zeitreihengestützte Prognose versucht, aus den vorhandenen historischen Daten den Funktionstyp der systematischen Komponente zu erkennen und die dazugehörigen Koeffizienten zu schätzen. Die Prognose bezieht sich i.d.R. nur auf die systematische Komponente. Die zeitreihengestützten Prognosemethoden unterteilen sich in drei Submethoden: Extrapolations-, Dekompositions- und Identifikationsmethoden.

1.1.3.3.1 Zeitreihengestützte Extrapolationsmethoden

Ziel der zeitreihengestützten Extrapolationsmethoden ist die Berechnung des Trends als eine Zeitreihenkomponente über die Basiszeitreihe hinaus mit Hilfe von mathematisch-statistischen Verfahren. Der Verlauf dieses extrapolierten Trends läßt sich mit Hilfe von Trendfunktionen bestimmen. Es gibt zwei Methoden mit deren Hilfe die Strukturparameter einer linearen bzw. nichtlinearen Trendfunktion errechnet werden können: Projektions- und Glättungsmethoden. Abb. 10 zeigt eine differenzierte Einteilung der Extrapolationsmethoden, die im weiteren behandelt werden.

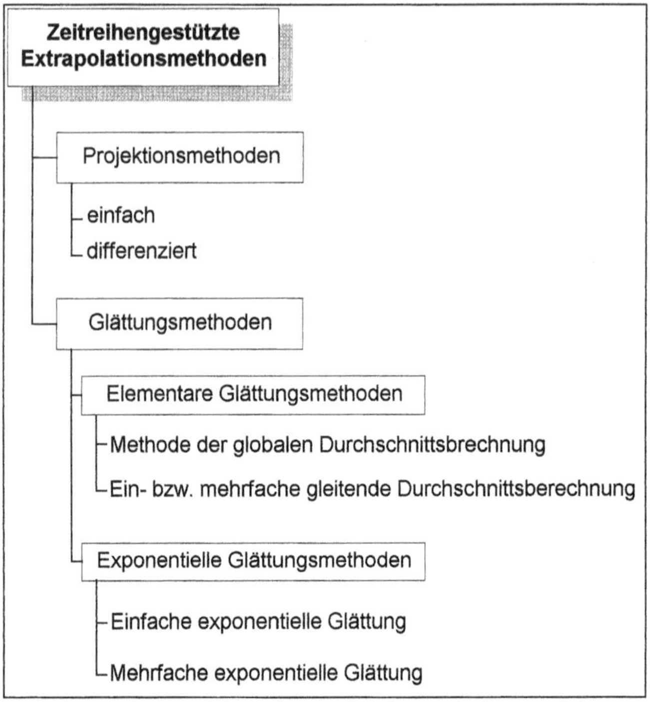

Abb. 10: Einteilung der zeitreihengestützten Extrapolationsmethoden[296]

1.1.3.3.1.1 Projektionsmethoden

Projektionsmethoden werden auch als Praktikermethoden bezeichnet. Es existiert bei den Projektionsmethoden keine mathematisch-statistische exakte Fundierung. Die bekannteste Projektionsmethode ist die naive Prognose. Im einfachsten Fall wird als Prognosewert für den Zeitpunkt t+1 der aktuelle Zeitreihenwert verwendet: $y_{t+1} = x_t$ .Varianten der naiven Prognose arbeiten z.B. mit einem konstanten Wachstumsfaktor oder einer einfachen arithmetischen Reihe:[297]

---

296 Spezialverfahren des exponentiellen Glättens wurden in dieser Differenzierung nicht berücksichtigt. Vgl. zu diesen Spezialverfahren z.B. Makridakis, S. Wheelwright, S. C. [1978a], Interactive Forecasting: Univariate and Multivariate Methods, San Francisco-Düsseldorf-Johannesburg, 1978, S. 79 - 105.

297 Vgl. Schröder, M. [1994], S. 13 - 14; Lewandowski, R. [1974], Prognose- und Informationssysteme und ihre Anwendungen, Berlin-New York, 1974, S. 30 - 32.

$y_{t+1} = a\, x_t$ a = Konstante

$y_{t+1} = x_t + b$ b = beliebige Zahl

Eine mögliche Prognoseform für t+1 kann z.B. in der Berechnung eines geometrischen Durchschnitts der bisherigen Zeitreihenwerte liegen.[298]

1.1.3.3.1.2 Glättungsmethoden

Die Glättungsmethoden unterteilen sich in elementare und exponentielle Glättungsverfahren. Glättungsmethoden sind nicht an einen spezifischen Prognosegegenstand gebunden, sie sind relativ kostengünstig und eignen sich gut für kurzfristige Prognosen.[299] Allgemein geht man bei den Glättungsmethoden in zwei Schritten vor: Im ersten Schritt wird die Basiszeitreihe geglättet, und im zweiten Schritt wird die geglättete Zeitreihe für die Prognoseerstellung genutzt. Es wird davon ausgegangen, daß die geglättete Zeitreihe eine systematische Komponente der Zeitreihe reflektiert.[300]

(1) Elementare Glättungsmethoden

Bei der globalen Durchschnittsberechnung werden alle verfügbaren Vergangenheitswerte der Zeitreihe zur Berechnung des Mittelwertes herangezogen, der gleichzeitig der Prognosewert für die Periode t+1 ist:

$$y_{t+1} = \sum_{t=1}^{N} \frac{x_t}{N}$$

Das Prinzip der einfachen gleitenden Durchschnittsberechnung besteht darin, daß - im Gegensatz zur globalen Durchschnittsberechnung - nicht alle, sondern nur eine feststehende Anzahl n von Beobachtungswerten in die Berechnung eingeht:[301]

---

298 Vgl. Weber, K. [1990], S. 183.

299 Vgl. Makridakis, S., Wheelwright, S. C. [1989], S. 66.

300 Vgl. Neter, J., Wasserman, W., Whitmore, G. A. [1978], S. 605.

301 Vgl. z.B. Makridakis, S. Wheelwright, S. C. [1978a], S. 45 - 47 und S. 106 - 107; dieselben [1989], S. 71; Brown, R. G. [1962] Smoothing, Forecasting and Prediction of Discrete Time Series, London-Sydney-Toronto, 1962, S. 98; Schröder, M. [1994], S. 17 - 18.

$$y_t = \frac{x_{t-1} + x_{t-2} + \ldots + x_{t-N}}{N} \qquad (1)$$

Je größer die Anzahl N, desto stärker ist der Glättungseffekt.[302] Liegt ein neuer Beobachtungswert vor, so kann sofort ein neuer Durchschnitt berechnet werden. Bei der mehrfachen gleitenden Durchschnittsberechnung wird die sich aus den Mittelwerten abgeleitete Zeitreihe analog nochmals geglättet. Der Vorteil der Methode der gleitenden Durchschnitte besteht in der Einfachheit der Durchführung. Zudem reagiert diese Methode relativ unempfindlich auf Ausreißer.[303] Ein Nachteil ist die Voraussetzung u.U. einer recht großen Datenbasis.[304]

(2) Exponentielle Glättungsmethoden

(2.1) Einfaches exponentielles Glätten

Die bisher vorgestellten Glättungsmethoden sind aus zwei Gründen nicht immer anwendbar: zum einen müssen die letzten N beobachteten Werte gespeichert werden,[305] und zum anderen gehen alle Beobachtungswerte ungeachtet ihres zeitlichen Auftretens, mit demselben Gewicht, nämlich 1 ein, alle vorhergehenden Beobachtungswerte werden vernachlässigt (bzw. gehen mit einem Gewicht von Null ein).[306] Ziel der exponentiellen Glättung ist es, diese Nachteile auszugleichen, obgleich die Vorgehensweise ähnlich ist: historische Beobachtungen werden geglättet, um Zufälligkeiten zu eliminieren.[307] Ausgehend von der Gleichung (1) im vorherigen Abschnitt erhält man durch Umformung:

$$y_{t+1} = \frac{x_t}{N} + \ldots + \frac{x_{t-N-1}}{N} \qquad (2)$$

302 Vgl. Weber, K. [1990], S. 189.

303 Vgl. Makridakis, S. Wheelwright, S. C. [1978a], S. 44.

304 Vgl. Weber, K. [1990], S. 190; Kress, G. [1985], Practical Techniques of Business Forecasting, Westport, Connecticut, 1985, S. 37 - 38.

305 Vgl. Brown, R. G. [1962], S. 99

306 Vgl. Newbold, P., Bos, T. [1990], S. 158 - 159; Makridakis, S. Wheelwright, S. C. [1978a], S. 106; Schröder, M. [1994], S. 18; Lewandowski, R. [1974], S. 33.

307 Vgl. Makridakis, S., Wheelwright, S. C. [1989], S. 71.

$$y_{t+1} = \frac{x_t}{N} + y_t - \frac{x_{t-N}}{N} \qquad (3)$$

Es zeigt sich, daß jede Vorhersage auf der jeweils vorhergehenden beruht. Geht man davon aus, daß nur der letzte Beobachtungs- und der letzte Schätzwert abrufbar sind, so muß x_{t-N} durch einen Wert angenähert werden, z.B. durch y_t. Ersetzt man noch $\frac{1}{N}$ durch α so erhält man:[308]

$$y_{t+1} = \alpha\, x_t + y_t\,(1 - \alpha). \qquad (4)$$

Es zeigt sich, daß nicht mehr alle historischen Daten gespeichert werden müssen, sondern nur der letzte Beobachtungswert und dessen Vorhersage. Auch der zweite Nachteil der gleitenden Durchschnitte wird behoben: die Gewichtung nimmt mit zunehmendem Alter der Beobachtungswerte exponentiell ab.[309] Dies kann durch Umformung gezeigt werden:

$$y_t = \alpha\, x_{t-1} + y_{t-1}\,(1 - \alpha) \qquad (5)$$

Dies wird in die Gleichung (4) eingesetzt, so daß sich nach weiteren Einsetzungen folgende allgemeine Gleichung ergibt:[310]

$$y_{t+1} = \alpha\, x_{t-1} + \alpha\,(1 - \alpha)\, x_{t-1} + \alpha\,(1 - \alpha)^2 x_{t-2} + \alpha\,(1 - \alpha)^3 x_{t-3} + \ldots \qquad (6)$$

Das abnehmende Gewicht ist das Resultat aus der Festlegung $\alpha \in \,]0, 1[$, so daß auch $(1-\alpha)$ einen Wert zwischen 0 und 1 annimmt.[311] α wird als Glättungs- oder auch Reaktionsparameter bezeichnet, welches die gesamte Gewichtungsstruktur der früheren Zeitwerte bestimmt.[312] Die Wahl des Wertes von α spielt eine wichtige Rolle: je größer α, desto schneller ist die

---

308 Vgl. Brown, R. G., Meyer, R. F. [1961], The Fundamental Theorem of Exponential Smoothing, in: O.R. Vol. 9 5/1961, S. 673 - 685, S. 676 - 677; Brown, R. G. [1962], S. 101; Hüttner, M. [1986], Prognoseverfahren und ihre Anwendung, Berlin-New York, 1986, S. 55 - 56; Lewandowski, R. [1969], Modelle und Methoden der ökonomischen Vorhersage, in: EDV 5/1969, S. 235 - 244, S. 240 - 241; Makridakis, S. Wheelwright, S. C. [1978a], S. 58 - 59; dieselben [1989], S. 72 und Schröder, M. [1994], S. 20 - 21.

309 Vgl. Brown, R. G. [1962], S. 101.

310 Vgl. Newbold, P., Bos, T. [1990], S. 160; Lewandowski, R. [1974], S. 34.

311 Vgl. Makridakis, S., Wheelwright, S. C. [1989], S. 73.

312 Vgl. Lewandowski, R. [1974], S. 35 - 36.

Anpassung an erfolgte Datenänderungen.[313] Die Festlegung von α kann subjektiv geschehen, aber es bestehen auch objektive Techniken wie z.B. die 'Grid-Search-Technik', bei der teilweise verschiedene α-Werte zunächst zur Prognose vergangener Werte eingesetzt werden und entsprechend eines Gütekriteriums der passendste Wert gewählt wird.[314]

(2.2) Mehrfaches exponentielles Glätten

Bei Anwendung des einfachen exponentiellen Glättens auf Zeitreihen mit trendabhängigem Verlauf wird die Prognose stets unterhalb des Trends liegen.[315] Eine mögliche Lösung besteht darin, das doppelte exponentielle Glätten anzuwenden.[316] Dabei findet die Trendanpassung als Differenz zwischen dem Wert statt, der sich aus dem einfachen exponentiellen Glätten und dem des doppelten exponentiellen Glättens ergibt (=a). Diese Differenz wird zum Wert des einfachen exponentiellen Glättens addiert.[317] Dabei ist die Vorgehensweise des doppelten exponentiellen Glättens analog zu der der doppelten gleitenden Durchschnitte:[318]

$$y'_t = \alpha\, x_t + (1 - \alpha)\, y'_{t-1}$$

$$y''_t = \alpha\, y'_t + (1 - \alpha)\, y''_{t-1}$$

$$a_t = 2\, y'_t - y''_t$$

---

313 Dies wird bei der Umformung der Gleichung (4) deutlich: $y_{t+1} = y_t + \alpha\,(x_t - y_t)$; d.h. es erfolgt eine Korrektur um den Prognosefehler der letzten Periode, gewichtet mit dem Reaktionsparameter. Vgl. Brown, R. G. [1962], S. 102; Newbold, P., Bos, T. [1990], S. 162 - 165; Lewandowski, R. [1974], S. 41.

314 Vgl. Brown, R. G. [1962], S. 106 - 111; Hüttner, M. [1986], S. 56 - 58; Hansmann, K.-W. [1993], Sp. 3552 - 3553; Schröder, M. [1994], S. 22 - 25; Brockhoff, K. [1977], S. 97 und die dort angeführte Literatur. Als Gütekriterium kann z.B. der MSE verwendet werden.

315 Vgl. Makridakis, S., Wheelwright, S. C. [1989], S. 76.

316 Vgl. Kress, G. [1985], S. 44.

317 Vgl. Makridakis, S., Wheelwright, S. C. [1989], S. 76 - 77; Kress, G. [1985], S. 45.

318 Allerdings müssen die Startwerte y'_0 und y''_0 geschätzt werden. Wenn eine genügend große Datenmenge verfügbar ist, so haben diese Werte keinen nennenswerten Einfluß. Wenn jedoch nur etwa 15 Werte vorliegen, so wird diese Initialschätzung die Vorhersage deutlich beeinflussen. Vgl. Brown, R. G., Meyer, R. F. [1961], S. 678; Makridakis, S., Wheelwright, S. C. [1989], S. 79; Sullivan, W. G., Claycombe, W. W. [1977], S. 94; Schröder, M. [1994], S. 30 - 31.

$$b_t = \frac{\alpha}{1-\alpha}\,(y'_t - y''_t)$$

$y_{t+m} = a_t + b_t\, m$ m = Anzahl vorherzusagender Zeitabschnitte

Bei Datenreihen, die einen nichtlinearen Trend aufweisen, ist das doppelte exponentielle Glätten ungeeignet. So ist ein Übergang zur dreifachen exponentiellen Glättung erforderlich.[319] Hier lautet die allgemeine Gleichung analog zu der des zweifachen exponentiellen Glättens:[320]

$$y'''_t = \alpha\, y''_t + (1 - \alpha)\, y'''_{t-1}$$

$$a_t = 3\, y'_t - 3\, y''_t + y'''_t$$

$$b_t = \frac{\alpha}{2(1-\alpha)^2} - [(6 - 5\alpha)\, y'_t - 2\,(5 - 4\alpha)\, y''_t + (4 - 3\alpha)\, y'''_t]$$

$$c_t = \frac{\alpha^2}{2(1-\alpha)^2}\,[y'_t - 2\, y''_t + y'''_t]$$

Daraus lassen sich die Prognosewerte der Zeitreihe berechnen als:

$$y_{t+m} = a_t + b_t\, m + c_t\, m^2$$

1.1.3.3.2 Zeitreihengestützte Dekompositionsmethoden

Dekompositionsmethoden zerlegen die Zeitreihe in ihre Grundbestandteile und zeigen die zukünftige Entwicklung der einzelnen Zeitreihenkomponenten im Zeitablauf.[321] Dies geschieht, indem sie diese extrapolieren und dann agglomeriert als Prognosewerte benutzen.[322] Diese Aufspaltung ist sehr zeit- und damit auch kostenintensiv. Aus diesem Grund wird eine Vorhersage auf der Basis zeitreihengestützter Prognosemethoden nur bei wertvollen Prognoseobjekten angewandt.

---

319 Vgl. Kress, G. [1985], S. 47.

320 Vgl. Brown, R. G., Meyer, R. F. [1961], S. 678; Sullivan, W. G., Claycombe, W. W.[1977], S. 95 - 96.

321 "Depending on emphasis and circumstances, each component has independent interest" Bingham, C. [1978], Time Series: General, in: W. H. Kruskal, J. M. Tanur (Hrsg.): International Encyclopedia of Statistics (Vol. 2), New York-London, 1978, S. 1167 - 1180, S. 1172.

Die zeitreihengestützten Dekompositionsmethoden lassen sich in klassische und neoklassische Methoden einteilen. Die wichtigsten klassischen Dekompositionsmethoden sind Census II X-9- und Census II X-11-Verfahren; die der neoklasssichen sind X-11-ARIMA und SABL. Im folgenden wird der Grundgedanke des Census II-Verfahrens dargestellt, das 1955 von J. Shiskin vom 'Bureau of the Census of the U.S. Department of Commerce' entwickelt wurde.[323] Die Zeitreihendekomposition kann sowohl für additive als auch für multiplikative Modelle angewandt werden. Der Ablauf des Verfahrens ist in Abb. 11 dargestellt.

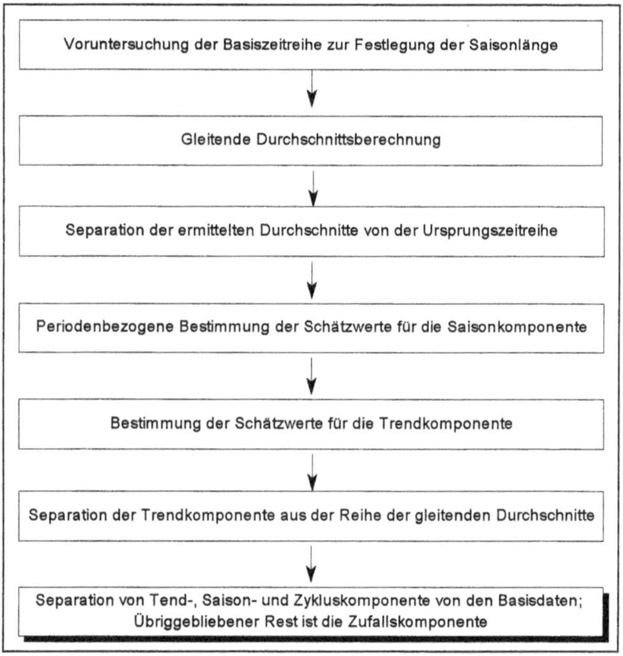

Abb. 11: Arbeitsschritte bei der Zeitreihendekomposition mit Census II Verfahren[324]

---

322 Vgl. Weber, K. [1990], S. 245.

323 Vgl. Makridakis, S., Wheelwright, S. C. [1989], S. 121, Shiskin, J. [1978], Time Series: Seasonal Adjustment, in: W. H. Kruskal, J. M. Tanur (Hrsg.): International Encyclopedia of Statistics (Vol. 2), New York-London, 1978, 1202 - 1210, insbesondere S. 1206 - 1207.

324 Vgl. Shiskin, J., Eisenpress, H. [1957], Seasonal Adjustments by Electronic Computer Methods, in: Journal of the American Statistical Association Vol. 52 1957, S. 415 - 449; Weber, K. [1990], S. 248 - 249; Makridakis, S. Wheelwright, S. C. [1978a], S. 212 - 212; dieselben [1978b], Forecasting Methods and Applications, New York-Chichester-

Wie aus der Abb. 11 zu ersehen ist, erhält man letztlich die erarbeiteten Zeitreihen-Komponenten, die als Basis für Prognosewerte dienen. Vorteile der Census II-Verfahren sind die gute Anpassung an saisonale und zufällige Zeitreihenbestandteile sowie eine gute Trennung dieser Zeitreihenbestandteile von Trend- und zyklischen Komponenten.[325]

1.1.3.3.3 Zeitreihengestützte Identifikationsmethoden

Die Besonderheit der zeitreihengestützten Identifikationsmethoden besteht darin, daß das Prognosemodell nicht per se fest steht, sondern erst langsam im Laufe der Progoseerstellung entsteht.[326] Dadurch können reguläre stationäre Prozesse in der Praxis durch geeignete Parameterwahl (p und q) beliebig genau approximiert werden.[327] Bekannteste Autoren der Identifikationsmethoden sind G. E. P. Box und G. M. Jenkins, deren Namen sehr häufig als Synonym für ARMA-Prozesse benutzt werden, so daß man auch von der BJ-Methode spricht.[328]

Grundlegend besteht diese Methode aus drei Schritten:

① Identifikation

② Schätzung

③ Anwendung / Test

Brisbane, 1978, S. 106; dieselben [1989], S. 121; Brockhoff, K. [1977], S. 100 - 101; Lewandowski, R. [1974], S. 102 - 103.

325 Vgl. Makridakis, S., Wheelwright, S. C. [1989], S. 122. Vgl. zur Definition dieser Komponenten z.B. Neter, J., Wasserman, W., Whitmore, G. A. [1978], S. 614.

326 Vgl. Weber, K. [1990], S. 349.

327 Vgl. Deistler, M., Neusser, K. [1994], Prognose uni- und multivariater Zeitreihen, in: P. Mertens (Hrsg.): Prognoserechnung, Heidelberg, 1994, S. 259 - 277, S. 264.

328 Vgl. Makridakis, S., Wheelwright, S. C. [1978b], S. 328; dieselben [1989], S. 133; Bingham, C. [1978], S. 1175.

In einem ersten Schritt wird ein tentatives Modell festgelegt, wobei drei Modelltypen zur Verfügung stehen:329

① AR-Modelle[330]

② MA-Modelle[331]

③ ARMA-Modelle (als Kombination von AR- und MA-Modellen)[332]

AR-Modelle stellen den Zeitreihenwert als Summe der mit Parameter a_i gewogenen vergangenen Zeitreihenwerten und einer Störvariablen dar:[333]

$$x_t = a_1 x_{t-1} + a_2 x_{t-2} + \ldots + a_p x_{t-p} + u_t$$

Es handelt sich hierbei um einen autoregressiven Prozeß p-ter Ordnung (AR(p)-Prozeß).

Der MA-Prozeß q-ter Ordnung wird durch folgende Gleichung repräsentiert:[334]

$$x_t = u_t - b_1 u_{t-1} - \ldots - b_q u_{t-q}$$

Der Zeitreihenwert wird durch die vergangenen Werte der Störgröße ausgedrückt. Die Gleichung des ARMA-Modells ergibt sich damit als Kombination:[335]

$$x_t = a_1 x_{t-1} + a_2 x_{t-2} + \ldots + a_p x_{t-p} + u_t - b_1 u_{t-1} - b_2 u_{t-2} - \ldots - b_q u_{t-q}$$

---

329 Vgl. Box, G. E. P., Jenkins, G. M. [1976], Time Series Analysis: forecasting and control, San Francisco-Cambridge-London-Amsterdam, 1970, S. 11; Makridakis, S., Wheelwright, S. C. [1978b], S. 328; dieselben [1989], S. 130 - 133; Chatfield, C. [1975], The Analysis of Time Series: An Introduction, London-New York-Tokyo, 1975, S. 63 - 65.

330 AR-Modelle wurden zuerst von G. U. Yule (1926) vorgestellt.

331 MA-Modelle wurden zunächst von E. Slutzky (1937) angewandt.

332 Die Kombination von AR- und MA-Modellen ist auf Arbeiten von H. Wold zurückzuführen. Vgl. Wold, H. [1938], A Study in the Analysis of Stationary Time Series, Uppsala: Almquist and Wiksells, 1938 (zitiert nach Weber, K. [1990]).

333 Vgl. Box, G. E. P., Jenkins, G. M. [1976], S. 9, Makridakis, S. Wheelwright, S. C. [1978a], S. 228; dieselben [1989]; S. 131, Hartung, J. [1993], S. 679.

334 Vgl. Box, G. E. P., Jenkins, G. M. [1976], S. 10; Makridakis, S. Wheelwright, S. C. [1978a], S. 228 - 229; dieselben [1989], S. 132; Hartung, J. [1993], S. 681.

335 Vgl. Box, G. E. P., Jenkins, G. M. [1976], S. 11; Makridakis, S. Wheelwright, S. C. [1978a], S. 229; dieselben [1989], S. 132; Bingham, C. [1978], S. 1176; Hartung, J. [1993], S. 682.

Auch bei dieser Art der Prognose wird davon ausgegangen, daß der neueste Zeitreihenwert die Zukunft am meisten beeinflußt und es daher in dem Formel das größte Gewicht erhält. Alle anderen Zeitreihenwerte haben ienen wesentlich geringeren Einfluß und gehen daher mit einem Gewicht < 1 in die Rechnung ein, wobei jeder weit zurückliegende Wert ein kleineres Gewicht erhält asl der vorangegangene.[336]

Da sich mit ARMA-Modellen nur stationäre Zeitreihen, d.h. relativ konstanter Mittelwert, Varianz und AC-Funktion im Zeitablauf, prognostizieren lassen,[337] müssen nicht-stationäre Zeitreihen durch Differenzenbildung in eine stationäre Zeitreihe transformiert werden, auf die dann das BJ-Verfahren angewandt werden kann.[338] Mit der Integration der Differenzreihe gelangt man zur Ursprungszeitreihe zurück: ARIMA[339]

Aus dem Vergleich der vorliegenden Korrelationsfunktion und dem Verlauf der bekannten theoretischen Modelle, werden die entsprechenden Parameter geschätzt.[340] Die Eignung des Modells wird anhand verschiedener Testgrößen wiederholt überprüft und das Modell ggf. revidiert.[341] Das für gut befundene Modell kann dann zur Prognose eingesetzt werden. Abb. 12 faßt die genannten Schritte nochmals zusammen.

---

336 Vgl. McCleary, R., Hay, Jr., R. A. [1980], Applied Time Series Analysis for the Social Sciences, London, 1980, S. 19.

337 Vgl. Box, G. E. P., Jenkins, G. M. [1976], S. 89 - 91.

338 Vgl. Makridakis, S. Wheelwright, S. C. [1989], S. 135 - 136.

339 Vgl. Hansmann, K.-W. [1993], Sp. 3556.

340 Vgl. Makridakis, S. Wheelwright, S. C. [1978a], S. 247 - 251; dieselben [1989], S. 136 - 138; Chatfield, C. [1975], S. 59 - 60; Deistler, M., Neusser, K. [1994], S. 267 - 269.

341 Vgl. Makridakis, S. Wheelwright, S. C. [1978a], S. 251. Vgl. zur einem Beispiel-Test Deistler, M., Neusser, K. [1994], S. 271 - 276.

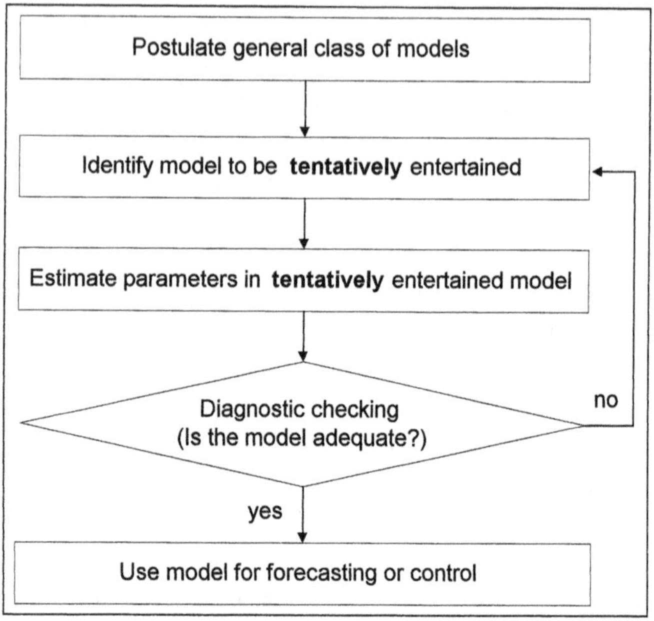

Abb. 12: Schritte der Modellentwicklung, der -kontrolle und des -einsatzes bei ARMA-Prozessen[342]

[342] Vgl. Box, G. E. P., Jenkins, G. M. [1976], S. 19; Makridakis, S. Wheelwright, S. C. [1978a], S. 245 - 255; Bennett, R. J. [1979], Spatial Time Series: Analysis-Forecasting-Control, London, 1979, S. 133; Schlittgen, R., Streitberg, H. J. [1994], S. 165; Er unterteilt die Phasen in: (1) Modellspezifikation, (2) -schätzung, (3) -prognose und (4) -interpretation.

1.2 Anwendung der Prognosemethoden

1.2.1 Grundsätzliches

Aufgabe der Akquisitionsobjektbeurteilung ist es, die relative Vorteilhaftigkeit eines Kandidaten zunächst einmal für sich und dann gegenüber allen anderen herauszustellen. Maßstab der Beurteilung sind stets die mit der Akquisition verfolgten Ziele des Erwerbers, die sehr unterschiedlich sein können. Es kann daher kein allgemeingültiges Schema vorgelegt werden, wie die Prognose zur Unterstützung der Beurteilung eines Akquisitionsobjektes eingesetzt wird, sondern es wird versucht, anhand einiger Beispiele die Anwendungsmöglichkeiten der verschiedenen Prognoseverfahren aufzuzeigen.

Die Beurteilung eines Akquisitionsobjektes erfolgt anhand quantitativer und qualitativer Kriterien. Die Prognoseverfahren dienen der quantitativen Beurteilung eines Unternehmens. Sie benötigen jeweils in Abhängigkeit ihrer Verfahrenskategorie jedoch quantitative und/oder qualitative Daten. Konjekturale Prognosemethoden benötigen vorwiegend qualitative Informationen; sie sollen im weiteren zur 'Umwelt-Prognose' verwendet werden.

Im folgenden wird die Anwendung der besprochenen Prognoseverfahren auf die Beurteilung eines Aufkaufobjektes ansatzweise aufgezeigt. Ansatzweise insofern, als jede Akquisition eine andere Fallkonstellation voraussetzt und somit andere Prognoseverfahren zur Anwendung gelangen müssen.

Im weiteren wird versucht, Bilanzpositionen zu prognostizieren, allerdings für einen historischen Zeitraum, für den die tatsächlichen Werte vorliegen, da nur so die jeweilige Prognosegüte festgestellt werden kann. Der Grund, weshalb die Prognosemethoden auf die Bilanzpositionen angewendet werden, liegt darin, daß auf diese Art und Weise eine Basis zur Prognose aller möglichen absoluten und relativen Kennzahlen geschaffen werden kann und die Prognose sich nicht nur auf einige Kennzahlen bzw. deren Komponenten beschränkt.

1.2.2 Informationbeschaffung im Rahmen der Beurteilung der Kandidaten

Da die Vorbereitung einer Akquisition größtmögliche Geheimhaltung erfordert, sind für die Vorbereitung der Beurteilung zunächst solche Informationen zu verwenden, die allgemein zugänglich sind. Je nach der Rechtsform, der Größe, der Übernahmeart oder des Entgegenkommens des Akquisitionsobjektes lassen sich unterschiedliche Informationszustände unterscheiden. Die Informationen können aus bisher freiwillig oder 'zwangsweise veröffentlichten' Jahresabschluß-Daten des zu erwerbenden Unternehmens, aus Pressemitteilungen oder auch Berichten in branchenspezifischen Zeitschriften stammen. Dabei können Kunden und Konkurrenten des Aufkaufobjektes vorsichtig befragt werden. Zusätzlich kann die Hilfe von Marktforschungsinstituten, Branchenverbänden, Fachverbänden u.ä. in Anspruch genommen werden. Fast immer liegen zu diesem Zeitpunkt Daten nur in hochaggregierter Form vor, so daß bei der Prognose dieser Daten Genauigkeitsverluste hingenommen werden müssen. Im weiteren soll vom Idealfall ausgegangen werden,[343] d.h. es stehen dem Erwerber alle für die Prognoseverfahren benötigten Informationen zur Verfügung, da sonst eine sinnvolle Anwendung der verschiedenen Prognosemethoden nicht möglich ist. Wenn in einer sonst regelmäßigen Datenreihe Lücken vorhanden sind, könnte eventuell durch Interpolation eine Ersetzung der fehlenden Werte erfolgen, so daß dann auch eine in sich stimmige Prognose möglich ist.

---

343 Vgl. Lange, C. [1989], Jahresabschlußinformationen und Unternehmensbeurteilung, Stuttgart, 1989, S. 123 - 125.

1.2.3 Anwendung der konjekturalen Prognosemethoden

Konjekturale Prognosemethoden sind hauptsächlich geeignet, um die Rahmenbedingungen für ein Akquisitionsobjekt, die aus verschiedenen Umfeldern bestehen, zu prognostizieren. Dagegen eignen sich strukturmodell- bzw. zeitreihengestützte Prognoseverfahren in erster Linie zur Prognose unternehmensinterner Faktoren des Akquisitionsobjektes.

Genaue Analysen und anschließende Prognosen dieser Umfeld-Entwicklungen sind für den Erfolg einer Akquisition von großer Bedeutung. Umweltprognosen - J. Wild spricht in diesem Zusammenhang von Lageprognosen - sind die Basis für die Erstellung von Wirkungsprognosen, die zur Beurteilung von Handlungsalternativen benötigt werden.[344] D. Hahn sieht den generellen Zweck einer Umweltprognose in der Schaffung einer verläßlichen Grundlage für die Planung des eigenen künftigen Verhaltens.[345]

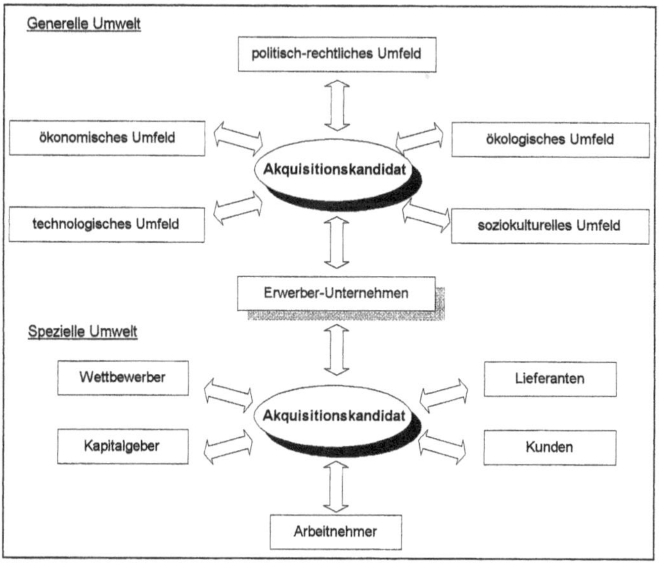

Abb. 13: Einteilung der Umwelt des Akquisitionskandidaten

344 Vgl. Wild, J. [1974], S. 66 - 67; Hahn, D. [1996], S. 235.

345 Vgl. Hahn, D. [1996], S. 235.

Um den Erfolg einer Akquisition zu sichern, ist es unumgänglich, mögliche Veränderungen in den verschieden Umfeldern der potentiellen Akquisitionskanditaten zu prognostizieren. Im folgenden wird die Umwelt eines Kandidaten in einzelne Umfelder gegliedert, ungeachtet bestehender Probleme zum einen bei der Abgrenzung zwischen Unternehmen und Umwelt und zum anderen bei der Bestimmung der bedeutsamen Umweltsektoren. Abb. 13 zeigt eine Unterteilung der Umwelt des Akquisitionobjektes in einzelne Umfelder.

1.2.3.1 Szenario-Technik

Die mit Hilfe der Szenario-Technik erarbeiteten Szenarien sollen die Entscheidungsfindung bei der Akquisitionsobjektbeurteilung unterstützen. Die Szenario-Technik hat insofern eine herausragende Stellung innerhalb der konjekturalen Prognosemethoden, als sie mathematisch-statistische Verfahren benutzt, um qualitativ-intuitive Prognosen zu erstellen. Die Unvollkommenheit der Informationen machen die Szenario-Technik zu einem untrennbaren Bestandteil der Akquisitionsobjektbeurteilung. Einerseits ist die Zukunft des Akquisitionsobjektes selbst und andererseits die ihrer Umfelder unsicher.[346] Es entstehen mehrere alternative Szenarien, die die Zukunft des Akquisitionsobjektes durchleuchten und eine 'optimalere' Entscheidung ermöglichen. Die Phasen der Szenario-Technik können nach den jeweiligen Anforderungen, die das Aufkaufobjekt stellt, konkretisiert werden. Im folgenden werden die einzelnen Teilphasen der Szenario-Technik beschrieben, wie sie im Rahmen der Beurteilung eines Kaufobjektes durchlaufen werden.

In der ersten Stufe werden realistische Ziele, die mit der Akquisition verfolgt werden, festgelegt. Die Betonung liegt auf realistisch, da sonst die Szenario-Erstellung gleichbedeutend mit der Formulierung von unrealistischen Wünschen wäre.[347] Das Expertenteam kann sich entweder homogen jeweils

---

[346] Vgl. Helling, N. U. [1994], S. 100.

[347] Vgl. Helling, N. U. [1994], S. 101.

nur aus den verschiedenen Abteilungen des kaufenden Unternehmens oder des Aufkaufobjektes oder des M&A-Beraters zusammensetzen, oder aber aus einer gemischten Gruppe der drei genannten Kategorien bestehen.[348] Die letzte Variante ist ratsamer, da so die Wahrscheinlichkeit des Einbeziehens relevanter heterogener Unternehmens- und Umweltfaktoren größer ist.

In der Kernphase der Szenario-Technik findet zunächst eine genaue Analyse der Ist-Situation statt. Die Analyse der Ist-Situation bezieht sich zum einen auf die Umwelt des Akquisitionsobjektes und zum anderen auf das Akquisitionsobjekt selbst. Zweck solcher Analysen ist die fundierte Beurteilung des Analysegegenstandes.[349] Die Analyse des Akquisitionsobjektes oder dessen Umwelt kann in folgenden Schritten erfolgen:[350]

① Bestimmung der durch die Akquisitionsdurchführung verfolgten Zielsetzungen
② Datenbeschaffung bezüglich des Akquisitionsobjektes und dessen Umfelder
③ Datenanalyse mit Hilfe verschiedener Analysetechniken
④ Datenauswertung und Dokumentation der Ergebnisse

Methoden, mit deren Hilfe das Akquisitionsobjekt und seine Umfelder analysiert werden können, sind z.B. Lebenszyklusanalyse, Portfolioanalysen, Kostenerfahrungskurvenanalyse, Benchmarking, Breakeven-Analyse, Stärken-/Schwächenanalyse, Checklisten, Relevanzbaumanalyse, Kreativitätstechniken, Wertanalyse, Gemeinkostenwertanalyse, PIMS (Profit Impact of Market Strategies)-Geschäftsfeldanalyse, Wertketten- und Wettbewerbsanalyse. Besonders bei internationalen Akquisitionen sind zusätzlich folgende

---

348 Vgl. Helling, N. U. [1994], S. 115 - 116.

349 Vgl. Hahn, D. [1989c], Unternehmensanalyse, in: N. Szyperski (Hrsg.): HWPlan, Stuttgart, 1989, Sp. 2074 - 2088, Sp. 2074 - 2075.

350 Vgl. zur allgemeinen Vorgehensweise bei Unternehmensanalysen Hahn, D. [1989c], Sp. 2074; Krebs, M. [1991], UNEX: ein Expertensystem für quantitative und qualitative Unternehmensanalyse, Diss. Mannheim, Frankfurt a. M.-Bern- New York-Paris, 1991, S. 28 - 42; Kienbaum, G. [1989], Umfeldanalyse, in: N. Szyperski (Hrsg.): HWPlan, Stuttgart, 1989, Sp. 2033 - 2044, insbesondere Sp. 2034 - 2043.

Analysetechniken zu empfehlen: BERI (Business Environment Risk Index)-Analyse, PRI (Political Risk Index)-Analyse und Länder-Index-Analyse.

Mit Hilfe dieser genauen Strukturanalyse können relevante Faktoren, die das Untersuchungsfeld direkt oder indirekt beeinflussen, herausgearbeitet werden. Zudem entwickeln die an der Szenario-Erstellung beteiligten Personen bzw. Personengruppen mehr Aufmerksamkeit für Aspekte und Probleme, die mit einer Akquisition einhergehen.[351] Kurz, die Strukturanalyse fördert das gegenseitige Verständnis bezüglich heterogener Ziele und ermöglicht einen gründlichen Erfahrungsaustausch zwischen den beteiligten Personen.[352]

Die Prognose der gegenwärtigen Ist-Situation des Akquisitionsobjektes und der entsprechenden Umwelt erfolgt unter Zuhilfenahme bestimmter Annahmen. Zur Prognose von relevanten unternehmensinternen und -externen Faktoren können sog. Deskriptoren verwendet werden. Sie beschreiben die relevanten Einflußfaktoren des Akquisitionsobjektes und dessen Umfelder. Vor der Prognose der Deskriptoren werden bestimmte Annahmen getroffen, wobei zwei Aspekte eine Rolle spielen:

- Die Prognose sollte sich auf eine umfangreiche Datenbasis stützen.
- Annahmen sollten hinreichend begründet und genau spezifiziert werden.

Abb. 14 zeigt mögliche Deskriptoren für die Umfelder eines Akquisitionskandidaten. Die Deskriptoren können quantitativer oder auch qualitativer Art sein. Für die Prognose der ersteren werden mathematisch-statistische Prognosemethoden benötigt, während bei den letzteren vorwiegend qualitative wie z.B. Genius Forecast oder die Delphi-Methode verwendet werden.

---

351 Vgl. Helling, N. U. [1994], S. 104.

352 Vgl. Götze, U. [1991], S. 140.

<u>Externe Faktoren</u>

I.) Ökonomische Faktoren
- Wirtschaftssystem
- BSP
- Geldpolitik
- Fiskalpolitik
- Wettbewerbspolitik
- Marktstruktur
- Inflation
- Kaufkraft

II.) Politisch-rechtliche Faktoren
- Einstellung zu ausländischen Investoren
- Bedrohung durch feindliche Großmacht
- Gesetzlicher Rahmen für den Transfer von Gewinnen etc.
- Bürokratie der Behörden
- Durchsetzbarkeit von Verträgen
- Strukturpolitik
- Politische Stabilität
- Interessenverbände
- Investitionsqualität (BERI)
- Umweltschutzbestimmungen

III.) Sozio-kulturelle Faktoren
- Gesellschaftliche Konflikte
- Gesellschafliche Werte / Normen
- Mentalität
- Ethische / religiöse Zersplitterung

IV.) Physio-ökologische Faktoren
- geographische Gegebenheiten
- physikalische Gegebenheiten

<u>Interne Faktoren</u>

I.) Produktprogramm
- Breite, Tiefe
- Deckungsbeitrag

II.) Management
- Struktur
- Ausbildung
- Verbundenheit mit dem Unternehmen / Fluktuation

III.) Ergebnis- und Finanzlage
- Umsatz
- Kosten
- Cash-Flow
- Finanzplan

IV.) Technischer Zustand
- Gebäude
- Maschinen
- Fuhrpark

V.) Marktsituation
- Abhängigkeit von Lieferanten
- Abhängigkeit von Kunden

Abb. 14: Mögliche Deskriptoren eines sich im Ausland befindlichen Akquisitionskandidaten[353]

[353] Vgl. zur Bestimmung von Informationsinhalten der internen und externen Faktoren Kienbaum, G. [1989], Sp. 2035 - 2038.

Ob sich die Szenario-Technik für die konkrete Akquisitionsobjektbeurteilung gut eignet, hängt vom Wissen und den kreativen Fähigkeiten des Expertenteams und von der Sorgfalt der Datenbeschaffung und -auswertung ab.[354] Da diese Faktoren in gewissem Umfang variierbar sind, sollte auch hier eine Orientierung am Wirtschaftlichkeitsprinzip erfolgen.[355] Eine Empfehlung bezüglich Auswahl, Ausformulierung und Umfang der Szenarien kann nur insofern gegeben werden, daß mindestens drei und nicht mehr als fünf Szenarien erstellt werden sollten. Umfang und Ausformulierung der Szenarien sollten, soweit möglich, einheitlich erfolgen, da andernfalls eine Vergleichbarkeit der Szenarien untereinander nicht gewährleistet ist.

1.2.3.2 Delphi-Technik

Die Genius-Forecast-Technik, bei der ein Experte zur Entwicklung eines speziellen Umfeldes befragt wird, eignet sich vor allem dazu, zukünftige Entwicklungstrends vorherzusagen. Der Einsatz der Delphi-Technik ist z.B. zur Prognose möglicher Umfeldentwicklungen im politisch-rechtlichen, soziokulturellen, technologischen[356] oder ökologischen Umfeld denkbar. In die Beurteilung eines Unternehmens fließen nicht nur unternehmensinterne Faktoren ein, sondern auch unternehmensexterne Kriterien bestimmen die Vorteilhaftigkeit eines Akquisitionsobjektes. Jedes Unternehmen ist infolge seiner vielfältigen Vernetzungen durch die Umwelten beeinflußt. Somit wird es notwendig, auch Instrumente zu finden, die es dem Erwerber ermöglichen, Entwicklungen der relevanten Umfelddeskriptoren zu prognostizieren.[357] Da es sich hierbei jedoch i.d.R. um qualitative Größen handelt,[358] können analytische Prognoseverfahren nur in begrenztem Umfang zum Einsatz gelangen.

---

354 Vgl. Helling, N. U. [1994], S. 110.

355 Vgl. Götze, U. [1991], S. 140.

356 Diesen Aspekt stellt insbesondere K. Brockhoff heraus. Vgl. Brockhoff, K. [1977], S. 80.

357 Vgl. Schöllhammer, H. [1970], S. 155.

358 Vgl. Brockhoff, K. [1979], S. 3.

Eine Abwandlung der Delphi-Technik sollte bei einer Akquisition dahin gehend stattfinden, daß die Runden nicht mehr als vier betragen sollten und die zur Verfügung stehende Zeit 3 bis 4 Monate nicht überschreitet, da dies zu Lasten der Prognosegüte gehen könnte.[359]

Im weiteren wird der Prozeß der Prognoseerstellung mit Hilfe der Delphi-Technik zur Unterstützung einer Akquisitionsobjektbeurteilung dargestellt.

① Problemstellung

Im Rahmen der Beurteilung eines möglichen Akquisitionskandidaten sind Entwicklungen der Umfelder, sofern sich daraus auch für das Akquisitionsobjekt relevante Auswirkungen ergeben, zu prognostizieren.

② Vorbereitung

Das Kernstück des Delphi-Prozesses beginnt mit der Vorbereitung des Ablaufs der Studie. Mit der Vorbereitung befaßt sich eine sog. Monitoring-Gruppe. Zu ihrer Aufgabe gehört die Konzeption des Fragebogens,[360] die Auswahl der zu der Problemstellung zu befragenden Experten und die Auswertung der erhaltenen Antworten. Existiert im eigenen Unternehmen eine solche Gruppe, die einerseits im engen Kontakt zur mit der Akquisition betrauten Gruppe steht und andererseits auch genügend Kenntnisse zur Datenauswertung besitzt, so kann es aus Zeitgründen durchaus sinnvoll sein, eine interne Monitoring-Gruppe zu benennen. Andererseits sprechen die Erfahrung und der professionelle Blick externer M&A-Berater für das Fremdvergeben dieser Aufgabe.[361] Die Monitoring-Gruppe hat für ihre Arbeit

---

359 Vgl. zur Ermittlung der optimalen Dauer (Anzahl der Runden) eines Delphi-Prozesses mittels der Wahrscheinlichkeit für die Änderung des Gruppenurteils in Relation zur Risikopräferenzfunktion des Verwenders des Gruppenurteils: Becker, D. [1974], Analyse der Delphi-Methode und Ansätze zu ihrer optimalen Gestaltung, Diss. Mannheim, Frankfurt a. M.-Zürich, 1974, S. 161 - 164.

360 Der Fragebogen könnte so ausgestaltet sein, daß länder- und marktbezogene Fragestellungen des Akquisitionsobjektes enthalten sind. Die Formulierung der Fragen sollte unter Berücksichtigung der Kenntnisse des Fachjargons der Befragten stattfinden. Vgl. Banas, P. A., Rohan, D. J. [1971], Practical Problems in Questionnaire Design, in: R. B. Higgins, P. V. Crocke, J. F. Veiga (Hrsg.): Proceedings of the 31st Annual Meeting of the Academy of Management, Atlanta, 15.-18. August, 1971, S. 55 - 58, S. 57.

361 Der Erfolg der Delphi-Technik hängt v.a. von der Auswahl der Experten ab. Vgl. Schöllhammer, H. [1970], S. 152.

konkrete Zeitvorgaben von der Akquisitionsgruppe einzuhalten. Hinsichtlich der Auswahl der zu befragenden Experten ergeben folgende Kategorien:[362]

- Professoren, deren Forschungsgebiet die Fragestellung tangiert
- Bei Problemstellungen im Bereich der Gesetzgebungsentwicklung können auch Rechtsanwälte, die sich auf das Gebiet spezialisiert haben, in Betracht gezogen werden.
- Vertreter von Interessenverbänden
- Seriöse Branchenkontakte
- In- und ausländische (vorwiegend volkswirtschaftliche) Wirtschaftsinstitute
- Mitarbeiter des eigenen Unternehmens aus volkswirtschaftlichen Ressorts bzw. Mitarbeiter mit Erfahrungen in der Branche des Akquisitionsobjektes

In Fällen, in denen dem Käuferunternehmen die Vorbereitungszeit bzw. die Erfahrung bezüglich Durchführung einer Delphi-Studie bzw. landesspezifische Marktkenntnisse fehlen, spricht dies für das Fremdvergeben dieser Aufgabe. So schreiben H. L. Linstone und M. Turoff: "In cases where the corporation does not have the expertise in either the subject of the forecast on the Delphiprocedure, it may turn to a professional consulting organization."[363]

③ Befragungsrunden und Auswertung

Im Gegensatz zu den bekannten schriftlichen Befragungen auf postalischem Wege sind zur Zeiteinsparung die Befragungsrunden sinnvoller als 'Realtime-Konferenzen' zu gestalten. Die Ergebnisse werden von der Monitoring-Gruppe ausgewertet, das Resultat stellt die Prognose dar, die dem Bewertungs-Team zur Verfügung gestellt wird. Dieser Wert kann einerseits direkt

---

[362] Aus der aufgeführten Expertenkategorie wird ersichtlich, daß es auch ein wichtiges Ziel der Delphi-Studie ist, Experten mit einem möglichst breiten Wissensstand zu vertreten und dieses Wissen koordiniert zur Problemlösung einzusetzen. Vgl. Brockhoff, K. [1979], S. 16. Zur Zusammensetzung des Expertenteams vgl. ebenda, S. 19 - 21. Siehe zur generellen Zusammensetzung des OR-Teams Teil II Kap. 3.1.

[363] Linstone, H. A., Turoff, M. [1975c], General Applications: Introduction, in: H. A. Linstone, M. Turoff (Hrsg.): The Delphi Method - Techniques and Applications, London-Amsterdam-Don Mils, 1975, S. 75 - 83, S. 77.

als Ausprägung in die Nutzwertanalyse einfließen oder aber in der Szenario-Technik z.B. als Störfaktor in weiteren Szenarien Berücksichtigung finden.

Der gewisse Formalismus bei dieser Technik ist nicht in erster Linie als Nachteil zu sehen, sondern er kompensiert die Nachteile, wie z.B. die künstliche Pseudo-Einigung auf einen Mittelwert,[364] Dominanz von einzelnen Mitgliedern, die bei einer offenen Gruppenbefragung bestehen, zugunsten der Prognoseergebnisse.[365] Bei Akquisitionen sollte deshalb, angesichts der strategischen Dimension der Problemstellung, auf diese Formalitäten besonders großen Wert gelegt werden.

Zur Verdeutlichung des Ablaufs einer solchen Delphi-Studie wird der zugrunde liegende Prozeß - bezogen auf ein Akquisitionsvorhaben - in Abb. 15 dargestellt.[366]

Empirische Untersuchungen[367] machten deutlich, daß von Runde zu Runde eine Konvergenz der Expertenmeinungen festzustellen ist.[368] Die Schätzwerte zeigten, daß nach jeder Runde eine Verbesserung in Richtung des 'wahren Wertes' stattfindet, wobei der Schätzfehler der Prognose mit der Gruppengröße negativ korreliert. Wurden Bandbreiten der Ergebnisse von der Monitoringgruppe der letzten Befragungsrunde bekannt gegeben, so sind in der nächsten Befragungsrunde bessere Ergebnisse erzielt. Aus dieser letzten Erkenntnis könnte man schließen, daß zum einen mit steigender

---

364 Vgl. Geschka, H., [1977], S. 35.

365 So schreibt H. Geschka: "Die meisten Kritiker haben aber die Leistungsfähigkeit der Methoden anerkannt und in der Regel ihre Kritik zum Anlaß genommen, das ursprünglich vorgeschlagene Delphi-Vorgehen so zu modifizieren, daß die Schwachpunkte ausgeschaltet werden." Geschka, H., [1977], S. 36. Vgl. Brockhoff, K. [1977], S. 82; Maser, S., Schulte, H.-O., Stoffl, H. [1973], Prognose und Simulation, Stuttgart, 1973, S. 86 - 87; Welters, K. [1989], Sp. 263 - 264.

366 Vgl. Weber, K. [1990], S. 129. Vgl. zum Prozeßablauf auch Linstone, H. A. [1978], S. 274 - 275.

367 Vgl. Dalkey, N. [1969], An Experimental Study of Group Opinion, in: Futures Vol. 2 September/1969, S. 412 - 425; Dalkey, N., Brown, B., Cochran, S. [1970], Use of Self-Ratings to Improve Group Estimation, in: Technological Forecasting Vol. 1 3/1970, S. 283 - 291.

368 Vgl. Brockhoff, K. [1977], S. 81 - 83 und die dort diskutierte empirische Untersuchung von H. Sackman.

Anzahl der Befragungsrunden die Intention der Experten, an der weiteren Untersuchung teilzunehmen, zurückging, so daß die Experten, die Extremmeinungen vertraten, sich der Gruppenmeinung angeschlossen hatten ('Bandwagoneffect'[369]). Zum anderen könnte es sein, daß die Experten mit Extremmeinungen sich der Gruppenmeinung angeschlossen haben, um so keine (weitere) Erklärung ihrer Ansichten angeben zu müssen (Filterfunktion nach H. Albach)[370]

Als Mindestanzahl der an einer Delphi-Untersuchung teilnehmenden Experten wird 'sieben' vorgeschlagen, da in einem von N. Dalkey durchgeführten Experiment nachgewiesen werden konnte, daß ab einer Anzahl von 7 Teilnehmern die Zuverlässigkeit des Gruppenurteils über 50 % liegt und daß der durchschnittliche Gruppenirrtum mit zunehmender Teilnehmerzahl abnimmt.[371]

---

369 Vgl. Sullivan, W. G., Claycombe, W. W. [1977], S. 140.

370 Vgl. Albach, H. [1970], Informationsgewinnung durch strukturierte Gruppenbefragung: Die Delphi-Methode, in: ZfB Ergänzungsheft 1970, S. 11 - 26, S. 25; Brockhoff, K. [1977], S. 81.

371 Vgl. Dalkey, N. [1969], The Delphi-Method: An Experimental Study of Group Opinion: RAND-Corporation, RM-5888-PR, Santa Monica, Juni/1969, S. 13.

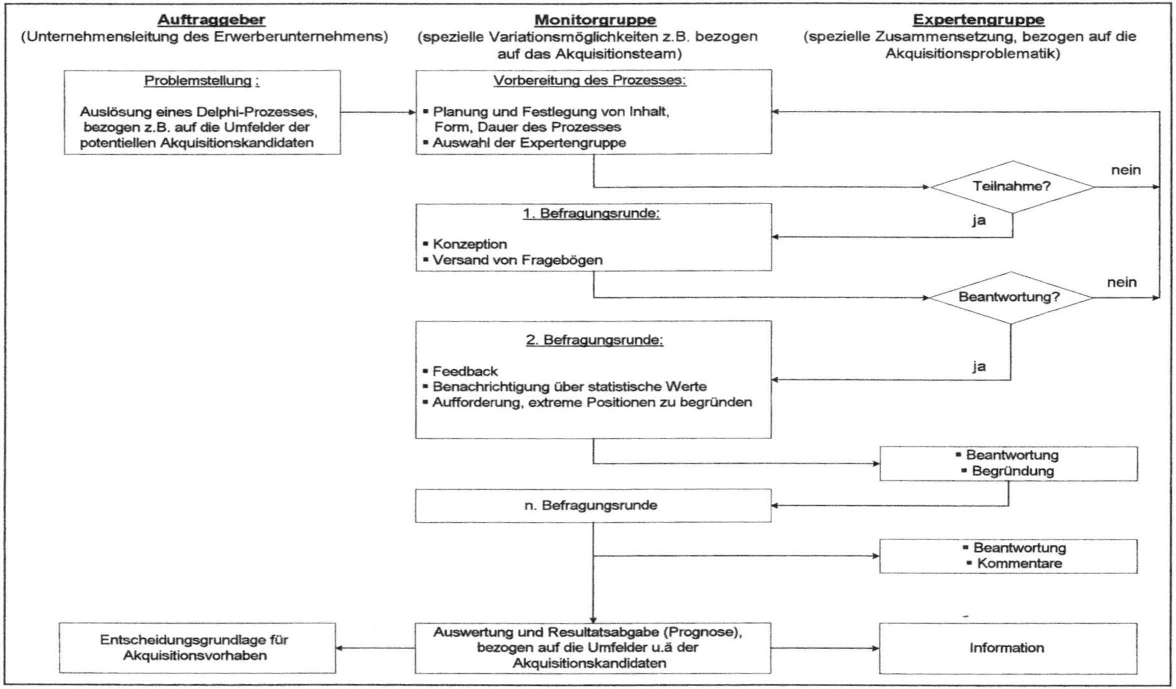

Abb. 15: Phasenablauf der Delphi-Technik bei einem Akquisitionsvorhaben[372]

[372] Vgl. Wechsler, W. [1978], S. 25 und S. 27; Weber, K. [1990], S. 129; Geschka, H., [1977], S. 28 - 29; Brockhoff, K. [1979], S. 2 - 3; Linstone, H. A. [1978], S. 274 - 275.

1.2.3.3 Cross-Impact-Technik

Eine Auflistung der verschiedenen Deskriptoren der jeweiligen Umfelder ist nicht sehr aufschlußreich für die zukünftige Entwicklung der Rahmenbedingungen des Akquisitionsobjektes. Die tatsächlich relevanten zukünftigen Ereignisse bzw. Zustände kommen durch das *Zusammenwirken* der Deskriptoren der einzelnen Umfelder zustande.[373]

Die Güte einer Prognose wird daran gemessen, wie stark die Abweichung vom tatsächlichen Wert ist. Die Prognose jeder Einzelgröße kann nicht isoliert von den bestehenden Verkettungen und der Vernetzung in der Gesamtkonstellation vollzogen werden, ohne daß die Güte der Prognose darunter leidet. Dies trifft für jedes vernetzte System zu. Insbesondere gilt dies auch für Unternehmen und ihre Umfelder. Soll also im Rahmen der Akquisitionsobjektbeurteilung eine Größe prognostiziert werden, um diesen Wert in die Beurteilung einfließen zu lassen, so sind das Zusammenwirken der Deskriptoren eines Umfeldes in sich und auch die Wechselwirkungen zwischen den Komponenten verschiedener Umfelder nur schwer feststellbar. Jedoch besteht im Aufdecken dieser Zusammenhänge die Chance, das Ergebnis der Beurteilung zu optimieren.

Interdependenzen und deren Auswirkungen können bei einer Akquisition nur kasuell geprüft werden. Es kann kein allgemeingültiger Katalog mit allen zu beachtenden Wechselbeziehungen aufgestellt werden. Das Aufspüren dieser Zusammenhänge ist insbesondere bei Akquisitionen in neuen Märkten wegen der Neuartigkeit der Gegebenheiten sehr mühsam. Zudem findet die Beurteilung eines Akquisitionsobjektes stets unter Einbezug des Faktors 'Zeit' statt, so daß die Genauigkeit im Verhältnis zur verfügbaren Zeit gesehen werden muß. Um dennoch die Vernetzungen wirkungsvoll einbeziehen

---

373 Vgl. zur Thematik Cross-Impact-Analysis und Umfeldfaktoren z.B. Wilson, I. H. [1978], S. 230 - 232.

zu können,[374] empfiehlt es sich, den Einsatz der Cross-Impact-Technik zusätzlich zu den anderen Prognoseverfahren zur Verbesserung der Beurteilung eines Kandidaten heranzuziehen.[375]

Eine mögliche Cross-Impact-Matrix, die eventuell bestehende Interdependenzen aufzeigen könnte, kann z.B. wie in Tab. 4 gestaltet sein. Die relevanten Deskriptoren werden in unternehmensexterne (D_n 1 bis 12) und -interne (D_n 13 bis 24) eingeteilt. Selbstverständlich muß in einem realen Akquisitionsfall die Liste zu untersuchender Deskriptoren weiter spezifiziert und auf die Eigenheiten des betreffenden Falles eingegangen werden.

Es wird hier von einem horizontalen Akquisitionsfall ausgegangen. Obwohl hier die Marktgegebenheiten i.a. bekannt sind, sollte über die Vernetzung der Deskriptoren nachgedacht werden, um diese dann in Prognosen über die Umfeldentwicklung einbeziehen zu können. Dies wird mit dem ersten Teil der Tabelle bezweckt. Der zweite Teil bezieht sich auf die unternehmensinternen Deskriptoren und deren Zusammenhang.

Zunächst werden die relevanten Deskriptoren der jeweiligen Umfelder aufgelistet. Es sollte darauf geachtet werden, daß die Deskriptoren so einfach wie möglich formuliert werden, um einer Überfrachtung des Modells vorzubeugen.[376] In einem nächsten Schritt versucht man, in der Cross-Impact-Matrix mögliche Entwicklungen / Zustände der Deskriptoren festzulegen, da Interdependenzen erst im Zeitablauf richtig berücksichtigt werden können. Es kann in der ökonomischen Realität sogar der Fall auftreten, daß nicht nur das Zusammenwirken der diversen Deskriptoren das Akquisitionsobjekt bzw. das Akquisitionsverhalten beeinflußt, sondern Auswirkungen vom Akquisitionsobjekt bzw. dessen Erwerber auf die jeweiligen Umfeld ausgehen.

374 Vgl. Stover, J. G., Gordon, T. J. [1978], Cross-Impact Analysis, in: J. Fowles (Hrsg.): Handbook of Futures Research, Westport, Connecticut-London, 1978, S. 301 - 328, S. 326 - 327.

375 Vgl. Stover, J. G., Gordon, T. J. [1978], S. 327.

376 Vgl. Helmer, O. [1977], S. 20. I.d.R. werden 20 bis 30 Ereignisse aufgelistet. Vgl. ebenda.

Eine solche Konstellation kann immer dann vorkommen, wenn die verschiedenen Institutionen der jeweiligen Umfelder durch die Akquisition einen Nutzen haben. Denkbar sind in diesem Zusammenhang Zusicherung von Arbeitsplätzen, Einhaltung und Erneuerung eines bestimmten technischen Standards, Entwicklung einer gewünschten Technologie u.ä. Meist werden Zusicherungen bzw. Gestaltungsspielräume durch politisch-rechtliche Institutionen festgelegt, wobei das gemeinwirtschaftliche Wohl fast immer im Vordergrund steht.

	D_m											
D_n	1	2	3	4	5	6	7	8	9	10	11	12
1		↓	↑	↓	↓	↓	↑	↓	↓	↑		↓
2	↓		↓	↑	↑	↑		↑	↑	↓	↑	
3		↑								↑		
4	↑				↑	↑		↑				
5		↑				↑						
6							↑					
7	↑			↓	↓			↑			↓	
8	↑	↓		↓	↓	↓	↑		↑		↓	
9		↓			↑							
10						↑						
11	↑	↓		↓	↓		↓	↓				↓
12	↓	↑		↑	↑		↓	↓			↑	

	D_m											
D_n	13	14	15	16	17	18	19	20	21	22	23	24
13				↓			↓			↓		
14			↑				↓					↓
15						↑		↑	↑	↑		
16						↑		↑	↑	↑		
17		↓				↑			↑	↑		
18			↑	↑	↑		↑			↑	↑	↑
19			↑									
20						↑				↑		
21	↓	↓			↓	↑		↑		↑	↑	
22				↑	↑	↑	↑					
23	↓	↓		↑	↑		↑					↑
24			↑			↑				↑		

Tab. 4: Mögliche (einfache) Cross-Impact Matrizen für externe und interne Deskriptoren[377]

[377] Vgl. zu einer ähnlichen Matrix ohne Wahrscheinlichkeiten: Gordon, T. J., Hayward, H. [1968], S. 102. Zu einer Matrix mit Abstufungen für die Interdependenzen vgl. Enzer, S. [1971], S. 56; Sullivan, W. G., Claycombe, W. W. [1977], 180 - 181.

Legende zur Tab. 4:

Externe Deskriptoren:

1: *Steigendes reales Bruttosozialprodukt*

2: *Steigende Arbeitslosenrate*

3: *Förderung ausländischer Investitionen*

4: *Steigende Inflationsrate*

5: *Steigende Abgabenlast*

6: *Steigende Umweltauflagen*

7: *Steigendes Bildungsniveau*

8: *Steigendes reales Lohnniveau*

9: *Steigende Macht der Gewerkschaften*

10: *Sinkende Dauer der Genehmigungsverfahren*

11: *Steigende Geburtenrate*

12: *Steigende soziale Unruhen*

Interne Deskriptoren:

13: *Steigende Materialkosten*

14: *Steigende Personalkosten*

15: *Steigende Investitionen in Aus- und Weiterbildung*

16: *Steigende Investitionen in Sachmittel*

17: *Steigende Investitionen in F&E*

18: *Steigender komparativer Wettbewerbsvorteil*

19: *Verbesserter Informationsfluß*

20: *Konstante Absatzpreise*

21: *Steigender Cash-flow*

22: *Steigender Marktanteil*

23: *Steigende Wirtschaftlichkeit*

24: *Sinkende Fluktuation*

In dem hier aufgeführten Beispiel wird auf die Angabe von Wahrscheinlichkeiten der jeweiligen Ereignisse verzichtet. Die Beeinflussung der verschiedenen Deskriptorausprägungen der Umfelder des Akquisitionsobjektes bzw. deren Eintrittswahrscheinlichkeiten wird nur in der Richtung symbolisiert;[378] dabei bedeutet ↑ = verstärkend bzw. höhere Wahrscheinlichkeit und ↓ = abschwächend bzw. niedrigere Wahrscheinlichkeit.[379] Zu überlegen ist also, ob nach dem Eintreten eines Ereignisses D_m die Wahrscheinlichkeit des Eintretens eines anderen Ereignisses D_n beeinflußt wird. So ist z.B. davon auszugehen, daß bei einem Wachstum des realen Bruttosozialprodukts (Ereignis Nr. 1) die Wahrscheinlichkeit des Eintretens des Ereignises Nr. 2 (Zunahme der Arbeitslosigkeit) sinkt. Bei einer gegebenen Wahrscheinlichkeit für das Eintreten der Erhöhung des BSP wird unter Annahme der Richtung (Pfeilrichtung) und der Stärke des Zusammenhangs eine neue (bedingte) Wahrscheinlichkeit für das Eintreten eines anderen Ereignisses berechnet. Diese neuen Wahrscheinlichkeiten $P_n^{'}$ berücksichtigen die bestehenden Vernetzungen der Ereignisse und tragen somit der Komplexität der Umfelder, in die das Akquisitionsobjekt eingebettet ist, besser Rechnung als die Ursprungswahrscheinlichkeiten. Eine Weiterverarbeitung der so gewonnenen Eintrittswahrscheinlichkeiten kann im Rahmen der Entscheidungstheorie z.B. bei der Risikoanalyse erfolgen.

---

378 Eine andere Möglichkeit wäre die Zugrundelegung einer Skala, um eine detailliertere Differenzierung möglicher Interdependenzen angeben zu können. Vgl. Helmer, O. [1977], S. 21.

379 Da (schwache) Interdependenzen zwischen den Ereignissen niemals in der Realität ausgeschlossen werden können, werden alle anderen 'Kästchen' frei gelassen und nicht wie im theoretischen Teil mit '—' versehen.

1.2.4 Anwendung der strukturmodellgestützten Prognosemethoden

Wie bereits im Rahmen der Ausführungen im Teil III Abschnitt 1.1.3.2 erwähnt wurde, soll bei den strukturmodellgestützten Prognoseverfahren die Regressionsrechnung Beachtung finden. Das Herausfinden von Beziehungen zwischen zwei oder mehreren Größen, die in einem kausalen Zusammenhang stehen, ist wegen der Komplexität der Sachverhalte, der Geheimhaltung von Informationen und der geringen Zeit für die Beurteilung eines Kaufobjektes in der ökonomischen Akquisitionsrealität nicht ohne weiteres möglich. Dennoch soll versucht werden, einige Ansatzpunkte darzustellen.[380]

In der bestehenden Literatur zur Unternehmensbewertung versucht man in diesem Zusammenhang, den Einfluß von relevanten Größen auf die Entwicklung des zukünftigen Gewinns als Grundlage für den Wert des Unternehmens zu bestimmen. Tatsächlich ist es aber so, daß nicht vom Einfluß nur einer bestimmten Größe auf den Gewinn bzw. den Unternehmenswert gesprochen werden kann. Denn der Unternehmenswert steht in Beziehung mit allen nur denkbaren und auf den ersten Blick nicht erkennbaren unternehmensinternen und -externen Einflußgrößen. Um von einer Beziehung zwischen dem Unternehmenswert und einer bzw. mehreren Faktoren sprechen zu können, müssen zum einen erkennbare Strukturen zwischen Regressand(en) und Regressor(en) bestehen, zum anderen müssen diese eindeutigen Strukturen über eine gewisse Zeitperiode konstant sein bzw. ihre Veränderung muß einer gewissen Gesetzmäßigkeit (Funktionstyp) unterliegen. Außerdem darf eine Beschränkung auf die wichtigsten Haupteinflußgrößen - was in der Umsetzung unumgänglich ist - nicht zu einer allzu großen Einschränkung des Erklärungswertes des Modells führen. Die angesprochene Gesetzmäßigkeit muß nicht nur vorhanden, sondern sollte auch bezogen auf die Aufgabenstellung plausibel sein.

---

380 Vgl. zu den weiteren Ausführungen: Bretzke, W.-R. [1975], Das Prognoseproblem bei der Unternehmungsbewertung, Düsseldorf, 1975, S. 156 - 180.

Mögliche Größen, die zueinander in Beziehung gesetzt werden könnten, sind sämtliche Bilanz- und G & V-Positionen, sowohl untereinander als auch einzeln oder teilweise gemeinsam in bezug auf die Berechnung des Unternehmenswertes. Selbstverständlich kommen je nach Bewertungsverfahren andere Größen in Betracht, die in einer Beziehung zum Wert des Aufkaufobjektes stehen. Sind nun Beziehungen entdeckt, so kann man mit Hilfe von Korrelationskoeffizienten die Richtung und Intensität dieser Beziehungen festellen und bei einem geeigneten Prognosehorizont ihr Verhalten für die Zukunft prognostizieren. Die Gefahr dieser Methode ist, daß das Existieren einer einmaligen Beziehung - d.h. bezogen auf eine beschränkte Zeitperiode - eine länger andauernde Pseudo-Beziehung suggestieren kann. Die oben aufgeführten Voraussetzungen sollten also immer wieder in Frage gestellt werden, und nicht nur am Anfang der Untersuchung.

Vorteil der Regressionsrechnung, v.a. gegenüber den zeitreihengestützen Prognosemethoden, ist die vernetzte Denkweise. Vernetzt insofern, da hier die monokausale Vorgehensweise - abgesehen von der Regression mit zwei Variablen - aufgegeben wird. Die Frage, die sich zwangsläufig stellt, ist, ob durch diese vernetzt-kausale Sichtweise der internen und/oder externen Faktoren des Akquisitionsobjektes, die Ausgangssituation des Prognostikers, d.h. des Erwerberunternehmens bzw. des M&A-Beraters, bezüglich der künftigen Ungewißheit und ihrer optimalen Einschätzung gegenüber anderen Prognoseverfahren verbessert wird oder nicht. W.-R. Bretzke[381] ist in diesem Zusammenhang der Ansicht, daß bei allen anderen Prognoseverfahren nicht so viele Annahmen bei verschiedenen Faktoren Berücksichtigung finden, da man der Auffassung ist, daß ihr Verhalten in Zukunft konstant sein wird (ceteris-paribus-Annahme). Dagegen trifft man bei der (multiplen) Regressionsrechnung für alle betrachteten und relevanten Faktoren explizit eine Annahme in bezug auf die abhängige Variable (z.B. den Eigenkapitalwert). Es ergibt sich ein mehrwertiges Erwartungsspektrum, welches zwangsläufig eine Folge der Unvollkommenheit der vorhandenen

---

[381] Vgl. Bretzke, W.-R. [1975], S. 179.

Informationen ist. Da aber die konstante Struktur für die relevanten Variablen als eine unabdingbare Voraussetzung festgehalten wurde, ist die regressionsanalytische Sichtweise bei der Beurteilung eines Akquisitionsobjektes, trotz der vernetzten Vorgehensweise, keineswegs eine ganzheitliche Betrachtung des Problems. Sie reduziert lediglich das Problem auf eine vernetzte ausschnittweise Betrachtung der Akquisitionsobjektbeurteilung. Da die Regressionsanalyse in erster Linie durch objektive Kriterien bestimmt ist, eignet sie sich zusätzlich zu anderen Prognoseverfahren i.S. einer 'Kontrollrechnung'. Allerdings sollte nicht vergessen werden, daß sie keine Möglichkeit der Datengewichtung nach dem Aktualitätsgrad gestattet. Des weiteren können durch die Regressionsrechnung Strukturbrüche in der Vergangenheit nicht berücksichtigt werden.[382]

1.2.5 Anwendung der zeitreihengestützten Prognosemethoden

Die zeitreihengestützten Prognosemethoden benötigen eine große Datenbasis, um möglichst gute Ergebnisse erreichen zu können. Es stellt sich im Rahmen der Akquisitionsobjektbeurteilung die Frage, welche Größen bzw. Kennzahlen sich für eine sinnvolle Akquisitionsbewertung zur Prognose eignen. Versucht man nun die allgemeingültigen Akquisitionsziele der Beurteilung zugrunde zu legen, so stellt man fest, daß diese zu unspezifiziert sind und erst durch Herunterbrechen der Ziele auf die unterste Ebene als Beurteilungsgrundlage dienen können.[383] Die auf der untersten Hierarchieebene angesiedelten quantitativen Informationen werden zu Kennzahlen verdichtet, um sie dann als Kriterien in die Beurteilung einbeziehen zu können. Wiederholt wird in der Literatur darauf hingewiesen, daß einzelne Kennzahlen für sich gesehen wenig aussagefähig sind.[384] Statt dessen kommt es zur Anwendung von Kennzahlensystemen.

---

382 Vgl. Bretzke, W.-R. [1975], S. 169, S. 180 und S. 207.

383 Vgl. Groll, K.-H. [1988], Erfolgssicherung durch Kennzahlensysteme, Freiburg i. Br., 1988, S. 52.

384 Vgl. Staehle, H. [1973], Kennzahlensysteme als Instrumente der Unternehmensführung, in: WiSt 5/1973, S. 222 - 228, insbesondere S. 222; Groll, K.-H. [1988], S. 19.

Die Prognose könnte sich auf die Komponenten eines Kennzahlensystems beziehen. Sie würde dann aus der Fortschreibung einzelner für die Beurteilung relevanter Kennzahlen bestehen.[385] Allerdings spricht dagegen, daß die Beschränkung der Prognose auf einzelne Kennzahlen kein grundsätzliches System darstellt, mit dessen Hilfe viele andere Kennzahlen prognostiziert werden könnten. Aus diesem Grund ist es angebrachter, die Prognose auf Basisdaten aufzubauen, so daß die für jede Akquisition anderen benötigten Kennzahlen berechnet werden können. Als Basis bietet sich die Prognose von einzelnen Bilanz- und G & V-Positionen an, sofern diese keine Residualgrößen darstellen. Im Anschluß wird versucht, die Bilanz eines Unternehmens mit Hilfe verschiedener zeitreihengestützter Prognosemethoden vorherzusagen. Die gleichen Prognosemethoden könnten auch auf einzelne 'sinnvolle' G & V-Positionen angewandt werden.

1.2.5.1 Datenbasis und Vorgehensweise

Zur Prognose müssen Zeitreihen vorhanden sein, bei denen die jeweiligen Werte nach den gleichen Kriterien erfaßt wurden.[386] Da hier die Bilanzpositionen als Prognosegrundlage verwendet werden, können als Vorjahreswerte erst Bilanzpositionen ab dem Jahr 1986 verwendet werden. Die Werte vor 1986 sind im Rahmen dieser Untersuchung nicht verwendbar, da sie nicht nach dem Neuen Bilanzrichtliniengesetz von 1986 erfaßt worden sind. Im vorliegenden Beispiel sind die Bilanzdaten den Geschäftsberichten (1986 - 1994) des Bayer-Konzerns, Leverkusen, entnommen. Prinzipiell können Bilanzen eines jeden Unternehmens verwendet werden. Für das weitere Verständnis ist es prinzipiell unerheblich, ob der Bayer-Konzern tatsächlich als Akquisitionskandidat in Frage kommen würde.

---

385 Vgl. zu dieser Vorgehensweise Hilberseimer, J. [1992], Entscheidungsunterstützung in der Unternehmensbewertung, Diss. Marburg, 1992, S. 94 - 97.

386 Vgl. Neter, J., Wasserman, W. [1969], S. 610.

Die Prognose vollzieht sich in der Weise, daß jede Bilanzposition mit Hilfe ihrer Vergangenheitswerte ab dem Jahr 1986 für die Jahre 1993 und 1994 prognostiziert wird. Es stellt sich grundsätzlich die Frage, ob man eine ein- bzw. mehrjährige Prognose anstrebt. Mit anderen Worten, ob für 1994, der tatsächliche Zeitreihenwert von 1993 oder der Prognosewert einbezogen wird. Im Rahmen dieser Arbeit wird der tatsächtliche Zeitreihenwert von 1993 als Grundlage für die Prognose von 1994 einbezogen. Auf diese Weise soll gezeigt werden, daß eine kurzfristige gute Prognose schwieriger zu erstellen ist als eine langfristige, da sich bei einer langfristigen Prognose i.d.R. viel Unvorhergesehenes ausgleicht.

Nachdem die zeitreihengestützten Prognosemethoden ansatzweise auf dieses beschriebene Konzept angewandt wurden, wird mit Hilfe der Fehlermaße ME und MAPE die Prognosegüte festgestellt.

1.2.5.2 Aufbau des Konzeptes

Um zeigen zu können, daß die zeitreihengestützten Prognoseverfahren auch mittels gängiger Tabellenkalkulationsprogramme durchgeführt werden können, wird hier das von Microsoft entwickelte Tabellenkalkualtionsprogramm Excel in der Version 5.0 verwendet. Selbstverständlich können aber alle Berechnungen mit jedem anderen Tabellenkakulationsprogramm durchgeführt werden (z.B. Lotus 1-2-3 ab Version 4.x).

Abb. 16 zeigt für das hier gewählte Beispiel den prinzipiellen Aufbau von Microsoft Excel und die verschiedenen 'Prognose-Arbeitsblätter', wobei jedes Arbeitsblatt ein anderes Prognoseverfahren beinhaltet. In den Tabellen 6 bis 11 stellen die schraffierten Spalten die Prognosewerte der entsprechenden Jahre dar.

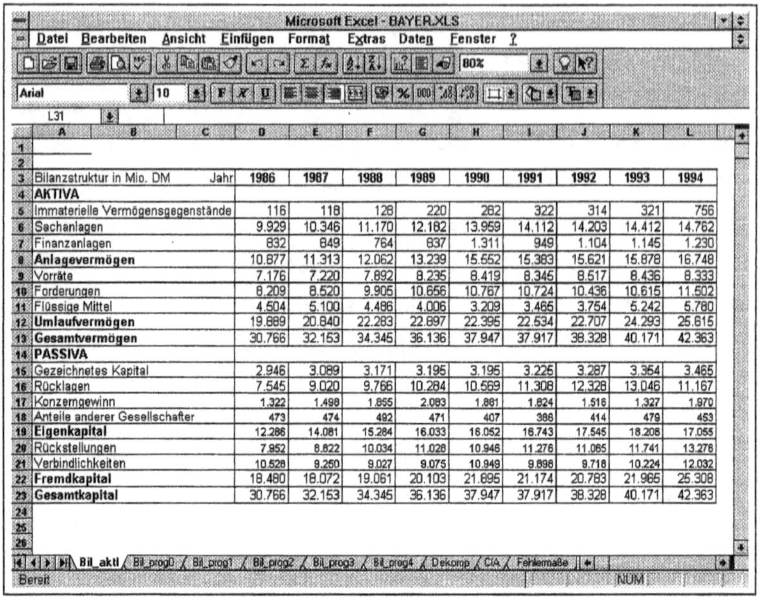

Bilanzstruktur in Mio. DM Jahr	1986	1987	1988	1989	1990	1991	1992	1993	1994
AKTIVA									
Immaterielle Vermögensgegenstände	116	118	128	220	282	322	314	321	756
Sachanlagen	9.929	10.346	11.170	12.182	13.959	14.112	14.203	14.412	14.762
Finanzanlagen	832	849	764	837	1.311	949	1.104	1.145	1.230
Anlagevermögen	10.877	11.313	12.062	13.239	15.552	15.383	15.621	15.878	16.748
Vorräte	7.176	7.220	7.892	8.235	8.419	8.345	8.517	8.436	8.333
Forderungen	8.209	8.520	9.905	10.656	10.767	10.724	10.436	10.615	11.502
Flüssige Mittel	4.504	5.100	4.486	4.006	3.209	3.465	3.754	5.242	5.780
Umlaufvermögen	19.889	20.840	22.283	22.897	22.395	22.534	22.707	24.293	25.615
Gesamtvermögen	30.766	32.153	34.345	36.136	37.947	37.917	38.328	40.171	42.363
PASSIVA									
Gezeichnetes Kapital	2.946	3.089	3.171	3.195	3.195	3.225	3.287	3.354	3.465
Rücklagen	7.545	9.020	9.766	10.284	10.569	11.308	12.328	13.046	11.167
Konzerngewinn	1.322	1.498	1.855	2.083	1.881	1.824	1.516	1.327	1.970
Anteile anderer Gesellschafter	473	474	492	471	407	386	414	479	453
Eigenkapital	12.286	14.081	15.284	16.033	16.052	16.743	17.545	18.206	17.055
Rückstellungen	7.952	8.822	10.034	11.028	10.946	11.276	11.065	11.741	13.276
Verbindlichkeiten	10.528	9.250	9.027	9.075	10.949	9.898	9.718	10.224	12.032
Fremdkapital	18.480	18.072	19.061	20.103	21.895	21.174	20.783	21.965	25.308
Gesamtkapital	30.766	32.153	34.345	36.136	37.947	37.917	38.328	40.171	42.363

Abb. 16: Darstellung der verschiedenen Prognose-Arbeitsblätter

Die verschiedenen Arbeitsblätter sind folgendermaßen zu verstehen:

- Bil_aktl: Aktuelle Bilanzpositionen von 1986 bis 1994
- Bil_prog0: einfache und differenzierte Projektionsmethoden
- Bil_prog1: Methode der globalen Durchschnittsberechnung
- Bil_prog2: Methode der einfachen gleitenden Durchschnittsberechnung
- Bil_prog3: Methode der einfachen exponentiellen Glättung
- Bil_prog4: Methode der zweifachen exponentiellen Glättung
- De_komp: Dekompositionsmethode
- CIA: Cross-Impact-Analysis
- Fehlermaße: Prognosegüteprüfung mit Hilfe der Fehlermaße ME und des MAPE

In Tab. 5 sind die tatsächlichen Bilanzpositionen des Bayer-Konzerns der Jahre 1986 bis 1994 aufgelistet. Im folgenden wird jeweils eine Prognose, für die Jahre 1993 und 1994, unter Einbezug der Daten bis einschließlich

Bilanzstruktur in Mio. DM / Jahr	1986	1987	1988	1989	1990	1991	1992	1993	1994
AKTIVA									
Immaterielle Vermögensgegenst.	116	118	128	220	282	322	314	321	756
Sachanlagen	9.929	10.346	11.170	12.182	13.959	14.112	14.203	14.412	14.762
Finanzanlagen	832	849	764	837	1.311	949	1.104	1.145	1.230
Anlagevermögen	10.877	11.313	12.062	13.239	15.552	15.383	15.621	15.878	16.748
Vorräte	7.176	7.220	7.892	8.235	8.419	8.345	8.517	8.436	8.333
Forderungen	8.209	8.520	9.905	10.656	10.767	10.724	10.436	10.615	11.502
Flüssige Mittel	4.504	5.100	4.486	4.006	3.209	3.465	3.754	5.242	5.780
Umlaufvermögen	19.889	20.840	22.283	22.897	22.395	22.534	22.707	24.293	25.615
Gesamtvermögen	30.766	32.153	34.345	36.136	37.947	37.917	38.328	40.171	42.363
PASSIVA									
Gezeichnetes Kapital	2.946	3.089	3.171	3.195	3.195	3.225	3.287	3.354	3.465
Rücklagen	7.545	9.020	9.766	10.284	10.569	11.308	12.328	13.046	11.167
Konzerngewinn	1.322	1.498	1.855	2.083	1.881	1.824	1.516	1.327	1.970
Anteile anderer Gesellschafter	473	474	492	471	407	386	414	479	453
Eigenkapital	12.286	14.081	15.284	16.033	16.052	16.743	17.545	18.206	17.055
Rückstellungen	7.952	8.822	10.034	11.028	10.946	11.276	11.065	11.741	13.276
Verbindlichkeiten	10.528	9.250	9.027	9.075	10.949	9.898	9.718	10.224	12.032
Fremdkapital	18.480	18.072	19.061	20.103	21.895	21.174	20.783	21.965	25.308
Gesamtkapital	30.766	32.153	34.345	36.136	37.947	37.917	38.328	40.171	42.363

Tab. 5: Aktuelle Jahresübersicht des Bayer-Konzerns

1992 erstellt. Da die tatsächlichen Werte für diese beiden Jahre vorliegen, kann die Prognosegüte im Anschluß problemlos ermittelt werden.

1.2.5.3 Projektions- und Glättungsmethoden

1.2.5.3.1 Einfache und differenzierte Projektionsmethoden

Bei den einfachen Projektionsmethoden werden die Vergangenheitswerte für die Zukunft übernommen, so daß sich dies im vorliegenden Fall folgendermaßen darstellen läßt: $y_{1993} = x_{1992}$ und $y_{1994} = x_{1993}$. Diese naive Prognose, in Tab. 6 als 1993 ① und 1994 ① dargestellt, wird ihrem Namen gerecht, denn beispielsweise ist bei der Prognose des Anlagevermögens für 1994 der tatsächliche Zeitreihenwert doppelt so hoch. Die Gefahr dieser Methode liegt darin, daß Diskontinuitäten nicht genügend einbezogen werden.

Als eine Variante der differenzierten Projektionsmethode (in Tab. 6 als 1993 ② und 1994 ② dargestellt) bietet sich an, den letzten tatsächlichen Zeitreihenwert mit der durchschnittlichen Wachstumsrate der letzten z.B. drei Jahre zu multiplizieren: $y_{t+1} = x_t \sqrt{\frac{x_t}{x_{t-2}}}$. Es wurde hier diese Wahl getroffen, da anzunehmen ist, daß die letzten drei Jahre die zukünftigen Werte in ausschlaggebenderem Maße beeinflussen als weiter in der Vergangenheit liegende Werte. Ein weiterer Grund, weshalb die letzten drei Jahre hier Berücksichtigung finden, ist, daß sich die letzten drei tatsächlichen Zeitreihenwerte voneinander nicht so stark unterscheiden wie die davor liegenden.

Eine andere Variante der differenzierten Projektionsmethode bezieht zusätzlich zum vorangegangenen Zeitreihenwert die durchschnittliche Abweichung aller vorliegenden Zeitreihenwerte bis zum Prognosezeitpunkt t ein (in Tab. 6 ausgeführt als 1993 ③ und 1994 ③). Als Formel ausgedrückt:

$y_{t+1} = x_t + \frac{x_t - x_{t-k}}{k}$, wobei k die Anzahl der einbezogenen Vergangenheitswerte darstellt.

Bilanzstruktur in Mio. DM/Jahr	**1986**	**1987**	**1988**	**1989**	**1990**	**1991**	**1992**	**1993**	**1993 ①**	**1993 ②**	**1993 ③**	**1994**	**1994 ①**	**1994 ②**	**1994 ③**
AKTIVA															
Immat. Vermögensgegenst.	116	118	128	220	282	322	314	321	314	331	347	756	321	321	350
Sachanlagen	9.929	10.346	11.170	12.182	13.959	14.112	14.203	14.412	14.203	14.327	14.915	14.762	14.412	14.564	15.052
Finanzanlagen	832	849	764	837	1.311	949	1.104	1.145	1.104	1.013	1.149	1.230	1.145	1.258	1.190
Anlagevermögen	10.877	11.313	12.062	13.239	15.552	15.383	15.621	15.878	15.621	15.656	16.412	16.748	15.878	16.131	16.592
Vorräte	7.176	7.220	7.892	8.235	8.419	8.345	8.517	8.436	8.517	8.566	8.741	8.333	8.436	8.482	8.616
Forderungen	8.209	8.520	9.905	10.656	10.767	10.724	10.436	10.615	10.436	10.274	10.807	11.502	10.615	10.561	10.959
Flüssige Mittel	4.504	5.100	4.486	4.006	3.209	3.465	3.754	5.242	3.754	4.060	3.629	5.780	5.242	6.448	5.347
Umlaufvermögen	19.889	20.840	22.283	22.897	22.395	22.534	22.707	24.293	22.707	22.865	23.177	25.615	24.293	25.223	24.922
Gesamtvermögen	30.766	32.153	34.345	36.136	37.947	37.917	38.328	40.171	38.328	38.520	39.588	42.363	40.171	41.348	41.515
PASSIVA															
Gezeichnetes Kapital	2.946	3.089	3.171	3.195	3.195	3.225	3.287	3.354	3.287	3.334	3.344	3.465	3.354	3.420	3.412
Rücklagen	7.545	9.020	9.766	10.284	10.569	11.308	12.328	13.046	12.328	13.314	13.125	11.167	13.046	14.013	13.832
Konzerngewinn	1.322	1.498	1.855	2.083	1.881	1.824	1.516	1.327	1.516	1.361	1.548	1.970	1.327	1.132	1.328
Anteil. anderer Gesellschafter	473	474	492	471	407	386	414	479	414	418	404	453	479	534	480
Eigenkapital	12.286	14.081	15.284	16.033	16.052	16.743	17.545	18.206	17.545	18.343	18.422	17.055	18.206	18.985	19.052
Rückstellungen	7.952	8.822	10.034	11.028	10.946	11.276	11.065	11.741	11.065	11.125	11.584	13.276	11.741	11.981	12.282
Verbindlichkeiten	10.528	9.250	9.027	9.075	10.949	9.898	9.718	10.224	9.718	9.155	9.583	12.032	10.224	10.391	10.181
Fremdkapital	18.480	18.072	19.061	20.103	21.895	21.174	20.783	21.965	20.783	20.248	21.167	25.308	21.965	22.372	22.463
Gesamtkapital	30.766	32.153	34.345	36.136	37.947	37.917	38.328	40.171	38.328	38.520	39.588	42.363	40.171	41.348	41.515

Tab. 6: Prognose mit Hilfe der Projektionsmethoden

1.2.5.3.2 Glättungsmethoden

1.2.5.3.2.1 Elementare Glättungsmethoden

(1) Methode der globalen Durchschnittsberechnung

Tab. 7 zeigt die Prognosewerte für 1993 und 1994, die mit Hilfe der globalen Durchschnittsberechnung zustande kamen. Durch das Einbeziehen *aller* Vergangenheitswerte mit dem gleichen Gewicht ist der Einfluß der unmittelbar dem Prognosezeitpunkt vorgelagerten Vergangenheitswerte weniger stark ausgeprägt als beispielsweise bei den differenzierten Projektionsverfahren. Als Vorteil dieser Methode könnte man erwähnen, daß sich positive sowie negative Ausreißer in der Vergangenheit durch die Durchschnittsbildung ausgleichen. Im Falle dauerhafter Niveauänderungen wirkt sich diese starke 'Glättung' nicht ganz unproblematisch aus, da die Anpassung an das neue Niveau relativ verzögert erfolgt. Gleichzeitig ist zu bemerken, daß die globale Durchschnittsberechnung sich aus diesem Grund - beim Vorhandensein von Diskontinuitäten in der Vergangenheit - für eine kurzfristige Prognose nicht eignet. Besser berücksichtigt dieses Phänomen die Prognose mit Hilfe der einfachen gleitenden Durchschnittsberechnung, deren Anwendung im folgenden erläutert wird.

(2) Methode der einfachen gleitenden Durchschnittsberechnung

Im vorliegenden Beispiel wurden für jedes Prognosejahr die Bilanzpositionen der vergangenen drei Perioden verwendet. Weshalb sich hier N = 3 anbietet hängt damit zusammen, daß sich diese letzten drei Beobachtungswerte der Zeitreihe von den übrigen weniger stark unterscheiden. In Tab. 8 sind die Bilanzpositionen für 1993 und 1994 mit Hilfe der einfachen gleitenden Durchschnittsberechnung prognostiziert.

Diese Methode wird recht häufig in der Praxis verwendet, um die zukünftigen Bilanz- bzw. G & V-Positionen des Akquisitionsobjektes bzw. des eigenen Unternehmens zu prognostizieren. Allerdings stellt die Methode in der Praxis nur das Grundgerüst der künftigen Posten dar. Sie wird noch um außeror-

Bilanzstruktur in Mio. DM / Jahr	**1986**	**1987**	**1988**	**1989**	**1990**	**1991**	**1992**	**1993**	**1993'**	**1994**	**1994'**
AKTIVA											
Immat. Vermögensgegenst.	116	118	128	220	282	322	314	321	214	756	228
Sachanlagen	9.929	10.346	11.170	12.182	13.959	14.112	14.203	14.412	12.272	14.762	12.539
Finanzanlagen	832	849	764	837	1.311	949	1.104	1.145	949	1.230	974
Anlagevermögen	10.877	11.313	12.062	13.239	15.552	15.383	15.621	15.878	13.435	16.748	13.741
Vorräte	7.176	7.220	7.892	8.235	8.419	8.345	8.517	8.436	7.972	8.333	8.030
Forderungen	8.209	8.520	9.905	10.656	10.767	10.724	10.436	10.615	9.888	11.502	9.979
Flüssige Mittel	4.504	5.100	4.486	4.006	3.209	3.465	3.754	5.242	4.075	5.780	4.221
Umlaufvermögen	19.889	20.840	22.283	22.897	22.395	22.534	22.707	24.293	21.935	25.615	22.230
Gesamtvermögen	30.766	32.153	34.345	36.136	37.947	37.917	38.328	40.171	35.370	42.363	35.970
PASSIVA											
Gezeichnetes Kapital	2.946	3.089	3.171	3.195	3.195	3.225	3.287	3.354	3.158	3.465	3.183
Rücklagen	7.545	9.020	9.766	10.284	10.569	11.308	12.328	13.046	10.117	11.167	10.483
Konzerngewinn	1.322	1.498	1.855	2.083	1.881	1.824	1.516	1.327	1.711	1.970	1.663
Anteile anderer Gesellschafter	473	474	492	471	407	386	414	479	445	453	450
Eigenkapital	12.286	14.081	15.284	16.033	16.052	16.743	17.545	18.206	15.432	17.055	15.779
Rückstellungen	7.952	8.822	10.034	11.028	10.946	11.276	11.065	11.741	10.160	13.276	10.358
Verbindlichkeiten	10.528	9.250	9.027	9.075	10.949	9.898	9.718	10.224	9.778	12.032	9.834
Fremdkapital	18.480	18.072	19.061	20.103	21.895	21.174	20.783	21.965	19.938	25.308	20.192
Gesamtkapital	30.766	32.153	34.345	36.136	37.947	37.917	38.328	40.171	35.370	42.363	35.970

Tab. 7: Prognose mit Hilfe der globalen Durchschnittsberechnung

Bilanzstruktur in Mio. DM/Jahr	**1986**	**1987**	**1988**	**1989**	**1990**	**1991**	**1992**	**1993**	**1993'**	**1994**	**1994'**
AKTIVA											
Immat. Vermögensgegenst.	116	118	128	220	282	322	314	321	306	756	319
Sachanlagen	9.929	10.346	11.170	12.182	13.959	14.112	14.203	14.412	14.091	14.762	14.242
Finanzanlagen	832	849	764	837	1.311	949	1.104	1.145	1.121	1.230	1.066
Anlagevermögen	10.877	11.313	12.062	13.239	15.552	15.383	15.621	15.878	15.519	16.748	15.627
Vorräte	7.176	7.220	7.892	8.235	8.419	8.345	8.517	8.436	8.427	8.333	8.433
Forderungen	8.209	8.520	9.905	10.656	10.767	10.724	10.436	10.615	10.642	11.502	10.592
Flüssige Mittel	4.504	5.100	4.486	4.006	3.209	3.465	3.754	5.242	3.476	5.780	4.154
Umlaufvermögen	19.889	20.840	22.283	22.897	22.395	22.534	22.707	24.293	22.545	25.615	23.178
Gesamtvermögen	30.766	32.153	34.345	36.136	37.947	37.917	38.328	40.171	38.064	42.363	38.805
PASSIVA											
Gezeichnetes Kapital	2.946	3.089	3.171	3.195	3.195	3.225	3.287	3.354	3.236	3.465	3.289
Rücklagen	7.545	9.020	9.766	10.284	10.569	11.308	12.328	13.046	11.402	11.167	12.227
Konzerngewinn	1.322	1.498	1.855	2.083	1.881	1.824	1.516	1.327	1.740	1.970	1.556
Anteil. anderer Gesellschafter	473	474	492	471	407	386	414	479	402	453	426
Eigenkapital	12.286	14.081	15.284	16.033	16.052	16.743	17.545	18.206	16.780	17.055	17.498
Rückstellungen	7.952	8.822	10.034	11.028	10.946	11.276	11.065	11.741	11.096	13.276	11.361
Verbindlichkeiten	10.528	9.250	9.027	9.075	10.949	9.898	9.718	10.224	10.188	12.032	9.947
Fremdkapital	18.480	18.072	19.061	20.103	21.895	21.174	20.783	21.965	21.284	25.308	21.307
Gesamtkapital	30.766	32.153	34.345	36.136	37.947	37.917	38.328	40.171	38.064	42.363	38.805

Tab. 8: Prognose mit Hilfe der einfachen gleitenden Durchschnittsberechnung mit N = 3

dentliche Ereignisse, so z.B. größere Investitionen bzw. Desinvestitionen oder größeren Personalabbau etc., bereinigt. Vorteile dieser Methode sind die schnelle Berechnung und die Erforderlichkeit eines nur geringen mathematischen Verständnisses.

1.2.5.3.2.2 Exponentielle Glättungsmethoden

(1) Methode der einfachen exponentiellen Glättung

Da sich das exponentielle Glätten aus der gleitenden Durchschnittsberechnung ableiten läßt, wird im folgenden für die Schätzung des historischen Randes die gleitende Durchschnittsberechnung verwendet; auch hier wird N = 3 gesetzt. Wie bereits erwähnt, kann der α-Wert mit Hilfe adäquater Verfahren festgelegt werden. In diesem Beispiel wird α subjektiv gewählt. Wie aus Tab. 9 zu erkennen ist, eignet sich hier ein größerer α-Wert besser für die Prognose. Dies trifft zwar nicht für alle Bilanzpositionen zu, jedoch für die meisten. Am besten eignet sich wegen den schnellen Datenänderungen ein α-Wert von 0,5. Ein höherer α-Wert würde den Gewichtungseffekt überkompensieren. Je höher der α-Wert angesetzt wird, desto stärker ist die Fehlerkorrektur, d.h. die Abweichung zwischen dem letzten prognostizierten und dem tatsächlichen Wert geht mit einem stärkeren Gewicht ein.

(2) Methode der zweifachen exponentiellen Glättung

Bei der zweifachen exponentiellen Glättung kann man in dem hier zugrundegelegten Prognosehorizont zwischen einer 'einjährigen' und einer 'zweijährigen' Prognose unterscheiden. Eine zweijährige Prognose bedeutet, daß die Prognose für 1994 auf *Prognosewerte* von 1993 aufbaut. Für die einjährige Prognose verwendet man für 1994 die *tatsächlichen Zeitreihenwerte* von 1993. Bezüglich des α-Wertes gelten auch hier die obigen Aussagen. In Tab. 10a sind die für die Berechnung der zweijährigen Prognose benötigten Werte (u.a. auch die Schätzung des historischen Randes) und die Prognosewerte für 1993 und 1994 mit einem α-Wert von 0,5 aufgelistet.[387]

---

[387] Die Startwerte von y'_{1987} und y''_{1987} wurden unter der Annahme eines linearen Trends innerhalb des Stützbereichs 1988 bis 1992 berechnet. Die Startwerte b_0 und b sind identisch, da dieser unabhängig von der Verschiebung t_τ bleibt.

Bilanzstruktur in Mio. DM / Jahr	y_0' 1992	1993	y' 1993 $\alpha = 0,1$	y' 1993 $\alpha = 0,3$	y' 1993 $\alpha = 0,5$	1994	y'1994 $\alpha = 0,1$	y'1994 $\alpha = 0,3$	y' 1994 $\alpha = 0,5$
AKTIVA									
Immaterielle Vermögensgegenst.	306	321	307	308	310	756	308	312	316
Sachanlagen	14.091	14.412	14.103	14.125	14.147	14.762	14.133	14.211	14.280
Finanzanlagen	1.121	1.145	1.120	1.116	1.113	1.230	1.122	1.125	1.129
Anlagevermögen	15.519	15.878	15.529	15.549	15.570	16.748	15.564	15.648	15.724
Vorräte	8.427	8.436	8.436	8.454	8.472	8.333	8.436	8.449	8.454
Forderungen	10.642	10.615	10.622	10.580	10.539	11.502	10.621	10.591	10.577
Flüssige Mittel	3.476	5.242	3.504	3.559	3.615	5.780	3.678	4.064	4.429
Umlaufvermögen	22.545	24.293	22.562	22.594	22.626	25.615	22.735	23.104	23.460
Gesamtvermögen	38.064	40.171	38.090	38.143	38.196	42.363	38.298	38.752	39.184
PASSIVA									
Gezeichnetes Kapital	3.236	3.354	3.241	3.251	3.261	3.465	3.252	3.282	3.308
Rücklagen	11.402	13.046	11.494	11.680	11.865	11.167	11.649	12.089	12.455
Konzerngewinn	1.740	1.327	1.718	1.673	1.628	1.970	1.679	1.569	1.478
Anteile anderer Gesellschafter	402	479	404	406	408	453	411	428	444
Eigenkapital	16.780	18.206	16.857	17.010	17.163	17.055	16.991	17.368	17.684
Rückstellungen	11.096	11.741	11.093	11.086	11.080	13.276	11.157	11.283	11.411
Verbindlichkeiten	10.188	10.224	10.141	10.047	9.953	12.032	10.150	10.100	10.089
Fremdkapital	21.284	21.965	21.234	21.134	21.034	25.308	21.307	21.383	21.499
Gesamtkapital	38.064	40.171	38.090	38.143	38.196	42.363	38.298	38.752	39.184

Tab. 9: Prognose mit Hilfe der einfachen exponentiellen Glättung mit α-Werten von 0,1, 0,3 und 0,5

Bilanzstruktur in Mio. DM	â 1987	$â_0$1987	$b_0$1987	y'_{1987}	y''_{1987}	y'_{1988}	y''_{1988}	y'_{1989}	y''_{1989}	y'_{1990}	y''_{1990}	y'_{1991}	y''_{1991}	y'_{1992}	y''_{1992}	y_{1993}	y_{1994}
AKTIVA																	
Immat. Verm.gegst.	253	111	47	64	16	32	24	80	52	150	101	216	158	269	214	380	435
Sachanlagen	13.125	10.726	800	9.927	9.127	4.963	7.045	8.067	7.556	10.124	8.840	12.042	10.441	13.077	11.759	15.713	17.031
Finanzanlagen	993	755	79	676	597	338	468	551	509	694	602	1.003	802	976	889	1.149	1.236
Anlagevermögen	14.371	11.593	926	10.667	9.740	5.333	7.537	8.698	8.117	10.968	9.543	13.260	11.401	14.322	12.862	17.242	18.702
Vorräte	8.282	7.874	136	7.738	7.602	3.869	5.735	5.880	5.808	7.058	6.433	7.738	7.086	8.042	7.564	8.998	9.476
Forderungen	10.498	10.159	113	10.046	9.933	5.023	7.478	7.464	7.471	9.060	8.265	9.913	9.089	10.319	9.704	11.548	12.163
Flüssige Mittel	3.784	4.386	-201	4.586	4.787	2.293	3.540	3.390	3.465	3.698	3.581	3.453	3.517	3.459	3.488	3.401	3.372
Umlaufvermögen	22.563	22.418	49	22.369	22.321	11.185	16.753	16.734	16.743	19.815	18.279	21.105	19.692	21.820	20.756	23.947	25.011
Gesamtvermögen	36.935	34.011	975	33.036	32.061	16.518	24.290	25.431	24.860	30.784	27.822	34.365	31.094	36.141	33.617	41.189	43.712
PASSIVA																	
Gezeichnetes Kapital	3.215	3.136	26	3.110	3.084	1.555	2.319	2.363	2.341	2.779	2.560	2.987	2.774	3.106	2.940	3.438	3.605
Rücklagen	10.851	9.007	615	8.392	7.777	4.196	5.986	6.981	6.484	8.632	7.558	9.601	8.579	10.454	9.517	12.329	13.267
Konzerngewinn	1.832	2.113	-94	2.207	2.300	1.103	1.702	1.479	1.590	1.781	1.686	1.831	1.758	1.828	1.793	1.897	1.931
Anteile and. Gesell.	434	506	-24	530	555	265	410	379	394	425	410	416	413	401	407	389	383
Eigenkapital	16.331	14.762	523	14.239	13.715	7.119	10.417	11.202	10.810	13.617	12.213	14.835	13.524	15.789	14.656	18.054	19.186
Rückstellungen	10.870	10.177	231	9.946	9.715	4.973	7.344	7.503	7.424	9.266	8.345	10.106	9.225	10.691	9.958	12.157	12.889
Verbindlichkeiten	9.733	9.072	221	8.851	8.631	4.426	6.528	6.726	6.627	7.901	7.264	9.425	8.344	9.661	9.003	10.978	11.637
Fremdkapital	20.603	19.249	452	18.797	18.346	9.399	13.872	14.230	14.051	17.166	15.609	19.531	17.570	20.352	18.961	23.135	24.526
Gesamtkapital	36.935	34.011	975	33.036	32.061	16.518	24.290	25.431	24.860	30.784	27.822	34.365	31.094	36.141	33.617	41.189	43.712

Tab. 10a: Prognose mit Hilfe der zweifachen exponentiellen Glättung mit $\alpha = 0,5$

Bilanzstruktur in Mio. DM	â 1987	$â_0$1987	$b_0$1987	y'_{1987}	y''_{1987}	y'_{1988}	y''_{1988}	y'_{1989}	y''_{1989}	y'_{1990}	y''_{1990}	y'_{1991}	y''_{1991}	y'_{1992}	y''_{1992}	y_{1993}	y_{1994}
AKTIVA																	
Immat. Verm.gegst.	253	111	47	-31	-173	-23	-136	14	-98	66	-57	120	-13	170	33	354	400
Sachanlagen	13.125	10.726	800	8.328	5.929	6.246	6.008	7.477	6.375	8.653	6.945	9.980	7.703	11.013	8.531	14.322	15.149
Finanzanlagen	993	755	79	518	280	388	307	482	351	571	406	756	493	804	571	1.115	1.193
Anlagevermögen	14.371	11.593	926	8.814	6.036	6.611	6.179	7.973	6.628	9.290	7.293	10.855	8.184	11.987	9.135	15.791	16.742
Vorräte	8.282	7.874	136	7.466	7.058	5.599	6.693	6.172	6.563	6.688	6.594	7.121	6.726	7.427	6.901	8.128	8.303
Forderungen	10.498	10.159	113	9.820	9.481	7.365	8.952	8.000	8.714	8.664	8.701	9.190	8.823	9.573	9.011	10.323	10.511
Flüssige Mittel	3.784	4.386	-201	4.987	5.589	3.740	5.126	3.927	4.827	3.947	4.607	3.762	4.395	3.688	4.219	2.980	2.803
Umlaufvermögen	22.563	22.418	49	22.272	22.127	16.704	20.771	18.099	20.103	19.298	19.902	20.073	19.945	20.688	20.130	21.431	21.617
Gesamtvermögen	36.935	34.011	975	31.086	28.162	23.315	26.950	26.072	26.731	28.588	27.195	30.928	28.128	32.675	29.265	37.222	38.359
PASSIVA																	
Gezeichnetes Kapital	3.215	3.136	26	3.057	2.979	2.293	2.807	2.513	2.734	2.683	2.721	2.811	2.744	2.915	2.786	3.086	3.128
Rücklagen	10.851	9.007	615	7.162	5.318	5.372	5.331	6.470	5.616	7.424	6.068	8.210	6.603	8.985	7.199	11.366	11.961
Konzerngewinn	1.832	2.113	-94	2.394	2.675	1.796	2.455	1.810	2.294	1.879	2.190	1.879	2.112	1.865	2.051	1.618	1.557
Anteile and. Gesell.	434	506	-24	579	651	434	597	448	560	454	533	442	511	428	490	346	325
Eigenkapital	16.331	14.762	523	13.192	11.623	9.894	11.190	11.242	11.203	12.439	11.512	13.343	11.970	14.193	12.526	16.416	16.971
Rückstellungen	10.870	10.177	231	9.484	8.791	7.113	8.371	7.843	8.239	8.639	8.339	9.216	8.558	9.731	8.852	10.904	11.197
Verbindlichkeiten	9.733	9.072	221	8.410	7.749	6.308	7.389	6.988	7.288	7.509	7.344	8.369	7.600	8.752	7.888	9.903	10.191
Fremdkapital	20.603	19.249	452	17.894	16.540	13.421	15.760	14.831	15.528	16.149	15.683	17.585	16.159	18.483	16.740	20.806	21.387
Gesamtkapital	36.935	34.011	975	31.086	28.162	23.315	26.950	26.072	26.731	28.588	27.195	30.928	28.128	32.675	29.265	37.222	38.359

Tab. 10b: Prognose mit Hilfe der zweifachen exponentiellen Glättung mit $\alpha = 0,25$

In Tab. 10b ist die gleiche Berechnung mit einem α-Wert von 0,25 zum Vergleich aufgeführt. In der Tab. 11 ist eine einjährige Prognose für 1994 mit einem α-Wert von 0,5 dargestellt; die identischen Vorberechnungswerte wurden einfachheitshalber weggelassen.

Bilanzstruktur in Mio. DM	...	1993	y'_{1993}	y''_{1993}	a_{1993}	b_{1993}	1994	y_{1994}
AKTIVA								
Immat. Verm.gegst.	...	321	291	253	330	10	756	340
Sachanlagen	...	14.412	13.640	12.699	14.580	235	14.762	14.816
Finanzanlagen	...	1.145	1.040	964	1.115	19	1.230	1.134
Anlagevermögen	...	15.878	14.971	13.916	16.026	264	16.748	16.290
Vorräte	...	8.436	8.279	7.921	8.637	89	8.333	8.727
Forderungen	...	10.615	10.377	10.041	10.714	84	11.502	10.798
Flüssige Mittel	...	5.242	3.607	3.547	3.666	15	5.780	3.681
Umlaufvermögen	...	24.293	22.263	21.510	23.017	188	25.615	23.205
Gesamtvermögen	...	40.171	37.235	35.426	39.043	452	42.363	39.495
PASSIVA								
Gezeichnetes Kapital	...	3.354	3.196	3.068	3.325	32	3.465	3.357
Rücklagen	...	13.046	11.391	10.454	12.328	234	11.167	12.563
Konzerngewinn	...	1.327	1.672	1.732	1.611	-15	1.970	1.596
Anteile and. Gesell.	...	479	407	407	408	0	453	408
Eigenkapital	...	18.206	16.667	15.662	17.672	251	17.055	17.923
Rückstellungen	...	11.741	10.878	10.418	11.338	115	13.276	11.453
Verbindlichkeiten	...	10.224	9.690	9.346	10.033	86	12.032	10.119
Fremdkapital	...	21.965	20.568	19.764	21.371	201	25.308	21.572
Gesamtkapital	...	40.171	37.235	35.426	39.043	452	42.363	39.495

Tab. 11: Prognose mit Hilfe der zweifachen exponentiellen Glättung (1-jährig) mit α = 0,5

Im weiteren wird zunächst die Prognosegüte der zweifachen exponentiellen Glättung mit Hilfe von Fehlermaßen gemessen und anschließend findet ein Vergleich der Prognosegüte aller hier angewandten zeitreihengestützten Extrapolationsmethoden statt.

1.2.5.3.2.3 Messung der Prognosegüte mit Hilfe der Maße ME und MAPE

Nachdem die Anwendung der zeitreihengestützen Extrapolationsverfahren im Rahmen der Akquistionsobjektbeurteilung vorgestellt wurde, ist die Vorteilhaftigkeit der verschiedenen Prognoseverfahren für das hier gewählte Beispiel zu untersuchen. Diese Prognosebeurteilung umfaßt nur die Prognosequalität und nicht, wie es angebrachter wäre - jedoch im Rahmen dieser Untersuchung nicht durchführbar - die Prognosekosten und die Bedeutung der Prognose für die Entscheidung als ganzes.[388] Dabei soll die Güte der verschiedenen Extrapolationsverfahren auf Basis der zwei folgenden Kenngrößen beurteilt werden: ME und MAPE.

Die absolute Abweichung zwischen der Prognose und den tatsächlichen Werten für den Prognosezeitraum wird durch das Fehlermaß ME gemessen. Da aber die absolute Abweichung kein Vergleich zwischen der Güte verschiedener Bilanzpositionen ermöglicht, ist es sinnvoll, neben dem ME den MAPE, der den absoluten Fehler ins Verhältnis zum tatsächlichen Zeitreihenwert setzt, zur Messung der Güte der Prognose zu verwenden. Obwohl in der allgemeinen Literatur weit mehr Fehlermaße genannt werden, wie z.B. MSE, RMSE, SDE, Theil'scher Ungleichheitskoeffizient (U^2) usw.[389] sollen die davor genannten Maße insbesondere der MAPE im Rahmen dieser Arbeit genügen.

In Tab. 12 sind die absoluten Abweichungen[390] zwischen den Prognosewerten und den tatsächlichen Zeitreihenwerten sowie die MAPE-Werte für die ein- (MAPE (4)_①) und zweijährige (MAPE (4)_②) Prognose berechnet worden. Die Verbesserung des MAPE's und damit auch der Prognose durch

---

388 Vgl. Hansmann, K.-W. [1992], Prognose, in: H. Corsten (Hrsg.): Lexikon der Betriebswirtschaftslehre, München-Wien, 1992, S. 735 - 740, S. 736.

389 Vgl. Schwarze, J. [1980], Statistische Kenngrößen zur Ex-Post-Beurteilung von Prognosen (Prognosefehlermaße), in: J. Schwarze (Hrsg.): Angewandte Prognoseverfahren, Herne-Berlin, 1980, S. 317 - 344, S. 320 - 336.

390 ME (4)_① ist die absolute Abweichung der einjährigen und ME (4)_② die der zweijährigen Prognose.

den Einbezug der tatsächlichen Zeitreihenwerte von 1993 ist generell nicht wesentlich. Jedoch ist grundsätzlich bei Bilanz- bzw. G & V-Positionen, deren Entwicklung in der Vergangenheit keine Stetigkeit aufweist, das Einbeziehen der tatsächlichen Werte der Zeitreihe des Vorjahres sinnvoll. Wie aus Tab. 12 zu ersehen ist, trifft diese These bei den Bilanzpositionen Sachanlagen und Rücklagen zu.

Bilanzstruktur in Mio. DM Fehlermaße	ME (4)_ ②	MAPE (4)_②	ME (4)_①	MAPE (4)_①
AKTIVA				
Immaterielle Vermögensgegenstände	131	**42**	416	**55**
Sachanlagen	-1.785	**15**	-54	**0**
Finanzanlagen	-5	**1**	96	**8**
Anlagevermögen	-1.659	**12**	458	**3**
Vorräte	-852	**14**	-394	**5**
Forderungen	-797	**6**	704	**6**
Flüssige Mittel	2.124	**42**	2.099	**36**
Umlaufvermögen	475	**2**	2.410	**9**
Gesamtvermögen	-1.183	**3**	2.868	**7**
PASSIVA				
Gezeichnetes Kapital	-112	**4**	108	**3**
Rücklagen	-692	**19**	-1.396	**12**
Konzerngewinn	-265	**2**	374	**19**
Anteile anderer Gesellschafter	80	**15**	45	**10**
Eigenkapital	-989	**12**	-868	**5**
Rückstellungen	-15	**3**	1.823	**14**
Verbindlichkeiten	-180	**3**	1.913	**16**
Fremdkapital	-194	**3**	3.736	**15**
Gesamtkapital	-1.183	**3**	2.868	**7**

Tab. 12: Gütemessung der ein- und zweijährigen Prognose der zweifachen exponentiellen Glättung

Verallgemeinert kann behauptet werden, daß eine längerfristige Prognose mittels des doppelten exponentiellen Glättens recht gute Ergebnisse erzielt, da, in dem hier aufgeführten Beispiel - abgesehen von den Bilanzpositionen flüssige Mittel und immaterielle Vermögensgegenstände - der durchschnittliche MAPE-Wert bei unter 20 (gut) und sogar für die meisten Positionen bei unter 10 (sehr gut) liegt.[391]

Beim Vergleichen der einjährigen mit der zweijährigen Prognose sind auch hier Abweichungen bei den genannten Positionen überdurchschnittlich hoch, so daß diese beiden Größen zur allgemeinen Beurteilung des zweifachen exponentiellen Glättens nicht herangezogen werden können. Jedoch ist generell davon auszugehen, daß Unterschiede zwischen den ein- und zweijährigen Prognosen marginal sind.[392]

In Tab. 13 findet sich eine Zusammenstellung aller hier angewandten Extrapolationsmethoden mit ihren Fehlermaßen. Auf den ersten Blick fallen die überdurchschnittlich hohen MAPE-Werte bei den Bilanzpositionen 'immaterielle Vermögensgegenstände' und 'flüssige Mittel' und beim 'Konzerngewinn' auf. Der Grund für die allgemein recht guten, jedoch im Falle dieser drei genannten relativ schlechten MAPE-Werte liegt darin, daß diese Positionen in der Vergangenheit wesentlich niedriger waren und ihre Höhen sich vom Jahr 1993 auf das Jahr 1994 mit einem Niveausprung änderten. Würde man diese Ausprägungen des MAPE mit in die Beurteilung der Prognosegüte einbeziehen, wäre das Ergebnis verfälscht. Ein Vergleich der Prognoseverfahren ist ebenfalls sinnlos, da die Ausprägungen alle in etwa gleich hoch sind. Das bedeutet, daß alle Extrapolationsverfahren in etwa dieselben Schwachstellen bezüglich plötzlicher Niveauänderungen bzw. Diskontinuitäten aufweisen; obwohl die These hier etwas waage untermauert ist,

---

391 Die folgende Übersicht soll die Interpretation der MAPE-Werte erleichtern:

MAPE-Wert (in % gemessen)	Beurteilung der Prognoseergebnisse
< 10	sehr gut
10 - 20	gut
20 - 50	befriedigend
> 50	schlecht

Vgl. zu dieser Aufstellung Weber, K. [1990], S. 68. Zu anderen Fehlermaßen und deren Interpretation vgl. Hansmann, K.-W. [1993], Sp. 3549 - 3550; Emde, W. B. [1989], Sp. 1653.

392 Bei der zusammenfassenden Gütemessung aller zeitreihengestützten Prognosemethoden wird mit den 'zweijährigen' Prognosewerten weitergerechnet.

wenn man bedenkt, daß es sich bei den genannten Positionen um Residualgrößen handelt.

Läßt man die obigen Bilanzpositionen außer acht, so ist die Methode der globalen Durchschnittsberechnung diejenige mit den durchschnittlich höchsten MAPE-Ausprägungen und kann hier als die relativ schlechteste Prognosemethode eingestuft werden. Am besten schneidet die Methode der einfachen exponentiellen Glättung ab, gefolgt von der der zweifachen exponentiellen Glättung. Danach ist die Methode der einfachen gleitenden Durchschnittsberechnung auf der Rangskala zu nennen. Bei den Projektionsmethoden ist die zweite Variante der differenzierten Projektionsmethode als die beste zu nennen, gefolgt von der naiven Prognose. Diese Variante der differenzierten Projektionsmethode bezieht zusätzlich zum letzten Zeitreihenwert die durchschnittliche Abweichung aller bis zum Prognosezeitpunkt vorliegenden Zeitreihenwerte mit ein.

Bei allen Prognoseverfahren kann zudem festgehalten werden, daß die Zwischensummen der einzelnen Bilanzpositionen, wie Anlage- und Umlaufvermögen etc., die einzelnen jährlichen negativen und positiven Schwankungen gegenüber dem Vorjahr innerhalb zu dieser Zwischensumme gehörenden Positionen ausgleichen, so daß die MAPE-Werte der Zwischensummen recht gut sind. Bei der Umsetzung in die Realität sollte daher eher eine Prognose für die *Zwischensummen* gemacht werden, da diese weniger großen Schwankungen unterliegen.

Die Projektionsmethoden weisen gegenüber den exponentiellen Glättungsmethoden recht gute Ergebnisse auf. Es ist in Frage zu stellen, ob die rechenaufwendigen Prognoseverfahren, insbesondere die exponentiellen Glättungsmethoden, trotz ihrer guten Ergebnisse den damit einhergehenden Rechen- und Zeitaufwand rechtfertigen.

Bilanzstruktur / Fehlermaße	(1)	(2)	(3)	(4)	(5)	(6)	(7)	(8)	(9)	(10)	(11)	(12)	(13)	(14)
AKTIVA														
Immaterielle Vermögensgegenst.	221	30	213	30	190	31	318	52	226	31	226	31	131	30
Sachanlagen	280	2	142	1	-397	3	2.182	15	420	3	374	3	-1.785	12
Finanzanlagen	63	5	52	7	18	2	226	19	94	8	67	6	-5	0
Anlagevermögen	564	3	419	3	-189	2	2.725	17	740	4	666	4	-1.659	10
Vorräte	-92	1	-140	2	-294	4	384	5	-45	1	-79	1	-852	10
Forderungen	533	5	641	6	176	3	1.125	10	442	4	500	4	-797	7
Flüssige Mittel	1.013	19	257	17	1.023	19	1.363	25	1.696	31	1.489	27	2.124	38
Umlaufvermögen	1.454	6	910	4	905	4	2.872	11	2.092	8	1.911	8	475	2
Gesamtvermögen	2.018	5	1.333	3	716	2	5.597	14	2.832	7	2.577	6	-1.183	3
PASSIVA														
Gezeichnetes Kapital	89	3	32	1	31	1	239	7	147	4	125	4	-112	3
Rücklagen	-581	11	-1.557	14	-1.372	12	1.806	14	292	11	-54	10	-692	12
Konzerngewinn	227	23	402	23	210	25	-39	22	1	26	96	24	-265	22
Anteile anderer Gesellschafter	20	10	-10	15	24	11	19	4	52	11	40	8	80	17
Eigenkapital	-245	5	-1.033	6	-1.106	6	2.025	11	492	5	207	5	-989	7
Rückstellungen	1.106	9	956	8	575	4	2.249	18	1.280	10	1.263	10	-15	3
Verbindlichkeiten	1.157	10	1.355	12	1.246	11	1.322	11	1.061	9	1.107	9	-180	5
Fremdkapital	2.263	9	2.327	10	1.822	7	3.572	15	2.341	9	2.370	10	-194	4
Gesamtkapital	2.018	5	1.333	3	716	2	5.597	14	2.832	7	2.577	6	-1.183	3

- (1) bis (6): Fehlermaße bei Prognosen mit Hilfe der Projektionsmethoden: (1) ME ①, (2) MAPE ①, (3) ME②, (4) MAPE ②, (5) ME ③, (6) ME ③
- (7) bis (8): Fehlermaße bei Prognosen mit Hilfe der globalen Durchschnittsberechnung: (7) ME, (8) MAPE
- (9) bis (10): Fehlermaße bei Prognosen mit Hilfe der einfachen gleitenden Durchschnittsberechnung bei N = 3: (9) ME, (10) MAPE
- (11) bis (12): Fehlermaße bei Prognosen mit Hilfe der einfachen exponentiellen Glättung bei einem α-Wert von 0,5: (11) ME, (12) MAPE
- (13) bis (14): Fehlermaße bei Prognosen mit Hilfe der zweifachen exponentiellen Glättung bei einem α-Wert von 0,5: (13) ME, (14) MAPE;

Zur Prognose von 1994 wurden die tatsächlichen Zeitreihenwerte von 1993 verwendet.

1.2.5.4 Dekompositionsmethoden

Voraussetzung für die Anwendung von Dekompositionsmethoden ist das Vorliegen einer relativ umfangreichen Datenbasis. Dabei ist die Forderung zu erfüllen, daß die vorliegenden Werte über viele Perioden nach gleichbleibenden Methoden erfaßt worden sind. Im Rahmen der Beurteilung von Akquisitionsalternativen könnten in Frage kommende Größen z.B. der Auftragseingang (gemessen am Auftragswert), Umsätze, Anzahl der Mitarbeiter u.ä. sein. Quelle solcher Daten sind nicht mehr Bilanzen, sondern - da unterjährige Zahlen als Input notwendig sind - interne Statistiken des Kaufobjektes. Die Anwendung dieser Methode setzt folglich zwingend voraus, daß es sich um eine freundliche Übernahme handelt und bereits erste Kontaktgespräche stattfanden. Diese Methode eignet sich somit nicht für eine erste Grobselektion, sondern wird erst im Rahmen einer Feinselektion zum Einsatz gelangen. Als problematisch kann sich die Forderung der gleichbleibenden Erhebungsmethode auch hier herausstellen, da insbesondere im internen Berichtswesen die Art der Datenerhebung den internen Auswertungszielen laufend angepaßt wird. Dies bedeutet, daß mehr Bewertungsspielräume ausgenutzt werden und auch kalkulatorische Werte angesetzt werden können.

Zur Veranschaulichung dieser Methode wird am Beispiel der Umsatzentwicklung eines mittelständischen Unternehmens im Großanlagenbau die Vorgehensweise der Dekomposition in Einzelschritten vorgestellt.

(1) Voruntersuchung

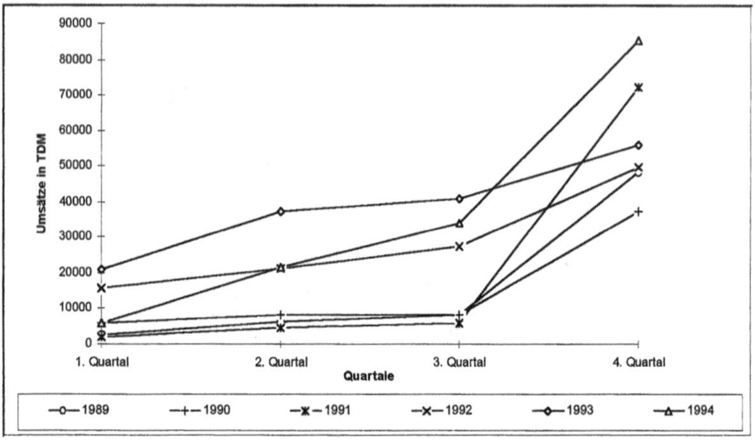

Abb. 17: Umsatzentwicklung eines mittelständischen Großanlagenbauers

Anhand der grafischen Veranschaulichung in Abb. 17 sind saisonale Schwankungen zu erkennen. Der Hauptteil des gesamten Jahresumsatzes wird im letzten Quartal des Geschäftsjahres fakturiert. Auch ist i.d.R. ein Abfallen im dritten Quartal zu beobachten. Das Vorliegen einer additiven Verknüpfung der Zeitreihenkomponenten wird angenommen, so daß folgendes Basismodell der weiteren Bearbeitung zugrunde gelegt wird:[393]

$$y_t = S_t + TC_t + E_t$$

Entsprechend der quartalsweisen Erhebung der Daten wird unterstellt, daß immer ein Quartal einer Saison entspricht und folglich die Saisonlänge drei Monate beträgt.

[393] Wobei S_t = Saisonale Komponente, TC_t = glatte Komponente (Trend und Zyklus) und E_t = Zufallskomponente ist.

(2) Durchführung der Dekomposition

Für die praktische Durchführung der Dekomposition sei im folgenden auf Tab. 14 verwiesen.[394] Zum Ausgleich der auf die Saison zurückführenden Schwankungen[395] wird eine Glättung der Ursprungszeitreihe mit N = 4 durchgeführt, wobei die Glieder am historischen und aktuellen Rand zu schätzen sind (Schritt 2). Durch Eliminieren dieser Durchschnittswerte aus der Ursprungszeitreihe (im Schritt 1 tabellarisch dargestellt) ergibt sich die glatte Komponente mit den Bestandteilen Trend und Konjunktur. Nach einer Normierung der Saisonkomponente (Schritt 4) findet eine erneute Saisonbereinigung statt (Schritt 5). Daran kann sich eine zweite Schätzung der glatten Komponente mit Hilfe der gleitenden Durchschnitte anschließen (Schritt 6).

Die so dargestellten Komponenten der Umsatzzeitreihe können für Prognosezwecke getrennt prognostiziert werden. Die Summe der Einzelkomponenten ergibt dann den Prognosewert des Umsatzes (des Akquisitionskandidaten). Die Anwendung des vorgestellten Verfahrens ist nicht nur auf Umsatzzeitreihen des Akquisitionsobjektes beschränkt, sondern ist immer dann sinnvoll, wenn die Zeitreihenwerte starken saisonalen Schwankungen unterworfen sind, so daß mit den übrigen Prognosemethoden i.d.R. keine sinnvollen Prognosen erzielt werden können. Eine möglichst zutreffende Prognose der Umsätze ist jedoch zur Beurteilung eines Akquisitionsobjektes äußerst wünschenswert, so daß zumindest für diese Größe die zusätzliche Bearbeitung der Zeitreihe zur Vorbereitung der Prognose durchgeführt werden sollte. Andere Größen, deren Schwankungen ebenfalls durch Konjunktur und Saison beeinflußt sein könnten, sind z.B. Auftragseingang, Material- bzw. Personalaufwand.

---

394 Vgl. zu einer ähnlichen Vorgehensweise Makridakis, S. Wheelwright, S. C. [1989], S. 119 - 120.

395 In bezug auf Beispiele für Gründe saisonaler Schwankungen vgl. Neter, J., Wasserman, W. [1969], S. 668.

Schritt 1: Ursprungszeitreihe

	1989	1990	1991	1992	1993	1994	$\sum_j x_{ij}$	$\frac{1}{n}\sum_j x_{ij}$
1. Quartal	2.589	5.782	2.011	15.772	20.975	5.893	53.022	8.837
2. Quartal	6.280	8.173	4.604	21.184	37.300	21.587	99.128	16.521
3. Quartal	8.145	8.328	6.029	27.425	40.951	34.134	152.150	25.358
4. Quartal	48.303	37.242	72.298	49.871	55.843	85.421	348.978	58.163
$\sum_i x_{ij}$	65.317	59.525	84.942	114.252	155.069	147.035		
$\frac{1}{p}\sum_j x_{ij}$	16.329	14.881	21.236	28.563	38.767	36.759		

Schritt 2: Gleitende Durchschnittsberechnung

	1989	1990	1991	1992	1993	1994
1. Quartal	15.132	17.624	12.759	31.495	35.584	30.216
2. Quartal	15.930	16.264	16.854	31.366	38.021	33.062
3. Quartal	16.728	14.410	22.956	29.213	36.882	40.456
4. Quartal	17.364	13.492	26.748	31.878	33.033	47.851

Schritt 3: Eliminierung von Trend- und Konjunkturkomponente

	1989	1990	1991	1992	1993	1994	$\frac{1}{n}\sum_j d_{ij}$
1. Quartal	-12.543	-11.842	-10.748	-15.723	-14.609	-24.323	-14.965
2. Quartal	-9.650	-8.091	-12.250	-10.182	-721	-11.475	-8.728
3. Quartal	-8.583	-6.082	-16.927	-1.788	4.069	-6.322	-5.939
4. Quartal	30.939	23.750	45.550	17.993	22.810	37.571	29.769

Schritt 4: Normierung der Saisonkomponente

1. Quartal	-14.999
2. Quartal	-8.762
3. Quartal	-5.973
4. Quartal	29.734

Schritt 5: Saisonbereinigung

	1989	1990	1991	1992	1993	1994
1. Quartal	17.588	20.781	17.010	30.771	35.974	20.892
2. Quartal	15.042	16.935	13.366	29.946	46.062	30.349
3. Quartal	14.118	14.301	12.002	33.398	46.924	40.107
4. Quartal	18.569	7.508	42.564	20.137	26.109	55.687

Schritt 6: Erneute Schätzung der Trend- und Konjunkturkomponente[396]

	1989	1990	1991	1992	1993	1994
1. Quartal	14.518	17.339	14.126	31.372	42.987	30.449
2. Quartal	15.583	17.339	14.126	31.372	42.987	30.449
3. Quartal	15.910	12.915	22.644	27.827	39.698	42.048
4. Quartal	10.896	7.270	18.189	17.845	24.344	51.907

Tab. 14: Schritte zur Durchführung einer Dekomposition

[396] Dieser Schritt wurde mit Hilfe der gleitenden Durchschnittsberechnung mit N = 3 durchgeführt.

1.2.5.5 Idenfikationsmethoden

Die Aufstellung eines Prognosemodells mit Hilfe der zeitreihengestützten Identifikationsmethoden erfordert eine recht große Datenbasis von mindestens 50 Zeitreihenwerten.[397] Der Einsatz dieser Prognosemethode zur Unterstützung der Beurteilung eines Akquisitionsobjektes kann daher nur für solche Größen sinnvoll sein, für die auf eine unterjährige Datenreihe zurückgegriffen werden kann. Denkbar ist dies z.B. für Umsätze[398] im Einzelhandel, die i.d.R. jeden Tag statistisch aufbereitet werden. Der Vorteil der Anwendung der BJ-Methode bei diesen Gegebenheiten liegt darin, daß z.B. die monatlich unterschiedliche Anzahl von Werktagen berücksichtigt werden kann.[399] Der Unterschied zwischen BJ-Methode und den zuvor vorgestellten Verfahren der Zeitreihenanalyse ist, daß hier nicht die Zeitreihe zwecks Prognose zerlegt wird, sondern sie als ganzes, jedoch unter Berücksichtigung der Komponenten, prognostiziert wird. Zur Akquisitionsobjektbeurteilung kann diese Methode im Prinzip überall eingesetzt werden, wo es um kurzfristige Prognosen handelt, z.B. bei Stückzahlen im Produktionsbereich.[400] Die Vorgehensweise bis zur Modellidentifikation unterteilt sich wie folgt:

(1) Postulate general class of models

Zur Prognosemodellerstellung wird i.d.R. nur eine Zeitreihe einfließen, deren Werte dann selbst Gegenstand der Prognose sind. Es handelt sich hier um ein univariates BJ-Modell. Sollten mehrere Zeitreihen in die Modellerstellung

---

397 Vgl. Weber, K. [1990], S. 54; Andere Autoren sind der Ansicht, daß sich auch kürzere Perioden für die BJ-Methode eignen könnten, so vgl. z.B. Muller-Malek, H., Bruggeman, W., DeSamblanckx, S., Bruyneel, G., Van de Vloed, R. [1975], Comparison of Forecasting Techniques by Means of Simulation Methods - Paper presented at: Simulation '75: An International Symposium and Short Course, Zürich, 1975; Groff, G. K. [1973], Empirical Comparison of Models for Short Range Forecasting, in: MS Vol. 20 1/1973, S. 22 - 31.

398 Vgl. Hansmann, K.-W. [1993], Sp. 3555.

399 Vgl. Weber, K. [1990], S. 355.

400 Vgl. Fuchs, W. [1989], Box-Jenkins-Prognosen der kurzfristigen Produktionsentwicklung: dargestellt am Beispiel ausgewählter Branchen des Verarbeitenden Gewerbes in der Bundesrepublik Deutschland zwischen 1976 und 1985, Diss. Köln, 1989, S. 2 - 3.

einfließen, so bieten sich als mögliche Lösungen Transferfunktions- und Interventionsmodelle an.[401]

Wird nun ein solches univariates Modell zugrunde gelegt, so hat die verwendete Zeitreihe der Forderung nach Stationarität Rechnung zu tragen. In der Mehrzahl der Fälle genügt eine empirisch gewonnene Datenreihe nicht diesen Anforderungen, so daß zunächst eine Stabilisierung hinsichtlich Mittelwert, Varianz und AC-Funktion zu erfolgen hat. Eventuell fehlende Werte sind durch geeignete Schätzungen zu ersetzen. Auch Änderungen in der Erhebungsweise der Daten sind entsprechend zu berücksichtigen. In der praktischen Arbeit der Unternehmensbeurteilung spielt hier z.B. die Änderung des Bilanzrichtliniengesetzes von 1986 eine bedeutende Rolle. Ebenso ist die Ausnutzung von Bewertungsspielräumen (z.B. beim Vorratsvermögen oder auch durch Wahlrechte im Anlagevermögen) ausschlaggebend.

(2) Identify model

Zur Modellidentifikation sind die empirischen, aus der Zeitreihe ermittelten AC- und PAC-Verläufe mit den theoretischen AC- und PAC-Verläufen bekannter AR-, MA- und ARMA-Modellen zu vergleichen. Dabei ermittelt sich der Autokorrelationskoeffizient ac(k) als[402]

$$ac(k) = r_k = \frac{\sum_{t=1}^{n-k}(y_t-\bar{y})(y_{t+k}-\bar{y})}{\sum_{t=1}^{n}(y_t-\bar{y})^2}\text{, wobei}$$

y_t = tatsächlicher Zeitreihenwert und $\bar{y}$ = Mittelwert und $k = 0(1)K$ ist.

Dabei erfolgt die Berechnung i.d.R. computergestützt. Der partielle Autokorrelationskoeffizient wird entsprechend folgender Formel errechnet:[403]

---

401 Vgl. Weber, K. [1990], S. 354.

402 Vgl. Weber, K. [1990], S. 53.

403 Weber, K. [1990], S. 60.

$$\text{pac}(k) = r_{kk} = \begin{cases} \dfrac{r_k - \sum\limits_j r_{k-1j} r_{k-j}}{1 - \sum\limits_j r_{k-1j} r_j} \end{cases}$$

r_1, k = 1 (k = Timelag); k = 2(1)K; j = 1(1) (k - 1)

Auch hier empfiehlt sich die computergestützte Berechnung. Dieser Vergleich ist erforderlich, um das geeignete Modell zu selektieren. Dabei werden an den Anwender sehr hohe Anforderungen gestellt, so daß mit der Durchführung nur Mitglieder des Akquisitionsteams betraut werden sollten, die Kenntnisse über den spezifischen Verlauf der theoretischen Funktionen besitzen und zur Schätzung der Modellparameter strukturrelevante Merkmale erkennen.

(3) Estimate Parameters and Modeltest

Schätzwerte der Modellparameter können z.B. nach der KQ-Methode berechnet werden. Mit den versuchsweise festgelegten Werten für p und q werden für vergangene Zeitperioden Schätzungen der interessierenden Größen durchgegführt. Nach eventueller Revidierung der Parameterwerte kann das geeignetste Modell zur Prognose eingesetzt werden. Dabei ist zu beachten, daß die BJ-Methode insbesondere zur kurzfristigen Prognose geeignet ist. Dies ist dann eine adäquate Methode, wenn mit dem Unternehmenserwerb keine langfristigen Ziele verfolgt werden, sondern der (Anteils-)Erwerb eher aus spekulativen Gründen stattfindet; d.h. dieses Modell unterscheidet sich von den sonst in dieser Arbeit zugrunde gelegten Sichtweise. Zu betrachtende Größen könnten z.B. Umsatz und Betriebsergebnis sein.

2. Spieltheorie

2.1 Grundlagen der Spieltheorie

2.1.1 Anwendungsgebiete und Wesen der Spieltheorie

Die Spieltheorie ist zurückzuführen auf frühe Veröffentlichungen von E. Borel,[404] weiterentwickelt von J. von Neumann und O. Morgenstern,[405] die damit die Grundlagen der heutigen mathematischen Theorie der Spiele legten.

Viele praktische Probleme[406] sind dadurch gekennzeichnet, daß die an der Lösung Beteiligten jeweils unterschiedliche Zielsetzungen verfolgen und jede der Parteien die Intention hat, das eigene Handeln so auszurichten, daß das Ergebnis in ihrem Sinne möglichst positiv ist.[407] Dieses Phänomen nennt man *Konflikt.*[408] Die betreffenden Situationen sind durch die vielfältigen Beziehungen der Beteiligten geprägt. Die Theorie der Spiele befaßt sich mit der mathematischen Modellierung solcher Situationen.[409]

---

404 Vgl. Borel, E. [1953a], The Theory of Play and Integral Equations with Skew Symmetric Kernels, in: Econometrica Vol. 21 1953, S. 97 - 100 (übersetzt von L. J. Savage, University of Chicago); derselbe [1953b], On Games that Involve Chance and the Skill of the Players, in: Econometrica Vol. 21 1953, S. 101 - 115 (übersetzt von L. J. Savage, University of Chicago); derselbe [1953c], On Systems of Linear Forms of Skew Symmetric Determinant and the General Theory of Play, in: Econometrica Vol. 21 1953, S. 116 - 117 (übersetzt von L. J. Savage, University of Chicago).

405 Vgl. Neumann, J. von, Morgenstern, O. [1947], The Theory of Games and Economic Behavior, Princeton, New Jersey, 1947, Deutsche Übersetzung: Spieltheorie und wirtschaftliches Verhalten, Würzburg, 1967.

406 Solche Probleme sind z.B. im wirtschaftlichen Wettbewerb zu finden, bei der Verteilung der Einkommen auf die sozialen Gruppen und Klassen, in Konflikten innerhalb von Organisationen, in militärischen Auseinandersetzungen, in Wahlkämpfen von politischen Parteien, in Abstimmungsvorgängen, in Parlamenten und anderen Gremien, in der Regelung zwischenstaatlicher Beziehungen. Vgl. Schwödiauer, G. [1976], Spieltheorie, in: E. Grochla, W. Wittmann (Hrsg.): HWB Bd. I/3, Stuttgart, 1976, Sp. 3617 - 3634, Sp. 3617.

407 Vgl. Morgenstern, O. [1963], Spieltheorie und Wirtschaftswissenschaft, Wien, 1963, S. 76; Herrmann, E. [1964], Spieltheorie und lineares Programmieren, Köln, 1964, S. 47 - 48.

408 Vgl. Thomas, L. C. [1984], Games, theory and applications, New York-Chichester-Brisbane-Toronto, 1984, S. 15.

409 Vgl. Manteuffel, K., Stumpe, D. [1979], Spieltheorie, Thun-Frankfurt a. M., 1979, S. 5; Jones, A. J. [1980], Game theory: mathematical models of conflict, New York-Chichester-Brisbane-Toronto, 1980, S. 15; Shubik, M. [1964a], Game Theory and the Study of Social Behavior: An introductory Exposition, in: M. Shubik (Hrsg.): Game Theory and Related Approaches to Social Behavior, New York-London-Sydney, 1964,

An einer Akquisition sind stets mehrere Parteien beteiligt. Im einfachsten Fall handelt es sich um zwei Parteien, die Käufer- und die Verkäuferseite. Jede der beteiligten Seiten hat andere Intentionen und wird diese in den Verhandlungen zum Ausdruck bringen. Wären die Ziele der Verkäuferseite dem kaufenden Unternehmen mit hinreichender Sicherheit bekannt, so könnte das Erwerberunternehmen aus diesem Wissen einen Vorteil ziehen, der den Verlauf der Verhandlungen zu seinen Gunsten beeinflussen könnte. Es handelt sich somit beim Unternehmenskauf um eine typische Spielsituation, so daß die Anwendung dieser Theorie auf diesen Themenkomplex von Vorteil ist.[410] Dies soll im weiteren Verlauf der Untersuchung gezeigt werden.

Ein Anliegen der Spieltheorie ist es, Normen zu schaffen, die zeigen, wie sich die am Konflikt Beteiligten verhalten und welche Ausgänge des Spiels dadurch möglich sind. Das Grundziel ist das Aufzeigen des optimalen Ausgangs - die optimale Entscheidungsfindung unter den Bedingungen von Konfliktsituationen.[411] Spieltheoretische Analysen eignen sich besonders zur

---

S. 3 - 78, insbesondere S. 8; Luce, R. D., Raiffa, H. [1967], Games and Decisions - introduction and critical survey, New York-London-Sydney, 1967, S. 1 - 2; Morgenstern, O. [1978], Game Theory: Theoretical Aspects, in: W. H. Kruskal, J. M. Tanur (Hrsg.): International Encyclopedia of Statistics (Vol. 1), New York-London, 1978, S. 364 - 372, S. 364.

410 Vgl. Holler, M. J., Illing, G. [1996], Einführung in die Spieltheorie, Heidelberg-New York-Barcelona, 1996, S. 1. Im allgemeinen Fall kann die Situation mit einem Käufer und einem Verkäufer (bilaterales Monopol) in der Form eines Zwei-Personen-Nicht-Nullsummenspiel dargestellt werden. Vgl. Shapley, L. S., Shubik, M. [1967], Concepts and Theories of Pure Competition, in: M. Shubik (Hrsg.): Essays in Mathematical Economics, Princeton, New Jersey, S. 63 - 79, S. 63 - 66; Shubik, M. [1964b], Strategy and Market Structure - Competition, Oligopoly and the Theory of Games, New York-London-Sydney, 1964, S. 42 - 57; Neumann, J. von, Morgenstern, O. [1947], S. 577 - 578; Bühlmann, H., Loeffel, H., Nievergelt, E. [1975], Entscheidungs- und Spieltheorie - Ein Lehrbuch für Wirtschaftswissenschaftler, Heidelberg-Berlin-New York, 1975, S. 211 - 216. Auch M. D. Davis zählt die Situation der Käufer-Verkäufer-Konstellation bei einer Akquisition als eine typische Spielsituation auf. Vgl. Davis, M. D. [1970], Game Theory - A Nontechnical Introduction, New York-London, 1970, S. 66. Deutlich zum Ausdruck kommt die Interaktion zwischen den Spielern, wenn man der Unterscheidung von H. Hax folgt, der Entscheidungsprozesse in deterministische und stochastische unterteilt. Die Spielsituation bei einer Akquisition wäre demnach ein typisch stochastischer Entscheidungsprozeß. Vgl. Hax, H. [1974], Entscheidungsprozesse, in: E. Grochla, W. Wittmann (Hrsg.): HWB Bd. I/1, Stuttgart, 1974, Sp. 1281 - 1290, Sp. 1282 - 1283.

411 Vgl. Bühlmann, H., Loeffel, H., Nievergelt, E. [1975], S. 155; Manteuffel, K., Stumpe, D. [1979], S. 10. M. Shubik schreibt in diesem Zusammenhang "The decision maker in ague faces a cross-purposes optimization problem. He must adjust his plans not only to his own desires and abilities but also to the desires and abilities of others." Shubik, M. [1964a], S. 9.

Untersuchung von sozialen Konfliktsituationen, bei denen nur wenige 'Spieler'[412] beteiligt sind.[413] Das Spiel ist dann eine möglichst vollständige Abbildung der Konfliktsituation mit klar definierten (Spiel-)Regeln.[414] Der Vollständigkeit der Abbildung steht jedoch auch bei der Spieltheorie, wie bei jeder Modellbildung, der Zwang zur Abstraktion gegenüber. Oft aber ist es gerade erst ein gewisser Grad an Abstraktion, der das Erkennen von Verhaltensstrategien und Einflüsse bestimmter Größen erlaubt.[415]

Im Gegensatz zur Entscheidungstheorie wird der Zufall, der die jeweiligen Zustände bestimmt, durch die Zielfunktion eines oder mehrerer rationaler Gegenspieler ersetzt.[416] Den Aktionen im Entscheidungsmodell entsprechen die Spielzüge, die die Spieler nach entsprechenden Regeln wählen können. Als Strategie wird die Menge von Zügen eines Spielers bezeichnet. Eine Strategie kann als ein *vollständiger Handlungsplan/Aktionsplan* aufgefaßt werden, der für jede erdenkliche Situation die hierfür zu ergreifende Handlung ex ante festlegt.[417] Die Spieler sind im Falle der Akquisition die folgenden Beteiligten: die am Kauf interessierte(n) Partei(en) und das zur Disposition stehende Target, z.B. vertreten durch die Aktionäre.

Vorausgesetzt wird, daß jeder Spieler entsprechend der Rationalitätsannahme eine Strategie wählt, d.h. die Maximierung seines Gewinns bzw. der Auszahlung anstrebt. Nicht immer kann jedoch die Maximierung des Geldwertes zu befriedigenden Ergebnissen führen, denn Entscheidungen sind

---

412 Die Spieler in einem Spiel sind gleichzusetzen mit autonomen Entscheidungseinheiten. Vgl. Shubik, M. [1964a], S. 11; Bamberg, G., Coenenberg, A. G. [1994], S. 153.

413 Vgl. Colman, A. M. [1982], Game theory and experimental games, Oxford-New York-Toronto-Sydney, 1982, S. 3.

414 Vgl. Neumann, J. von, Morgenstern, O. [1947], S. 48; Morgenstern, O. [1978], S. 365.

415 Vgl. Hirt, D. E. [1989], Der Beteiligungshandel an börsennotierten Kapitalgesellschaften: ein internationaler Vergleich, Diss. Köln, Bergisch Gladbach, 1989, S. 162.

416 Vgl. Zimmermann, H.-J. [1987], S. 25; Nash, J. [1950], The Bargaining Problem, in: Econometrica Vol. 18 1950, S. 155 - 162, S. 155; Jones, A. [1980], S. 15. Nach O. Morgenstern beinhaltet rationales Verhalten, das eigene Vorgehen danach auszurichten, ein Maximum an Nutzen oder Gewinn zu erzielen. Vgl. Morgenstern, O. [1963], S. 72.

417 Vgl. Burger, E. [1966], Einführung in die Theorie der Spiele - Mit Anwendungsbeispielen insbesondere aus Wirtschaftslehre und Soziologie, Berlin, 1966; Shubik, M. [1964a], S. 13; Bamberg, G., Coenenberg, A. G. [1994], S. 153.

stets vom subjektiven Wert der Auszahlung für den Entscheidungsträger geprägt. Die Entscheidung rationaler Spieler wird damit eindeutig durch ihre Präferenzen bestimmt.[418]

Der Zusammenhang zwischen dem numerischen Wert der Auszahlung und dem subjektiven Wert wird durch eine Nutzenfunktion bestimmt.[419] I.d.R. ist davon auszugehen, daß dieser Zusammenhang nicht linear ist; so ging z.B. Bernoulli in diesem Zusammenhang von abnehmenden Skalenerträgen aus. Somit wird die Rationalität einer Entscheidung durch die jeweils unterstellte Nutzenfunktion gemessen.[420]

Die Wahl der eigenen Strategie erfolgt stets unter Einbezug der wahrscheinlichen / möglichen Strategie des Gegenspielers. Auch die Tätigkeiten und Entscheidungen in Unternehmen sind von dieser Konstellation geprägt.[421] Ebenso ist der Kauf eines Unternehmens und damit auch seine Beurteilung nicht unabhängig von den bestehenden Vernetzungen zu sehen, weshalb die Spieltheorie für das Verstehen der Praxis-Probleme im Zusammenhang mit dem Unternehmenskauf hilfreich ist. Vor der Anwendung der Spieltheorie auf das Themengebiet der Unternehmensakquisition sind jedoch zunächst weitere theoretische Grundlagen zu erläutern.

2.1.2 Klassifikation von Spielen

Es gibt die Möglichkeit, Spiele nach bestimmten Gesichtspunkten zu klassifizieren. Dies ist insofern sinnvoll, als die Analyse von realen Situationen genau auf solche Kriterien zurückgreifen muß, um eine gewisse Abstraktion zu ermöglichen. Die wichtigsten Einteilungsmöglichkeiten werden im weiteren erläutert.[422]

---

418 Vgl. Colman, A. M. [1982], S. 18.

419 Vgl. Raiffa, H. [1968], Decision Analysis, New York, 1968, S. 86 - 91.

420 Vgl. Zimmermann, H.-J. [1987], S. 15.

421 Vgl. Morgenstern, O. [1963], S. 114.

422 Vgl. Thomas, L. C. [1984], S. 17 - 19; Bühlmann, H., Loeffel, H., Nievergelt, E. [1975], S. 156 - 158.

(1) nach der Beeinflußbarkeit der Ergebnisse

Als Basiskriterium bietet sich die Frage an, ob das Ergebnis des Spiels durch den Spieler beeinflußbar ist oder nicht. Entsprechend ist bei den Spielen zu unterscheiden, ob es sich um Geschicklichkeitsspiele handelt, bei denen jeder Spieler durch sein Können bzw. durch seine Fähigkeiten in entscheidendem Maße das Ergebnis des Spiels für sich beeinflussen kann. Im gegenteiligen Fall ist allein das Glück ausschlaggebend für die Auszahlung, die der Spieler erhält.[423] Diese beiden Kategorien von Spielen gehören zu den unter (2) näher zu spezifizierenden Ein-Personenspielen. Die dritte Variante sind solche Spiele, bei denen den Spielern jeweils verschiedene Strategien zur Wahl stehen und das Ergebnis des Spiels auch von der gewählten Strategie der anderen Spieler abhängt.

(2) Nach der Zahl der beteiligten Parteien

Im allgemeinen kann zwischen Zwei- und Mehr-Personenspielen unterschieden werden. Zwei-Personenspiele werden auch wegen ihrer möglichen Form der Darstellung als Matrixspiele bezeichnet. Als Sonderfall der Zwei-Personenspiele sind Spiele gegen die Natur zu betrachten,[424] diese werden auch *statistische Spiele* genannt.[425] Statistische Spiele gehören zu den obengenannten Ein-Personenspielen und sind i.d.R. keine Spiele i.S. der Spieltheorie. Sie werden in der weiteren Betrachtung außer acht gelassen. Mehr-Personenspiele eröffnen neuartige Problemkonstellationen im Zusammenhang mit der Koalitionsbildung.

(3) Nach der Art der Gewinnverteilung

Eine Möglichkeit ist, daß die Summe der Gewinne aller Beteiligten stets gleich Null ist. Hier spricht man von Nullsummenspielen.[426] Trifft dies nicht zu, so handelt es sich um die zweite Ausgestaltung, nämlich um ein Nicht-

---

[423] Vgl. Jones, A. J. [1980], S. 78 - 79.

[424] Vgl. Davis, M. D. [1970], S. 3.

[425] Vgl. Manteuffel, K., Stumpe, D. [1979], S. 40.

[426] Ein Nullsummenspiel gehört damit zum Spezialfall eines Konstantsummenspiels, d.h. die Summe aller Auszahlungen hat stets den Wert Null.

Nullsummenspiel. Dies ist z.B. dann der Fall, wenn alle Beteiligten von der Wahl einer bestimmten Strategiekombination profitieren oder der Gewinn der Profitierenden größer ist als der Verlust der anderen Parteien.

(4) Nach dem Grad der Kooperation

Nichtkooperative Formen lassen keinerlei Absprachen zu, weder über Verhaltensmaßregeln im Spiel noch über die Verteilung der Gewinne auf die Beteiligten.[427] Alle anderen Spielformen werden als kooperativ bezeichnet. Grundsätzlich gibt es zwei mögliche Formen der Absprache: entweder über die Koordination der Strategien oder über die Aufteilung der Auszahlungen.[428] Kooperationen bieten den Beteiligten die Chance, gemeinsam zu einem besseren Ergebnis zu gelangen als ohne Absprachen.[429] Es ist daher zu erwarten, daß nur solche Kooperationen gewählt werden, die die Situation auch tatsächlich gegenüber dem Status quo verbessern. In der Volkswirtschaftslehre kann die Oligopollösung nach Krelle hierfür als Beispiel dienen.

(5) Nach Art und Menge der zur Verfügung stehenden Strategien

Zu unterscheiden sind hier die reine Strategie sowie die gemischte Strategie mit endlichen oder unendlich vielen Strategien. Im Falle gemischter Strategien ordnet jeder Spieler den ihm möglichen Strategien eine bestimmte Wahrscheinlichkeit zu.[430] Die reine Strategie wird darum als Spezialfall der gemischten Strategie bezeichnet.[431] Als endlich wird ein Spiel bezeichnet, dessen sämtliche Strategien endlicher Natur sind.

---

427 D.h. "[...] all players for themselves [...]" Jones, A. J. [1980], S. 61. Vgl. auch Manteuffel, K., Stumpe, D. [1979], S. 44.

428 Vgl. Jones, A. J. [1980], S. 177. Nicht immer besteht die Möglichkeit, die entstehende 'Auszahlung' aufzuteilen, beispielsweise im Falle des Gefangenendilemmas. Dies impliziert die Notwendigkeit, bei den Auszahlungen eine Transformation in übertragbare Einheiten anzustreben.

429 Vgl. Rellstab, U. [1992], Ökonomie und Spiele: Die Entstehungsgeschichte der Spieltheorie aus dem Blickwinkel des Ökonomen Oskar Morgenstern, Zürich, 1992, S. 15.

430 Vgl. Luce, R. D., Raiffa, H. [1967], S. 70; Niehans, J. [1990], A history of economic theory: classic contributions, 1720 - 1980, Baltimore, 1990, S. 389.

431 Vgl. Manteuffel, K., Stumpe, D. [1979], S. 23.

2.1.3 Darstellungsformen von Zwei-Personen-Nullsummenspielen

2.1.3.1 Extensive Form[432]

Man kann alle alternativ möglichen Spielzüge, verbunden mit den jeweiligen Auszahlungen, z.B. in Graphenform darstellen. Jeder Punkt steht dabei für einen Spielzug, der sich anschließen muß. Dieser kann entweder auf der Entscheidung eines Spielers beruhen, oder auch vom Zufall bestimmt sein. Mögliche Spielzüge werden durch die von den Punkten ausgehenden Linien repräsentiert.[433] Diese Darstellungsweise ist in Abb. 18 zu sehen.

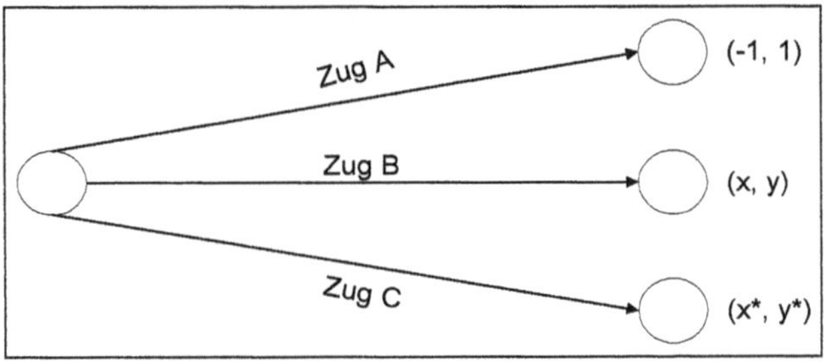

Abb. 18: Extensive Darstellungsform eines Spiels[434]

Diese Art der Darstellungsweise ist vorteilhaft, da eine 'bottom-up'-Analyse vorgenommen werden kann. Allerdings ist dies nur für solche Spiele realisierbar, bei denen die Zahl möglicher Züge relativ eng begrenzt ist, da andernfalls der Nutzen in keinem Verhältnis zu dem damit verbundenen Rechenaufwand steht.[435]

---

432 Vgl. z.B. Luce, R. D., Raiffa, H. [1967], S. 47 - 49; Jones, A. J. [1980], S. 17 - 22.

433 Vgl. Morgenstern, O. [1978], S. 365.

434 Vgl. Jones, A. J. [1980], S. 18; Thomas, L. C. [1984], S. 23 - 24; Shubik, M. [1964a], S. 20 - 21; Bamberg, G., Coenenberg, A. G. [1994], S. 155 - 158.

435 Vgl. Thomas, L. C. [1984], S. 26 - 27.

2.1.3.2 Normalform und Sattelpunkt

Eine andere Art der Darstellung von Spielen ist die sog. 'Normalform'. J. v. Neumann und O. Morgernstern zeigten, daß alle endlichen Zwei-Personen-Nullsummenspiele in der Normalform abbildbar sind.[436] Die Normalform stellt alle Einzelheiten hinsichtlich Strategien bzw. auszahlungen in sehr geänderter Art und Weise zusammen und präsentiert diese in einfacher Anordnung;[437] dabei bildet sie eine Matrix. Die reinen Strategien des Spielers A werden in den Zeilenköpfen angegeben, die des Spielers B in den Spaltenköpfen. Da das Ergebnis direkt von der Kombination der Strategien abhängt, wird die Auszahlung in das entsprechende Matrixfeld eingetragen, wie dies auch aus der Tab. 15 deutlich wird.[438]

Für ein Zwei-Personen-Nullsummenspiel gilt, daß der Nutzen (Auszahlung) der Spieler sich nur durch das Vorzeichen unterscheidet. Im Falle von Nicht-Nullsummenspielen sind die Auszahlungen beider Spieler in die Matrix einzutragen.

A \ B	B_1	B_2	...	B_n
A_1	U_{11}	U_{12}	...	U_{1n}
A_2	U_{21}	U_{22}	...	U_{2n}
...	...	...	...	U_{3n}
A_n	U_{n1}	U_{n2}	...	U_{nn}

Tab. 15: Auszahlungsmatrix des Spielers A

Eine stets interessierende Frage bei Spielen ist, ob ein Gleichgewichtspunkt existiert. Dieser Gleichgewichtspunkt wird als *Sattelpunkt* bezeichnet.[439] Existiert ein solcher Punkt, so bedeutet dies, daß es einen Punkt für alle Spieler gibt, bei dem sie unter Beachtung der Strategien ihrer Gegner stets das beste Ergebnis erzielen und so keinen Anlaß haben, von diesem Punkt ab-

436 Vgl. Neumann, J. von, Morgenstern, O. [1947], S. 93; Bamberg, G., Coenenberg, A. G. [1994], S. 158.

437 Vgl. Shubik, M. [1964a], S. 19.

438 Vgl. Bühlmann, H., Loeffel, H., Nievergelt, E. [1975], S. 167 - 168.

439 Vgl. Morgenstern, O. [1966], S. 84; Bühlmann, H., Loeffel, H., Nievergelt, E. [1975], S. 173 - 177.

zuweichen. Es existiert in einem Zwei-Personen-Nicht-Nullsummenspiel ein Sattelpunkt, falls gilt:

untere Schranke des Zeilenspielers A = a^{*}

und

obere Schranke des Spaltenspielers B = a_{*}

Ist $a^{*} = a_{*}$ und damit ein Wert sowohl das Minimum einer Zeile als auch das Maximum einer Spalte, so ist dies der Sattelpunkt des Spiels. Der Wert des Spiels ist hierbei $a^{*} = a_{*}$. Ist der Wert eines Spiels gleich Null, so gilt dieses Spiel als fair.

2.1.4 Nash-Gleichgewicht - Nash Bargaining-Modell

Die Möglichkeit der Kommunikationsfähigkeit bringt in Spielen, die durch eine mindestens partiell überlappende Interessensbereiche gekennzeichnet sind, die Chance, den gemeinsamen Interessensbereich zum gemeinsamen Vorteil auszuschöpfen.[440]

Als Nash-Gleichgewicht wird ein Punkt in einem Spiel bezeichnet, bei dem für keinen der Spieler mehr ein Anreiz besteht, seine Position zu verlassen. Ziel der Überlegung muß daher sein, diesen Punkt zu bestimmen. Im Vordergrund stehen also die Verhandlungen (Kompromisse/Drohungen) zwischen den Spielern.[441]

---

440 Vgl. Szyperski, N., Winand, U. [1974], Entscheidungstheorie - Eine Einführung unter besonderer Berücksichtigung spieltheoretischer Konzepte, Stuttgart, 1974, S. 132; Rapoport, A. [1961], Fights, Games and Debates, Binghamton, 1961, S. 166 - 170. Nach A. Rapoport gilt: "Each party will gain if, as a result of the negotiations, the parties agree on a course of action expected to lead to an outcome which is preferred by both (or all) parties concerned to the outcomes which might have obtained in the absence of the agreement." Rapoport, A. [1966], Two-Person Game Theory: The Essential Ideas, Michigan, 1966, S. 94.

441 Die Darstellung eines Spiels, welches sowohl kooperative als auch nicht-kooperative Elemente enthält, ist deutlich realitätsnäher als Null-Summenspiele, die keine Kooperation zulassen. Vgl. Davis, M. D. [1970], S. 65.

Im weiteren wird solch eine Verhandlungssituation nach J. Nash[442] erläutert.

2.1.4.1 Darstellung als Payoff-Polygon

Neben der Normalform und der extensiven Form besteht die Möglichkeit, die Auszahlungsmatrix für ein Zwei-Personenspiel grafisch als Polygon zu veranschaulichen. Dargestellt wird die Auszahlung / der Nutzen der Beteiligten, der jeweils durch eine ganz bestimmte Strategiekombination zustande kommt. Diese Darstellungsweise ist in Abb. 19 veranschaulicht.

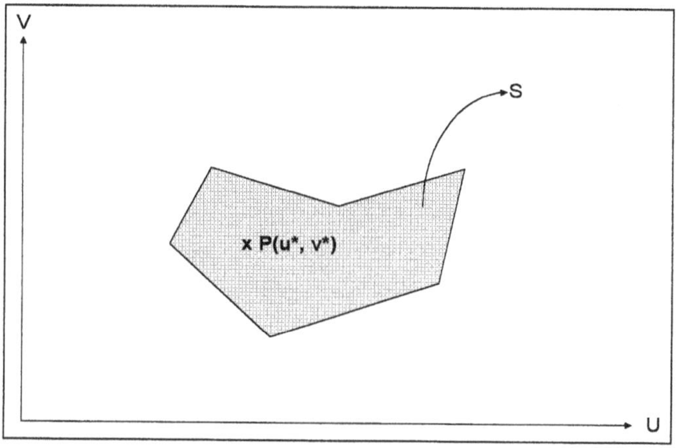

Abb. 19: Darstellung eines Payoff-Polygons[443]

Ein Bargaining Game wird durch eine Fläche S repräsentiert. Ein spezifischer Punkt $(u^*, v^*) \in S$ stellt den Status quo dar. Als Status quo wird jener Punkt bezeichnet, der für jeden Spieler unabhängig von der Strategie der anderen Mitspieler einen Mindestgewinn garantiert. Durch Kooperation der Spieler wird es möglich, alle Punkte innerhalb und auf den Grenzen dieses

442 Vgl. zu anderen Bargaining-Modellen Shapley, L. S. [1953], A value for n-person games, in: H. W. Kuhn, A. W. Tucker (Hrsg.): Contributions on the Theory of Games II (Annals of Mathematics Studies, 28), Princeton, N.J., 1953; Raiffa, H. [1953], Arbitration schemes for generalized two-person games, in: H. W. Kuhn, A. W. Tucker (Hrsg.): Contributions on the Theory of Games II (Annals of Mathematics Studies, 28), Princeton, N.J., 1953. Vgl. zu einer Gegenüberstellung dieser beiden Bargaining-Modellen: Rapoport, A. [1966], S. 104 - 122.

Polygons zu erreichen. Dabei kann man sogar soweit gehen, die konvexe Hülle des Polygons als 'Feasible Region' zu bezeichnen.[444] Dafür ist es jedoch notwendig, von den reinen Strategien abzuweichen.[445] Ein kooperatives Spiel setzt somit die Möglichkeit gemischter Strategien voraus.

Es stellt sich die Frage, welcher Punkt nun als Lösung dieses Spiels ermittelt werden kann. Da mit dem Eintreten von Verhandlungen die Möglichkeit für die Beteiligten besteht, bessere Ergebnisse zu erreichen,[446] muß es das Ziel sein, einen solchen Punkt ausgehend vom Status quo zu erreichen, der rechts und möglichst weit oberhalb auf dem Rand der Feasible Region angesiedelt ist.[447] Es finden sich auch Darstellungen, bei denen der Status quo durch den Punkt (0, 0) repräsentiert wird.[448] Dies bedeutet, daß der ursprüngliche Punkt einer Transformation unterliegt und S zu S' wird. Es wird dann für S' eine Lösung bestimmt und die Lösung für das Ursprungsproblem durch Rücknahme der Transformation berechnet. Im grundsätzlichen Lösungsverfahren bestehen jedoch keine Abweichungen.

---

443 Vgl. z.B. Jones, A. J. [1980], S. 227; Rapoport, A. [1966], S. 100; Szyperski, N., Winand, U. [1974], S. 134.

444 Vgl. Jones, A. J. [1980], S. 228.

445 Vgl. Rapoport, A. [1966], S. 100.

446 Vgl. Shubik, M. [1978], Game Theory: Applications, in: W. H. Kruskal, J. M. Tanur (Hrsg.): International Encyclopedia of Statistics (Vol. 1), New York-London, 1978, S. 372 - 378, S. 373.

447 Vgl. Luce, R. D., Raiffa, H. [1967], S. 125 - 126.

448 Geschildert wird diese Vorgehensweise z.B. bei Luce, R. D., Raiffa, H. [1967], S. 126.

2.1.4.2 Lösungsweg für ein Bargaining-Modell

Um zur Lösung eines Bargaining-Modells zu gelangen ist eine Funktion ϕ zu ermitteln, die mit Hilfe der folgenden Axiome eindeutig bestimmt werden kann:[449]

① Individual rationality $\bar{u} \geq u^* \wedge \bar{v} \geq v^*$

Jeder der Beteiligten ist nur bereit den Status quo zu verlassen, wenn er dadurch mindestens nicht schlechter gestellt ist.

② Feasibility $(\bar{u}, \bar{v}) \in S$

Entsprechend dem zweiten Axiom muß auch der angestrebte Punkt innerhalb oder auf dem Rand der Feasible Region liegen, also auch unter den geltenden Regeln des Spiels zum zulässigen Lösungsbereich gehören.

③ Pareto optimality, wenn $(u, v) \in S \quad \wedge \quad u \geq \bar{u} \quad \wedge \quad v \geq \bar{v}$,

dann muß gelten: $(u, v) = (\bar{u}, \bar{v})$

Die Forderung nach Pareto Optimalität bedeutet, daß der Lösungspunkt innerhalb der erreichbaren Region durch keinen anderen Punkt dominiert werden kann. Es ist somit nicht mehr möglich, den Nutzen auch nur einer Partei zu steigern, ohne den der anderen zu senken.

④ Interdependence of irrelevant alternatives

wenn $(\bar{u}, \bar{v}) \in T \subset S \quad \wedge \quad (\bar{u}, \bar{v}) = \phi(S, u^*, v^*)$, dann gilt: $(\bar{u}, \bar{v}) = \phi(T, u^*, v^*)$

Enthält eine konvexe Teilmenge des Payoff-Polygons sowohl die optimale Lösung als auch eine zweite Lösung, so erhält man die gleiche optimale Lösung, wenn man nur diese Teilmenge betrachtet.

---

449 Vgl. Nash, J. [1953], Two-Person Cooperative Games, in: Econometrica Vol. 21 1953, S. 128 - 140, S. 136 - 137; Luce, R. D., Raiffa, H. [1967], S. 126 - 128; Heap, S. P. H., Varoufakis, Y. [1995], Game Theory: A Critical Introduction, London-New York, 1995, S. 122 - 124; Rapoport, A. [1966], S. 104 - 108; Nash, J. [1950], S. 156 - 159; Bamberg, G., Coenenberg, A. G. [1994], S. 184 - 186.

⑤ Invarianz concerning utility transformations

$u'=a_1u+b_1 \quad (a_1>0) \qquad v'=a_2v+b_2 \quad (a_2>0)$

wenn $\phi(S,u^*,v^*)=(\bar{u},\bar{v})$,

dann gilt: $\phi(T,a_1u^*+b_1,a_2v^*+b_2)=(a_1\bar{u}+b_1,a_2\bar{v}+b_2)$

Das bedeutet, daß lineare Transformationen der Nutzen nicht zu einer Änderung der Lösung führen; die Relation von (u', v') bleibt unangetastet.

⑥ Symmetry

$(u,v)\in S \;\Rightarrow\; (v,u)\in S$

wenn gilt für $(S,u^*,v^*) \;\rightarrow\; u^*=v^* \wedge \phi(S,u^*,v^*)=(\bar{u},\bar{v})$

so gilt: $\bar{u}=\bar{v}$

Diese letzte Forderung bedeutet, daß in einem Nash-Gleichgewicht die Verhandlungspartner, gemessen in Nutzeneinheiten, in symmetrischen Rollen zu sehen sind. Sie erhalten in diesem Fall dieselben Auszahlungen aus der Kooperation.[450]

Existiert ein Punkt $(u, v)\in S$ für den gilt $u > u^*$ und $v > v^*$, und wird das Maximum für $g(u,v) = (u - u^*)(v - v^*)$ im Punkt $(\bar{u},\bar{v})$ erreicht, so ist $(\bar{u},\bar{v})$ eindeutig definiert und die Funktion $\phi(S,u^*,v^*)=(\bar{u},\bar{v})$ ist die einzige, die die Axiome ① bis ⑥ erfüllt. Somit ergibt sich als Lösung für das Bargaining Game der Punkt $(\bar{u},\bar{v})$.[451]

---

450 Vgl. Luce, R. D., Raiffa, H. [1967], S. 127; Raiffa, H. [1968], S. 86 - 91.

451 Vgl. Jones, A. J. [1980], S. 232.

2.2 Anwendung der Spieltheorie

In die Beurteilung eines Akquisitionsobjektes fließen vielerlei Kriterien ein. Dem wahrscheinlichen Nutzen, der dem Erwerber aus dem Kauf des Akquisitionsobjektes zufließt, muß zur abschließenden Beurteilung auch der Preis gegenübergestellt werden. Der Preis für ein Unternehmen ist jedoch - da nicht ohne weiteres aus der Bilanz oder ähnlichen Zahlenwerken ableitbar - zunächst unbekannt. Im folgenden wird ein gangbarer Weg aufgezeigt, wie mit Hilfe der Spieltheorie ein Preis ermittelt werden kann, der sich in einer Verhandlung entsprechend den spieltheoretischen Überlegungen und unter den gemachten Annahmen ergeben könnte. Dabei sind zwei Sichtweisen möglich. Zum einen können zwei Spieler in das Spiel involviert sein, von denen einer ein Akquisitionsobjekt, vertreten durch die Anteilseigner, ist, die Gegenseite ist das kaufwillige Unternehmen. Zum anderen besteht die Möglichkeit, daß zwei oder mehr Spieler auf der gleichen Marktseite stehen und sie als Konkurrenten um das zur Veräußerung stehende Unternehmen bieten.

2.2.1 Käufer-Verkäufer-Konstellation

Die Ermittlung des optimalen Angebotspreises soll am Beispiel eines 'Corporate Takeovers' für den ersten Fall dargestellt werden. Unter einem Takeover ist eine Transaktion zu verstehen, bei der das Käuferunternehmen den Kauf eines Aktienpaketes anstrebt, durch das es Einfluß auf die Geschäftspolitik des Targets erlangt. Unterschieden werden die Formen 'hostile' und 'friendly' Takeover. Im Falle einer freundlichen Übernahme wird auch das Management in die Verkaufsverhandlungen einbezogen. Es wird als eine Art Vermittler für die verkaufswilligen Aktionäre tätig. Bei einer unfreundlichen Übernahme wendet sich der Erwerber direkt an die Aktionäre. Für den weiteren Verlauf wird angenommen, daß das Erwerberunternehmen seine Verhandlungen direkt mit den Anteilseignern führt, so daß auch keine Ziele des Managements bzw. dessen zu maximierende Nutzenfunktion in die Überlegungen einbezogen werden müssen.

2.2.1.1 Modellannahmen und Modellkonstruktion

Eine Akquisition kann im spieltheoretischen Sinne als Bargaining Game betrachtet werden.[452] Der mögliche Akquisiteur gibt gegenüber dem Target ein Preisangebot ab. Wenn das Target diesem Angebot zustimmt, wird die Transaktion vollzogen, andernfalls können neue Angebote seitens des Erwerbers abgegeben werden. Die Verhandlungen zwischen den Unternehmen werden als ein *Spiel* betrachtet, wobei jede der beteiligten Spielparteien ihren Gewinn aus dem Spiel ziehen kann. Abb. 20 zeigt die vorhandene Darstellung des Bargaining Games im Falle eines 'Corporate Takeovers'.

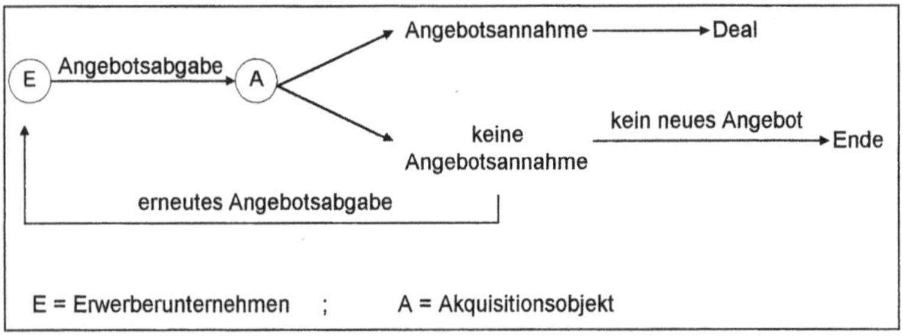

Abb. 20: Darstellung des Bargaining Games in der extensiven Form

Zur Konstruktion eines geeigneten Modells sind zunächst einige Annahmen hinsichtlich der Art des zugrunde liegenden Spiels zu treffen. Dabei bildet die folgende Konstellation die Ausgangslage: Obwohl an den Verhandlungen über den Kauf/Verkauf von Anteilen stets mehr als zwei Personen beteiligt sind, wird für die weitere Betrachtung davon ausgegangen, daß es sich um die Modellvorlage eines Zwei-Personenspiels handelt. Die eine

---

452 Vgl. Honert, R. C. van den, Stewart, T. J. [1992], A game-theoretic model for mergers and acquisitions, in: EJOR Vol. 52 1992, S. 275 - 287, S. 276; Berkovitch, E., Khanna, N. [1991], A Theory of Acquisition Markets: Mergers versus Tender Offers, and Golden Parachutes, in: The Review of Financial Studies Vol. 4 1/1991, S. 149 - 174, S. 149; Davis, M. D. [1970], S. 105.

Partei wird durch die Käuferpartei, die andere durch die Gesamtheit der Anteilseigner gebildet. Daran schließt sich entsprechend der im Rahmen der theoretischen Erörterungen über die Spieltheorie gemachten Einteilung der Spiele die Frage an, ob ein Nullsummen- oder ein Nicht-Nullsummenspiel die Diskussionsbasis bilden soll. Obwohl der geleistete Preis des Käufers für ein Aktienpaket genau dem entspricht, was der Anteilseigner für den Verkauf erhält, so handelt es sich doch um ein Nicht-Nullsummenspiel, da beide Parteien von dem Zustandekommen eines Deals profitieren. Dies wird in Nutzeneinheiten gemessen.

Eine 'bargaining' Situation ist stets dadurch gekennzeichnet, daß durch Absprachen bessere Ergebnisse erzielbar sind, [453] obwohl auch degenerierte Fälle möglich sind, bei denen nur eine oder auch keine der beteiligten Parteien aus diesem Zusammenspiel einen Nutzen zieht.[454] Eine weitere Annahme ist die zumindest teilweise bestehende Unsicherheit. So besteht für den Erwerber Unsicherheit darüber, wie hoch der minimale Preis ist, zu dem die Aktionäre bereit sind, ihre Anteile zu veräußern. Die Aktionäre wiederum kennen den Höchstpreis, den der Erwerber zu zahlen bereit ist, nicht. Zu einem Vertragsabschluß wird es nur dann kommen, wenn der angebotene Preis seitens des Erwerberunternehmens über dem Minimalpreis der Aktionäre liegt.

Eine sicherlich realitätsnahe Annahme betrifft die Unvollkommenheit des Marktes mit Anteilen. Es handelt sich um einen unvollkommenen Markt, da andernfalls alle (verfügbaren) Informationen in die Börsenpreisbildung einfließen würden und somit keinerlei Unsicherheit über den zu leistenden Preis bestünde. In einem effizienten Markt sind die Anteile des Targets richtig bewertet, da alle Informationen frei verfügbar sind und auch in die Preisbildung eingeflossen sind.

---

[453] "Two-Person bargaining situation involves two individuals who have the opportunity to collaborate for mutual benefit in more than one way [...]" Nash, J. [1950], S. 155.

[454] Vgl. Jones, A. J. [1980], S. 225.

Es sei:

v_s Mindestpreis, den die Aktionäre (**S**eller) für ihre Anteile erwarten

v_b Höchstpreis, den der Akquisiteur (**B**uyer)zu zahlen bereit ist

P tatsächlicher Verkaufspreis für den gilt: $v_s \leq P \leq v_b$

Dabei hängt v_b sowohl von den Annahmen des Erwerberunternehmens über den Wert des Zielobjektes[455] als auch von dem erwarteten zusätzlichen Nutzen, der aus dem Takeover folgt, ab. v_s wiederum hängt von den Annahmen der Anteilseigner über den Wert des Unternehmens ab, wobei jeder Anteilseigner differierende Vorstellungen über diesen Wert haben mag.

Jede der Parteien kennt zwar den eigenen Schwellenpreis, jedoch besteht über den der Gegenseite stets Unsicherheit. Als Lösung bietet sich hier die Zugrundelegung einer Wahrscheinlichkeitsfunktion an. Für den Erwerber ist v_s eine Zufallsvariable mit der kumulativen Verteilungsfunktion $F_b(v_s)$. Es gilt dabei:

$F_b(v'_s) = 0 \quad F_b(v''_s) = 1$ differenzierbar über dem Intervall $[v'_s, v''_s]$

v'_s = Schätzung des niedrigsten Wertes für v_s (durch den Erwerber)

v''_s = Schätzung des höchsten Wertes für v_s (durch den Erwerber)

Entsprechend treffen auch die Anteilseigner Annahmen über die Verteilung des Schwellenpreises des Erwerberunternehmens. Es gilt:

$F_s(v'_b) = 0 \quad F_s(v''_b) = 1$ differenzierbar über dem Intervall $[v'_b, v''_b[$

v'_b = Schätzung des niedrigsten Wertes für v_b (durch den Veräußerer)

v''_b = Schätzung des höchsten Wertes für v_b (durch den Veräußerer)

455 Vgl. Neumann, J. von, Morgenstern, O. [1947], S. 578.

2.2.1.2 Ermittlung eines optimalen Angebotspreises

Entsprechend dem Nash Zwei-Personen-Bargaining Game sind alle möglichen Ergebnisse innerhalb oder am Rand der *Feasible Region* mit dem Status quo $(u^*, v^*) \in S$ angesiedelt. Die Lösung zu diesem Bargaining Game wird durch die Funktion $\phi(S, u^*, v^*) = (\bar{u}, \bar{v})$ angegeben. Zur Lösung wird angenommen, daß es für jede Spielpartei eine Nutzenfunktion gibt, die jeweils durch die Auszahlung bestimmt wird.[456]

b sei der Angebotspreis des Erwerbers. Für $b \geq v_s$ findet die Akquisition zum Preis P = b statt. Ist hingegen $b < v_s$, so findet keine Transaktion statt. Werden die Verhandlungen mit Erfolg abgeschlossen, so erhält jede der beteiligten Parteien eine Rente als Differenz zwischen dem vereinbarten Preis b und dem jeweiligen Schwellenpreis. Zur Lösungsfindung werden die Annahmen von Nash umgesetzt, daß sich ein Gleichgewicht nur dann ergibt, wenn es für jeden der Spieler ein Maximum darstellt und somit keiner mehr die Intention hat, von diesem optimalen Punkt abzuweichen.[457] Ausgehend von diesem gewinnmaximierenden Verhalten der Parteien,[458] läßt sich der optimale Preis, den das Erwerberunternehmen bieten sollte, wie folgt ermitteln:

$$\Pi_b(b, v_b) = \begin{cases} \int_{v_s'}^{b} (v_b - b) g_b(v_s)\, dv_s & b \geq v_s' \\ 0 & b < v_s';\ \text{d.h. es kommt kein Deal zustande} \end{cases}$$

$\Pi_b(b, v_b)$ ist der erwartete Gewinn, der dem Erwerber aus dem Kauf der Anteile zufließt und entspricht damit der Nutzenfunktion, sofern davon ausgegangen wird, daß die Auszahlungen bereits in Nutzeneinheiten transfor-

---

456 Vgl. Jones, A. J. [1980], S. 277; Nash, J. [1953], S. 139; Nash, J. F. [1950], S. 156.

457 Vgl. Nash, J. [1951], Non-Cooperative Games, in: Annals of Mathematics Vol. 54 September/1951, S. 286 - 295, S. 286.

458 Vgl. Davis, M. D. [1970], S. 105.

miert sind.[459] $g_b(v_s)$ steht für die Dichtefunktion des Schwellenpreises des Zielobjektes. Entsprechend gilt für den erwarteten Gewinn der Anteilseigner:

$$\Pi_s(v_s) = \begin{cases} \int_{v_s}^{b''} (b - v_s) g_s(b)\, db & v_s \le b'' \\ 0 & v_s > b'' \end{cases}$$

Dabei ist $g_s(b)$ die Dichtefunktion der Angebotspreise des Erwerbers. Die obere und untere Grenze der Verteilungsfunktion der Angebotspreise des Erwerbers sind b' und b''. Als Bedingung für die beste Angebotsstrategie b^* muß bei einer gegebenen Wahrscheinlichkeitsverteilung des Schwellenpreises gelten: $\Pi_b(b^*, v_b) \ge \Pi_b(b, v_b)$ für alle b. Entsprechend der Definition eines Nash-Gleichgewichts kann in einem solchen optimalen Punkt keine der beteiligten Parteien den erwarteten Gewinn mehr steigern, indem nur die eigene Strategie geändert wird.

Um den optimalen Angebotspreis ermitteln zu können, müssen Annahmen über die Art der Verteilung von v_s getroffen werden. Grundsätzlich erfordert die Spieltheorie bei Unsicherheit über bestimmte Parameter das Bilden subjektiver Wahrscheinlichkeitsverteilungen.[460] Die Berechnung soll im weiteren sowohl für die Annahme der Gleichverteilung als auch für den Fall der Dreiecksverteilung gezeigt werden.

2.2.1.2.1 Optimale Angebotsstrategie bei Annahme einer Gleichverteilung

Wird von einer Gleichverteilung ausgegangen, so bedeutet das, daß der Erwerber glaubt, der Schwellenpreis v_s sei in gewissem Maße gleichverteilt in den Grenzen v_s' und v_s''. Für $g_b(v_s)$ ergibt sich sodann :

---

[459] Kommt es zu keiner Einigung, so ist der daraus resultierende Nutzen Null. Vgl. Davis, M. D. [1970], S. 105.

[460] Vgl. Harsanyi, J. C. [1967], Games With Incomplete Information Played By 'Bayesian' Players: Part I: The Basic Model, in: MS Vol. 14 3/1967, S. 159 - 182, S. 159.

$$g_b(v_s) = \frac{1}{(v_s'' - v_s')}$$

Der erwartete Gewinn des Erwerbers wird damit durch folgende Funktion beschrieben:

$$\Pi_b(b, v_b) = \int_{v_s'}^{b} \frac{(v_b - b)}{(v_s'' - v_s')} dv_s = \frac{(v_b - b)(b - v_s')}{(v_s'' - v_s')}$$

$$\frac{\partial \Pi}{\partial b} \overset{!}{=} 0 \qquad \frac{(v_b - b)(b - v_s')}{(v_s'' - v_s')} \overset{!}{=} 0$$

Als optimaler Angebotspreis ergibt sich somit: $b^* = \frac{v_b + v_s'}{2}$

2.2.1.2.2 Optimale Angebotsstrategie bei Annahme einer Dreiecksverteilung[461]

Wird eine Dreiecksverteilung angenommen, so ist v_s' als untere und v_s'' als obere Grenze der Verteilung anzusehen, v_s^* ist der höchstwahrscheinliche Wert für die Schätzung des Schwellenwertes.

$$\text{Es gilt für } g_b(v_s) = \begin{cases} \dfrac{2(v_s - v_s')}{(v_s'' - v_s')(v_s^* - v_s')} & v_s' \leq v_s \leq v_s^* \\ \dfrac{2(v_s'' - v_s)}{(v_s'' - v_s')(v_s'' - v_s^*)} & v_s^* < v_s \leq v_s'' \end{cases}$$

Der erwartete Gewinn des Erwerbers ergibt sich sodann als:

461 Vgl. Roy, A. [1989], Optimal Offer Strategies in Mergers and Acquisitions, in: DS Vol. 20 1/1989, S. 591 - 601, S. 598 - 599.

$$\Pi_b(b, v_b) = \begin{cases} \dfrac{\left[b^2 v_b - 2bv'_s v_b + v'^2_s v_b - b^3 + 2b^2 v'_s - bv'^2_s\right]}{\left[(v''_s - v'_s)(v^*_s - v'_s)\right]} & b \leq v^*_s \\ \dfrac{\left[(v_b - b)(v^*_s - 2v^*_s v'_s + v'^2_s)\right]}{\left[(v''_s - v'_s)(v^*_s - v'_s)\right]} + \dfrac{\left[(v_b - b)(2v''_s b - b^2 - 2v''_s v^*_s + v^{*2}_s)\right]}{\left[(v''_s - v'_s)(v''_s - v^*_s)\right]} & b > v^*_s \end{cases}$$

Als optimale Angebotsstrategie ergibt sich aus der Ableitung:

$$b^* = \frac{(2v_b + v'_s)}{3} \qquad b^* \leq v^*_s$$

$$b^* = -X + \sqrt{\frac{X^2 - 4YZ}{2Y}} \qquad b^* > v^*_s$$

$$X = 2v_b v'_s - 2v_b v^*_s - 4v''_s v^*_s + 4v''_s v'_s$$
$$Y = 3(v^*_s - v'_s)$$
$$Z = 2v_b v''_s v^*_s - 2v_b v''_s v'_s - v''_s v^*_s - v'^2_s v''_s - v^{*2}_s v'_s + v^*_s v'^2_s + 2v^{*2}_s v''_s$$

Je nachdem also, welche Wahrscheinlichkeitsverteilung gewählt wird, erhält man andere optimale Angebotspreise. Hinsichtlich der zu wählenden Verteilung kann allerdings dieser Ansatz keine Hilfestellung geben. Dies erweist sich in der Praxis als ein beträchtlicher Nachteil, da die Nutzenfunktionen nicht als bekannt vorausgesetzt werden können und insbesondere in Verhandlungssituationen zu beobachten ist, daß versucht wird, die Präferenzen gegenüber der anderen Partei zu verschleiern.[462] Jedoch hat der Akquisiteur die Möglichkeit, einen entsprechend den Bedingungen für ein Nash-Gleichgewicht wahrscheinlich zustande kommenden Gleichgewichtspreis zu ermitteln und diesen somit auch in die Beurteilung des Akquisitionsobjektes einfließen zu lassen.

---

462 Vgl. Davis, M. D. [1970], S. 106.

2.2.2 Käufer-Käufer-Konstellation

Nicht immer wird die Situation in der Realität so aussehen, daß einem Target nur ein potentieller Interessent gegenübersteht. Für die weitere Diskussion wird angenommen, daß am Kauf eines Targets mehrere potentielle Käufer interessiert seien. Diese Konstellation soll im weiteren als Mehr-Personenspiel konstruiert werden. Als Grundlage der Verkaufsart wird die Form der *Auktion* gewählt. Es läßt sich ebenso wie bei einem Bargaining Game der sich ergebende Preis ableiten sowie zusätzlich die Abhängigkeit des Ergebnisses von der Anzahl der Konkurrenten einbeziehen. Dabei wird unterstellt, daß es sich um eine englische Auktion handelt.[463]

2.2.2.1 Modellbeschreibung

Der Unternehmenskauf wird als eine Auktion dargestellt bei der genau eine Einheit eines unteilbaren Gutes T (Target) zur Disposition steht. Es sei N die Anzahl der potentiell interessierten Erwerber und v_i der subjektive Wert, der dem Akquisitionsobjekt von dem jeweiligen Bieter beigemessen wird. Würden in diesem Bietverfahren alle Präferenzen tatsächlich ehrlich offengelegt, so müßte jedes abgegebene Gebot diesem Wert entsprechen. Das Auktionsspiel ist definiert durch $A = (T, N, v)$. Es sei p der Preis, der am Ende der Auktion in dem Bietverfahren ermittelt wird. Der ermittelte Käufer des Targets wird mit w (winner) bezeichnet. Der Payoff für alle, die den Kauf zu diesem Preis nicht tätigen konnten, ist Null: $H_i = 0$ für $i \neq w$. Der Payoff des Erwerbers entspricht ebenfalls, wie bereits bei der Käufer-Verkäufer-Konstellation erwähnt, der Differenz aus dem subjektiven Wert des Targets für den Akquisiteur und dem dafür entrichteten Kaufpreis und ist in Gleichungsform darstellbar als: $H_w = v_w - p$.

---

463 Im Gegensatz zur dänischen Version des Bietverfahrens findet beim englischen Bietverfahren ein Aufbieten statt. Den Zuschlag erhält derjenige, der das höchste Gebot abgibt und zwar zum Preis des zweithöchsten Gebots.

2.2.2.2 Auktions-Preis-Mechanismus

Es sei M ein Auktions-Preis-Mechanismus, der jedem Biet-Vektor b den Käufer w(b) zuordnet sowie den Preis p(b) festlegt, der für T zu zahlen ist:[464] $M: b \rightarrow (w(b), p(b))$. Die Bietstrategie jedes möglichen Käufers ist direkt durch seine Präferenzen beeinflußt. Daher muß für den letztendlichen Käufer gelten, daß sein Gebot mindestens genauso hoch sein muß wie der Verkaufspreis: $b_{w(b)} - p(b) \geq 0$. Für alle anderen Bieter kann daher gefolgert werden, daß ihre Präferenzen nicht ausreichend groß waren, um das Target zu diesem Preis zu erwerben: $b_i - p(b) \leq 0$.

Aus diesen beiden Ungleichungen läßt sich ableiten, daß der Auktions-Preis-Mechanismus genau denjenigen Bieter als Käufer bestimmt, der das höchste Gebot abgibt. Der Preis für das Target muß folgender Ungleichung genügen:

$$b_{w(b)} \geq p(b) \geq b_{z(b)} \quad \text{wobei } b_{z(b)} = \max_{i \neq w(b)} \{b_i\}$$

$b_{z(b)}$ ist das zweithöchste abgegebene Gebot. Jeder Preis, der die obige Ungleichung erfüllt, läßt sich auch schreiben als:

$$p(\lambda, b) = (1 - \lambda) b_{w(b)} + \lambda b_{z(b)}; \quad 0 \leq \lambda \leq 1$$

Für $\lambda = 1$ wird der Preis gleich dem zweithöchsten Gebot gesetzt und entspricht damit der Preissetzungs-Regel bei der englischen Auktionsform.

---

[464] Vgl. Güth, W., van Damme, E. [1986], A Comparison of Pricing Rules for Auctions and Fair Devision Games, in: Social Choice and Welfare Vol. 3 1986, S. 177 - 198, S. 181.

2.2.2.3 Bietverfahren mit unvollständiger Information über den Bietvektor v

2.2.2.3.1 Beschreibung des Spiels

In der Realität des Unternehmenskaufs ist davon auszugehen, daß die Informationen über v unvollständig sind, d.h. es sind nur die eigenen Präferenzen hinsichtlich des Unternehmenskaufs und dem damit verbundenen Bietverhalten mit Sicherheit bekannt. Über die Präferenzen der Mitkonkurrenten bestehen lediglich Vermutungen aber keine Sicherheit. Zur Lösung dieser Konstellation sind entsprechende Annahmen zu treffen. Es wird vorausgesetzt, daß die Werte des Präferenzvektors v der Mitinteressenten gleichverteilt im Intervall [0,1] sind.[465] Wichtig ist, daß mit dieser Annahme alle Wettbewerber als gleich (i.S. der Wahrscheinlichkeit) eingestuft werden. Die Strategie s jedes Spielers i wird dargestellt als:[466] $s_i:[0,1] \rightarrow IR_{\geq 0}$.

2.2.2.3.2 Lösung des Spiels[467]

Der potentielle Erwerber i erwartet, daß sich seine Mitbieter nach einer Entscheidungsfunktion f verhalten. Die Auszahlungserwartung $E_{v_i}(b_i)$ hängt vom eigenen Gebot ab:

$$E_{v_i}(b_i) = \int_{b_i \geq f(x)} [v_i - (1-\lambda)b_i - \lambda f(x)](n-1)x^{n-2}dx$$

Dabei ist $(n-1)x^{n-2}$ die Dichte des höchsten Gebots der Mitbieter um das Target:

$$x(v_{-i}) = \max_{j \neq i}\{v_j\}$$

$$\Pr\{x(v_{-i}) \leq x\} = \prod_{j \neq i} \Pr\{v_j \leq x\} = x^{n-1}$$

---

465 Vgl. Thomas, L. C. [1984], S. 211.

466 Vgl. Güth, W., van Damme, E. [1986], S. 182.

467 Vgl. Güth, W., van Damme, E. [1986], S. 183 - 187.

Pr steht für die Wahrscheinlichkeit, daß ein an dem Target Interessierter den Wert v_j bietet. $(n-1)x^{n-2}$ ist damit die Dichte der stochastischen Variablen $x(v_{-i})$. Ziel ist es nun, bei n Bietern ein Gleichgewicht zu finden, für das gilt: $s_i(v_i) = f(v_i)$. Das bedeutet, daß im Gleichgewicht das Ergebnis der eigenen Präferenzen mit dem der Entscheidungsfunktion identisch sein muß.

Entsprechend der Bedingung für ein lokales Maximum gilt:

$$(f^{-1}(b_i))^{n-2}[(n-1)(v_i-b_i)\frac{df^{-1}(b_i)}{db_i}-(1-\lambda)f^{-1}(b_i)]\overset{!}{=}0$$

$$\frac{df^{-1}(b_i)}{db_i}=\frac{(1-\lambda)f^{-1}(b_i)}{(n-1)(v_i-b_i)}$$

Da f eine streng monoton wachsende Funktion ist, muß für $\lambda=1$ gelten, daß $b_i = v_i$ ist. Damit läßt sich die Gleichung umschreiben als:

$$\frac{df(v_i)}{dv_i}=\frac{(n-1(v_i-f(v_i))}{(1-\lambda)v_i};\ \text{mit } 0\leq\lambda<1$$

$$=-\frac{n-1}{1-\lambda}\frac{f(v_i)}{v_i}$$

Als Lösung ergibt sich: $f(v_i)=\frac{n-1}{n-\lambda}v_i$. Für alle Auktionen mit der dargestellten Form gibt es nur ein lokales Extremum, also nur einen möglichen Gleichgewichtspunkt. Damit ist die optimale Entscheidungsfunktion für alle möglichen Käuferunternehmen:

$$s_j(v_j)=\frac{n-1}{n-\lambda}v_j \quad j=1,\dots,n \quad \text{für } j\neq i.$$

Da für alle $\lambda=1$ $b_i = v_i$ ist, d.h. das abgegebene Gebot mit der tatsächlichen Wertschätzung übereinstimmt, wird, je näher λ bei 1 liegt, desto eher das abgegebene Gebot nahe dem tatsächlichen subjektiven Wert v_i liegen.

Es ergibt sich als erwarteter Gleichgewichtspreis $Ep^*(\lambda)$ für das Target:

$$Ep^*(\lambda) = \frac{n-1}{n-\lambda}\int_0^1 [(1-\lambda)x + \lambda y]dG(x,y)$$

$$x(v) = \max\{v_j; j \in N\}$$

$$y(v) = \max\{v_j; j \in N, j \neq j' \text{ mit } v_{j'} = x(v)\}$$

Damit sind x(v) und y(v) die jeweils höchste, respektive zweithöchste Komponente des Vektors v. G ist die zusammengesetzte Verteilung von x(v) und y(v). Die gemeinsame Dichtefunktion ist gegeben durch:

$$\Psi(x,y) = \frac{\partial^2}{\partial x \partial y} G(x,y) = \begin{cases} 0 & y > x \\ n(n-1)y^{n-2} & y \leq x \end{cases}$$

$$Ep^*(\lambda) = \frac{n-1}{n-\lambda}\int_0^1 \left(\int_0^x [(1-\lambda)x + \lambda y] n(n-1) y^{n-2} dy\right) dx$$

$$= \frac{n-1}{n+1}$$

Damit ist der zu erwartende Preis für jedes Target unabhängig von der Preisbildungsregel $p(\lambda, b)$. Dies bedeutet jedoch nicht, daß bei einem gegebenen Vektor v alle λ-Preisregeln zu einem gleichen Preis führen. Nur die *mittlere* Preiserwartung ist für alle v von der Preisbildungsregel unabhängig. Für $\lambda < 1$ wird nur ein Teil des subjektiven Unternehmenswertes von jedem Bieter geboten, und zwar nur der $\frac{n-1}{n-\lambda}$-Teil. Damit ergibt sich, daß ein Unternehmenskauf nur dann getätigt wird, wenn der zu entrichtende Preis für ein Unternehmen unterhalb des geschätzten Wertes seitens des Erwerberunternehmens liegt. Je höher die Zahl potentieller Käufer ist, desto eher wird jedoch der Gebotspreis am geschätzten Unternehmenswert liegen und alle Preisregelungen zu 'ehrlichen' Geboten führen. Handelt es sich um einen Unternehmenskauf mit nur zwei potentiellen Konkurrenten, so entspricht der durchschnittlich erwartete Wert dem subjektiv erwarteten Wert von 0,5 für das Target. Sind mehr als drei potentielle Erwerber an dem Target interessiert, so liegt $Ep^*(\lambda)$ über der Hälfte des Targetwertes.

In jedem Auktionsspiel $G(\lambda)$ mit $0 \leq \lambda \leq 1$ sind die Preiserwartungen[468] für das Target sowie auch die Profiterwartungen aller potentiellen Käufer identisch:

$$Ep^*(\lambda) = \frac{n-1}{n+1} \qquad \text{und} \qquad Ev_i(f) = \frac{(v_i)^n}{n}$$

Je mehr Unternehmen Interesse an dem Target zeigen, desto höher der Preis, desto geringer sind auch die Auszahlungserwartungen.[469] Selbst bei einem sehr hohen v_i von 1 kann keine Auszahlung erwartet werden, die größer als $\frac{1}{n}$ ist. Dies läßt sich auch in der Praxis bestätigen. So sind doch bei jedem Unternehmenskauf Bestrebungen erkennbar, den eventuellen Kauf so lange wie möglich geheim zu halten, um den Preis für das Target nicht unnötig in die Höhe zu treiben. Andererseits ist der Verkäufer eines Unternehmens daran interessiert, einen möglichst hohen Preis für das Objekt zu erhalten und bietet sein Unternehmen unter Umständen mehreren Interessenten zum Kauf an, wie die Erfahrung in der Praxis zeigt.

Die Spieltheorie kann aber außer zur Preisbestimmung auch für andere Überlegungen im Zusammenhang mit Unternehmenskäufen eingesetzt werden.[470] So kann beispielsweise die Gefahr einer Abwehrreaktion[471] seitens

---

468 Vgl. Thomas, L. C. [1984], S. 214.

469 Vgl. Thomas, L. C. [1984], S. 213.

470 Vgl. z.B. bei einem Fusionsvorhaben zur Aufteilung der Eigentumsverhältnisse an dem verschmolzenen Unternehmen auf die ursprünglichen Eigentümer: Mossin, J. [1968], Merger Agreements: Some Game-Theoretic Considerations, in: Journal of Business Vol. 41 1968, S. 460 - 471.

471 Vgl. Hirt, D. E. [1989], S. 168.

des Targets bei einer 'unfreundlichen' Übernahme bereits im Vorfeld mit ihren Auswirkungen auf spieltheoretischer Basis sichtbar gemacht werden. Ein weiterer Ansatzpunkt könnte z.B. auch der sich ändernde Preis eines nach erfolgter Übernahme gemeinsam hergestellten Produktes sein.

3. Simulation

3.1 Grundlegendes zur Simulation

Bevor die Simulation zur Ermittlung einer Beurteilungsgrundlage für einen potentiellen Kandidaten im Rahmen einer Akquisition herangezogen wird, erscheint eine vorherige Definition des Begriffs der Simulation angebracht. In der Literatur betonen die Autoren je nach Sichtweise jeweils einen anderen Aspekt der Simulation. So definiert G. W. Morgenthaler: "In the broadest sense, any applied mathematics or analytic formulation of a problem is a simulation."[472] M. Meyer versteht unter Simulation die reine Abbildung der Realität in einem Modell, die *Nachahmung der Struktur*.[473] Andere Autoren wiederum legen bei ihrer Begriffsbildung den Schwerpunkt auf die *Nachahmung der Abläufe* in einem System. So z.B. J. Pagenkopf: "In einem engeren Sinne wird (System-)Simulation definiert als Nachahmung von Abläufen realer oder gedachter Systeme mit Hilfe von formalen Modellen [...]."[474] Nach K. Neumann sind beide Aspekte in die Definition aufzunehmen: die Modellbildung wie auch das Experimentieren und das Auswerten des Modells.[475] Die Unterstützung der Simulation durch Computer ist ein anderer Gesichtspunkt, der vielen Autoren wichtig erscheint.[476] Aus der Vielzahl der

---

[472] Morgenthaler, G. W. [1961], The theory and application of simulation in operations research, in: Progress in Operations Research Vol. 1 1961, S. 367.

[473] Vgl. Meyer, M. [1986], Operations Research - Systemforschung: Eine Einführung in die praktische Bedeutung, Stuttgart, 1986, S. 117 - 118.

[474] Pagenkopf, J. [1981], Simulation, in: W. Albers et al. (Hrsg.): HdWW Bd. 6, Stuttgart-New York-Tübingen-Göttingen-Zürich, 1981, S. 536 - 549, S. 539. Vgl. auch Koller, H. [1976], Simulation in der Betriebswirtschaftslehre, in: E. Grochla, W. Wittmann (Hrsg.): HWB Bd. I/3, Stuttgart, 1976, Sp. 3536 - 3546, Sp. 3537.

[475] Vgl. Neumann, K. [1977], Operations Research Bd. II, München-Wien,1977, S. 282; Schmidt, B. [1985], Was tut man, wenn man simuliert? - Versuch einer Begriffsbestimmung, in: D. P. F. Möller (Hrsg.): Simulationstechnik - Proceedings, Informatik Fachberichte 109, Berlin, 1985, S. 104 - 111, S. 111; Steinhausen, D. [1994], Simulationstechniken, München-Wien, 1994, S. 5; Baetge, J., Fischer, T. [1989], Simulationstechniken, in: N. Szyperski (Hrsg.): HWPlan, Stuttgart, 1989, Sp. 1782 - 1795, Sp. 1782.

[476] Vgl. z.B. Kulla, B. [1987], Ergebnisse oder Erkenntisse - Liefern makroanalytische Simulationsmodelle etwas Brauchbares?, in: J. Biethahn, B. Schmidt (Hrsg.): Simulation als betriebswirtschaftliche Entscheidungshilfe, Fachberichte Simulation Bd. 6, Berlin, 1987, S. 3 - 24, S. 4; Koller, H. [1976], Sp. 3542; Bennet, A. W. [1974], Introduction to Computer Simulation, St. Paul, 1974, S. 2; Krüger, S. [1975], Simulation: Grundlagen, Techniken, Anwendungen, Berlin-New York, S. 118 - 125.

Definitionen wird eine herausgenommen und im weiteren der Untersuchung zugrunde gelegt. Wesentliches Element der Simulation ist die experimentelle Auswertung anhand des entwickelten Modells. Es soll daher unter Simulation sowohl die Modellbildung als auch die experimentelle Auswertung des betreffenden Modells verstanden werden.[477] Die experimentelle Modellauswertung kommt besser zum Ausdruck, wenn man sich vergegenwärtigt, daß das im Rahmen der Simulation i.d.R. zu behandelnde Erklärungsmodell bei Einführung einer Zielfunktion in ein Entscheidungsmodell überführt wird.[478]

Zum Wesen der Simulation ist noch zu sagen, daß sie kein Lösungs- bzw. Optimierungsverfahren i.S. einer analytische Methode darstellt, sondern ein Bestandteil eines Lösungsweges ist.[479]

477 Vgl. Weber, K., Trzebiner, R., Tempelmeier, H. [1983], Simulation mit GPSS: Lehr- und Handbuch zu GPSS (General purpose simulation system) mit wirtschaftswissenschaftlichen Anwendungsbeispielen, Bern-Stuttgart, 1983, S. 32; Steinhausen, D. [1994], S. 5.

478 Vgl. Hahn, D. [1996], S. 571.

479 Vgl. Koxholt, R. [1967], Die Simulation - ein Hilfsmittel der Unternehmensforschung, München-Wien, 1967, S. 13.

3.2 Anwendung der Simulation anhand des Simulationsprozesses

Generell können Simulationsmodelle als Planungsinstrumente für alle quantitativ formulierbaren Entscheidungsprobleme eingesetzt werden.[480] Es stellt sich die Frage, wie die Simulation bei der Beurteilung eines potentiellen Akquisitionskandidaten zur Anwendung kommen kann.[481] Das im weiteren aufzubauende Modell soll dem Entscheidungsträger im Rahmen der Evaluation *einen Eigenkapitalwert* liefern,[482] der als eine Komponente in die Beurteilung mit einfließen wird. Grundlegend wird ein System aus Definitionsgleichungen aufgestellt, wodurch sich ein bewertender Zahlenstrom ergibt, aus dem ein Eigenkapitalwert berechnet werden kann.

Der Untersuchung wird im folgenden der Simulationsprozeß zugrunde gelegt. Zunächst wird der Prozeßverlauf kurz dargestellt und dann auf die einzelnen Phasen im Zusammenhang mit der Akquisitionsobjektbeurteilung näher eingegangen.

3.2.1 Überblick über den gesamten Simulationsprozeß

Der Prozeß der Simulation umfaßt entsprechend obiger Definition Aktivitäten, die der Entwicklung eines geeigneten Modells dienen und solche, die den Zweck der Auswertung haben.[483] Der Prozeß kann in drei Hauptschritte gegliedert werden:[484] Vorbereitung, Durchführung und Nachbereitung der Simulation.

---

480 Vgl. Hahn, D. [1977], Bedeutung der Simulation mit EDV für die Unternehmungsplanung, in: P. Lindemann, K. Nagel (Hrsg.): Organisation, Neuwied, 1976, Kap. 6.1, S. 1 - 22, S. 7.

481 Vgl. zur generellen Anwendung der Simulation auf Investitionsentscheidungen: Goodwin, P., Wright, G. [1991], Decision Analysis for Management Judgement, Chichester, 1991, S. 146 - 152.

482 Vgl. Bretzke, W.-R. [1975], S. 194.

483 Um eine bessere Projektübersicht zu ermöglichen, bietet es sich an, entsprechend gestaltete Checklisten zu verwenden. Vgl. Liebl, F. [1995], Simulation: Problemorientierte Einführung, München-Wien, 1995, S. 233 - 242 und die dort angeführte Literatur.

484 Vgl. Weber, K., Trzebiner, R., Tempelmeier, H. [1983], S. 34. D. Steinhausen unterteilt die generelle Vorgehensweise bei der Durchführung einer Simulationsstudie in folgende Schritte: (1) Problemformulierung und -analyse, (2) Modellbildung, (3) Da-

Die Vorbereitung befaßt sich mit der konkreten Problemstellung, der Potentialbereitstellung, der Definition der Systemelemente, der Abgrenzung des Systems[485] sowie der Erfassung der benötigten Daten. Zudem ist es notwendig, vor Beginn der Simulationsdurchführung ein entsprechendes Modell zu erstellen, zu testen und zu implementieren. Die Nachbereitung befaßt sich mit der Aufbereitung der mit Hilfe der Simulationsläufe gewonnenen Ergebnisse sowie der Evaluation und Validation der Ergebnisse und des Modells selbst. Eventuell kann dies zu einer geänderten Modellformulierung führen.[486] Die Ergebnisse der Untersuchung sind zu präsentieren und dem Entscheidungsträger das Zustandekommen der Daten hinreichend deutlich zu erläutern.

3.2.2 Phaseneinteilung

3.2.2.1 Vorbereitungsphase

3.2.2.1.1 Zielfestlegung und Modellauswahl

Die Simulation hat im Rahmen des Akquisitionsprozesses die Aufgabe, den Entscheidungsträger bei der Beurteilung des Targets zu unterstützen. Aus dieser Problemstellung ist das Ziel der Untersuchung abzuleiten. Im Rahmen der Projektplanung ist zu prüfen, ob das bisher mit der Akquisition betraute Team über die notwendigen Qualifikationen verfügt, um eine Simulation durchführen zu können. Eventuell ist dann die Unterstützung entsprechend ausgebildeter Fachleute in Anspruch zu nehmen. Es ist sinnvoll, die Zusammenarbeit mit EDV-Spezialisten anzustreben, da mit ihrer Hilfe auch der Bedarf an geeigneter Hard- und Software im vorhinein besser bestimmt werden kann. Das Team ist zusammenzustellen und ggf. vom Tagesgeschäft

---

tenerhebung, (4) Erstellung eines Computerprogramms, (5) Modellvalidierung, (6) Planung und Durchführung von Simulationsläufen und (7) Auswertung und Implementation der Ergebnisse. Vgl. Steinhausen, D. [1994], S. 20 - 25; Baetge, J., Fischer, T. [1989], S. 1791 - 1794; Bauknecht, K., Kohlas, J., Zehnder, C. A. [1976], Simulationstechnik - Entwurf und Simulation von Systemen auf digitalen Rechenautomaten, Berlin-Heidelberg-New York, 1976, S. 43 - 50; Pidd, M. [1988], Computer simulation in management science, Chichester-New York-Brisbane, 1988, S. 9.

485 Vgl. Smith, D. E. [1977], Quantitative Business Analysis, Santa Barbara-New York-London, 1977, S. 634.

für die Dauer der Projektarbeit freizustellen. Dies erfordert auch die Unterstützung durch das Management und die übrigen Mitarbeiter.

Aus der Problemstellung - der Unterstützung der Beurteilung des Targets - muß hervorgehen, welche Elemente des realen Systems mit welchen Beziehungen in das Modell eingehen sollen. Durch die Abstraktion dürfen wesentliche Elemente und deren Beziehungen nicht abgeschnitten werden, eine Überfrachtung des Modells ist jedoch ebenso zu vermeiden, da mit der Zahl einbezogener Elemente und Beziehungen der spätere Programmierungsaufwand steigt und dies zu Lasten der Übersichtlichkeit geht. Welche Elemente mit ihren Beziehungen in das Modell integriert werden, hängt bei der gegebenen Problemstellung auch von der Methode ab, die der Bewertung zugrunde gelegt wird. Im folgenden soll die DCF-Methode verwendet werden, bei der sich der Wert des Unternehmens (Eigenkapitalwert) aus den diskontierten freien Zahlungsüberschüssen der Planungsperioden und dem Restwert des Unternehmens nach dem Ende des Planungshorizontes abzüglich dem Wert des Fremdkapitals ableitet.[487] Als unbedingt notwendige Größen des Modells sind daher die Positionen der G & V-, der Bilanz- und der Cash-flow-Rechnung zu nennen.

Die Vorbereitung der Simulation erfordert vom Akquisitionsteam bzw. den eingesetzten Experten, die Art des Simulationsmodells auszuwählen. Zur Wahl stehen prinzipiell: (1) statische oder dynamische Modelle (2) stochastische oder deterministische Modelle.[488]

Je nach dem zeitlichen Bezug, der in das Modell eingehen soll, ist die Wahl zwischen einem statischen oder einem dynamischen Modell zu treffen. Da betriebswirtschaftliche Überlegungen stets den Zeitbezug als wichtige Komponente enthalten, ist auch für die Unternehmensbewertung ein dynami-

---

486 Vgl. Baetge, J., Fischer, T. [1989], Sp. 1783.

487 Vgl. Meyersiek, D. [1991], Unternehmenswert und Branchendynamik, in: BFuP 3/1991, S. 233 - 240.

488 Vgl. zu weiteren Einteilungsmöglichkeiten: Hanssmann, F. [1987], S. 84 - 89; Krüger, S. [1975], S. 24 - 41.

sches Modell zu verwenden. Je nachdem, ob man das System und die darin ablaufenden Vorgänge mit hinreichender Sicherheit kennt oder der stets verbleibenden Unsicherheit Rechnung tragen will, kann ein deterministisches oder ein stochastisches Modell gewählt werden. Die Wahl eines stochastischen Modells bedeutet jedoch nicht, daß alle darin vorkommenden Größen stochastischer Natur sind. "Simulation incorporates the randomness of the real world. How do we decide upon the nature of this randomness? How do we specify distributions for our random variables?"[489] So ist die Trennung stochastisch-deterministisch kaum sinnvoll, da im Grunde jede der Größen eines Modells, die nicht gänzlich der Kontrolle des Entscheidungsträgers unterliegen, auch von Zufallseinflüssen bestimmt wird und somit stochastischer Natur ist. Jedoch kann es auch nicht vorteilhaft sein, jede Größe des Modells als stochastisch einzustufen, da mit dem Zwang der Auswahl der zugrundezulegenden Verteilung nicht immer eine bessere Informationsbasis erzeugt wird. Es wird daher vorgeschlagen, nur jene Variablen stochastisch auszuformen, deren Entwicklung in der Vergangenheit sehr instabil war, durch viele Zufallseinflüsse bestimmt ist und von großer Wichtigkeit für die Ergebnisse des Gesamtsystems sind. Daraus leitet sich ab, daß zunächst für alle Variablen des Systems die Vergangenheitswerte erhoben werden müssen.

3.2.2.1.2 Datensammlung und -aufbereitung

Grundsätzlich können die zu erfassenden Daten qualitativer oder quantitativer Art sein. Für das hier zu entwickelnde Modell der Unternehmensbewertung sind es jedoch ausschließlich Daten quantitativer Art. Es wird davon ausgegangen, daß insbesondere die Daten der letzten drei Jahre für die zukünftige Entwicklung von Bedeutung sind. Darum müssen für die Positionen des G & V- sowie Bilanz- und Cash-flow-Modells historische Daten erhoben werden. Die Erhebung der benötigten Daten setzt voraus, daß es sich

---

489 Bratley, P., Fox, B. L., Schrage, L. E. [1983], A Guide to Simulation, New York-Berlin-Heidelberg-Tokyo, 1983, S. 114.

um eine dem Publizitätsgesetz unterliegende Gesellschaft handelt, die in ausreichender Detaillierung ihre G & V-, Bilanz- und Cash-flow-Werte zur Verfügung stellt. Sind nicht alle Daten in der erforderlichen Form erhältlich, können qualifizierte Schätzungen notwendig werden.

Im Anschluß an die reine Erfassung sind die Daten entsprechend aufzubereiten. Dieses Weiterverarbeiten kann z.B. in einer Glättung der Datenreihe bestehen.[490] Ebenso wäre es möglich, aus einer entsprechend großen Stichprobe die dazugehörige theoretische Verteilung zu berechnen. Die Verwendung einer unbereinigten Datenbasis birgt die Gefahr, nur die Vergangenheit zu simulieren.

3.2.2.1.3 Modellstrukturierung

Es sei vorausgeschickt, daß jede Modellstrukturierung ein Prozeß des Erstellens, Testens und des Verbesserns ist, so daß das zu formulierende Modell zunächst vorläufiger Natur ist und im weiteren Verlauf des Prozesses durchaus noch Änderungen erfahren kann. Die Modellstrukturierung bedeutet, die statische und dynamische Modellstruktur festzulegen. Die betreffenden Variablen und deren Verknüpfungen müssen definiert werden. Es sind Annahmen und gedachte Regeln, die dem Modell sein Aussehen geben: "The simulation model is [...] a set of beliefs and assumptions about how a system should behave or is intended to behave. The model incorporates rules which are believed to govern the behaviour of the elements and objects of the system."[491] Dabei ist auch festzulegen, welche der Größen als Input gelten sollen und welche sich als Output aus dem System ergeben. Welche Variablen als Outputvariablen auszugestalten sind, leitet sich aus der Zielformulierung ab, die der Untersuchung zugrunde liegt. Als Outputvariable dieses Modells soll sich ein Eigenkapitalwert ergeben, den der Entscheidungsträger in die Beurteilung eines potentiellen Targets einfließen

---

490 Dies erfordert jedoch eine größere Datenbasis als nur die letzten drei Jahre. Vgl. Teil III Abschnitt 1.1.3.3.1.2.

491 Pidd, M. [1988], S. 128.

lassen kann. Als Grundregel der Modellstrukturierung ist auf ein ausgewogenes Verhältnis zwischen der angestrebten Einfachheit und der Korrektheit des Modells zu achten. Eine Begrenzung bilden in jedem Fall die dem Team zur Verfügung stehenden Ressourcen insbesondere in Hinblick auf Zeit, Know-how sowie Hard- und Software.

Im folgenden werden die einzelnen Komponenten des Modells erläutert. Dabei ist dieses Modell als Anregung zu verstehen, wie die grundlegende Struktur aussehen könnte. Verfeinerungen wären für die praktische Verwendung sicherlich erstrebenswert, jedoch keine unbedingte Notwendigkeit. Der Zusammenhang zwischen den einzelnen verwendeten Teil-Modellen inklusive des DCF-Modells in Form des im Teil II Kap. 2.2 näher beschriebenen Entity-Verfahrens zur Eigenkapitalberechnung durch Diskontierung der zukünftigen Free Cash-flows mittels WACC wird durch Abb. 21 verdeutlicht.

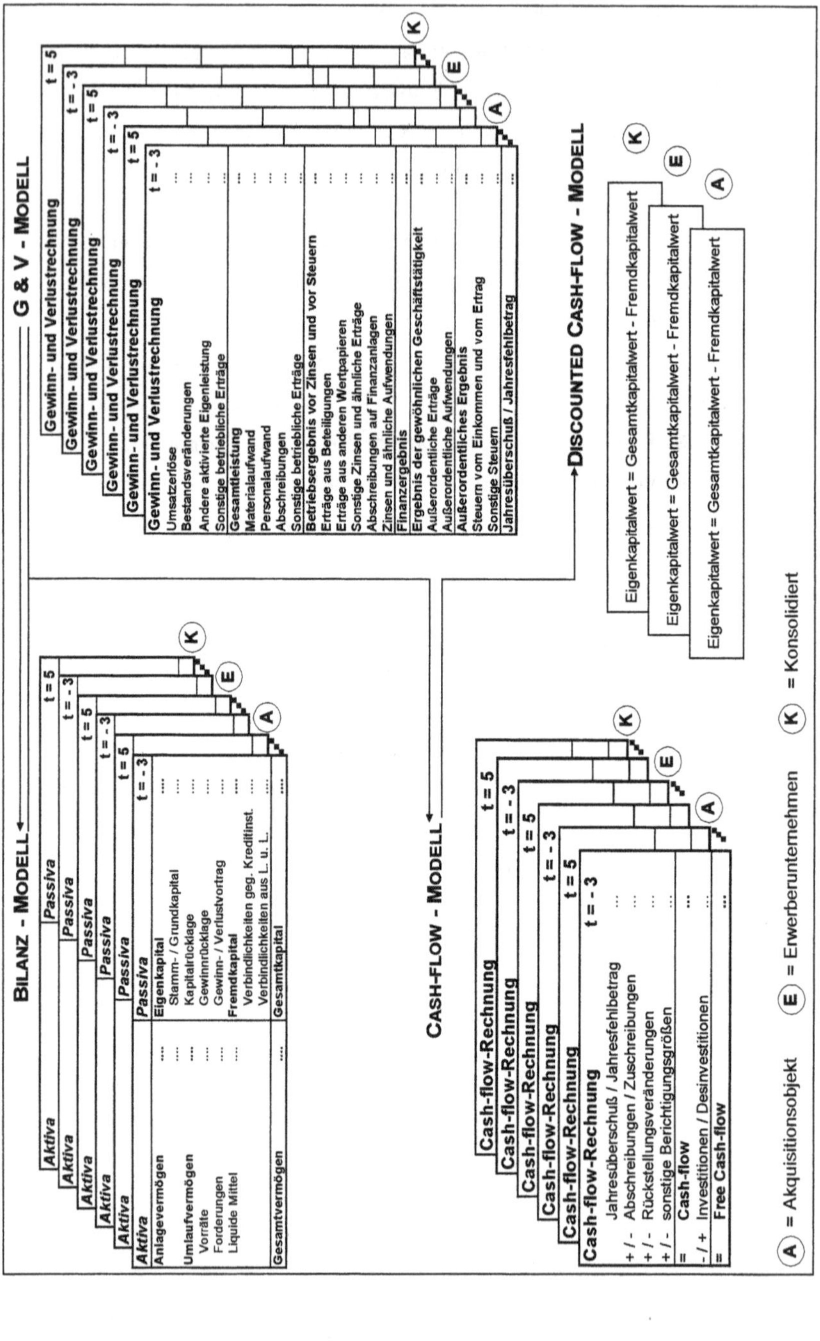

Abb. 21: Struktur des Grundmodells der Simulation zur Bewertung

3.2.2.1.3.1 Darstellung des Zusammenhangs zwischen den Teilmodellen

Bevor die einzelnen Komponenten des Bewertungsmodells vorgestellt werden, soll zunächst ein Überblick über die Zusammenhänge und Verknüpfungen der Positionen geschaffen werden. Es gilt dabei, ein Modell zu beschreiben, das drei verschiedene Unternehmenswerte ergibt:[492] In einem Durchlauf ist der Wert des Akquisitionsobjektes ohne Synergieeffekte durch die Integration in den Unternehmensverbund des Erwerbers darzustellen. Zur Unterscheidung ist dies in der Abb. 21 mit Ⓐ gekennzeichnet. Ebenso wird eine solche Berechnung für den Erwerber ohne den Unternehmenskauf getätigt; dies wird als Ⓔ bezeichnet. In einem letzten Schritt ist ein konsolidierter Wert zu ermitteln, der mit Ⓚ gekennzeichnet ist.[493] Die Differenz aus der Summe Ⓐ und Ⓔ und dem konsolidierten Wert steht dann für die sich aus der Integration des Targets ergebenden Synergieeffekte.[494] Die Differenz zwischen Ⓚ und Ⓔ ist für den Erwerber ebenfalls eine wichtige Orientierungsgröße: dies ist der Preis, den der Erwerber höchstens unter den zu treffenden Annahmen, wie z.B. Umsatzentwicklung etc. bieten sollte.

Das Gesamtmodell besteht aus vier Teilmodellen, die ausschließlich mit Wertgrößen arbeiten: dem Bilanz-, dem G & V-, dem Cash-flow- und dem DCF-Modell.[495] Die Outputgrößen des G & V-Modells, der Jahresüberschuß bzw. Jahresfehlbetrag, fließen zum einen in das Bilanz-Modell als Teil des Bilanzgewinns und zum anderen in das Cash-flow-Modell als Basis zur Berechnung des Cash-flows mit ein. Veränderungswerte aus dem Bilanz-Mo-

---

[492] Vgl. zu dieser Vorgehensweise Brunner, E. [1977], Simulationsmodell zur Unternehmensbewertung unter spezieller Berücksichtigung des Akquisitionsentscheides im Konzern, Bern-Stuttgart, 1977, S. 40 - 43.

[493] Vgl. Copeland, T., Koller, T., Murrin, J. [1995], S. 446 - 450.

[494] Vgl. Copeland, T., Koller, T., Murrin, J. [1995], S. 448.

[495] Vgl. zu einer Darstellung und Interpretation von Gesamtunternehmensmodellen: Hahn, D. [1996], S. 332 - 337 und S. 574 - 588 bzw. Hahn, D., Hölter, E., Steinmetz, D. [1992], Gesamtunternehmungsmodelle als Entscheidungshilfe im Rahmen der Zielplanung, strategischen und operativen Planung, in: D. Hahn, B. Taylor (Hrsg.): Strategische Unternehmungsplanung - Strategische Unternehmungsführung, Heidelberg, 1992, S. 686 - 717, insbesondere S. 698 - 709.

dell, gehen zur Ermittlung des Cash-flows in das Cash-flow-Modell ein. Die Verknüpfung zwischen dem Cash-flow-Modell und dem DCF-Modell ist offensichtlich: Der Cash-flow als Ergebnis des Cash-flow-Modells dient als Basis für die Berechnung des Eigenkapitalwertes.

Nachfolgend werden die Einzelmodelle mit den entsprechenden Annahmen in Gleichungsform dargestellt.[496] Die Verwendung einer durchgehenden Numerierung der Gleichungen mag andeuten, daß alles zu einem Gesamtmodell gehört und dem Zweck dient, aus allen Komponenten *einen* Unternehmenswert je nach Konstellation zu berechnen.

Besteht in einem Unternehmen bereits ein passend ausgebautes Gesamtunternehmensplanungsmodell, dann können die Komponenten auch zur Berechnung des Unternehmenswertes herangezogen werden. Im weiteren wird ein Eigenkapitalwert separat für das Target, ohne Integration in den Verbund des Erwerberunternehmens berechnet. Für den Fall der Integration wären entsprechende Änderungen zu berücksichtigen.

3.2.2.1.3.2 G & V-Modell

Die Aufstellung des G & V-Modells folgt dem Gesamtkostenverfahren nach § 275 Abs. 2 HGB. Für die einzelnen Größen sind Annahmen zu treffen. Dabei wird grundlegend von einem deterministischen Modell ausgegangen, das jedoch an einigen Stellen leicht in ein stochastisches umgewandelt werden kann.

(1) Umsatzerlöse (U)

Es wird angenommen, daß für die Umsatzentwicklung der Zukunft insbesondere die der letzten drei Jahre von großer Bedeutung sind. Je nach der Einschätzung der Zukunftsaussichten kann über einen Faktor ein Wachstum

---

[496] Vgl. z.B. Mertens, P. [1982], Simulation, Stuttgart, 1982, S. 55 - 61; dort wird ebenfalls ein Simulationsmodell in Gleichungsform dargestellt.

oder eine Abnahme der Umsätze für die Zukunft eingerechnet werden. Ein Anhaltspunkt für die zu erwartende Umsatzentwicklung kann auch das erwartete Wachstum des Marktes sein, in dem das Target tätig ist, sowie der eigene Marktanteil und eventuelle Absatzförderungsmaßnahmen o.ä., sofern dies zum Beurteilungszeitpunkt bereits bekannt ist.

$$U_t = (U_{t-1} + U_{t-2} + U_{t-3}) \frac{1}{3} u$$

U = Umsatzerlöse

u = Umsatzwachstumsfaktor, wobei dieser abhängig vom Marktwachstum und Marktanteil ist.

(2) Bestandsveränderungen bei Halb- und Fertigfabrikaten (B)

An dieser Stelle wird vereinfachend angenommen, daß die absetzbare Menge an Produkten hinreichend genau prognostizierbar ist und es daher nicht zu nennenswerten Änderungen im Lagerbestand bei Halb- und Fertigfabrikaten kommt. Es wird lediglich ein konstanter Sicherheitsbestand gehalten.

$$B_t = 0$$

(3) Andere aktivierte Eigenleistung (AE)

Für die Entwicklung mancher Größen der G & V-Rechnung wird eine Abhängigkeit vom angestrebten Umsatzwachstum unterstellt. Dies bedeutet z.B. für die Position AE, daß ein Teil des Umsatzwachstums mit Hilfe der AE erzielt wurde.

$$AE = AE_{t-1}\, u\, a$$

a ist ein Proportionalitätsfaktor, der u.a. angibt, welcher Teil des Umsatzwachstums durch AE erreicht wurde. Darüber hinaus kann a auch Zufallseinflüsse, Erfahrungswerte und andere Abhängigkeiten aufnehmen.

(4) Sonstige betriebliche Erträge (SE)

Zur Ermittlung künftiger Werte dieser G & V-Position werden ähnliche Annahmen wie für die Umsatzerlöse getroffen, so daß sich für SE ergibt:

$$SE_t = (SE_{t-1} + SE_{t-2} + SE_{t-3})\frac{1}{3}b \quad ; \quad b = \text{Wachstumsfaktor}$$

(5) Materialaufwand (M)

Bei dem hier vorgestellten Modell wird davon ausgegangen, daß es sich bei dem Target um ein Industrieunternehmen handelt, bei dem der Dienstleistungsanteil verhältnismäßig gering ist. Jedes Umsatzwachstum kann daher bei Konstanz der Absatzpreise überwiegend nur aus einer größeren Absatzmenge finanziert werden. Da aber keine Lageränderungen bei Halb- und Fertigfabrikaten vorkommen sollen, muß genau diese Menge auch produziert werden. Ohne Annahme von Degressionseffekten bei der Produktion einer größeren Stückzahl nimmt der Materialaufwand proportional zum Umsatzwachstum zu. Das Verhältnis des Wachstums beider Größen wird über den Faktor c bestimmt.

$$M_t = (M_{t-1} + M_{t-2} + M_{t-3})\frac{1}{3}u\,c \quad ; \quad c = \text{Proportionalitätsfaktor}$$

(6) Personalaufwand (P)

Der Personalaufwand des zu bewertenden Targets sei eine relativ stabile Größe. Darum wird angenommen, daß der Durchschnitt der vergangenen drei Jahre einen guten Schätzwert für die Zukunft liefert. Erwartete Lohnsteigerungen oder geplante Personalfreisetzungen können über einen Faktor d in die Schätzung eingehen.

$$P_t = (P_{t-1} + P_{t-2} + P_{t-3})\frac{1}{3}d$$

d = Wachstumsfaktor, der von den durchschnittlichen Lohnsteigerungen und den Personalbestandsänderungen abhängig ist

(7) Abschreibung (D)

Die historischen Abschreibungsdaten sind ausdrücklich darauf hin zu untersuchen, ob Sonderabschreibungen vorgenommen wurden und sind ggf. entsprechend zu bereinigen. Zur Schätzung zukünftiger Abschreibungswerte wird folgende Näherung eingesetzt:

$$D_t = (AV_t + AV_{t-1})\frac{1}{2}e$$

AV = Anlagevermögen

$$e = \frac{D_{t-1}}{AV_{t-1}}$$ = durchschnittlicher Abschreibungssatz

Eventuell ist es sinnvoll, eine Aufspaltung der Abschreibungswerte nach Anlagenklassen durchzuführen, wenn stark differierende Abschreibungsdauern zwischen den Klassen bestehen, um den durchschnittlichen Abschreibungssatz nicht zu stark zu vereinfachen. Als durchschnittlicher Bestand im Anlagevermögen wird der Mittelwert zwischen dem Anfangs- und dem jeweiligen Endbestand des Anlagevermögens gebildet.

(8) Sonstige betriebliche Aufwendungen (SA)

Für SA werden prinzipiell die gleichen Annahmen wie für SE getroffen, so daß gilt:

$$SA_t = (SA_{t-1} + SA_{t-2} + SA_{t-3})\frac{1}{3}g \quad ; \quad g = \text{Wachstumsfaktor}$$

(9) Betriebsergebnis vor Steuern und Zinsen (BE)

Das BE ergibt sich als Summe der davor genannten Größen:

$BE_t = \Sigma\ [(1) \text{ bis } (4)] - \Sigma\ [(5) \text{ bis } (8)]$

(10) Finanzergebnis (FE)

Das Finanzergebnis besteht aus den Komponenten Beteiligungs- und Zinsergebnis. Das Beteiligungsergebnis hängt in erster Linie von der Ergebnisentwicklung der beteiligten Unternehmen ab, das Zinsergebnis von den vereinbarten Soll- und Habenzinsen, der Höhe der Ausleihungen und der langfristigen Verbindlichkeiten.

$FE_t = BTE_t + ZE_t$

BTE_t = Beteiligungsergebnis

ZE_t = Zinsergebnis

BTE_t ist abhängig von der Ergebnis- und der Wirtschaftslage der beteiligten Unternehmen.[497]

$$ZE_t = \frac{-LVB_{t-1} - LVB_t}{2} i_l + \frac{AL_{t-1} + AL_t}{2} i_v$$

LVB_t = Langfristige Verbindlichkeiten

i_l = Zinsen für langfristige Verbindlichkeiten

AL_t = Ausleihungen

i_v = durchschnittlich vereinbarter Zinssatz für Ausleihungen

(11) Ergebnis der gewöhnlichen Geschäftstätigkeit (EGG)

EGG = (9) + (10)

(12) Außerordentliches Ergebnis (AoE)

Das außerordentliche Ergebnis jedes Unternehmens ist realistischerweise nicht als deterministisch anzusehen, da es eben nicht von der gewöhnlichen Geschäftstätigkeit abhängt, sondern eher von den Risiken, denen jedes Unternehmen ausgesetzt ist. Anhaltspunkte können z.B. bei bekannter Risikopolitik die gebildeten Rückstellungen sein. Um der Unsicherheit bei der

---

497 Siehe Plan-G & V-Rechnungen und Plan-Bilanzen der beteiligten Unternehmen.

Bestimmung dieser Größe Ausdruck zu verleihen, kann ein stochastischer Parameter aufgenommen werden:

$AoE_t = f(\delta)$ d.h. AoE_t ist eine Funktion des stochastischen Parameters δ[498]

Soll jedoch bei der Modellbildung auf eine deterministische Grundlage zurückgegriffen werden, so könnte nach der Regel des zureichenden Grundes der Wert des AoE_t unverändert gehalten werden:

$AoE_t = AoE_{t-1}$

(13) Steuern vom Einkommen und Ertrag (SEE)

Die zu berechnenden Steuern sind auf der Basis der Positionen EGG (11) und AoE zu bestimmen. Der anzurechnende Steuersatz wird auch von der Ausschüttungspolitik des betrachteten Unternehmens bestimmt. Es wird davon ausgegangen, daß keine Ausschüttung stattfindet, so daß sich als Gleichung ergibt:

$SEE = [(11) + (12)]\, t$

t = Steuersatz (ohne Ausschüttung)

(14) Sonstige Steuern (SS)

Die Position SS steht nicht in einem direkten Zusammenhang mit dem Ertrag des Unternehmens, sondern eher mit den Ressourcen, so daß ein Parameter h einzubeziehen ist, der die Abhängigkeit der sonstigen Steuern, z.B. von getätigten Umweltschutzinvestitionen ($\rightarrow$ Steuerersparnis!) oder vom Grunderwerb in der Rechnung berücksichtigt.

$$SS_t = (SS_{t-1} + SS_{t-2} + SS_{t-3})\frac{1}{3}h$$

---

498 δ könnte z.B. abhängig von der Rückstellungspolitik, von den Geschäfts- und Umweltrisiken oder vom Zufall sein.

h ist abhängig z.B. von der Investitions- bzw. Umweltpolitik des Unternehmens.

(15) Jahresüberschuß / Jahresfehlbetrag (JÜ / JF)

Der JÜ/JF ist damit eine derivative Größe und ergibt sich wie folgt:

JÜ / JF = (11) + (12) - (13) - (14)

3.2.2.1.3.3 Cash-flow-Modell

Die Berechnung des Eigenkapitalwertes auf der Basis der zukünftigen Free Cash-flows, so daß dem G & V-Modell ein Cash-flow-Modell anzuschließen ist.

(16) Rückstellungsveränderung (RV)

Die Höhe der Rückstellungen ist nicht aus den übrigen Positionen ableitbar. Aus diesem Grund muß die Größe R_t für jedes Planungsjahr als exogene Größe vorgegeben werden. Die Rückstellungsveränderung ergibt sich dann:

$RV_t = R_t - R_{t-1}$

R = Rückstellung

(17) Cash-flow (CF)

Aus dem JÜ / JF, den Abschreibungen und den Rückstellungsveränderungen wird der Cash-flow folgendermaßen berechnet:

CF_t = (15) + (7) + (16) +/- sonstige Berichtigungsgrößen

(18) Free Cash-flow (FCF)

Der Free Cash-flow ergibt sich aus dem CF, wenn die notwendigen zukünftigen Investitionen durch Abzug berücksichtigt werden:

FCF_t = (17) - I_{t+1}

Die Höhe der jetzigen Abschreibungen gibt einen Anhaltspunkt zur Bestimmung der Höhe der durchzuführenden zukünftigen Investitionen. Wird zumindest eine Substanzerhaltung angestrebt, so müssen die Investitionen sowohl die Inflationsrate als auch den technischen Fortschritt berücksichtigen.

$$I_t = D_t (1 + r + f)$$

r = jährliche Inflationsrate

f = Anteil an den gesamten Investitionen, die eine 'echte' Substanzerweiterung darstellen

3.2.2.1.3.4 Bilanz-Modell

Zur Ermittlung des Unternehmenswertes müssen nicht alle Positionen der Bilanz in das Simulationsmodell aufgenommen werden. Es werden für die nachfolgenden Variablen Gleichungen aufgestellt:[499]

(19) Anlagevermögen (AV)

Die Höhe des Anlagevermögens ermittelt sich in verkürzter Form nach dem Aufbau des Anlagespiegels wie folgt:

$$AV_t = AV_{t-1} - D_t + I_t$$

In der Position der Abschreibungen sind mögliche Zuschreibungen bereits berücksichtigt, es handelt sich hierbei um den Nettobetrag. Umbuchungen sollen in diesem Zusammenhang nicht integriert werden.

(20) Umlaufvermögen (UV)

Das Umlaufvermögen setzt sich aus den Vorräten, den geleisteten Anzahlungen, den Forderungen und den liquiden Mitteln zusammen. Zur Bestimmung der Vorräte und der geleisteten Anzahlung wird vorausgesetzt, daß

---

[499] Vgl. Liebl, F. [1995], S. 19 - 21.

das Working Capital Ratio (WCR) auch in Zukunft unverändert bleibt. Dabei wird für WCR angenommen, daß als Näherungswert der Durchschnitt der vergangenen drei Perioden angesetzt werden kann.

$UV_t = V_t + Fo_t + L_t$

V = Vorräte und geleistete Anzahlungen

Fo = Forderungen u.ä.

L = Liquide Mittel

Bei bekanntem Umsatz der Periode und dem Vorjahreswert von V kann somit der jeweilige Periodenwert für V_t ermittelt werden:

$$V_t = WCR\ U_t\ \frac{V_{t-1}}{WC_{t-1}}$$

$$WCR = \frac{1}{3} \sum_{t=-3}^{-1} \frac{WC_t}{U_t}$$

$$WC = V + Fo - VLL$$

WC = Working Capital

VLL = Verbindlichkeiten aus Lieferung und Leistung

Eine Ermittlung der Forderungsbestände erfolgt nach derselben Verfahrensweise, so daß sich ergibt:

$$Fo_t = WCR\ U_t\ \frac{Fo_{t-1}}{WC_{t-1}}$$

Für die liquiden Mittel wird die Annahme getroffen, daß ihre Veränderung mit dem Umsatzwachstum korreliert:

$L_t = L_{t-1}\ u\ j$ j = Proportionalitätsfaktor

(21) Gesamtvermögen (GV)

Das Gesamtvermögen ergibt sich dann aus der Summe von Anlage- und Umlaufvermögen:

GV = (19) + (20)

(22) Eigenkapital (EK)

Die Zusammensetzung des Eigenkapitals aus Stamm- bzw. Grundkapital, Kapital- und Gewinnrücklage, Gewinn- bzw. Verlustvortrag und dem Jahresüberschuß bzw. -fehlbetrag macht deutlich, daß hierfür die Rücklagenpolitik des Unternehmens bekannt sein muß, um die Größe dieser Position abschätzen zu können.

Es kann vereinfachend angenommen werden, daß für alle Positionen - abgesehen vom Jahresüberschuß bzw. -fehlbetrag -, die Vorjahreswerte angesetzt werden, sofern die gesetzliche Höhe der Rücklagen bereits erreicht wurde. Letztlich kann jedoch zur Größenbestimmung des Eigenkapitals keine allgemeingültige Vorgehensweise vorgeschlagen werden, sondern die Einzelpositionen sind fallweise in das System einzugeben, sofern von den Vorjahreswerten abgewichen werden soll.

$EK_t = SK_{t-1} / GK_{t-1} + KR_{t-1} + GR_{t-1} + GWV_{t-1} / VV_{t-1} + (15)$

SK / GK = Stammkapital / Grundkapital
KR = Kapitalrücklage
GR = Gewinnrücklage
GWV / VV = Gewinnvortrag / Verlustvortrag

(23) Fremdkapital (FK)

Ebenso wie das Eigenkapital ist auch das Fremdkapital keine deterministische Größe, sondern in der Realität hängt dieses von diversen Faktoren ab. Insbesondere die Bestimmung der Rückstellungen kann kaum deterministisch erfolgen. Jedoch kann unter vereinfachten Annahmen die Größe mit dem Vorjahreswert zur Bestimmung des Fremdkapitals einfließen.

$FK_t = R_t + VB_t$

$R_t = R_{t-1}$

$VB_t = VL_t + VLL_t + ÜV_t$

VB = Verbindlichkeiten

VL = Langfristige Verbindlichkeiten

$VL_t = ((1 - EKQ)u + 1 + k)\,(VL_{t-1}) - TVL_t$ k = Proportionalitätsfaktor

VLL = Verbindlichkeiten aus Lieferung und Leistung

ÜV = Übrige Verbindlichkeiten

$ÜV_t = ((1 - EKQ)u + 1 + k)\,(ÜV_{t-1})$

EKQ = historische Eigenkapitalquote

$$EKQ = \frac{1}{3}\sum_{t=-3}^{-1}\frac{EK_t}{GK_t}$$

Die Verbindlichkeiten setzen sich im Modell aus den langfristigen Verbindlichkeiten (VL), den Verbindlichkeiten aus Lieferungen und Leistungen (VLL) und den übrigen Verbindlichkeiten zusammen. Für VL wird angenommen, daß ihre Entwicklung proportional zum Umsatzwachstum ist. Für die Bestimmung des VLL wird unter Verwendung der unter (20) getroffenen Annahme der Konstanz von WCR die Gleichung aufgestellt.

TVL = Tilgung langfristiger Verbindlichkeiten (entsprechend den vertraglichen Bedingungen und den Laufzeiten)

Es wird die Annahme getroffen, daß die Veränderung der langfristigen Verbindlichkeiten proportional zum Umsatzwachstum ist.

$$VLL_t = WCR\ U_t\ \frac{VLL_{t-1}}{WC_{t-1}}$$

(24) Gesamtkapital (GK)

Das Gesamtkapital ergibt sich schließlich als Summe (22) und (23):

$GK_t = EK_t + FK_t$

3.2.2.1.3.5 Discounted Cash-flow-Modell

Die Aufgabe des DCF-Modells ist die Verarbeitung der Outputwerte der anderen Teil-Modelle, um damit dem Entscheidungsträger einen Eigenkapitalwert zur Verfügung zu stellen. Es handelt sich dabei um die Berechnung eines Eigenkapitalwertes nach der Entity-Methode,[500] bestehend aus drei Teilkomponenten. Der erste Teil ergibt sich aus der Diskontierung der freien Cash-flows aus dem Cash-flow-Modell für die fünf Planjahre.[501] Die zweite Komponente ist der Restwert des Unternehmens am Ende des Planungshorizontes. Dabei wird vereinfachend davon ausgegangen, daß der Cash-flow des letzten Planjahres dem Erwerberunternehmen als unendliche Rente zufließt. Es gilt entsprechend die Rentenbarwertformel. Der dritte Teil des Modells besteht aus dem Marktwert des Fremdkapitals, welches vereinfacht gleich dem Wert des im Unternehmen vorhandenen Fremdkapitals zum Zeitpunkt t=0 ist. Damit ist der Eigenkapitalwert (EKW) des Unternehmens wie folgt zu berechnen:[502]

(25) $$EKW = \sum_{t=1}^{5} \frac{FCF_t}{(1+WACC)^t} + \frac{FCF_5}{WACC} - FK_{t=0}$$

---

500 Vgl. zum DCF-Modell und seinen Ausprägungen: Teil II Kap. 2.2 dieser Untersuchung.

501 Vgl. Sanfleber-Decher, M. [1992], Unternehmensbewertung in den USA, in: WPg 20/1992, S. 597 - 603, S. 601 - 602.

502 Der Wert des nicht-betriebsnotwendigen Vermögens wird hier außer acht gelassen.

$$WACC = \left[i_{FK} \times (1-t) \times \frac{FK}{GK} \right] + \left[i_{EK} \times \frac{EK}{GK} \right]$$

$i_{FK} = Fremdkapital - Zinssatz$

$i_{EK} = Eigenkapital - Zinssatz$

$t = Grenzsteuersatz$

Für die Ermittlung des anzusetzenden Fremdkapital- bzw. Eigenkapitalanteils ist die Zusammensetzung des Gesamtkapitals aus den Bilanzen zu entnehmen. Der Zinssatz für das Eigenkapital errechnet sich nach dem CAPM-Ansatz als Zinssatz einer risikofreien Anlage zuzüglich einem Risikozuschlag.[503]

3.2.2.1.4 Modellimplementierung

Das im vorangegangen Schritt in Form von Gleichungen ausgearbeitete Modell gilt es nun, in ein Computer-Modell zu übersetzen. Dabei wird diese Phase insbesondere durch die zur Verfügung stehende Hard- und Software beeinflußt.[504] Grundsätzlich kann dabei jede (problemorientierte) Programmiersprache zur Anwendung gelangen[505], jedoch ist die Verwendung einer Simulationssprache[506] (Simulator) insofern vorteilhaft, als in dem Fall dem Übersetzer standardisierte Bausteine zur Verfügung gestellt werden und der Programmieraufwand damit geringer wird. Zu unterscheiden sind v.a. niedere und höhere Simulatoren. Zu den ersteren zählen SIMULA[507], GASP[508]

---

503 Vgl. Hahn, D. [1996], S. 312 - 319; Rappaport, A. [1994], S. 60 - 62; Perridon, L., Steiner, M. [1993], S. 447 - 448; Brealy, R. A., Myers, S. C., Marcus, A. J. [1995], S. 284 - 285.

504 Vgl. Weber, K. [1981], Computergestützte Simulation, in: IO Management Zeitschrift 6/1981, S. 323 - 327, S. 323.

505 Vgl. Hahn, D. [1977], S. 10; Baetge, J., Fischer, T. [1989], Sp. 1786.

506 Vgl. zu einem Überblick über ausgewählte Simulationssprachen: Weber, K. [1978], Elektronische Datenverarbeitung: Ein Lehrbuch für Wirtschaftswissenschaftler, München, 1978, S. 127 - 148; Krüger, S. [1975], S. 125 - 145; Schmidt, J. W., Taylor, R. E. [1970], Simulation and Analysis of Industrial Systems, Illinois, Georgetown, Ontario, 1970, S. 580 - 607.

507 SIMULA steht für Simulation Language.

508 GASP steht für General Activity Simulation Program.

und SIMSCRIPT[509]; sie erfordern vom Benutzer im Vergleich zu einer höheren Programmiersprache wesentlich weniger Programmieraufwand.[510] Höhere Simulatoren wie z.B. der von G. Gordon bei IBM entwickelte GPSS ermöglichen eine weitere Minderung des Aufwandes für den Programmierer.[511] Als weitere Klasse sind systemorientierte Simulatoren zu nennen. Obwohl das im Rahmen dieser Arbeit vorgestellte Modell zur Unternehmensbewertung nur *einen* stochastischen Parameter enthält, so ist doch insbesondere im Falle der Überleitung weiterer deterministischer Beziehungen in stochastische darauf zu achten, daß der gewählte Simulator über einen leistungsfähigen Zufallsgenerator verfügt.[512]

Die Implementierungsphase erfordert nicht nur die Übersetzung des Bewertungsmodells in ein geeignetes Computermodell, sondern die Übergabe des Modells an die mit dem Modell arbeitende Akquisitionsgruppe.[513] Somit sind die Voraussetzungen für die nachfolgende Phase der Simulationsdurchführung geschaffen.

3.2.2.2 Simulationsdurchführung und Modellvalidation

Ziel der Simulationsdurchführung ist der problemspezifische Einsatz des Modells. Dies erfordert vom Akquisitionsteam in erster Linie die Festlegung der Inputvariablenwerte für die einzelnen Definitionsgleichungen. Dabei sind entsprechende Marktkenntnisse und Erfahrungen von grundlegender Bedeutung für das Ergebnis der Simulation, das aus dem sich dann ergebenden Unternehmenswert besteht. Mit zunehmender Zahl der Simulations-

---

509 SIMSCRIPT steht für Simulation Scriptum.

510 Vgl. Schmidt, B. [1987], Modellaufbau und Validierung, in: J. Biethahn, B. Schmidt (Hrsg.): Simulation als betriebliche Entscheidungshilfe: Methoden, Werkzeuge, Anwendungen, Berlin-Heidelberg-New York-London-Paris-Tokyo, 1987, S. 54; Mertens, P. [1982], S. 39; Steinhausen, D. [1994], S. 89.

511 Vgl. Mertens, P. [1982], S. 40. Der GPSS-Modellbauer denkt in der Terminologie des zu modellierenden Systems und nicht etwa in Details einer Programmiersprache; Steinhausen, D. [1994], S. 90; Thesen, A. [1978], Computer methods in Operations Research, London-New York, 1978, S. 238 - 245.

512 Vgl. Weber, K., Trzebiner, R., Tempelmeier, H. [1983], S. 37.

513 Vgl. Hilberseimer, J. [1992], S. 53.

läufe (bei der stochastischen Simulation) sinkt der Einfluß der Anfangsbedingungen. Es kann eine feste Anzahl von Durchläufen vorgegeben werden oder das Ende wird vom Erreichen eines bestimmten Zustands des Systems abhängig gemacht.

Bei der Verwendung stochastischer Größen sind Startwerte vorzugeben.[514] Wird das vorgestellte Bewertungsmodell in ein stochastisches überführt, so sind auch die Bedingungen hinsichtlich der Simulationsdauer festzulegen.[515]

Angesichts der strategischen Dimension einer eventuellen Entscheidung für einen Kandidaten sollte auf jeden Fall eine Validation des Modells stattfinden. Die Validation soll hervorbringen, daß das Modell und die Realität innerhalb gewisser Toleranzgrenzen gleiche Verhaltensweisen zeigen.[516] Dabei werden empirische Daten des Realsystems (für die Vergangenheit) mit den Daten verglichen, die die Simulation liefert. Insofern ähnelt dieses Vorgehen dem Testen der Prognosemodelle. Aber "Simple though this notion of validation may sound, in practice it can be very difficult to validate a simulation modell properly."[517] Zum einen stellt sich die Frage nach dem Toleranzbereich. Zum anderen ist es schwer, bei einer Überschreitung des Toleranzbereiches genau festzustellen, auf was diese Unzulänglichkeit zurückzuführen ist. Einerseits könnte die Modellstruktur nicht den Erfordernissen der Problemstruktur entsprechen, so daß diese als unadäquat zu bezeichnen wäre. Andererseits könnte es sein, daß ungeeignete Werte für die Variablen Einsatz gefunden haben, so daß die auf diese Weise erhaltenen Ergebnisse unrealistisch und somit unbrauchbar sind.[518] Eventuell sind Änderungen des Modells vor dem endgültigen Einsatz vorzunehmen.

---

[514] Vgl. Weber, K., Trzebiner, R., Tempelmeier, H. [1983], S. 49.

[515] Vgl. Weber, K. [1981], S. 323.

[516] Vgl. Bretzke, W.-R. [1975], S. 57; Hanssmann, F. [1987], S. 92 - 95.

[517] Pidd, M. [1988], S. 127.

[518] Vgl. Schmidt, B. [1987], S. 58; Thomas, L. C. [1984], S. 84.

3.2.2.3 Simulationsnachbereitung

Die dritte Phase des Simulationsprozesses stellt an das Akquisitionsteam die Aufgabe, die erhaltenen Ergebnisse aufzubereiten und zu präsentieren. Aus den Simulationsläufen ergeben sich drei Eigenkapitalwerte:

- der Wert des Targets - ohne daß eine Integration in den Unternehmensverbund des Erwerbers berücksichtigt wird
- der Wert des Erwerbers ohne den Kauf des Targets
- der konsolidierte Wert - d.h. Wert des Erwerberunternehmens unter Berücksichtigung einer Integration des Targets

Das Zustandekommen der einzelnen Unternehmenswerte, die getroffenen Annahmen und das zugrunde liegende Modell sind so aufzubereiten, daß die Ergebnisse auch für Dritte nachvollziehbar sind. Die Möglichkeit der Nachvollziehbarkeit ist eine unabdingbare Forderung für den Erfolg des Projektes 'Unternehmensbewertung', da nur so gewährleistet ist, daß die Ergebnisse von den nachgelagerten Entscheidungsträgern 'angenommen' werden.[519] Erst wenn die Entscheidungsgremien des Akquisitionsvorhabens von der Richtigkeit der 'Unternehmenswerte' überzeugt sind, werden sie bei der anschließenden Beurteilung und Auswahl des Akquisitionsobjektes diesen Wert mit einem entsprechenden Gewicht einfließen lassen. Den Abschluß der Nachbereitung bildet die Präsentation der erhaltenen Ergebnisse. Abhängig von der Größe der vertretenen Interessengruppe, sind entsprechende Präsentationstechniken zu wählen.

---

519 Vgl. Liebl, F. [1995], S. 229 - 231.

3.2.3 Abschließende Überlegungen

Eine Variation der Ausarbeitung hinsichtlich der in der Realität bestehenden Unsicherheit könnte z.B. darin bestehen, die Abhängigkeit der berechneten Unternehmenswerte von Parametervariationen darzustellen.[520] Diese als Senisitivitätsanalyse bekannte Methode hat jedoch den Nachteil, daß die Berechnung auf wenige Parameterwerte beschränkt wird, da der sonst entstehende Rechenaufwand in kaum vertretbarem Verhältnis zum Nutzen steht. Eine andere Variationsmöglichkeit besteht z.B. in der Wahl des Verfahrens zur Unternehmensbewertung, welches v.a. von dem jeweiligen Käufertyp und/oder von der Kapitalstruktur des Akquisitionsobjektes abhängig zu machen ist.

Es wäre daher erstrebenswert, eine Gesamtbeurteilung experimentell zu bestimmen. Dabei würden sich Unternehmenswerte in Kombination mit Eintrittswahrscheinlichkeiten ergeben. Dies ist insofern nicht abwegig, als die Monte-Carlo-Simulation bereits bei der Risikoanalyse von Investitionsentscheidungen vermehrt Anwendung gefunden hat und eine Akquisition ebenfalls eine Investitionsentscheidung darstellt.[521] Es besteht bei Einsatz dieser Methode die Möglichkeit, Risiken und Chancen in die Bewertung explizit einzubeziehen.[522]

Im Teil III konnte gezeigt werden, daß die dargestellten OR-Verfahren mit Erfolg auf das Thema dieser Untersuchung angewendet werden konnten.

---

[520] Vgl. Sommer, H. [1982], Modellentwurf unter besonderer Berücksichtigung von Ansätzen aus dem Rechnungswesen, der Datenverarbeitung und des Operations Research, Diss. TH Darmstadt, 1982, S. 169.

[521] Vgl. Coenenberg, A. G. [1971], Das Informationsproblem in der entscheidungsorientierten Unternehmensbewertung, in: Zeitschrift Interne Revision 2/1971, S. 57 - 76, S. 69; Liebl, F. [1995], S. 55 - 61; Kohlas, J. [1972], Monte Carlo Simulation in Operations Research, Berlin-Heidelberg-New York, 1972, S. 138 - 153; Ferstl, O. K. [1979], Konstruktion und Analyse von Simulationsmodellen, Hain, 1979, S. 154 - 165; Goodwin, P., Wright, G. [1991], S. 130 - 133.

[522] Vgl. Steinhausen, D. [1994], S. 33; Chen, B. [1990], Experimentelle Optimum-Suchstrategien auf der Basis der Computersimulation zur Unterstützung betriebswirtschaftlicher Entscheidungsfindung, Diss. Göttingen, Frankfurt a. M.-Bern-New York-Paris, 1990, S. 72.

Teil IV

OR-Verfahren und deren Anwendung bei der Durchführung der Beurteilung von Akquisitionsobjekten

Die im Teil IV dargestellten Modelle zeigen, wie die Durchführung der Beurteilung zur Auswahl geeigneter Akquisitionskandidaten mit Hilfe von OR-Techniken unterstützt werden kann.

1. Die Entscheidungstheorie und die Beurteilung eines Kandidaten

Ziel dieses Kapitels ist es, die Grundlagen der Entscheidungstheorie generell und in bezug auf die Beurteilung von Akquisitionskandidaten darzustellen, um bei der Durchführung der Beurteilung der Akquisitionskandidaten die Vorzugswürdigkeit einzelner Kandidaten besser nachvollziehen zu können. Allgemein ermittelt die entscheidungsorientierte Unternehmensbewertung den Wert des zu bewertenden Unternehmens, wodurch der interessierte Käufer Informationen erhält, ob es sich für ihn als lohnend erweisen wird, das betrachtete Objekt zu erwerben, anstatt sein Kapital in eine andere Anlagemöglichkeit zu investieren.[523]

1.1 Gegenstand der Entscheidungstheorie

Die Entscheidungstheorie befaßt sich mit dem Verhalten der Individuen bzw. Gruppen bei der Wahl bzw. Auswahl einer von mehreren möglichen

---

[523] Vgl. Coenenberg, A. G. [1971], S. 57.

einander ausschließenden Handlungsalternativen.[524] Es haben sich in der Entscheidungstheorie zwei Forschungsrichtungen entwickelt:[525]

(1) Die deskriptive Entscheidungstheorie geht der Frage nach, *wie* Entscheidungen in der Realität getroffen werden und *warum* diese so und nicht anders zustande kommen; d.h. Ablauf und Erläuterung von tatsächlichen Entscheidungsprozessen stehen im Mittelpunkt.[526] Diese Theorie der faktischen Entscheidung zielt vorrangig auf das Entscheidungsmerkmal der 'Willensbildung und Willensdurchsetzung' ab. Die soziale Wirklichkeit wird als Ergebnis getroffener Entscheidungen gesehen.[527]

(2) Die präskriptive Entscheidungstheorie ist in erster Linie eine Rationalitätsanalyse. Sie untersucht die Frage, wie Entscheidungen von Individuen bzw. Gruppen getroffen werden, wenn diesen ein rationales Verhalten zugrunde gelegt wird.[528] Die Theorie der rationalen Entscheidung befaßt sich mit dem Entscheidungsmerkmal "Wahl zwischen einander ausschließenden Handlungsalternativen"[529]. Es werden Grundprobleme dieses Entscheidungsmerkmals untersucht, die in zahlreichen Entscheidungssituationen entstehen können. Dabei stehen Entscheidungen im Vordergrund, die ei-

---

[524] W. Keller versteht dagegen unter einer Entscheidung das Erwählen einer Alternative, wenn auch nur eine Alternative zur Wahl steht. Vgl. Keller, W. [1954], Psychologie des Wollens, München-Basel, 1954, S. 103; Kahle, E. [1973], Betriebswirtschaftliches Problemlösungsverhalten, Wiesbaden, 1973, S. 16 -17.

[525] Vgl. Teil II Abschnitt 3.2.1.2. E. Heinen hat durch die Unterscheidung in geschlossene und offene Entscheidungsmodelle bereits diese beiden Forschungsrichtungen angedeutet. Vgl. Heinen, E. [1972], S. 4 - 5; Schneeweiß, C. [1991a], S. 85 - 87; Dinkelbach, W. [1993], Sp. 931 - 932; Bretzke, W.-R. [1980], S. 22 - 23; Kahle, E. [1993], Betriebliche Entscheidungen: Lehrbuch zur Einführung in die betriebswirtschaftliche Entscheidungstheorie, München-Wien, 1993, S. 24 - 25; Dinkelbach, W. [1974], Sp. 1291 - 1293; Bamberg, G., Coenenberg, A. G. [1994], S. 2 - 6.

[526] Vgl. Bamberg, G., Coenenberg, A. G. [1994], S. 4.

[527] Vgl. Bosch, H. [1992], Entscheidung und Unschärfe - Eine entscheidungstheoretische Analyse der Fuzzy-Set-Theorie, Diss. Hohenheim, 1992, S. 8; Gäfgen, G. [1974], Theorie der wirtschaftlichen Entscheidung, Tübingen, 1974, S. 52.

[528] Vgl. Gäfgen, G. [1974], S. 52; Bamberg, G., Coenenberg, A. G. [1994], S. 2 - 3.

[529] G. Bamberg und A. G. Coenenberg sprechen in diesem Zusammenhang von Entscheidungsanalysen unter dem Postulat der 'subjektiven Formalrationalität'. Vgl. Bamberg, G., Coenenberg, A. G. [1994], S. 4. Vgl. zur Darstellung des Rationalitätsbegriffs in der Entscheidungstheorie: Kirsch, W. [1970], Entscheidungsprozesse, Bd. 1 - Verhaltenswissenschaftliche Ansätze der Entscheidungstheorie, Wiesbaden, 1970, S. 62 - 70.

nerseits konfliktäre Ziele beinhalten und andererseits eine Ungewißheit bezüglich der Zukunft einschließen.

Bezogen auf die Akquisitionsproblematik bedeutet eine rationale Entscheidung, daß sich die vom Entscheidungsträger bzw. Entscheider - verstanden als Person bzw. Personengruppe, deren Vorstellungen den Modellaufbau und den letztlichen Ausgang der Entscheidung bedeutend beeinflussen - verfolgten Ziele mit der Durchführung der Akquisition als das Resultat der Entscheidung darstellen lassen.[530] Um die entscheidungsorientierte Beurteilung eines Kandidaten als solche erläutern zu können, bietet es sich an, die Bestandteile eines Entscheidungsmodells generell und spezifisch bei einem Akquisitionsvorhaben darzustellen und anschließend auf die besondere Informationsproblematik einzugehen. Dabei wird vorausgesetzt, daß die generelle Entscheidung *für eine Akquisition* bereits von der Unternehmensleitung getroffen worden ist und es letztendlich nun um die Gestaltung eines 'Akquisitions-Entscheidungsmodells' hinsichtlich der Beurteilung der Akquisitionskandidaten und der endgültigen Auswahl eines oder eventuell auch mehrerer Kandidaten geht.

530 Vgl. Coenenberg, A. G. [1971], S. 63.

1.2 Bestandteile eines Entscheidungsmodells

Wie aus Abb. 22 zu ersehen ist, bestehen die Basiselemente eines Entscheidungsmodells zum einen aus dem Entscheidungsfeld, d.h. den im Modell erfaßten Handlungsalternativen, den Umweltzuständen (ggf. einschließlich ihrer Eintrittswahrscheinlichkeiten) und den jeweils zugehörigen Ergebnissen, zum anderen aus dem Zielplan des Entscheidungsträgers, bestehend aus den Ergebnisdefinitionen sowie seinen Präferenzen.[531]

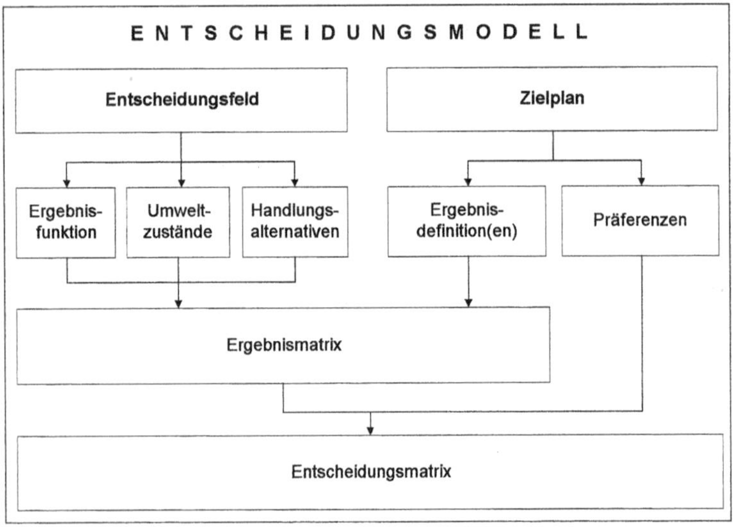

Abb. 22: Basiselemente eines Entscheidungsmodells[532]

1.2.1 Das Entscheidungsfeld

Die genaue Strukturierung des Entscheidungsfeldes ist von einer Reihe von subjektiven Vorentscheidungen abhängig, so daß die Frage nach einer sinnvollen Strukturierung des Entscheidungsfeldes anhand seiner Elemente (Teilstrukturierung) geklärt werden muß.[533]

---

531 Vgl. Dinkelbach, W. [1993], Sp. 930 - 931.

532 Vgl. Szyperski, N., Winand, U. [1974], S. 41.

533 Vgl. Bitz, M. [1981], Entscheidungstheorie, München, 1981, S. 18 - 19.

Akquisitionen gehen auf vorgelagerte Entscheidungen zurück. Die entscheidungsrelevante Umgebung ist speziell bei Akquisitionen - aus strategischer Sicht betrachtet - weit gefaßt. Dies insofern, als bei strategischen Entscheidungen bestimmte Umfelder nicht als fest vorgegeben anzusehen sind, sondern als in gewissem Umfang variierbar. Sowohl für den Käufer als auch für den Verkäufer existieren zwei Entscheidungsfelder mit und ohne Beurteilungsobjekt bzw. Erwerberunternehmen.[534] Diese '0-1-Betrachtung' darf bei dem ganzen Modellverlauf nicht außer acht gelassen werden, um nicht trotz unbefriedigender Ergebnisse bei potentiellen Akquisitionskandidaten eine voreilige Entscheidung zu treffen. Im weiteren werden diese Teilelemente des Entscheidungsfeldes genauer dargestellt.

1.2.1.1 Handlungsalternativen

Die Handlungsalternativen stellen ein konstitutives Element des Entscheidungsbegriffs dar.[535] Die Gesamtheit aller Handlungsalternativen - endlich bzw. abzählbar[536] - eines Entscheidungsproblems bezeichnet man als Alternativen- bzw. Aktionsraum und verwendet dafür das Symbol A. Die jeweiligen Alternativen werden mit dem Symbol a_i (i = 1,..., m) versehen.[537] Da die Alternativen aus dem Alternativenraum stammen, gilt: $a_i \in A$. Die Alternativen lassen sich durch die Variation der Entscheidungsvariablen charakterisieren. Meist setzen sich die jeweiligen Alternativen aus mehreren Entscheidungsvariablen zusammen, durch deren Ausprägungen sie einerseits beschrieben werden und sich andererseits voneinander unterscheiden.[538]

---

534 Vgl. Sieben, G., Schildbach, T. [1990], Betriebswirtschaftliche Entscheidungstheorie, Düsseldorf, S. 165.

535 Vgl. Szyperski, N., Winand, U. [1974], S. 41.

536 Vgl. Dinkelbach, W. [1993], Sp. 932.

537 Vgl. Schneeweiß, H. [1967], Entscheidungskriterien bei Risiko, Berlin-Heidelberg-New York, 1967, S. 8 - 9; Mag, W. [1990], Grundzüge der Entscheidungstheorie, München, 1990, S. 14; Bamberg, G., Coenenberg, A. G. [1994], S. 14.

538 Vgl. Laux, H. [1991], Entscheidungstheorie I: Grundlagen, Berlin-Heidelberg-New York, 1991, S. 23.

Drei formale Kriterien für die Festlegung von Handlungsalternativen sollen im folgenden gelten:[539] (1) sich gegenseitig ausschließende Alternativen, (2) erschöpfende Aufzählung der Alternativenmenge und (3) Erfassung nur realisierbarer Handlungsalternativen.

Die Akquisitionskandidaten und auch die Nicht-Durchführung des Akquisitionsvorhabens stellen insgesamt die Handlungsalternativen dar. Es erscheint sinnvoll, nur Akquisitionskandidaten als potentielle Handlungsalternativen in Betracht zu ziehen, die zugeschnitten auf die Akquisitionsstrategie des Erwerberunternehmens und an die gewünschte Durchführungsform der Akquisition angepaßt sind. Andernfalls würde ein Vergleich der Kandidaten untereinander unnötig erschwert werden. Des weiteren können Alternativen, die die vom Entscheidungsträger gesetzten Ziele nicht zu erreichen vermögen, im voraus ausgeschieden werden, um durch diese Vorselektion den Modellaufwand so gering wie möglich zu halten.

1.2.1.2 Umweltzustände

Der Entscheidungsträger kann i.d.R. Ergebnisse, die durch die Wahl einer bestimmten Alternative zustande kommen, nicht direkt den Handlungsalternativen zuordnen, da er hierfür Entwicklungen bestimmter Umweltfaktoren berücksichtigen (prognostizieren) müßte. Diese Entwicklungen sind ergebnisbestimmend, jedoch unbeeinflußbar. Die jeweiligen Größen dieser Umweltfaktoren werden als entscheidungsrelevante Daten gekennzeichnet.[540] Der Entscheidungsträger kennt in der Realität nicht alle Ausprägungen solcher entscheidungsrelevanten Daten. Eine mögliche Konstellation einer konkreten Ausprägung solcher Daten wird als ein bestimmter Umweltzustand b_j mit $j = 1, ..., n$ gekennzeichnet. Die Menge aller möglichen Umweltzustände b_j ergibt den Umwelt- bzw. Zustandsraum, für den das Symbol

[539] Vgl. Wild, J. [1974], S. 71 und S. 86; Bamberg, G., Coenenberg, A. G. [1994], S. 14 - 15; Mag, W. [1990], S. 45 - 46.

[540] Vgl. Laux, H. [1991], S. 23 - 24.

B verwendet wird. Dabei gilt: $b_j \in B$.[541] Auch hier sind entsprechend die formalen Kriterien zu beachten, wie sie bei der Festlegung der Handlungsalternativen beschrieben wurden.[542]

In einem Entscheidungsmodell sollte ein weites Spektrum der *möglichen* Umweltzustände berücksichtigt werden, hierfür ist die Kenntnis der (subjektiven) Erwartungsstruktur des Entscheidungsträgers notwendig.[543] Abb. 23 zeigt die charakteristischen Erwartungstrukturen über die Umweltzustände.

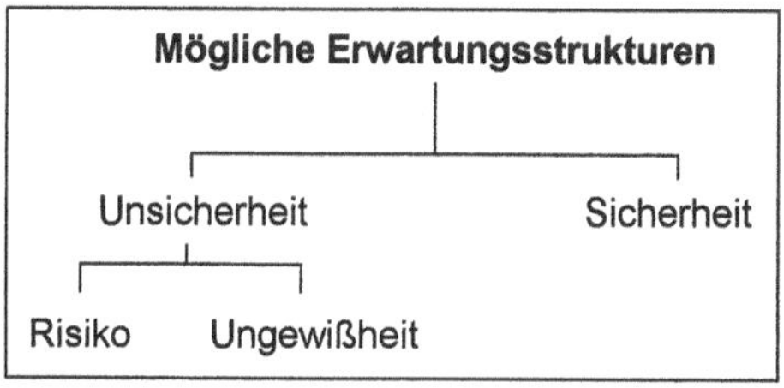

Abb. 23: Mögliche Erwartungsstrukturen[544]

Es sind drei mögliche Situationen zu unterscheiden:[545] Bei der Sicherheitssituation kennt der Entscheidungsträger das Ergebnis, das bei der Wahl einer Handlungsalternative erreicht wird, im voraus, da der wahre Umweltzustand dem Entscheidungsträger bekannt ist. Dagegen kann der Entscheidungsträger in der Risikosituation (nur) objektive oder subjektive Wahrscheinlichkeiten für das Eintreffen des jeweiligen Umweltzustandes angeben.[546] Und

541 Vgl. Bamberg, G., Coenenberg, A. G. [1994], S. 16 - 17.

542 Vgl. Mag, W. [1990], S. 14.

543 Vgl. Laux, H. [1991], S. 24.

544 Vgl. Menges, G. [1963], Kriterien optimaler Entscheidungen unter Ungewißheit, in: Statistische Hefte 1963, S. 151 - 171, S. 151 - 152; Bühlmann, H., Loeffel, H., Nievergelt, E. [1969], Einführung in die Theorie und Praxis der Entscheidung bei Unsicherheit, Berlin-Heidelberg, 1969, S. 3 - 6; Szyperski, N., Winand, U. [1974], S. 42 - 43; Bamberg, G., Coenenberg, A. G. [1994], S. 17; Dinkelbach, W. [1993], Sp. 935; Müller, W. [1993], Risiko und Ungewißheit, in: W. Wittmann et al. (Hrsg.): HWB Teilband 3, Stuttgart, 1993, Sp. 3813 - 3825, Sp. 3814 - 3820.

545 Vgl. Laux, H. [1991], S. 24 - 25, Bamberg, G., Coenenberg, A. G. [1994], S. 17. Vgl. zu einer anderen Einteilung: Szyperski, N., Winand, U. [1974], S. 42 - 43.

546 Zur Behandlung von Risiken bei risikobehafteten Entscheidungen kann man in einem Entscheidungsmodell die aus der Wahrscheinlichkeitsrechnung bekannten Entscheidungsregeln zu Hilfe nehmen. Sie sind als Entscheidungsunterstützung zu verstehen.

schließlich ist für die Ungewißheitssituation typisch, daß der Entscheidungsträger nur die Kenntnis hat, daß irgendein Umweltzustand $b_j \in B$ eintreten wird und das daraus resultierende Ergebis in irgendeiner Art und Weise unbestimmt ist.[547]

Angesichts der sich schnell ändernden Umweltbedingungen kann es notwendig sein, alle erdenkbaren Umweltkonstellationen zu berücksichtigen. Jedoch besteht in der Praxis oft die Schwierigkeit, daß nicht die gleichen Faktoren immer bei allen möglichen Umweltzuständen variiert werden, sondern unterschiedliche Faktoren bei jeweils anderen Umweltzuständen, so daß eine unmittelbare Vergleichbarkeit i.S. einer Ceteris-Paribus-Betrachtungsweise nicht mehr gegeben ist. Die meisten Modelle zur Unternehmensbewertung berücksichtigen nicht explizit die Umweltzustände, so daß der Entscheidungsträger die Modelle für die jeweiligen Umweltzustände durchlaufen lassen muß.

1.2.1.3 Ergebnisse

Die ökonomisch relevanten Konsequenzen, die aus der Kombination von Handlungsalternative und Umweltzustand folgen, werden Ergebnisse genannt und durch das Symbol e_{ij} symbolisiert. Der Ergebnisraum E stellt alle möglichen Resultate der Kombinationen von a_i und b_j dar. Für die Ergebnisse gilt: $e_{ij} \in E$. Die Zuordnung, die für jede dieser Kombinationen (a_i und b_j) die Ergebnisse angibt, heißt Ergebnisfunktion.[548] Die Ergebnisfunktion ordnet die Ergebnisse den einzelnen Akquisitionsalternativen und den jeweiligen Umweltzuständen zu.

Sie eliminieren die vorhandenen Risiken nicht, jedoch zeigen sie die 'Risikomarge'. Dadurch können dem Entscheidungsträger die Konsequenzen seiner eventuellen Entscheidung im voraus verdeutlicht werden. Die letztliche Wahl des Entscheidungsträgers hängt selbstverständlich von seiner Risikoeinstellung ab. Vgl. Scheibler, A. [1974], Betriebswirtschaftliche Entscheidungen in Theorie und Praxis, Wiesbaden, 1974, S. 98 - 103.

547 Vgl. Kahle, E. [1993], S. 115.

548 Vgl. Schneeweiß, H. [1967], S. 10; Szyperski, N., Winand, U. [1974], S. 43; Bamberg, G., Coenenberg, A. G. [1994], S. 21.

Entsprechend den jeweiligen Erwartungsstrukturen des Entscheidungsträgers gibt es zwischen den Handlungsalternativen und den Umweltzuständen deterministische Beziehungen (Sicherheitssituation), stochastische Beziehungen (Risikosituation) und solche, die weder deterministisch noch stochastisch sind (Ungewißheitssituation).[549] Stellt man nun alle Kombinationen von a_i und b_j dar, so erhält man eine Ergebnismatrix, die als 'Mengengerüst' des Entscheidungsproblems interpretiert werden kann.[550] Durch die konkrete Bewertung der Ergebnismatrix E, die als zielneutral bezeichnet werden kann, kommt man zu einer Entscheidungsmatrix Z mit den Elementen zij, in der das Zielsystem des Entscheidungsträgers bzw. die Ausprägung seiner Zielgrößen Berücksichtigung findet.[551]

1.2.2 Ziele und Präferenzrelationen

Rationales Handeln erfordert die Ausrichtung des Verhaltens des Entscheidungsträgers in der Entscheidungssituation an einem bzw. mehreren Zielen.[552] In Anlehnung an G. Bamberg und A. G. Coenenberg besteht ein Zielsystem aus Zielgrößen und Präferenzrelationen.[553] Der Entscheidungsträger muß zum einen eindeutige Vorstellungen über seine Ziele und zum anderen über die Intensität des Strebens nach den mit der Ergebnisdefinition festgelegten Zielgrößen, d.h. über seine Präferenzrelationen, haben. Zusätzlich sind die Anforderungen der Operationalität und Vollständigkeit an ein Zielsystem in der Entscheidungstheorie von großer Bedeutung, da sonst eine rationale Bewertung der Ergebnisse nicht gewährleistet ist.[554]

---

549 Vgl. Bamberg, G., Coenenberg, A. G. [1994], S. 21 - 22.

550 Vgl. Mag, W. [1990], S. 15.

551 Vgl. Heinen, E. [1968], S. 36 - 43; Laux, H., Liemann, F. [1990], Grundlagen der Organisation - Die Steuerung von Entscheidungen als Grundproblem der Betriebswirtschaftslehre, Berlin-Heidelberg-New York, 1990, S. 54; Mag, W. [1990], S. 16.

552 Vgl. Heinen, E. [1968], S. 36.

553 Vgl. Bamberg, G., Coenenberg, A. G. [1994], S. 26.

554 Vgl. Bamberg, G., Coenenberg, A. G. [1994], S. 26 - 30.

Die Ziele sollen lediglich in quantitative und qualitative eingeteilt werden. Als Ausmaß der Zielerreichung kann zwischen Maximierung, Minimierung, Approximierung, Satisfizierung und Fixierung eines Zieles unterschieden werden.[555] Bei einfachen Entscheidungsproblemen ist nur eine Zielgröße (Zielvariable) von Belang, bei komplexeren Entscheidungsproblemen wie der Akquisition existieren mehrere (konfliktäre) Ziele. Da es im letzteren Fall i.d.R. keine Alternative gibt, die hinsichtlich der Ausprägung der einzelnen Ziele besser ist als alle anderen, soll die Entscheidungstheorie helfen, durch *Abwägen* der einzelnen Handlungsalternativen zu einer optimalen Lösung zu gelangen und diese zudem auch zu verstehen.[556] In den meisten Fällen verfolgt der Entscheidungsträger bei der Unternehmensbeurteilung nicht nur eine Ergebnisgröße (homogene Ergebnisdefinition), sondern er bezieht gleichzeitig mehrere finanzielle und nicht-finanzielle Ergebnisgrößen (heterogene Ergebnisdefinition) in seine Modellbetrachtung ein.[557]

Die unterschiedlichen Erwünschtheitsgrade verschiedener Systemzustände des Entscheidungsträgers bringen Präferenzen zum Ausdruck.[558] Die Beziehungen zwischen den verschiedenen Systemzuständen untereinander werden durch die *Präferenzrelationen* symbolisiert. An die Präferenzrelationen sind die logische Forderung nach vollständiger Ordnung und zumindest nach schwacher Transitivität zu stellen.[559] Präferenzrelationen können nach Arten-, Zeiten-, -Höhen-, Risiko- oder (Un)Sicherheitspräferenz unterschieden werden.[560] G. Sieben und T. Schildbach haben eine zusätzliche Einteilung der Präferenzen in solche niederer oder höherer Ordnung vor-

---

555 Vgl. u.a. Heinen, E. [1976], Grundlagen betriebswirtschaftlicher Entscheidungen, Wiesbaden, 1976, S. 82 - 85; Neumann-Cosel, R. von [1983], Verfahren zur Lösung von Problemen mit mehrfacher Zielsetzung, Frankfurt a. M.-New York, 1983, S. 13.

556 Vgl. Eisenführ, F., Weber, M. [1994], Rationales Entscheiden, Berlin-Heidelberg-New York, 1994, S. 30 - 31.

557 Vgl. Matschke, M. J. [1975], Der Entscheidungswert der Unternehmung, Wiesbaden, 1975, S. 83.

558 Vgl. Szyperski, N., Winand, U. [1974], S. 47 - 48.

559 Vgl. Szyperski, N., Winand, U. [1974], S. 48.

560 Vgl. z.B. Bamberg, G., Coenenberg, A. G. [1994], S. 26 - 28; Kern, W. [1987], S. 2 - 3; Szyperski, N., Winand, U. [1974], S. 47 - 48.

genommen. Präferenzen niederer Ordnung gewichten unterschiedliche Ausprägungen jeweils eines Ergebnismerkmals hinsichtlich der relativen Vorzugswürdigkeit für den Entscheidungsträger, hingegen berücksichtigen Präferenzen höherer Ordnung gleichzeitig mehrere unterschiedliche Ergebnismerkmale.

Höhenpräferenz:

Die Höhenpräferenz bei der Unternehmensbewertung gibt bei der Zielgröße Gewinn die Höhe des angestrebten Gewinns auf einer Bewertungsskala an. Dabei können zwei Vorgehensweise verfolgt werden: Zum einen wird die Höhe des Gewinns zu maximieren versucht, so daß hier von einer linear steigenden Höhenpräferenz mit einer Steigung von $\geq +1$ auszugehen ist. Die Wertschöpfung verläuft dabei zumindest proportional zur Höhe der anzustrebenden Größe, z.B. des Kapitalwertes. Die Wertschöpfung ist prinzipiell ein Nutzwert, der die Vorzugswürdigkeit alternativer Akquisitionskandidaten darstellt. Zum anderen kann vom Entscheidungsträger eine bestimmte Ergebnishöhe angegeben werden, die es für Akquisitionskandidaten bei der Beurteilung mindestens zu erreichen gilt. Akquisitionsobjekte, die diese Zielhöhe nicht erreichen, scheiden für die weitere Betrachtung aus.

Artenpräferenz:

Wie schon oben erwähnt, existiert bei einem Akquisitionsvorhaben eine heterogene Ergebnisdefinition, so daß der Entscheidungsträger aufgefordert ist, mit Hilfe der Artenpräferenzen eine Gewichtung der Akquisitionsziele zueinander zu bestimmen.[561] Auf diese Weise sollen die Austauschrelationen zwischen den betrachteten Zielvariablen gewährleistet werden. Dabei legt der Entscheidungsträger fest, auf wie viele Einheiten er zu verzichten bereit ist, um dafür andere Akquisitionsziele zu erreichen. Durch diese Vorgehensweise entsteht eine Hierarchie unter den Akquisitionszielen, die spezifisch für den Entscheidungsträger bzw. für das Erwerberunternehmen ist.[562]

Zeitpräferenz:

Die Zeitpräferenz berücksichtigt bei den Akquisitionsalternativen den Faktor Zeit in Form von Eintrittszeitpunkten durch die Diskontierung der Ergebnisse der Bewertung der Alternativen auf einen Referenzzeitpunkt. Laut G. Sieben und T. Schildbach kommen neuere Verfahren der Unternehmensbewertung von dem Diskontierungsprinzip als Ausdruck einer Zeitpräferenz ab, da es keinen eindeutigen Kapitalisierungszinssatz gibt, der unabhängig von den abzuzinsenden Beträgen gilt.[563] Außerdem sind streng genommen viele Ziele zeitinvariant, so daß eine Abzinsung auf den heutigen Zeitpunkt keinen Sinn ergibt. Es kann also festgehalten werden, daß die Rolle der Zeitpräferenz bei der Beurteilung der Akquisitionskandidaten nicht im Vordergrund steht, da bei solch einer strategischen Entscheidung Ergebnisse aus langer Sicht betrachtet werden und diese somit 'dehnbar' sind.

---

561 Vgl. Sieben, G., Zapf, B. [1981], Unternehmensbewertung als Grundlage unternehmerischer Entscheidungen, Bericht des Arbeitskreises "Unternehmensbewertung im Rahmen der unternehmerischen Zielsetzung", Herausgegeben im Auftrag der Schmalenbachgesellschaft - Deutsche Gesellschaft für Betriebswirtschaft e.V., Stuttgart, 1981, S. 25.

562 Vgl. Sieben, G., Zapf, B. [1981], S. 25.

563 Vgl. Sieben, G., Schildbach, T. [1990], S. 164.

Sicherheitspräferenz:

Die Sicherheitspräferenz bringt die subjektive Einschätzung des Entscheidungsträgers bezüglich der Ergebnisausprägungen bzw. Ergebnishöhe (Ergebnissen) zum Ausdruck. Der Berücksichtigung von Risiken und Chancen wird im weiteren ein eigener Abschnitt gewidmet. Angesichts der stets wachsenden Dynamik ist die Sicherheitspräferenz so gut wie ausgeschlossen und wird auch in der vorliegenden Untersuchung außer acht gelassen.

Die Abbildung der Zielwünsche des Entscheidungsträgers in Zielgrößen unter Berücksichtigung seiner Präferenzrelation ergibt ein Bewertungsschema, das durch Umwandlung in mathematische Beziehungen die *Zielfunktion* ergibt. Die Zielfunktion macht eine Bewertung der Akquisitionskandidaten möglich.

Die dargestellten Bestandteile eines Entscheidungsmodells sind nicht voneinander unabhängig zu sehen.[564] Die Veränderung eines Bestandteils zieht u.U. eine Revidierung anderer bereits bestehender Bestandteile nach sich. Die Aufgabe des Entscheidungsträgers besteht darin, die erörterten Bestandteile einander optimal anzupassen und darauf aufbauend eine Entscheidung zu treffen,[565] also im Falle einer Akquisition die Entscheidung für die Unternehmensleitung vorzubereiten.

---

564 F. Hanssmann spricht von der 'Schöpfung eines Entscheidungsmodells' als relativ komplexem Prozeß, den er in (1) Abgrenzung des Ergebnisraumes, (2) Abgrenzung des Aktionsfeldes, (3) Abgrenzung der relativen Umwelt, (4) Modellkonstruktion und (5) Beschaffung der Daten (über Umweltfaktoren) einteilt. Vgl. Hanssmann, F. [1993], Entscheidungsmodelle und Entscheidungskriterien, in: W. Wittmann et al. (Hrsg.): HWB Teilband 1, Stuttgart, 1993, Sp. 896 - 910, Sp. 899 - 905.

565 Vgl. Eisenführ, F., Weber, M. [1994], S. 32 und 34.

1.3 Beurteilung eines Kandidaten unter Risiko

Wie bereits oben erwähnt, ist bei einer Akquisition von einer Situation auszugehen, in der ein unvollkommener Informationsstand herrscht. Mit diesem Zustand sind Risiko und Ungewißheit verbunden. In dieser Arbeit wird die Auffassung vertreten, daß Ungewißheit identisch mit der Situation der unvollkommenen Information ist. Der Entscheidungsträger weiß nicht, welcher Umweltzustand b_j aus dem Umweltraum B für welche Akquisitionskandidaten eintreten wird. In der Risiko-Situation hingegen besteht die Möglichkeit, die Unsicherheit mit Hilfe von objektiven Häufigkeitsziffern p_j zu berechnen, die der Entscheidungsträger den Umweltzuständen b_j zuordnet. Dies ist in der Ungewißheitssituation nicht möglich.

Das Hauptrisiko bei einer Beurteilung von Aufkaufkandidaten besteht in der Unsicherheit über künftige Marktentwicklungen. Das Erwerberunternehmen muß bei seinen Überlegungen diese Marktentwicklungen und die gewünschte Ausschöpfung eventueller Synergieeffekte innerhalb einer Bandbreite von möglichen Zuständen und Ereignissen, auf die vielfach kein Einfluß besteht, angemessen berücksichtigen.

1.3.1 Der Begriff des Risikos

Risiko ist ein konstitutives Element eines Akquisitionsvorhabens, besonders wenn dieses bei mangelnder Kenntnis der Realität und in einer relativ kurzen Zeit stattfindet bzw. stattzufinden hat. Aus der Volkswirtschaftslehre kommend[566] und in den 30er Jahren von K. Oberparleitner in die Betriebswirtschaftslehre übernommen, wird Risiko bzw. unternehmerisches Wagnis als eine *Verlustgefahr* gesehen.[567] Diese Verlustgefahr wird in der ent-

---

566 Vgl. Knight, F. H. [1921], Uncertainty and Profit, Reprints from Economics Classics, New York, 1964.

567 Vgl. Oberparleitner, K. [1933], Risiko und Unternehmung, in: K. Meithner (Hrsg.): Die Bilanzen der Unternehmungen, Bd. I, Grundlagen: Aufbau und Problemkreise der Bilanzen, Berlin-Wien, 1933, S. 41 - 52, S. 43; Bussmann, K. F. [1955], Das betriebswirtschaftliche Risiko, Meisenheim am Glan, 1955, S. 19.

scheidungsorientierten Betriebswirtschaftslehre als *Gefahr einer Fehlentscheidung* gesehen.[568] Um die Gefahr der Fehlentscheidung in die Überlegungen einbeziehen zu können, muß sie zuvor quantifiziert werden. Auf die von F. H. Knight zurückgehende Auffassung des Risikobegriffs, bei dem eine klare Trennung in 'risk' und 'uncertainty' vollzogen wird, wird im Rahmen dieser Untersuchung zurückgegriffen.[569] Danach liegt ein Risiko vor, wenn die Unsicherheit meßbar ist, d.h. beim Vorhandensein objektiver Wahrscheinlichkeiten, die sich durch eine gewisse Wiederholbarkeit der entsprechenden 'Entscheidungen' a priori berechnen lassen.[570] Der Entscheidungsträger stuft angesichts seines Wissens alle möglichen Zukunftszustände als gleichwertig ein.[571] Es besteht für ihn kein Grund, seine subjektive Einschätzung bei den Ereignissen zu berücksichtigen. Ist die Unsicherheit nicht meßbar, dann liegt eine Ungewißheitssituation vor, die einen Einmaligkeitscharakter hat und somit nur die Berechnung subjektiver Wahrscheinlichkeiten zuläßt. Bezüglich der Beurteilung eines Kandidaten kann man der Ansicht sein, daß sie etwas Einmaliges darstellt, da kein Unternehmen dem anderen gleicht. Auf der anderen Seite - und im folgenden wird davon ausgegangen - sind Synergieeffekte, die durch die Zusammenschlüsse entstehen könnten, - abgesehen von spektakulären Megadeals - durch objektive Wahrscheinlichkeiten a priori spezifiziert. Dabei ist zu beachten, daß das Prinzip der Quantifizierung des Risikos, z.B. in Form von Ergebnisgrößenentwicklungen durch Angabe von Wahrscheinlichkeitsverteilungen, die 'Bestimmung von etwas Unbestimmtem'[572] darstellt, so daß die auf diese Weise gewonnene Sicherheit dennoch eine künstliche ist.

---

568 Vgl. z.B. Wittmann, W. [1959], Unternehmung und unvollkommene Information, Köln-Opladen, 1959, S. 189.

569 Vgl. Knight, F. H. [1921], S. 46 und S. 233.

570 Vgl. zu einer Begriffsbestimmung des Risikos durch die Angabe *objektiver* bzw. *subjektiver* Wahrscheinlichkeiten: Müller, W. [1993], Sp. 3814.

571 Vgl. zu anderen Risiko- bzw. Ungewißheitsauffassungen z.B. Mag, W. [1981], Risiko und Ungewißheit, in: W. Albers (Hrsg.): HdWW, New York-Tübingen-Göttingen, 1981, S. 478 - 495, besonders S. 479 - 480.

572 Vgl. Bretzke, W.-R. [1992], Risiken in der Unternehmensbewertung, in: W. Busse von Colbe, A. G. Coenenberg (Hrsg.): Unternehmensakquisition und Unternehmensbewertung - Grundlagen und Fallstudien, Stuttgart, 1992, S. 137 - 149, S. 143.

Die andere Möglichkeit der Risiko-Berücksichtigung im Beurteilungskalkül, die in der Kaufverhandlung begründet werden muß, ist die Niveauveränderung der Ein- und Auszahlungsgrößen. Diese hat aber v.a. für den Verkäufer den Nachteil, daß sie intersubjektiv nachvollziehbar ist, was in der Verhandlung nicht immer erwünscht ist. Mehr Spielraum haben beide Verhandlungsteilnehmer bei der Bestimmung des Kalkulationszinsfußes,[573] dessen Höhe sich durch Risikozuschläge und -abschläge ändert, was nicht immer nachvollziehbar ist bzw. sein muß.

Der Entscheider muß sich darüber im klaren sein, welches Gewicht er dem Risiko und der Chance bei der Beurteilung beimißt, denn hier entscheidet er sich indirekt für den Preis, den er für das Erwerbsobjekt (maximal) zu zahlen bereit ist. Dabei kommt zum Ausdruck, daß die Kaufpreisentscheidung in erheblichem Maße von der persönlichen Risikoeinstellung des Entscheiders abhängt.[574]

Die Angabe von Wahrscheinlichkeiten ist immer dann sinnvoll, wenn unpräzise Informationen über das Entscheidungsproblem vorliegen.[575] Der Begriff der objektiven Wahrscheinlichkeiten erscheint als unglücklich gewählt, da bei komplexen Risikosituationen wie der Beurteilung eines Kandidaten neben den vom Akquisitionsobjekt herrührenden (Prognose-) Risiken auch der finanziellen Bewertung zugrunde liegende Risiken - Verfahrensrisiken - sowie die Risikopräferenz des Entscheidungsträgers zu berücksichtigen sind.[576] Es bestehen allerdings grundsätzlich keine Unterschiede zwi-

---

573 Vgl. zum Einfluß der Mehrwertigkeit auf die Bestimmung des Kalkulationszinsfußes in der Unternehmensbewertung: Ballwieser, W. [1981], Die Wahl des Kalkulationszinsfußes bei der Unternehmensbewertung unter Berücksichtigung von Risiko und Geldentwertung, in: BFuP 2/1981, S. 97 - 114, insbesondere S. 99 - 105.

574 Vgl. Coenenberg, A. G. [1971], S. 60.

575 Vgl. Alvano, W. [1988], Unternehmensbewertung auf der Grundlage der Unternehmensplanung, Diss. Köln, 1988, S. 100.

576 Vgl. Bretzke, W.-R. [1992], S. 138.

schen objektiven und subjektiven Wahrscheinlichkeiten, bis auf die Genauigkeit, mit der die Wertangaben gemacht werden.[577]

1.3.2 Entscheidungskriterien als Akquisitionsmaximen?

Entscheidungsregeln bzw. Entscheidungskriterien sind methodische Anweisungen bzw. Hilfen, die das Entscheidungsproblem durch eine bestimmte Operation in eine mögliche Lösung überführen.[578] Sie sind als unternehmerische Handlungsmaxime zu verstehen. Entscheidungsregeln ermöglichen es, unter den Handlungsalternativen eine schwach-transitive Ordnung zu ermitteln.[579] Sie können danach unterschieden werden, ob sie bei der Bestimmung der optimalen Handlungsalternative bereits vorhandene Informationen berücksichtigen oder nicht.[580] Generell reduzieren Entscheidungskriterien die Problemkomplexität, indem sie unnötige und schwer zugängliche Informationen im voraus schon außer acht lassen und dadurch eine Kostenreduzierung erreicht wird. Im weiteren werden die für die Beurteilung der Akquisitionskandidaten geeigneten Entscheidungskriterien nach ihrer Verteilungsabhängigkeit bzw. -unabhängigkeit unterschieden.

---

577 Vgl. Wittmann, W. [1959], S. 43. Vgl. zu Unterschieden zwischen subjektiver und objektiver Wahrscheinlichkeit und einer Erklärung für deren Zustandekommen: Ramsey, F. P. [1964], Truth and Probability, in: H. E. Kyburg, Jr., H. E. Smokler (Hrsg.): Studies in Subjective Probability, New York-London-Sydney, 1964, S. 63 - 92, S. 88 - 89. Vgl. zum Begriff und den Axiomen der Wahrscheinlichkeit: Menges, G. [1974], S. 21 - 27; Szyperski, N., Winand, U. [1974], S. 68 - 71.

578 Zwischen Entscheidungskriterien und Entscheidungsregeln wird hier nicht differenziert. Nach H. Schneeweiß sind Entscheidungskriterien Richtlinien, die in ihrer stärksten Form Entscheidungsregeln darstellen, die zu jedem Entscheidungsproblem die optimalen Aktionen angeben. In abgeschwächter Form stellen sie jedoch Entscheidungsprinzipien dar, die keine optimale Lösung anbieten, sondern lediglich eine Einschränkungsfunktion in der willkürlichen Auswahl der optimalen Alternative ausüben. Vgl. Schneeweiß, H. [1967], S. 17 - 18. Vgl. zur Begriffsbestimmung der Entscheidungsregeln: Kirsch, W. [1970], S. 40; Bretzke, W.-R. [1980], S. 14 - 15; Zwehl, W. von [1993], Entscheidungsregeln, in: W. Wittmann et al. (Hrsg.): HWB Teilband 1, Stuttgart, 1993, Sp. 920 - 929, Sp. 920.

579 Vgl. Bretzke, W.-R. [1980], S. 14.

580 Vgl. Mag, W. [1990], S. 73 - 74.

1.3.2.1 Verteilungsabhängige Entscheidungskriterien

• μ-Kriterium

Das μ-Kriterium ist das älteste Entscheidungskriterium überhaupt.[581] Ziel dieser Entscheidungsregel ist die Orientierung am Erwartungswert. Dabei wird nach dem Gesetz der großen Zahlen vorausgesetzt, daß sich die Abweichungen der Ergebnisse vom Erwartungswert der Ergebnisverteilung im Durchschnitt ausgleichen.[582] Dieses Entscheidungskriterium ist für Käuferunternehmen, die nicht genügend Transaktionen tätigen und somit keine feste Akquisitionsstrategie besitzen, nicht geeignet.[583] Anders jedoch für große Konzernunternehmen, bei denen Unternehmensakquisitionen einen festen Bestandteil der Geschäftsfeldstrategie sind. Dann trifft die Aussage dieses Prinzips grundsätzlich zu.[584] Bei genauerer Betrachtung ist es jedoch nicht möglich, die Ergebnisse, d.h. die Renditen der aufgekauften bzw. aufzukaufenden Gesellschaften, unabhängig von der gesetzten Zeit zu betrachten, so daß die Güte dieses Entscheidungskriteriums auch für Großunternehmen abgeschwächt wird. Das μ-Kriterium berücksichtigt zudem keinerlei Risikoeinstellung des Entscheiders bei der Beurteilung der Kandidaten.[585]

• μ-σ-Kriterium

Das μ-σ-Kriterium orientiert sich am Erwartungswert bei gleichzeitiger Berücksichtigung der Standardabweichung. Somit nutzt der Entscheidungsträger die gesamte Information über die Verteilung der Grundgesamtheit.[586] Es bezieht gleichzeitig Gewinnchancen und die individuelle Risikoeinstellung des Entscheiders ein.[587] Der Trade-off zwischen Chancen und Risiken

[581] Vgl. Menges, G. [1974], S. 198 und die dort zitierte Literatur.

[582] Vgl. Schneeweiß, H. [1967], S. 49.

[583] Vgl. Schneeweiß, H. [1967], S. 50 - 51.

[584] Vgl. Bretzke, W.-R. [1975], S. 214. Dort wird die Meinung vertreten, daß dieses Kriterium zur Unternehmensbewertung ungeeignet ist, da es sich um eine einmalige Entscheidung handelt, woraus zu folgern ist, daß das Erwerberunternehmen keine Akquisitionsstrategie besitzt.

[585] Vgl. Bretzke, W.-R. [1975], S. 213.

[586] Vgl. Szyperski, N., Winand, U. [1974], S. 54.

[587] Vgl. Schneeweiß, H. [1967], S. 52 - 61.

hängt von der Risikopräferenzfunktion des Entscheidungsträgers bzw. von dem Risikoaversionskoeffizienten a ab, der als Multiplikator für die Standardabweichung gilt.[588] Sind μ und σ linear verknüpft, so entspricht dies bei einem a von Null einem risikoneutralen Entscheider; d.h. das μ-Kriterium ist als Sonderfall des μ-σ-Kriteriums zu verstehen.[589] Bei einem positiven Wert von a ist von einem risikofreudigen Entscheider auszugehen und umgekehrt.

Abgesehen von der formalen Berücksichtigung der Risikopräferenz des Entscheiders, was in der Praxis mit einer Ermittlungsproblematik verbunden ist,[590] spielt dieses Kriterium in der Realität kaum eine Rolle, da μ und σ theoretische Werte darstellen und nicht aus der Beobachtung des zu beurteilenden Objektes abzuleiten sind.

1.3.2.2 Verteilungsunabhängige Entscheidungskriterien

Die wichtigsten verteilungsunabhängigen Entscheidungskriterien sind folgende:[591]

- Kriterium des unzureichenden Grundes
- Mini-Max- / Maxi-Min-Kriterium
- Mini-Max-Regret-Kriterium (Savage-Niehans-Regel)
- Maxi-Max- / Mini-Min-Kriterium
- Pessimismus- / Optimismus-Kriterium (Hurwicz-Kriterium)

Würde man in der Praxis der Beurteilung von Akquisitionsobjekten nach diesen Regeln handeln, so ergäben sich Widersprüche. Auf der einen Seite repräsentieren die Entscheidungsregeln das übliche Vorsichtsprinzip. Zum anderen sind sie weit weg vom risikofreudigen, improvisierenden Un-

---

588 Vgl. zu alternativen Risikopräferenzfunktionen: Schneeweiß, H. [1967], S. 52 - 61.

589 Vgl. Bretzke, W.-R. [1975], S. 215.

590 Vgl. Bretzke, W.-R. [1975], S. 218.

591 Zur näheren Erklärung der Kriterien vgl. z.B. Menges, G. [1974], S. 208 - 211; Szyperski, N., Winand, U. [1974], S. 54 - 56; Mag, W. [1990], S. 87 - 96; Bamberg, G., Coenenberg, A. G. [1994], S. 104 - 115, oder Menges, G. [1963], S. 158 - 169.

ternehmergeist.[592] Sie werden der unternehmerischen Wirklichkeit und ganz besonders der Akquisitionspraxis nur sehr bedingt gerecht. Sie abstrahieren zu stark von der individuellen Akquisitionssituation, um angesichts der Bandbreite möglicher Zukunftssituationen eine spezifische Aussage machen zu können. Beschränkt man sich bei der Beurteilung auf den Kapitalwert als finanzielle Größe, so sind die genannten Entscheidungskriterien ansatzweise zur Erklärung gewisser Situationen geeignet, so daß sie ergänzend zu anderen Instrumenten der Durchführung der Beurteilung genutzt werden sollten.

592 Vgl. Becker, J. [1966], Die unternehmerischen Entscheidungen als Gegenstand der Betriebswirtschaftslehre, Diss. Leipzig, 1966, S. 180. Vgl. allgemein zur Kritik der Entscheidungskriterien: Alvano, W. [1988], S. 103 - 104.

1.3.3 Risikoanalyse und deren Verfahren beim Akquisitionsvorhaben

Die Berücksichtigung von Risiken und Chancen ist nur möglich, wenn man sie zuvor transparent gemacht hat. Eine mögliche Vorgehensweise hierfür ist die Technik der Risikoanalyse.[593] Die Risikoanalyse stellt im Rahmen der Entscheidungstheorie keinen Selbstzweck dar, sondern mit ihrer Hilfe sollen Entscheidungen optimaler, d.h. mit einer größeren Rationalität, getroffen werden.[594] Dafür ist es notwendig, die Risikopräferenz der Entscheidungsträger mit in das Bewertungskalkül aufzunehmen. Die Risikoanalyse hat zum Ziel, mit Hilfe der Wahrscheinlichkeitsverteilung der Inputgrößen die Wahrscheinlichkeitsverteilung für relevante Größen (z.B. des Kapitalwertes) des Akquisitionskandidaten, nämlich sein Risikoprofil, zu erstellen und dieses in bezug auf Wirkungen des Risikos a priori zu untersuchen. Im weiteren folgt eine Aufgliederung risikoanalytischer Verfahren. Abb. 24 zeigt eine mögliche Vorgehensweise der Risikoanalyse bei der Beurteilung von Akquisitionskandidaten.

Dabei ist zu beachten, daß besonders beim Akquisitionsvorhaben die Zahl der möglichen Inputgrößen gering gehalten werden sollte, da sonst die Datenbeschaffung und der Rechenaufwand den durch die Risikoanalyse zu gewinnenden Nutzen überkompensieren. Es wird deshalb vorgeschlagen, Inputgrößen, die miteinander korrelieren und die etwa den gleichen Unsicherheitsgrad besitzen, zu aggregieren.[595] In einem nächsten Schritt ist die Wahrscheinlichkeitsverteilung der unsicheren Inputgrößen zu schätzen. Die geschätzten Wahrscheinlichkeitsverteilungen bringen den Grad der Unge-

---

593 Vgl. zum schrittweisen Vorgehen bei der Risikoanalyse: Hanf, C.-H. [1986], Entscheidungslehre: Einführung in Informationsbeschaffung, Planung und Entscheidung unter Unsicherheit, München-Wien, 1986, S. 77 - 84; Karten, W. [1993], Risk Management, in: W. Wittmann et al. (Hrsg.): HWB Teilband 3, Stuttgart, 1993, Sp. 3825 - 3836, Sp. 3830 - 3831.

594 Dies ist durch rechtzeitige Wahrnehmung möglicher Risiken und die Verbesserung der Informationen über deren Wahrscheinlichkeitsverteilungen möglich. Vgl. Karten, W. [1993], Sp. 3830.

595 Vgl. Lüder, K. [1979], S. 225 - 225.

wißheit der Erwartungen zum Ausdruck.[596] In diesem Zusammenhang ist zu erwähnen, daß es durchaus vernünftig erscheint, den Inputgrößen eine Normalverteilung zugrunde zu legen, zumal sich die Schätzung der Verteilung auf die Vorhersage der Verteilungsparameter beschränkt. Dies stellt bei der Normalverteilung bekanntlich keine Hindernisse dar. Außerdem sind unter Annahme der Gültigkeit der Zentralen Grenzwertsätze der Statistik, die Zufallsvariablen (bei einer unendlichen Lebensdauer des Akquisitionsobjektes) ohnehin approximativ normalverteilt, so daß die Wichtigkeit dieser Prämisse für das Endergebnis abgeschwächt wird.

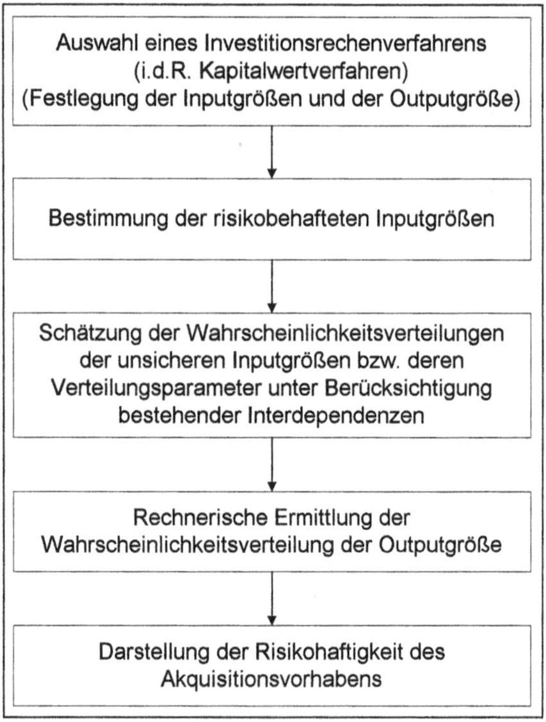

Abb. 24: Verfahrensschritte bei der Risikoanalyse im Rahmen der Beurteilung eines Kandidaten[597]

---

596 Dabei kann festgelegt werden, daß je sicherer eine Erwartung, desto geringer der Wert der Standardabweichung ist. Vgl. Coenenberg, A. G. [1971], S. 60.

597 Vgl. zu den einzelnen Schritten: Lüder, K. [1979], Risikoanalyse bei Investitionsentscheidungen, in: angewandte planung (Bd. 3) 1979, S. 224 - 233, S. 226 - 232; Hespos,

Bei dieser Schätzung sollten Interdependenzen zwischen den Inputvariablen genügend Berücksichtigung finden. In diesem Zusammenhang besteht die Möglichkeit, mit geschätzten Korrelationskoeffizienten zu arbeiten, bzw. bedingte Wahrscheinlichkeitsverteilungen einzuführen. Durch die Schätzung der Verteilungsparameter (Erwartungswert und Varianz) der Inputgrößen lassen sich, wenn man den Typ der Normalverteilung als gegeben annimmt, Verteilungsparameter der Outputgröße ohne großen Aufwand berechnen. Im letzten Schritt läßt sich durch die Schiefe der Verteilung der Outputgröße - hier des Kapitalwertes - das Chancen-Risiko-Verhältnis des Akquisitionsvorhabens ungeachtet der Risikoeinstellung des Entscheidungsträgers bestimmen, indem Wahrscheinlichkeiten für das Erreichen, Über- bzw. Unterschreiten bestimmter Kapitalwerthöhen feststehen.

Im weiteren wird der Kapitalwert eines Akquisitionsobjektes in seiner Ausprägung als Eigenkapitalwert, der finanzielle und nicht-finanzielle Bestandteile enthält, als ein in der Praxis häufig benutztes dynamisches Investitionsrechenverfahren für die Analyse der Risikosituation genutzt.

1.3.3.1 Verfahren der Vollenumeration[598]

Bei den Verfahren der Vollenumeration wird der Kapitalwert für jeden möglichen Umweltzustand berechnet. Dabei erhält man unter Berücksichtigung der Eintrittswahrscheinlichkeiten der Umweltzustände entsprechende Wahrscheinlichkeitsverteilungen für die Kapitalwerte. Es ist zu beachten, daß eine Vollenumeration der Wahrscheinlichkeitsverteilungen das Vorhandensein von diskreten Zufallsvariablen (hier Inputgrößen) voraussetzt. Hält sich die

---

R. F., Strassmann, P. A. [1965], Stochastic Decision Trees for the Analysis of Investment Decisions, in: MS Vol. 11 10/1965 (Series B and C), S. B-244 - B-259, S. B-245 - B-248; Golling, H.-J. [1980], Planung unter Unsicherheit - Eine theoretische und empirische Betrachtung unter besonderer Berücksichtigung des Einsatzes quantitativer Ansätze bei der Vorbereitung strategischer Unternehmensentscheidungen, Diss. TH Darmstadt, 1980, S. 115 - 118.

598 Die zusätzliche Einteilung in simulative Risikoanalyseverfahren - mit Hilfe der Monte-Carlo-Simulation wird hier nicht weiter verfolgt. Vgl. Hertz, D. B. [1964], Risk Analysis in Capital Investment, in: HBR Vol. 42 Januar-Februar/1964, S. 95 - 106, S. 100 - 104.

Anzahl der möglichen Umweltzustände und die der zu beurteilenden Akquisitionsalternativen im kleinen Rahmen, so ist diese Vorgehensweise sicherlich empfehlenswert. Für die grafische Veranschaulichung bietet sich die Darstellungsweise von Zustandsbäumen an.

1.3.3.2 Analytische Verfahren

(1) Ansatz von F. S. Hillier

F. S. Hillier zeigt, wie eine Wahrscheinlichkeitsverteilung für die dynamischen Investitionsrechenverfahren die Vorteilhaftigkeit einer Investition bestimmt.[599] Dabei setzt er unter Annahme der Gültigkeit der Zentralen Grenzwertsätze der Statistik voraus, daß die Inputgrößen approximativ normalverteilt sind. Zum anderen geht er davon aus, daß die Inputgrößen vollkommen voneinander unabhängig sind bzw. absolut miteinander korrelieren.[600] Damit ist der Kapitalwert ebenfalls normalverteilt. Für die Berechnung der Verteilungsparameter des Kapitalwertes werden Erwartungswert und Standardabweichung der abhängigen und unabhängigen Inputgrößen bei sicherem Diskontierungszinssatz und bekannter Lebensdauer des Akquisitionsobjektes berechnet.

(2) Ansatz von B. Wagle

B. Wagle übernimmt den Ansatz von F. S. Hillier und spezifiziert diesen Ansatz nach den einzelnen Komponenten des Kapitalwertes weiter. Dabei nimmt er an, daß die Zentralen Grenzwertsätze der Statistik Anwendung finden, und somit ist auch bei ihm der Kapitalwert normalverteilt.[601] B. Wagle unterteilt die Inputgrößen des Kapitalwertes in Ein- und Auszahlungen und berechnet die Verteilungsparameter der einzelnen Determinanten dieser Ein- und Auszahlungen unter der Prämisse, daß diese voneinander sto-

---

599 Hillier, F. S. [1963], The Derivation of Probabilistic Information for the Evaluation of Risky Investments, in: MS Vol. 9 1963, S. 443 - 457, S. 446.

600 Hillier, F. S. [1963], S. 446.

601 Vgl. Wagle, B. [1967], A Statistical Analysis of Risk in Capital Investment Projects, in: ORQ Vol. 18 1/1967, S. 13 - 33, S. 18.

chastisch unabhängig seien.[602] Der verborgene Nachteil seines Modells besteht jedoch darin, daß er keine Unterscheidung der Verknüpfungsart der Determinanten des Kapitalwertes in additiv und multiplikativ trifft. Bei einer multiplikativen Verknüpfung finden die Zentralen Grenzwertsätze keine Anwendung, die Grundprämissen des Modells gelten unter diesen Umständen nicht, und damit ergibt sich auch kein normalverteilter Kapitalwert.[603]

Dennoch ist es ratsam, bei der Akquisitionsobjektbeurteilung die analytischen Verfahren der Risikoanalyse zu verwenden, da auf diese Weise das Akquisitionsproblem besser darstellbar und die oft riskante bevorstehende Entscheidung intersubjektiv nachvollziehbar ist.[604]

---

[602] Vgl. Wagle, B. [1967], S. 22.

[603] Vgl. Kolbe, C. [1989], Investitionsrechnungen zur Beurteilung von Auslandsinvestitionen, Diss. Köln, Bergisch Gladbach, 1989, S. 184 - 187.

[604] W.-R. Bretzke schreibt in diesem Zusammenhang, daß der entscheidende Schritt darin besteht, die "Gefahren überhaupt zu sehen und nicht darin, ihnen künstlich einen quantitativen Wert beizumessen." Bretzke, W.-R. [1988], Risiken der Unternehmensbewertung, in: ZfbF 9/1988, S. 813 - 823, S. 821.

1.4 Die Rolle von Informationen bei der Entscheidung

Eine umfassende Erläuterung des Informationsbegriffs gibt W. Wittmann. Er bezeichnet Informationen als Wissen, "[...] das zur Erreichung eines Zweckes, nämlich einer möglichst vollkommenen Disposition eingesetzt wird."[605] Durch die Auslegung der Information als zweckorientiertes Wissen ergibt sich eine enge Verknüpfung zwischen den Begriffen 'Information' und 'Nachricht'. Zu dem neutralen Tatbestand der Nachricht kommt eine bestimmte Zweckorientierung[606] hinzu, so daß diese zur Information wird.[607] Es steht außer Frage, daß eine sachliche Bedingtheit zwischen der Güte der Entscheidungen und der Qualität der vorhandenen Informationen vorhanden ist.

Der Umfang der erforderlichen Informationen wird sowohl durch die Branche und Charakteristika des Akquisitionsobjektes als auch durch den Entscheidungsbildungsprozeß, insbesondere durch die Beurteilung der Alternativen, bestimmt. Dabei kann man z.B. von einem dreistufigen Informationsprozeß ausgehen:[608] (1) Beschaffung der für die Beurteilung notwendigen Daten (2) Bearbeitung und Auswertung der Daten (3) Verarbeitung der bereits beschafften Daten im Beurteilungskonzept.

---

605 Wittmann, W. [1959], S. 14. Vgl. derselbe [1980], Information in: E. Grochla et al. (Hrsg.) HWO, Stuttgart, 1980, Sp. 894 - 904, Sp. 894; Kirsch, W. [1971], Entscheidungsprozesse, Bd. 2 - Informationsverarbeitungstheorie des Entscheidungsverhaltens, Wiesbaden, 1971, S. 78 - 83. A. G. Coenenberg bezeichnet die Gesamtheit des Wissens, das der Bewerter über die für die Gesamtwertermittlung relevanten künftigen Entwicklungstendenzen hat, als 'Information'. Vgl. Coenenberg, A. G. [1971], S. 59.

606 Der Zweck liegt in der Verarbeitung des Handelns. Vgl. Wittmann, W. [1980], Sp. 894.

607 Vgl. Kramer, R. [1965], Information und Kommunikation - Betriebswirtschaftliche Bedeutung und Einordnung in die Organisation der Unternehmung, Berlin, 1965, S. 22 - 23. Vgl. zu den drei Ebenen der nachrichtentechnischen Betrachtung *Signal* (Syntaktik), *Nachricht* (Semantik) und *Information* (Pragmatik): derselbe [1965], S. 29 - 31.

608 Vgl. Coenenberg, A. G. [1971], S. 60. Vgl. zu einer Einteilung des Informationsprozesses in (1) Informationsaufnahme, (2) Informationsvorspeicherung, (3) Informationsverarbeitung, (4) Informationsnachspeicherung und (5) Informationsabgabe: Kramer, R. [1965], S. 82 - 93.

1.4.1 Informationsannahmen

Da der Entscheidungsträger zum Beurteilungszeitpunkt nicht mit Sicherheit mit den die Beurteilung determinierenden Größen rechnen kann, bildet er sich über das zukünftige Geschehen Erwartungen, die aufgrund der Unvollkommenheit der ihm zur Verfügung stehenden Informationen meist mehrwertig sind.[609] Er gibt Intervalle für die interessierenden Größen an, d.h. bei der finanziellen Bewertung sind dies v.a. Einzahlungsüberschüsse, Kalkulationszinsfuß bzw. Risikoprämie und Lebensdauer des Akquisitionsobjektes.[610] Die Unvollkommenheit der Information kann verschiedene Ausprägungsformen haben. Zum einen können Informationen unvollständig sein, zum anderen können sie unbestimmt (unpräzise) sein, und schließlich ist es auch denkbar, daß bezüglich des Wahrheitsgehaltes der Informationen Unsicherheit besteht.[611] Abb. 25 verdeutlicht die Informationsannahmen in der Entscheidungstheorie. Die Situation wird durch den jeweiligen Informationsgrad beschrieben. I.d.R. werden Informationsgrade indirekt bestimmt, indem hypothetisch die Ergebnisse bei vollkommener Information und vollkommener Ignoranz festgelegt und dann durch Interpolation der vorhandenen Ergebnisse indirekt auf den Informationsgrad geschlossen wird.[612]

Bei vollkommener Information und gegebenen Zielen besteht bei der Wahl der optimalen Handlungsalternative(n) kein Problem. Es können Entscheidungen getroffen werden, an deren Ausgang es keine Zweifel gibt.[613] In einer Unsicherheitssituation (vollkommene Ignoranz), in der absolute Unge-

---

609 Vgl. Mag, W. [1990], S. 6.

610 Vgl. Coenenberg, A. G. [1971], S. 59. Vgl. zu den Arten der Informationsbeschaffung: Hanf, C.-H. [1986], S. 65 - 66.

611 Vgl. Laager, F. [1978], Entscheidungsmodelle - Leitfaden zur Bildung problemangepaßter Entscheidungsmodelle und Hinweise zur Realisierung getroffener Entscheidungen, Zürich-Köln, 1978, S. 47.

612 Vgl. Wittmann, W. [1980], Sp. 898.

613 Vgl. Wittmann, W. [1959], S. 149. Als Informationsquellen geben G. Bamberg und A. G. Coenenberg folgende Möglichkeiten an: Gutachten von Experten, Spionage bei der Konkurrenz, Statistische Totalerhebungen und Datenbankabfragen an. Vgl. Bamberg, G., Coenenberg, A. G. [1994], S. 124.

wißheit besteht, ist es dagegen ohne Wissen problematisch zu deteminieren, welches die 'richtige' Entscheidung ist.

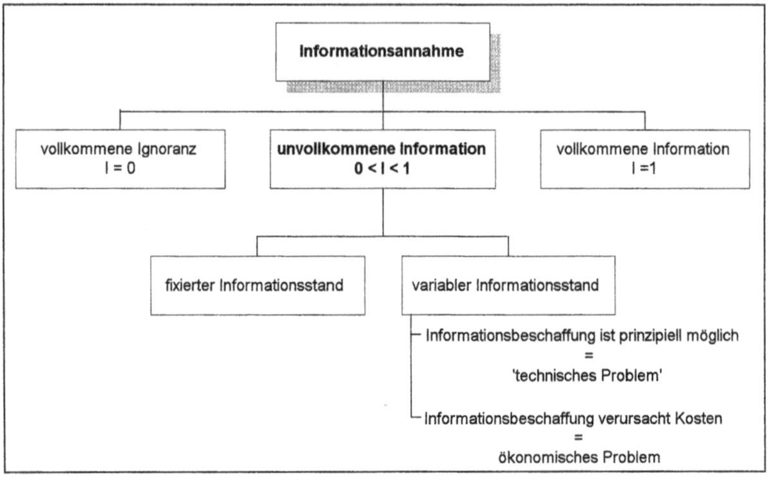

Abb. 25: Informationsannahmen in der Entscheidungstheorie[614]

Im weiteren interessiert lediglich der Fall der unvollkommenen Information, da er den Gegebenheiten der Akquisitionsrealität am nächsten ist. Der Fall eines fixierten Informationsstandes soll hier nicht erörtert werden, da er für die ökonomische Wirklichkeit, besonders bei einem Akquisitionsvorhaben, kaum zutrifft. Interessant ist dagegen die Konstellation eines variablen Informationsstandes, bei dem sich die Frage stellt, ob zusätzliche Informationen beschafft werden sollen. Ist die Informationssuche prinzipiell möglich und ist sie nicht mit Kosten verbunden, so kann jedoch ein 'technisches Problem' vorliegen. Denkbar ist dies z.B. bei der Nutzung prinzipiell kostenloser Datenbanken, die Informationen über das Akquisitionsobjekt bzw. dessen Marktdaten anbieten. Im Rahmen dieser Untersuchung soll jedoch eine Konstellation in Betracht gezogen werden, in der ein 'ökonomisches Problem' auftaucht, d.h. wo die Beschaffung zusätzlicher Informationen mit

Kosten verbunden ist. Beispielsweise seien die Nutzung gebührenpflichtiger Datenbanken bzw. die Vergabe eines Auftrages an eine Unternehmensberatung (z.B. M&A-Beratung) oder an ein Marktforschungsinstitut genannt.[615] Hier spielt der Wert der zusätzlichen Information, die die Gefahr einer Fehlentscheidung verringert, eine entscheidende Rolle.[616]

1.4.2 Informationsbewertung mit Hilfe der BAYESschen Analyse

Bei der Durchführung von Unternehmensakquisitionen bzw. bei der Beurteilung relevanter Objekte muß soviel Information beschafft werden, daß die Beurteilungssituation in genügendem Maße erhellt wird. Der Umfang der Informationen hängt sowohl von der Bereitwilligkeit der Kandidaten hinsichtlich einer Preisgabe der benötigten Informationen ab, als auch vom weiteren Entscheidungsbildungsvorgang.

Durch die BAYESsche Analyse kann man den Wert einer zusätzlichen Information bestimmen. Das BAYESsche Theorem wurde von dem englischen Mathematiker Thomas Bayes (1702 bis 1761) erstmalig verwendet und etwa zwei Jahre nach seinem Tod publiziert.[617] Bezüglich der mathematisch-statistischen Herleitung dieses Theorems wird auf die Aufsätze von K. Weber und die Standardwerke der Wahrscheinlichkeitstheorie verwiesen.[618]

---

614 Vgl. zu dieser Abb. Mag, W. [1990], S. 8. $I = \frac{\text{tatsächlich vorhandene Information}}{\text{benötigte Information}}$ mit $0 \leq I \leq 1$. Vgl. derselbe [1990], S. 8 - 9; Wittmann, W. [1980], Sp. 897 - 898.

615 Vgl. Peel, R. [1994], S. 15.

616 Vgl. Marschak, J. [1954], Towards an Economic Theory of Organization and Information, in: R. M. Thrall, C. H. Coombs, R. L. Davis (Hrsg.): Decision Processes, New York-London, 1954, S. 187 - 220, S. 200 - 202.

617 Bayes, T. [1763], An Essay towards Solving a Problem in the Doctrine of Chances, in: Philosophical Transactions Vol. 53 1763, S. 376 - 403, besonders S. 399 - 403.

618 Vgl. Weber, K. [1971a], Entscheidungsprozesse unter Verwendung des Theorems von Bayes, in: H. Hax (Hrsg): Entscheidungen bei unsicheren Erwartungen - Beiträge zur Theorie der Unternehmung, Opladen, 1971, S. 69 - 99; derselbe [1967a], Projektanalyse zur Einführung eines neuen Produktes unter Verwendung des Theorems von Bayes, in: ZfbF 6/1967, S. 413 - 420; derselbe [1967b], Projektanalyse unter Verwendung des Theorems von Bayes, in: IO 7/1967, S. 293 - 298; derselbe [1971b], Projektplanung unter Verwendung des Theorems von Bayes, in: IO Management Zeitschrift 10/1971, S. 450 - 454; Fisz, M. [1965], Wahrscheinlichkeitsrechnung und

Die Wesensmerkmale dieses Theorems bestehen einerseits in der Gewinnung von zusätzlichen, für den Entscheidungsträger wichtigen Informationen, die die Wahl der bisherigen Alternative mit dem höchsten Nutzen (Erwartungswert) eventuell revidieren, da sie verbesserte Angaben hinsichtlich der Eintrittswahrscheinlichkeiten bestimmter Umweltzustände liefern (können).[619] Auf der anderen Seite kann man mit Hilfe der BAYESschen Analyse den Wert einer möglichen (Zusatz-) Information abschätzen; hier spricht man von der sog. 'Informationswertberechnung'.[620]

Ausgangspunkt des BAYES-Theorems sind die A-priori-Informationen, die die subjektiven Wahrscheinlichkeiten des Entscheidungsträgers für das Eintreffen der jeweiligen Umweltzustände bzw. der Strategien des Gegenspielers *a priori* liefern. Das Theorem beruht auf der Annahme, daß der Entscheidungsträger in der Lage ist, zusätzliche Informationen zu beschaffen. Dies kann beispielsweise durch das Ziehen einer Stichprobe oder durch die Durchführung einer Studie (Zusatzuntersuchung) auf einem Testmarkt geschehen. Die A-priori-Informationen und die Informationen, die der Entscheidungsträger durch empirische Beobachtungen (Experimente) erhält, werden miteinander zu einer besseren A-posteriori-Aussage kombiniert,[621] so daß die A-priori-Informationen zwar revidiert, jedoch nicht gänzlich als überholt angesehen werden. K. Weber spricht in diesem Zusammenhang von einer 'Poolung sukzessiv gewonnener Erkenntisse', d.h. von einer sog.

---

mathematische Statistik, Berlin, 1965; Menges, G. [1968], Grundriß der Statistik, Opladen, 1968; Bamberg, G., Coenenberg, A. G. [1994], S. 131 - 135.

619 Anders gesagt versucht das BAYESsche Theorem, den Anteil intuitiver Entscheidungen in komplexen Entscheidungssituationen so weit wie möglich zu reduzieren. Vgl. Rüppell, H. [1973], Verhalten in einer multiattributiven Entscheidungssituation und ein BAYES-Verfahren zur Schätzung individueller Entscheidungsstrategien, Diss. Hamburg, 1973, S. 50.

620 Vgl. Saliger, E. [1990], Entscheidungstheoretische Planung, Wiesbaden, 1990, S. 146 - 181; Mag, W. [1990], S. 144 - 162. Vgl. zu den Möglichkeiten der Informationswertberechnung: Wild, J. [1971], Zur Problematik der Nutzenbewertung von Informationen, in: ZfB 1971, S. 315 - 334, S. 322 - 323 und die dort zitierte Literatur. Vgl. zum 'Expected Value of Sample Information': Kwak, N. K., DeLurgio, S. A. [1980], Quantitative Models For Business Decisions, Massachusetts, 1980, S. 206 - 207.

621 Das bedeutet "[...] die Termini 'a priori' und 'a posteriori' werden relativ zum Eintritt des Beobachtungsergebnisses definiert [...]." Niggemann, W. [1973], Optimale Informationsprozesse in betriebswirtschaftlichen Entscheidungssituationen, Wiesbaden, 1973, S. 50.

'Erkenntnismischung'.[622] Je mehr zusätzliche Informationen durch experimentelle Beobachtungen zur Verfügung stehen, desto geringer ist das Gewicht, mit dem die A-priori-Informationen in das Endergebnis eingehen.

Die Informationswertberechnung unterteilt sich in Voll- und Teilinformationswertberechnung.[623] Die Vollinformationswertberechnung soll hier außer acht gelassen werden, da es bei einem Akquisitionsvorhaben einerseits kaum möglich ist, alle vorhandenen Unsicherheiten durch 'Zusatzuntersuchungen' zu eleminieren und andererseits die damit verbundenen Kosten nicht zu vertreten wären. Die Teilinformationswertberechnung kann auf Projektwert- oder Opportunitätskostenbasis erfolgen. Bei der Projektwertberechnung werden zunächst die mittleren Projektwerte (Erwartungswerte) für jede Akquisitionsalternative berechnet. Der Informationszuwachswert läßt sich als der Differenzbetrag zwischen den berechneten Erwartungswerten vor und nach der 'Zusatzuntersuchung' darstellen. Seine Berechnung auf der Basis der Opportunitätskosten führt zum gleichen Ergebnis.

Der ökonomische Zusammenhang von Entscheidungs- und Informationsproblem wird in Abb. 26 veranschaulicht. Ziel ist es, einen optimalen Bestand an Informationen, und damit auch die Anzahl von Zusatzuntersuchungen, festzulegen. Die Kurve mit der Bezeichnung W soll die Informationswerte aus allen Zusatzuntersuchungen kennzeichnen; d.h. sie kommt durch die Addition jedes einzelnen Informationswertes, resultierend aus entsprechender Zusatzuntersuchung, als Umhüllende aller Informationswerte zustande. Die Kurve K soll die Kosten aller möglichen Zusatzuntersuchungen darstellen. Sie besteht aus vielen kleinen Kostenkurven der Zusatzuntersuchungen; entsprechend ist sie die Umhüllende aller einzelnen Kostenkurven. Der Punkt S signalisiert den optimalen Informationsstand bzw. die optimale

---

622 Vgl. Weber, K. [1969], Projektanalyse unter Verwendung des Theorems von Bayes, in: DU 1/1969, S. 1 - 21, S. 5; derselbe [1971a], S. 72.

623 Vgl. zu den folgenden Ausführungen Weber, K. [1971a], S. 77 - 83 und S. 89 - 93; Glaser, H. [1980], Informationswert, in: E. Grochla et al. (Hrsg.): HWO, Stuttgart, 1980, Sp. 934 - 941, Sp. 936 - 938; Goodwin, P., Wright, G. [1991], S. 165 - 191.

Zahl der durchzuführenden Zusatzuntersuchungen, da hier die Differenz Z als Zielgröße zwischen der W- und der K-Kurve am größten ist (Z_{max}).

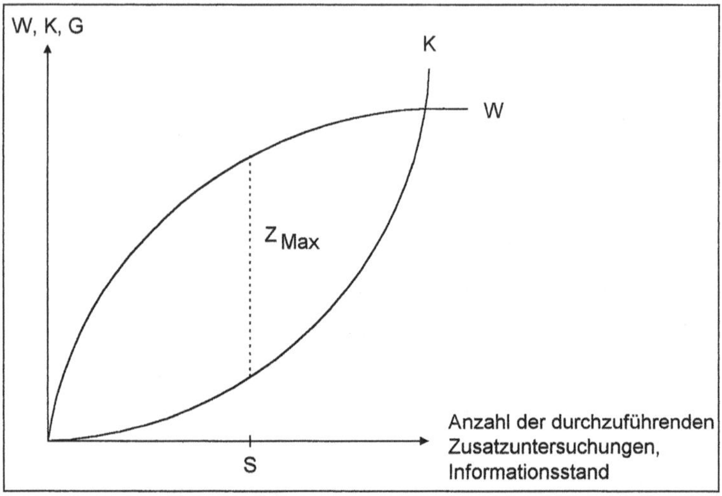

Abb. 26: Darstellung des Informationsoptimums[624]

Bestimmend für die Beschaffung zusätzlicher Informationen und damit für die Verbesserung der Entscheidungsgüte sind die Kosten, die durch die Schaffung dieser zusätzlichen Informationen verursacht werden.[625] Die Verbesserung kann sich z.B. auf die Weise äußern, daß eine andere Akquisitionsalternative zu einer optimalen Alternative wird oder beispielsweise dadurch, daß mit Hilfe der zusätzlichen Information die Entscheidung mit geringeren Zweifeln getroffen werden kann.

624 Vgl. zu einer Darstellung mit linear steigenden Kosten Mag, W. [1990], S. 146.

625 Es ist zu beachten, daß durch zusätzliche Informationen sich meist die Präferenzrelationen des Entscheidungsträgers ändern. Vgl. Laux, H., Liemann, F. [1990], S. 90 - 91. Vgl. auch Teil IV Abschnitt 1.2.2.

2. Goal Programming

2.1 Grundlagen des Goal Programming

2.1.1 Einordnung

Innerhalb der multiobjektiven Verfahren gelangen v.a. die Ansätze des Goal Programming (GP) verbreitet zur Anwendung,[626] insbesondere auch zur Beurteilung komplexer Projekte.[627] Ursprünglich wurde der GP-Ansatz Anfang der 60er Jahre von A. Charnes und W. W. Cooper entwickelt.[628] Erweiterungen des ursprünglichen Ansatzes erfolgten Mitte der 60er Jahre durch Y. Ijiri[629] und in den 70er Jahren durch J. P. Ignizio hin zum integer und nicht linearen Goal Programming.[630] Der Anwendungsbereich erlangte seit der Zeit eine ständige Vergrößerung.[631] Dies ist v.a. darauf zurückzuführen, daß diese Methode es erlaubt, multiple und auch konfliktäre Ziele in Planung und Entscheidungsfällung einzubeziehen.

---

626 Vgl. Weber, K. [1991b], Multikriterielle Analyse- und Entscheidungsmethoden, in: DU 6/1991, S. 396 - 411, S. 408; derselbe [1993a], S. 15; Lee, S. M., Morris, R. L. [1979], Integer Goal Programming Methods, in: M. K. Starr, M. Zelney (Hrsg.): Multiple Criteria Decision Making (Studies in the Management Sciences Volume 6), Amsterdam-New York-Oxford, 1979, S. 273 - 289, S. 273; Tamiz, M., Jones, D. F. [1996], An Overview of Current Solution Methods and Modelling Practices in Goal Programming, in: M. Tamiz (Hrsg.): Multi-Objective Programming and Goal Programming - Theories and Applications, Berlin-Heidelberg-New York, 1996, S. 198 - 211, S. 257.

627 Vgl. Bamberg, G., Coenenberg, A. G. [1994], S. 43.

628 Vgl. Charnes, A., Cooper, W. W. [1961], Management Models and Industrial Applications of Linear Programming - Volume 1, New York, 1961, S. 210 - 223.

629 Vgl. Ijiri, Y. [1965], Management Goals and Accounting, Chicago, 1965. Eine andere Erweiterung des ursprünglichen Ansatzes ist z.B. die Kombination von GP und des Fuzzy-Set Ansatzes, wenn die einzelnen Attribute nicht mehr mit Sicherheit bestimmbar sind. Vgl. Mar, A. P. M., Victoria, R. U. M. [1996], A Formulation of a Fuzzy Linear Goal Programming Problem with Fuzzy Constraints and Fuzzy Target Values, in: M. Tamiz (Hrsg.): Multi-Objective Programming and Goal Programming - Theories and Applications, Berlin-Heidelberg-New York, 1996, S. 270 - 285, S. 271.

630 Vgl. Ignizio, J. P. [1976], Goal Programming and Extentions, Lexington, Mass., 1976.

631 Vgl. hierzu eine Übersicht in: Lin, W. T. [1980], A Survey of Goal Programming Applications, in: Omega Vol. 8 1/1980, S. 115 - 117, S. 115. Für weitere Anwendungen vgl. auch Sakakibara, S. [1993], Management Science and Microcomputer Applications in Educational Planning and Decision-Making, Columbia University Teachers College, 1993, S. 133; Generell ist GP im Rahmen der Outputplanung zu finden in: Fisk, J. C. [1979], A Goal Programming Model For Output Planning, in: DS Vol. 10 4/1979, S. 593 - 603; GP bei der Portfolio Planung in: Korhonen, A. [1987], A dynamic bank portfolio planning model with multiple scenarios, multiple goals and changing priorities, in: EJOR Vol. 30 1987, S. 13 - 23; Anwendungen im sozialen Bereich z.B. in Charnes, A., Colantoni, C., Cooper, W. W., Kortanek, K. O. [1972], S. 85 - 108.

GP stellt eine Erweiterung der LP dar. Somit ist auch an GP-Probleme der Anspruch der Linearität zu stellen.[632] Gleichzeitig bietet GP gegenüber LP mehr Flexibilität bei komplexeren Problemen, ohne auf den Vorteil der Einfachheit und der Schnelligkeit des LP-Ansatzes zu verzichten.[633] Grundlegend besteht der Ansatz darin, jede Alternative mit der Idealalternative zu messen. Für jedes Ziel wird eine Wunschausprägung formuliert: das Anspruchsniveau, das es möglichst zu erreichen gilt.[634] Da die GP-Ansätze für die Beurteilung unter mehrfacher Zielsetzung konzipiert sind, müssen diese Ansätze auch beim Vorliegen gegenläufiger Ziele geeignet sein.[635] Unter Beachtung dieser Konstellation wird deutlich, daß in diesem Fall kaum alle Ziele gleichermaßen Berücksichtigung finden können. Aus diesem Grund besteht die prinzipielle Vorgehensweise darin, die Summe der Abweichungen von den vorgegebenen Goals zu minimieren.[636]

2.1.2 Arten des Goal Programming

GP ist ein Sammelbegriff für mehrere Verfahren, die sich alle an der Erreichung von Zielvorgaben (Goals (g_i)) orientieren.[637] Diese Zielvorgaben sind so gut wie möglich einzuhalten,[638] und die Abweichungen sind in der Summe

632 Vgl. Lin, W. T. [1979], Applications of Goal Programming in Accounting, in: Journal of Business Finance & Accounting Vol. 6 4/1979, S. 559 - 577, S. 559.

633 Vgl. Callahan, J. [1973], An Introduction to Financial Planning Through Goal Programming, in: Cost And Management Vol. 3 Januar-Februar/1973, S. 7 - 12, S. 11.

634 Vgl. Hwang, C.-L., Masud, A. S. Md. [1979], Multiple Objective Decision Making Methods and Applications: A State-of-the-Art Survey (Lecture Notes in Economics and Mathematical Systems No. 164), Berlin-Heidelberg-New York, 1979, S. 56; Callahan, J. [1973], S. 7. Basis des GP-Ansatzes ist das Konzept der Satisfaction anstelle der Optimierung einer einzelnen Zielfunktion wie z.B. bei der LP. Vgl. Tamiz, M., Hasham, R., Jones, D. F., Hensi, B., Fargher, E. K. [1996], A Two Staged Goal Programming Model for Portfolio Selection, in: M. Tamiz (Hrsg.): Multi-Objective Programming and Goal Programming - Theories and Applications, Berlin-Heidelberg-New York, 1996, S. 286 - 299, S. 289.

635 Vgl. Callahan, J. [1973], S. 7.

636 Vgl. Hwang, C.-L., Masud, A. S. Md. [1979], S. 56.

637 Vgl. Weber, K. [1993a], S. 15.

638 Vgl. Charnes, A., Cooper, W. W. [1961], S. 216; Weber, K. [1993a], S. 15.

zu minimieren.[639] Es werden dabei positive (d_i^+) wie auch negative (d_i^-) Abweichungen unterschieden.[640] Die Minimierung der Abweichungen wird auch als *Ersatzzielfunktion* einer definierten Abstandsfunktion bezeichnet.[641]

Der Ansatz unterscheidet deutlich zwischen Goals und Restriktionen.[642] Goals entspringen dem Zielgedanken des Managements,[643] Beschränkungen hingegen ergeben sich aus den Umweltbedingungen.[644]

2.1.2.1 Ungewichtetes Goal Programming[645]

Das ungewichtete GP ist die einfachste Form des GP. Alle Abweichungen gehen mit dem gleichen Gewicht bzw. ungewichtet in die Berechnungen ein. Die Zielfunktion lautet:

$$\text{Min} \sum_{i=1}^{r} (d_i^-, d_i^+), \text{ wobei gilt:}$$

$$\text{NB: } \sum_{j=1}^{n} c_{jk} x_j + d_i^- - d_i^+ = g_i$$

$$\text{NNB: } \quad x_j, d_i^-, d_i^+ \geq 0$$

$$x_j = \text{Entscheidungsvariable}$$

Es ist bei dieser Ausgestaltung nicht möglich zu unterscheiden, ob vielleicht positive Abweichungen toleriert werden, negative hingegen eine übermäßig

---

639 Vgl. Lee, S. M., Chesser, D. L. [1980], Goal programming for portfolio selection, in: The Journal of Portfolio Management Vol. 6 Frühjahr/1980, S. 22 - 26, S. 23.

640 Vgl. Weber, K. [1993a], S. 16.

641 Vgl. Fandel, G. [1972], Optimale Entscheidung bei mehrfacher Zielsetzung, Berlin-Heidelberg-New York, 1972, S. 28; Callahan, J. [1973], S. 7; Tamiz, M., Jones, D. F. [1996], S. 198.

642 Vgl. Hwang, C.-L., Masud, A. S. Md. [1979], S. 65.

643 Vgl. Salkin, G. R., Jones, R. C. [1972], A Goal Programming Formulation for Merger Strategy, in: S. Eilon, T. R. Fowkes (Hrsg.): Applications of Management Science in Banking and Finance, London, 1972, S. 227 - 237, S. 228.

644 Vgl. Fortson, J. C., Dince, R. R. [1977], An Application of Goal Programming to Management of a Country Bank, in: Journal of Bank Research Vol. 7 Winter/1977, S. 311- 319, S. 313.

645 Vgl. zu diesem Abschnitt: Weber, K. [1993a], S. 18.

schlechte Wirkung auf die Zielerreichung haben. Aus diesem Grund besteht die Möglichkeit, auf den Ansatz des gewichteten GP zurückzugreifen.

2.1.2.2. Gewichtetes Goal Programming

Die gewichtete Form des GP ermöglicht es dem Anwender über Ziel und Art der jeweiligen Abweichung zu entscheiden, wie wichtig das *Nichtabweichen* in eine Richtung vom vorgegebenen Goal ist.[646] Wird für alle positiven wie auch negativen Abweichungen für alle Goals das Gewicht 1 gewählt, so stellt dies das ungewichtete GP dar. Somit ist das ungewichtete GP ein Sonderfall des gewichteten GP.

Die Zielfunktion des gewichteten GP lautet:[647]

$$\text{Min} \sum_{i=1}^{r} (p_i \, d_i^+) + (n_i \, d_i^-)$$

p_i = Gewichtung bei positiver Abweichung vom Goal i

n_i = Gewichtung bei negativer Abweichung vom Goal i

Entsprechend dem Ansatz der LP sind ebenso Systemrestriktionen (Kapazitätsrestriktionen) und die NNB zu beachten.

2.1.2.3 Lexikographisches Goal Programming

Das lexikographische GP baut auf dem Ansatz der preemptiven Prioritäten auf.[648] Dafür werden die Ziele zunächst in unterschiedliche Prioritätsklassen (h_i) eingeteilt. Der Entscheidungsträger muß in der Lage sein, ein ordinales

---

[646] Vgl. Tamiz, M., Mardle, S. J., Jones, D. F. [1996], An Exploration of Linear and Goal Programming Models in the Downstream Oil Industry, in: M. Tamiz (Hrsg.): Multi-Objective Programming and Goal Programming - Theories and Applications, Berlin-Heidelberg-New York, 1996, S. 346 - 357, S. 347.

[647] Vgl. Weber, K. [1991b], S. 409; derselbe [1993a], S. 19.

[648] Vgl. Hwang, C.-L., Masud, A. S. Md. [1979], Multiple Objective Decision Making Methods and Applications: A State-of-the-Art Survey (Lecture Notes in Economics and Mathematical Systems No. 164), Berlin-Heidelberg-New York, 1979, S. 45 - 46; Tamiz, M., Jones, D. F. [1996], S. 199.

Ranking der Ziele herbeizuführen, um daraus die preepmtiven Gewichte ableiten zu können.[649] Insbesondere bei gegenläufigen Zielen ist eine sorgfältige Einordnung von besonderer Wichtigkeit. Prioritätsklasse für Prioritätsklasse werden die idealen Zielwerte angestrebt, und zwar in aufsteigender Reihenfolge der Prioritätsnummern.[650] Nachfolgende Ziele werden unter der zusätzlichen Nebenbedingung angenähert, daß höhere Ziele nicht dadurch verletzt werden. Die Problembearbeitung erfolgt dann entsprechend abgestuft. Die Zielfunktion lautet somit:[651]

$$\text{Lex Min a } [h_1(d^+,d^-), h_2(d^+,d^-), \ldots, h_n(d^+,d^-)], \text{ wobei } h_1 >> h_2 >> \ldots >> h_n$$

649 Vgl. Hwang, C.-L., Masud, A. S. Md. [1979], S. 56 - 57; Eiselt, H. A., Pederzoli, G., Sandblom, C.-L. [1987], Continous Optimization Models, Berlin-New York, 1987, S. 378; Salkin, G. R., Jones, R. C. [1972], S. 299; Zwehl, W. von [1993], Sp. 924; Eisenführ, F. [1989], Entscheidungstheoretische Planungshilfen, in: N. Szyperski (Hrsg.): HWPlan, Stuttgart, 1989, Sp. 397 - 406, Sp. 402.

650 Vgl. Hwang, C.-L., Masud, A. S. Md. [1979], S. 45.

651 Vgl. Weber, K. [1991b], S. 409 - 410.

2.2 Anwendung des Goal Programming

2.2.1 Finden der optimalen Anzahl von Kaufobjekten

Eine Anwendungsmöglichkeit des GP auf die Akquisitionsobjektbeurteilung läßt eine Untersuchung der Frage zu, welches die optimale Anzahl bzw. Kombination zu erwerbender Targets wäre. Dafür ist die jeweils gewünschte Zahl von Kaufobjekten als exogene Variable vorzugeben. So sind je nach Wunsch des Entscheidungsträgers mehrere Rechnungen durchzuführen, die am Ende jeweils die Erwerbsobjekte herausfiltern, die optimal bei der gewünschten Zahl von Käufen sind. Entsprechend kann auch mit der Durchrechnung für verschiedene Inputparameter eine Sensitivitätsanalyse durchgeführt werden.[652]

2.2.1.1 Modellaufbau

Um den/die optimalen Akquisitionskandidaten eruieren zu können, sind zunächst die Werte der Goals zu bestimmen. Diese hängen stets von dem Ziel ab, das durch sie abgebildet wird.[653] Im allgemeinen wird g so gewählt, daß damit ein gewünschtes ökonomisches Ziel repräsentiert wird. Ausschlaggebend für die Festlegung des Wertes können das Management des Käuferunternehmens, das Akquisitionsteam, Branchendurchschnittszahlen oder auch entsprechende Werte eines Konkurrenzunternehmens (Benchmarking) sein. Wie viele Ziele konkret in die Untersuchung einbezogen werden, hängt stets von der Art des zugrunde liegenden Akquisitionsproblems ab. Der Einbezug der gewünschten Anzahl von zu erwerbenden Objekten und deren anschließende optimale Kombination erfolgt über eine zusätzliche Gleichung:[654]

---

[652] Vgl. Fowler, K., Schniederjans, M. J. [1987], A goal programming model for strategic acquisition problem solving, in: Advances in Mathematical Programming and Financial Planning Vol. 1 1987, S. 139 - 151, S. 142.

[653] Beispiele für Ziele im Rahmen der Beurteilung von Akquisitionskandidaten finden sich z.B. in: Hatfield, L., Pearce, J. A. II [1994], Goal achievement and satisfaction of joint venture partners, in: Journal of Business Venturing Vol. 9 September/1994, S. 423 - 449, S. 436.

[654] Vgl. Fowler, K., Schniederjans, M. J. [1987], S. 141.

$$\sum_{j=1}^{n} x_j = C$$

C ist die Gesamtzahl der Unternehmen, die der Entscheidungsträger zu erwerben sucht, und x_j sind die Entscheidungsvariablen, die den Wert 0 oder 1 annehmen können. Ist $x_j = 1$, so bedeutet dies, daß das Unternehmen mit dem Index j erworben werden sollte, im Falle von $x_j = 0$ wird hingegen von einem Kauf des entsprechenden Unternehmens abgeraten. Es geht daher bei der Berechnung nur noch um die optimale Kombination der C zu erwerbenden Unternehmen.

Im darzustellenden Fall der Beurteilung werden zwei Arten von Zielen unterschieden: Ziele, die das Erreichen von Synergien symbolisieren, und übrige Ziele. Dabei geht es in diesem Ansatz nicht darum, mögliche Synergien erst noch zu ermitteln. Vielmehr wird vorausgesetzt, daß in dieser Phase der Beurteilung bereits bekannt ist, welche Synergien durch einen Zusammenschluß mit dem jeweiligen Akquisitionspartner entstehen (können).

$$\sum_{j=1}^{n} s_{ij} x_j + d_i^{s-} - d_i^{s+} = g_i \qquad i = 1,\ldots,m \qquad x_j = 0 \text{ oder } 1 \qquad j = 1,\ldots, n$$

Die Über- oder Untererreichung von angestrebten Synergien wird durch die Vektoren d_i^{s+} und d_i^{s-} dargestellt. s_{ij} stellt die Matrix der Synergien (synergetic contribution), bezogen auf das i-te Ziel dar, wenn das Unternehmen j gekauft wird.

Das einzusetzende Modell entspricht dem Verfahren des lexikographischen GP. Das bedeutet, daß das aufzustellende Modell die Abweichungen von den Goals zunächst innerhalb der ersten Prioritätsstufe zu minimieren versucht, um dann erst auf die nächste Stufe überzugehen. Damit wird zum Ausdruck gebracht, daß nicht alle Ziele als gleich wichtig zu betrachten sind, aber andererseits auch nicht eine so feine Einteilung möglich ist, bei der alle Ziele in eine Rangfolge gebracht werden können. Dies ist auch insofern sinnvoll, da über die Wichtigkeit der Ziele infolge eines multipersonellen Entscheidungsprozesses niemals vollständig eine Einigung erzielt werden kann, sondern auch der Prozeß der Zieleinstufung einen Prozeß mit Diskussion und Kompromissen darstellt.[655] Die Einstufung in Prioritätsklassen hingegen dürfte dann mit weniger Schwierigkeiten verbunden sein. Diese Ziele werden jedoch erst bei einer detaillierteren Untersuchung der Targets zum Tragen kommen. Davor wird eine recht grob angelegte Selektion stattfinden.

2.2.1.2 Modelleinsatz

Ausgehend von einem angelegten Suchraster ergeben sich in einem ersten Schritt eine große Anzahl möglicher Akquisitionskandidaten - in der Praxis rechnet man je nach Branche mit etwa 40 - 60 potentiellen Kandidaten. Dabei steht zu diesem Zeitpunkt oftmals noch nicht fest, ob diese Kandidaten tatsächlich auch alle zum Verkauf stehen. Eine Orientierungsmöglichkeit zur Suche ergibt sich aus dem der Akquisition zugrunde gelegten Suchraster in dem zumindest die Branche/Branchen festgelegt ist/sind.

Der zweite Schritt des Selektionsprozesses beinhaltet die detaillierte Untersuchung und das Herausfiltern einer geringen Zahl von Unternehmen, die dann einer weiteren Untersuchung unterzogen werden, um danach die besten Alternativen bestimmen zu können.

Der dritte und abschließende Schritt geht über die Beurteilung hinaus und befaßt sich mit der Angebotsabgabe und dem Vollzug der Akquisition. Es ist insbesondere die zweite Phase, die durch den GP-Prozeß unterstützt wird. Es geht daher im Gegensatz zu vielen anderen Methoden nicht darum, einen Preis bzw. Wert zu ermitteln,[656] sondern nur die *Vorziehungswürdigkeit* eines Objektes gegenüber den anderen zur Diskussion stehenden Alternativen aufzuzeigen. Da diese Vorziehungswürdigkeit allein an den formulierten

---

655 Vgl. Strasser, H. [1966], Zielbildung und Steuerung der Unternehmung, Wiesbaden, 1966, S. 25 - 26.

656 Vgl. zur Abgrenzung zwischen Wert und Preis: Stützel, W. [1976], Wert und Preis, in: E. Grochla, W. Wittmann (Hrsg.): HWB Bd. I/3, Stuttgart, 1976, Sp. 4404 - 4425, Sp. 4404 - 4411.

Goals festgemacht wird, ist deutlich zu erkennen, welche Wichtigkeit der wohlüberlegten Formulierung dieser Goals zukommt.

Es wird angenommen, daß nach einer ersten Grobselektion ca. 50 potentielle Kandidaten zur Wahl stehen. Aus diesen sollen alternativ z.B. der beste einzelne oder auch die zwei besten Kandidaten ermittelt werden. Dabei kommt es im letzteren Fall auf die *kombinierte* Wirkung der zu erwerbenden Unternehmen an, und nicht auf die Einzelwertung jedes Unternehmens für sich, da es auch die Synergien sind, die mit in die Überlegungen einbezogen werden. Es werden Synergien in zweifacher Art einbezogen: s_{ij}^1 und s_{ij}^2.

s_{ij}^1 resultiert aus dem Kauf eines einzelnen Unternehmens, separat gesehen vom Kauf anderer Unternehmen. Hingegen werden Synergien, die aus dem gleichzeitigen Kauf mehrerer Unternehmen resultieren mit s_{ij}^2 bezeichnet. Es gilt für die Gesamtsumme der Synergien: $s_{ij} = s_{ij}^1 + s_{ij}^2$

Wird nur ein Unternehmen erworben, so ist $s_{ij} = s_{ij}^1$. Bei der Berechnung wird davon ausgegangen, daß die Prioritätsziffern bereits verteilt sind. Die Festlegung der Prioritätsstufen ist nicht Bestandteil dieses Abschnitts der Beurteilung. An einem Beispiel - siehe Tabelle 16 - soll die weitere Vorgehensweise verdeutlicht werden.

Es sind für C=1 und für C=2 jeweils separate Berechnungen aufzustellen. Zunächst sind die Goals je nach dem Wert von C festzulegen. Für den Fall C=2 sind die Goals genau doppelt so hoch wie für C=1. Als mögliche Akquisitionsziele sind z.B. der JÜ, der mit der Prioritätsziffer 1 ausgestaltet ist, eine bestimmte RoI-Ausprägung, der Grad der Anlagenintensität, Umsätze, relativer Marktanteil und das Image gewählt worden. Für den potentiellen Akquisitionskandidaten werden sodann die Abweichungen ermittelt. So ergibt sich z.B. für den Fall C=1, daß der Akquisitionskandidat 44 als bester abschneidet. Das bedeutet, daß x_{44}=1 und alle übrigen Entscheidungsvariablen den Wert Null annehmen. Wird C=2 angenommen, so werden die kombinierten Werte aus je zwei Kandidaten ermittelt. Hierbei kommt auch s_{ij}^2 zum Tragen, so daß durchaus der beste Kandidat (bei C=1) nicht zu den besten Kandidaten zählen muß, wenn mehrere Unternehmen gleichzeitig erworben werden. So können z.B. die Kandidaten 13 und 42 die beste Kombination darstellen, wenn C=2 ist. Alle anderen Entscheidungsvariablen nehmen dann wiederum den Wert Null an.

Das dargestellte Beispiel macht deutlich, daß nicht unbedingt solche Ziele gewählt werden müssen, die direkt quantifizierbar sind. Mithilfe einer Skala können solche Größen wie z.B. die Reputation erst quantifizierbar gemacht werden.

Akquisitionsziele	**PZ**	**Goals**		**Abweichungen d_i**	
	P_k	C=1	C=2	C=1	C=2
JÜ in Mio. DM	P_1	9	18	0	0
RoI in %	P_2	16	32	-0,4	-0,6
Anlagenintensität	P_2	25	50	6,2	7
Umsätze in Mio. DM	P_3	90	180	0	1
Relativer Marktanteil in %	P_4	5,3	10,6	-0,3	0
Reputation (Skala: 0 bis 100)	P_4	100	200	-12	-21
				$x_{44} = 1$	$X_{13} = 1$
					$X_{42} = 1$

PZ = Prioritätsziffer

Tab. 16: Ermittlung der optimalen Kandidaten in Abhängigkeit von C

Eine anschließende Sensitivitätsanalyse kann sich auf den Wert von C stützen, aber auch auf die Wahl der Prioritätsziffern, um so zusätzliche Informationen über die Vorzugswürdigkeit der gewählten Alternativenkombination zu erhalten. Dabei muß man sich jedoch stets darüber im klaren sein, daß der GP-Ansatz nicht dazu dienen kann, die traditionelle Analyse jedes Kandidaten zu ersetzen, sondern er ist als nützliches Zusatzinstrument zu verstehen. Der Einsatz ist immer dann besonders sinnvoll, wenn v.a. nichtfinanzielle Motive zu berücksichtigen sind.

2.2.2 Prozeß des Goal Programming - dargestellt als Flußdiagramm

Mit dem GP-Ansatz wird dem Entscheidungsträger ein Instrument zur Verfügung gestellt, mit dem er die verfügbaren Informationen effizient nutzen kann und das auch bei einer großen Anzahl von Alternativen das Auswahlverfahren rasch zu einem guten Ergebnis führt.

Um auch eine große Anzahl potentieller Aquisitionskandidaten schnell und effizient einer Beurteilung unterziehen zu können, ist eine zweistufige Vorgehensweise zweckmäßig. Diesem Vorschlag wird auch in der Zweiteilung des Beurteilungs-Flußdiagramms in Abb. 27 und 28 gefolgt. Diese Aufspaltung ist bedingt durch die Aufteilung der der Beurteilung zugrunde gelegten Art der Ziele. Wie im weiteren ausgeführt wird, werden insgesamt drei Arten von Zielen in diesem Ansatz als sinnvoll erachtet.

2.2.2.1 Einteilung und Auswahl der Ziele

Der Einteilung der Ziele liegt folgende Überlegung zugrunde: Bei einer Beurteilung potentieller Akquisitionskandidaten liegt zunächst eine kaum überschaubare Anzahl potentieller Kandidaten vor. Um den Beurteilungsaufwand möglichst gering zu halten, muß ein Verfahren verwendet werden, das die Anzahl der detailliert zu untersuchenden potentiellen Aufkaufkandidaten möglichst schnell verringert. So wird vorgeschlagen, zunächst solche Ziele bei der Beurteilung zu verwenden, die bei Nicht-Erfüllung zum Ausscheiden des Kandidaten aus der weiteren Betrachtung führen. Erst in einem zweiten Schritt folgt dann eine genauere Untersuchung, wie dies in Abb. 28 dargestellt ist.

2.2.2.1.1 Unabdingbare Ziele (Blocking Goals)

Der erste Teil der Beurteilung ist jenen Zielen gewidmet, die es unbedingt einzuhalten gilt, bei denen eine Abweichung zumindest in eine Richtung nicht toleriert werden kann. Entsprechend dem englischen Sprachgebrauch werden sie als 'limiting goals' oder auch 'blocking goals' bezeichnet. Sie werden in Abb. 28 mit Bi bezeichnet. Durch sie wird darüber entschieden, ob ein potentieller Akquisitionskandidat überhaupt in die nächste Auswahlstufe gelangt oder bereits nach der ersten Selektion ausscheidet. Bei der Verwendung des lexikographischen GP-Ansatzes wäre diesen Goals die Prioritätsziffer 1 zuzuweisen.

Beispiele solcher Mindestanforderungen können eine definierte Mindestgröße des Unternehmens, gemessen am Umsatz, der Mitarbeiterzahl oder einer Rendite sein. Ebenso können es aber auch Ziele sein, die sich unmittelbar aus den obersten Unternehmenszielen ableiten: so z.B. ein definiertes Maß an Umweltschutz (in Form eines Nichtüberschreitens eines bestimmten Ausstoßvolumens umweltschädlicher Nebenprodukte) oder das nicht im Wettbewerb Stehen des Kandidaten mit den Kunden des eigenen Unternehmens. Dennoch ist darauf zu achten, bei der Formulierung der Goals nicht so enge Maßstäbe anzulegen, daß kein Kandidat die Vorselektion übersteht oder ein sonst sehr guter Akquisitionskandidat unnötigerweise bereits in diesem frühen Stadium ungewollt aus der weiteren Betrachtung ausscheidet.

Im dargestellten Beispiel sind drei Ziele dieser Art gewählt worden. Welche Anzahl von Blocking Goals aber tatsächlich gewählt wird, hängt stets vom vorliegenden Akquisitionsfall ab. Im verwendeten Beispiel sei das erste Blocking Goal eines, bei dem eine Überschreitung unbedingt zu vermeiden ist. Daher gehen positive Abweichungen von diesem Goal als M in die Berechnung ein. Da die Auswahl der Kandidaten in diesem frühen Stadium der Beurteilung rasch zu einer Dezimierung der in Frage kommenden Kandidaten führen muß, sind hier grundlegende Ziele zu wählen, die sich unmittelbar auch aus der Suchstrategie ableiten lassen. Beispielsweise kommen nur Kandidaten einer gewissen Größenklasse in Frage. Somit könnte das erste Ziel lauten, daß aus organisatorischen Gründen nur Unternehmen in Frage kommen, deren Mitarbeiterzahl höchstens 50 beträgt.

Als zweites Ziel wird eines gewählt, bei dem keinerlei Abweichungen zugelassen werden sollen. Hierunter können insbesondere solche Ziele gefaßt sein, die nicht quantifizierbar sind, wie z.B. eine bestimmte Unternehmenskultur, ein Standort des Kaufobjektes in einer bestimmten Region bzw. in einem bestimmten Land oder auch die Zugehörigkeit des Unternehmens zu einer bestimmten Branche. Da die Abweichung in diesem Fall nicht quantifiziert werden kann, wird sie mit M in die Berechnung eingehen.

Im vorgestellten Beispiel wird noch ein drittes Ziel in den ersten Teil der Betrachtung einbezogen. Es soll dabei sichergestellt werden, daß das vorgegebene Goal nicht unterschritten wird. Abweichungen nach oben werden hingegen toleriert. Beispiele hierfür können eine bestimmte Umsatzrendite, ein angestrebter Jahresüberschuß, der Anteil des Eigenkapitals am Gesamtkapital oder ähnliche Größen sein.

2.2.2.1.2 Supplement und Complement Goals[657]

Hat ein Kandidat die erste Stufe der Beurteilung erfolgreich durchlaufen, so setzen weitere, detailliertere Untersuchungen ein, wie dies in Abb. 28 dargestellt ist. Eine möglichst vollständige Berücksichtigung aller bei der Beurteilung wichtig erscheinenden Ziele wird dadurch erleichtert, daß die Ziele in eine gewisse Ordnung gebracht werden. Nach den unabdingbaren Zielen der ersten Beurteilungsstufe folgen nun weitere Ziele, die in supplementäre (Supplement) und in komplementäre (Complement) Ziele eingeteilt werden können. Im Gegensatz zu den Blocking Goals müssen die Complements und Supplements so quantifiziert sein, daß sie die Bildung einer Rangreihe innerhalb der Akquisitionskandidaten ermöglichen.

Supplement Goals sind solche, die die Stärken des eigenen Unternehmens durch den Zusammenschluß noch verstärken. Sie werden im dargestellten Flußdiagramm durch das Symbol Si gekennzeichnet. Ein Ziel im supplementären Bereich könnte z.B. die komplementäre Ergänzung beider Unternehmen innerhalb der Produktpalette oder des Leistungsangebotes sein, wenn dadurch bereits bestehende, gut ausgebaute Vertriebswege stärker genutzt werden und damit eine bessere Verteilung der Fixkosten erreicht wird. Supplementäre Ziele bringen zum Ausdruck, daß durch den Zusammenschluß Synergievorteile erwartet werden. Es ist daher zur Formulierung dieser Ziele notwendig, die Bereiche im eigenen Unternehmen zu identifizieren, die vom Kauf eines anderen Unternehmens in besonderem Maße profitieren könnten. Je nach der Art des angestrebten Zusammenschlusses können Ziele im Bereich 'Fit des Managements' oder auch im Bereich einer Kunden-Stimmigkeit aufgestellt werden.

Complement Goals sind dagegen darauf ausgerichtet, eigene Schwächen mit dem Zusammmenschluß zu mindern bzw. ganz zu überwinden. Ein Ziel, das darauf ausgerichtet ist, eine eigene Schwäche auszugleichen, ist z.B. möglichst zeitlich versetzte Schwankungen der Umsätze. Als Goal formuliert wäre dies ein Korrelationskoeffizient zwischen den Umsätzen des eigenen und den des zu erwerbenden Unternehmens von nahezu -1.

2.2.2.2 Wahl der Abweichungsgewichte

Nach der Auswahl der Ziele, die der Beurteilung zugrunde gelegt werden sollen, und nach den genauen Ausmaßen der Goals, gilt es die dazugehörigen Gewichte zu ermitteln, mit denen eine Abweichung in die Gesamtbeurteilung des Akquisitionskandidaten eingehen soll.

Kennzeichnend für den Bereich der Blocking Goals in Abb. 27 ist die Belastung einer nicht tolerierbaren Abweichung mit dem Gewicht 'M',[658] was gleichbedeutend mit dem Ausscheiden der betreffenden Alternative ist. Aber auch für Abweichungen in einer noch zu tolerierenden Richtung sind ent-

---

[657] Vgl. zur Einteilung in Limiting Supplements und Complements: Herrmann, A. L. [1976], A Decision Model for Mergers and Acquisitions, in: M&A Vol. 11 Frühjahr/1976, S. 14 - 21, S. 15 - 17.

sprechende Gewichte zu definieren, die ausdrücken, wie wichtig es für den Wert der Akquisitionsalternative ist, nicht vom definierten Goal abzuweichen. Daher sind die Gewichte für jedes Goal und für jede Abweichungsrichtung separat zu bestimmen. Im dargestellten Beispiel der Blocking Goals in Abb. 27 werden die Gewichte mit h_i für die tolerierbare Richtung bezeichnet, alle anderen Gewichte sind gleich M.

Die Gewichte der Complements und der Supplements sind differenziert je nach Einstufung durch die Untersuchungsleitung oder die Leitung des Erwerberunternehmens zu behandeln. Positive Abweichungen im Falle der Supplements werden in Abb. 28 mit b_i bezeichnet, wobei i für das entsprechend betrachtete Supplement Goal steht. Negative Abweichungen erhalten im Falle der Supplement Goals das Gewicht a_i. Bei den Complement Goals findet entsprechend eine Gewichtung mit q_i und v_i statt.

[658] M ist eine sehr große positive Zahl.

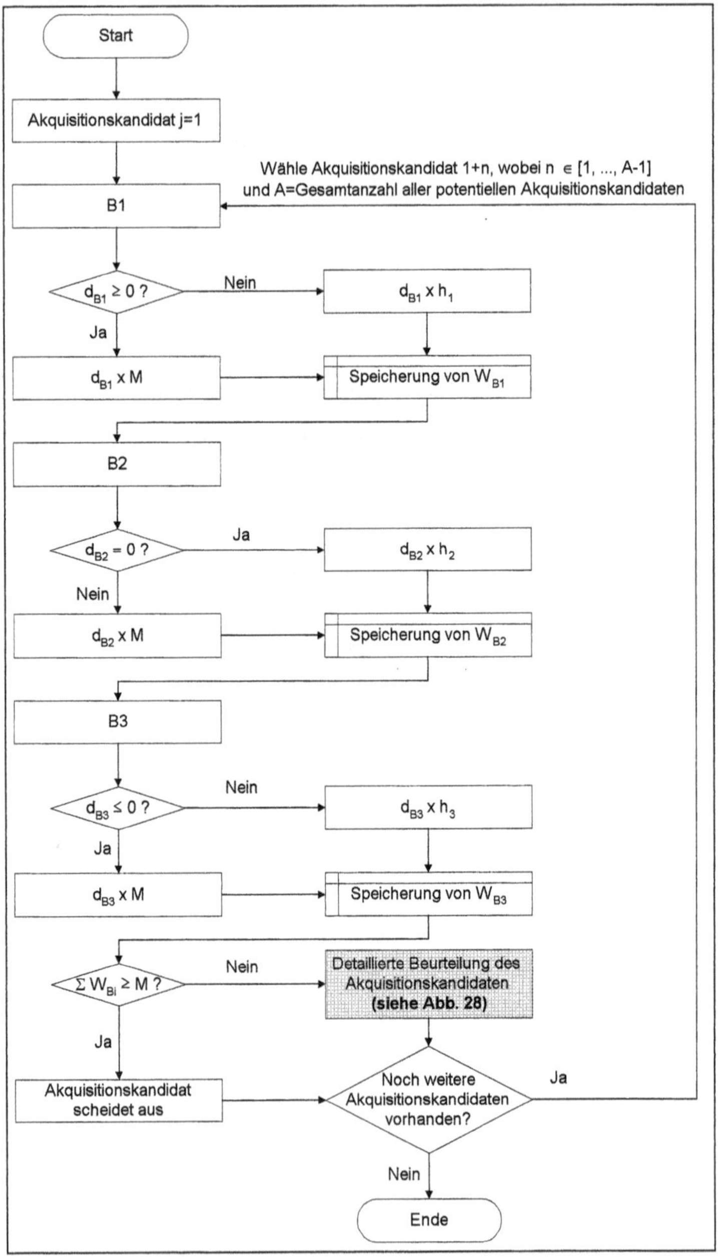

Abb. 27: Flußdiagramm für Blocking-Goals für die Auswahl von Akquisitionskandidaten

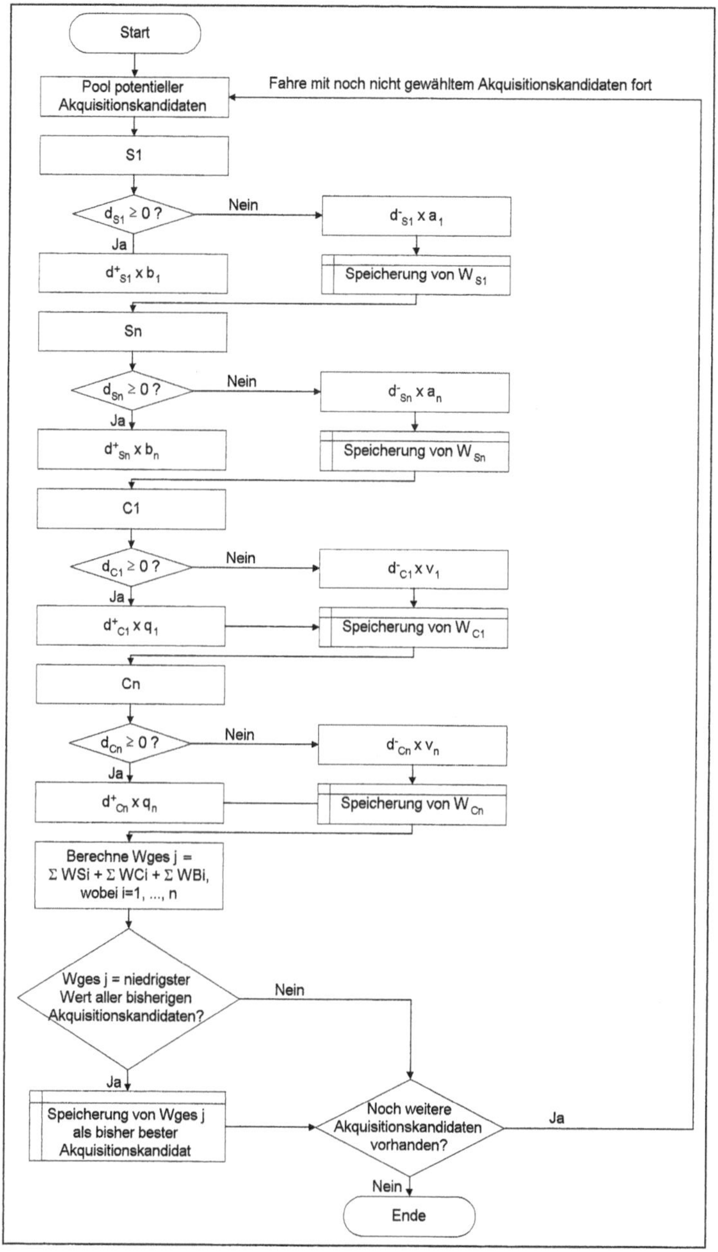

Abb. 28: Beurteilung der Akquisitionskandidaten aufgrund der Supplements und Complements

2.2.2.3 Ergebnisermittlung

Die grundlegende Zielfunktion des GP findet auch hier entsprechend ihre Anwendung, so daß insgesamt die Beurteilung die möglichst genaue Einhaltung der vorgegebenen Goals verfolgt. Es sind daher die Abweichungswerte je Goal zu ermitteln. Dies erfolgt zunächst für die Blocking Goals. Nach einer Multiplikation der ermittelten Abweichungen je Akquisitionskandidat mit den dazugehörigen Gewichten ergibt sich der Abweichungswert, für den festzustellen ist, ob der jeweilige Akquisitionskandidat die Forderung erfüllt, daß die Summe der Abweichungswerte bei den Blocking Goals $W_{Bi} < M$ ist. Diese Wertermittlung erfolgt für alle potentiellen Akquisitionskandidaten getrennt. Nur diejenigen Unternehmen, für die die obige Forderung erfüllt ist, werden in die weitere Untersuchung einbezogen und durchlaufen den zweiten Teil der Beurteilung mit Hilfe des zweiten, in Abb. 28 aufgeführten Flußdiagramms. Hier wird je Supplement und je Complement ebenfalls der Wert W_{Si} (Abweichungswerte bei den Supplement Goals) sowie entsprechend der Wert W_{Ci} (Abweichungswerte bei den Complement Goals) ermittelt. Zur Gesamtbeurteilung jedes Akquisitionskandidaten aus dem Pool der Kandidaten der zweiten Stufe wird die Summe aller Abweichungswerte W_{ges} als Summe aller W_{Bi}, W_{Si} sowie W_{Ci} gebildet. Der Akquisitionskandidat, der hierbei den niedrigsten Wert aufweist, wird als der am besten geeignete Kandidat gekennzeichnet.

2.2.2.4 Nachbereitende Betrachtung

Nach der Ermittlung der besten Akquisitionsalternative anhand der Abweichungswerte von der Idealausprägung eines Kandidaten sind insbesondere dann weitere Überlegungen empfehlenswert, wenn mehrere Unternehmen sich nur unwesentlich in ihren Abweichungswerten unterscheiden. Es ist in diesem Fall angebracht, eine Sensitivitätsanalyse durchzuführen, die z.B. an den Abweichungsgewichten der Supplements und der Complements ansetzt. Es kann hierbei geprüft werden, in welchem Umfang die Gewichte schwanken können, ohne daß sich die Vorzugswürdigkeit der Alternativen ändert. Genügen schon minimale Änderungen, um die Reihenfolge möglicherweise sogar umzukehren, so ist das Ergebnis sehr vorsichtig zu betrachten, und eventuell sind weitere Beurteilungskriterien heranzuziehen, um die endgültig beste Lösung zu eruieren. Ebenso kann eine Untersuchung an der genauen Festlegung der Goals ansetzen. So ist zu prüfen, ob Änderungen im Ausmaß der Goals Auswirkungen auf die Vorzugswürdigkeit der Akquisitionskandidaten haben. Auch hier sollten im positiven Falle weitere Untersuchungen erfolgen.

2.3 Weitere Überlegungen

2.3.1 Einsatz einer Bestrafungsfunktion

Für die Beurteilung eines Akquisitionskandidaten kann es zweckmäßig sein, von der bisherigen Vorgehensweise in einem Punkt abzuweichen. Bisher sind die Zielvorgaben immer als ein Zielpunkt[659] formuliert worden, und bei den Abweichungen wurde keine Unterscheidung nach der Schwere der Abweichung gemacht; d.h. es wurde nicht mit einbezogen, daß eine kleine Abweichung des öfteren tolerierbar ist, eine über eine gewisse Toleranzgrenze hinausgehende Abweichung jedoch zur Nicht-Annehmbarkeit der betreffenden Alternative führen kann. Damit soll auch angedeutet werden, daß eine bei einem Ziel sehr große Abweichung nicht immer durch eine kleine Abweichung bei einem anderen Ziele zu kompensieren ist. Diesem Umstand wird im allgemeinen durch eine entsprechende Gewichtung Rechnung getragen. Dennoch soll hier vorgeschlagen werden, für die Abweichungen eine 'Bestrafungsfunktion' einzuführen. Danach besteht für jedes Ziel ein gewisser Korridor, innerhalb dessen Abweichungen unberücksichtigt bleiben. Danach folgt ein Abschnitt, in dem Abweichungen bereits in die Berechnung einbezogen werden, jedoch noch nicht mit einem sehr großen Gewicht. Erst Abweichungen, die auch über den zweiten Korridor hinausgehen, werden dann mit hohen Gewichten 'bestraft'. Von der bisherigen Vorgehensweise des linearen Einbezugs wird hierbei abgewichen. Eine entsprechende 'Bestrafungsfunktion' stellt Abb. 29 dar.

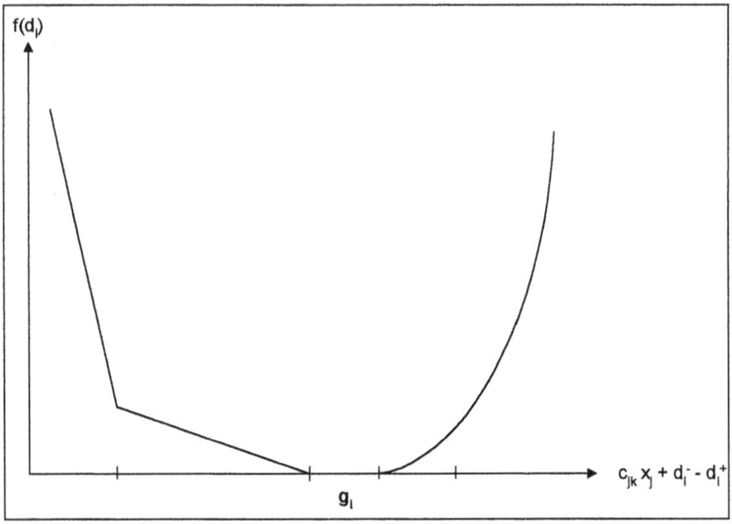

Abb. 29: Darstellung einer Bestrafungsfunktion[660]

2.3.2 Verwendung relativer Abweichungen

Es stellt sich die Frage, ob die Verwendung absoluter Abweichungen in jedem Fall aussagefähig ist. Dies erscheint insbesondere dann fragwürdig, wenn die verschiedenen Ziele sehr unterschiedliche Niveaus aufweisen. Deutlich wird dies, wenn man z.B. folgende Konstellation betrachtet: Es sei ein Ziel ein bestimmter Umsatz eines potentiellen Kandidaten von 200 Mio. DM je Geschäftsjahr. Zudem besteht eines der Goals in einer Mitarbeiterzahl von 20. So ist eine Abweichung von jeweils zwei Einheiten bei den zwei Goals durchaus unterschiedlich zu bewerten. Diese Relation kann auch nicht unmittelbar durch die Gewichte erfolgen, da die Gewichte im GP-Ansatz linear ausgestaltet sind. Es wird daher vorgeschlagen, anstelle der

---

659 Vgl. Bamberg, G., Coenenberg, A. G. [1994], S. 53.

660 Vgl. Kvanli, A. H. [1980], Financial Planning Using Goal Programming, in: Omega Vol. 8 1980, S. 207 - 218, S. 209; Tamiz, M., Jones, D. F. [1996], S. 263.

absoluten Abweichungen relative Abweichungen zu verwenden, um auf diese Weise die Aussagefähigkeit der Abweichungswerte zu erhöhen.[661]

Fraglich ist, ob die Kandidaten nicht besser je Goal getrennt zu vergleichen sind anstelle einer einfachen Aufsummierung der Abweichungswerte. Dieser Überlegung kann durch Verwendung des lexikographischen Ansatzes entsprochen werden, so daß das Modell insbesondere im Bereich der Supplements und Complements entsprechend zu gestalten wäre.

[661] Vgl. zum Vorschlag prozentualer Abweichungen: Tamiz, M., Jones, D. F. [1996], S. 202.

3. Multiattributive Entscheidungsverfahren

Bei den multiattributiven Entscheidungsverfahren wird eine überschaubare Anzahl von (Akquisitions-) Alternativen durch eine ex ante festgelegte Zahl von Attributen und deren Gewichtung im Hinblick auf ein Globalziel evaluiert. Im weiteren werden Standardverfahren der multiattributiven Verfahren kurz dargestellt und teilweise anschließend deren Einsatzmöglichkeiten bei der Beurteilung von Akquisitionskandidaten aufgezeigt.

3.1 Standardverfahren

Die wichtigsten Standardverfahren der multiattributiven Entscheidungsverfahren lassen sich in Satisfizierungsverfahren und additive Gewichtungsverfahren unterteilen.[662]

3.1.1 Satisfizierungsverfahren

Im Rahmen der Satisfizierungsverfahren werden die Alternativen ausgewählt, die die gewünschte Ausprägung der Attribute erreichen. Wie noch zu zeigen ist, sind Satisfizierungsverfahren bei der Beurteilung von Kandidaten für die letztliche Auswahl des Targets nicht mit definitiver Sicherheit geeignet. Jedoch können sie im Rahmen einer Vorauswahl von potentiellen Kandidaten dennoch sinnvoll eingesetzt werden. Satisfizierungsverfahren können in konjunktive und disjunktive Verfahren unterteilt werden. Werden disjunktive Satisfizierungsverfahren angewandt, so werden Alternativen freigegeben, sobald sie bereits *eine* Attributsvorgabe erfüllen.[663] Ist die Attributsausprägung z.B. die Erfüllung eines Mindestumsatzvolumens, so kann es sein, daß mehrere Akquisitionskandidaten diese Mindestanforderung erfüllen. Ist die Zahl der sich daraus ergebenden Akquisitionskandidaten zu

---

[662] Vgl. zu einer anderen Einteilung und Beschreibungsart von Nutzwertverfahren allgemein: Lillich, L. [1992], Nutzwertverfahren, Heidelberg, 1992, S. 67 - 98.

[663] Vgl. Dinkelbach, W. [1978], Ziele, Zielvariablen und Zielfunktionen, in: DBW 1978, S. 51 - 58, S. 56 - 57.

groß, so können weitere Attribute zu Hilfe genommen werden, so daß ein Selektionsprozeß in trichterförmiger Vorgehensweise stattfindet. Die Ergebnisse der Attributsausprägung müssen in binärer Form ausgewiesen werden.[664] Würde man die konjunktive Vorgehensweise des Satisfizierungsverfahrens wählen, so würden mehrere von den Kandidaten zu erfüllende Attribute existieren, die nach der Branche des Erwerberunternehmens und seinen Akquisitionsmotiven differieren können. Akquisitionsalternativen wären dann nur als geeignet anzusehen, wenn sie *alle* Attributsvorgaben gleichzeitig erfüllen. Sollten zu viele Kandidaten die Attributsvorgaben erfüllen, so bietet es sich an, durch weitere Anschlußuntersuchungen ungeeignete Kandidaten zu eliminieren.[665] Generell können Satisfizierungsverfahren im Rahmen der Beurteilung bei der Vorprüfung, d.h. bei der Erfüllung von Mindestanforderungen herangezogen werden. Tab. 17 stellt ein Beispiel dieses Verfahrens dar, bei dem nur die Akquisitionsalternative B1 die konjunktive Standardanforderung erfüllt. Die Alternative B5 stellt die Null-Verzicht-Alternative dar. Schließlich bleibt festzuhalten, daß Satisfizierungsverfahren relativ schnell im Vergleich zum eingesetzten Aufwand zu einer akzeptablen Lösungsalternative bzw. zu einer Vorauswahl potentieller Lösungsmöglichkeiten führen.[666]

Alternativen	Attribute					Satisfizierungsausprägung	Verfahren	
	(1)	(2)	(3)	(4)	(5)		disjunktiv	konjunktiv
B1	1	1	1	1	1	5	ja	ja
B2	0	1	0	0	1	2	ja	nein
B3	0	0	0	1	1	2	ja	nein
B4	1	1	1	0	0	3	ja	nein
B5	0	0	0	0	0	0	nein	nein

(1) Unternehmensgröße, (2) Durchschnittsalter des Managements,
(3) Know-how des Managements,
(4) RoE-Level mindestens: 13 - 15 %, (5) Technischer Standard

Tab. 17: Darstellung von Satisfizierungsverfahren bei der Vorauswahl von Kandidaten

664 Vgl. Weber, K. [1993a], S. 45.

665 Vgl. Weber, K. [1993a], S. 45.

666 Vgl. Rehkugler, H., Schindel, V. [1990], Entscheidungstheorie: Erklärung und Gestaltung betrieblicher Entscheidungen, München, 1990, S. 81.

3.1.2 Additive Gewichtungsverfahren

Als zweites wichtiges Standardverfahren sind die additiven Gewichtungsverfahren in Betracht zu ziehen, die sich in einfache und hierarchisch additive Gewichtungsverfahren bzw. ein- und mehrstufige Gewichtungsverfahren unterteilen lassen. Die Grundidee dieser Verfahren besteht darin, nach einer Nivellierung der Zielwirkungen und deren multiplikativer Gewichtung die Alternative mit dem vergleichsweise größten additiven Nutzen als optimale auszuwählen.[667] Für die additven Gewichtungsverfahren bietet sich in Anlehnung an K. Weber der in Abb. 30 dargestellte Prozeß an,[668] der den weiteren Ausführungen zugrunde gelegt wird.

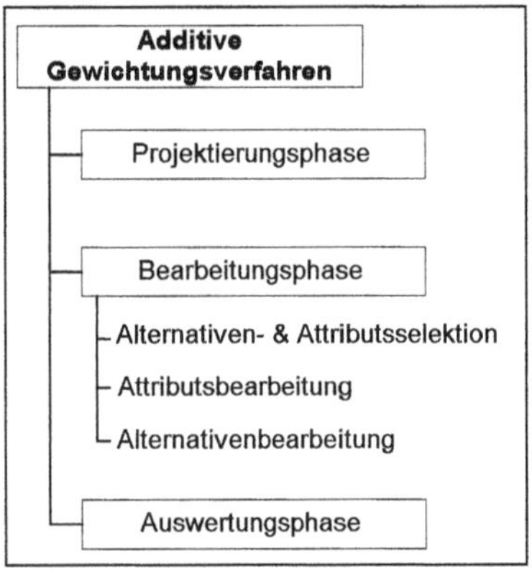

Abb. 30: Phasenschema der additiven Gewichtungsverfahren[669]

---

667 Vgl. Hahn, D. [1996], S. 64.

668 Vgl. zu einer anderen Phaseneinteilung z. B. Schneeweiß, C. [1991b], Der Analytic Hierarchy Process als spezielle Nutzwertanalyse, in: G. Fandel (Hrsg.): Operations Research: Beiträge zur quantitativen Wirtschaftsforschung, Berlin-Heidelberg-New York, 1991, S. 183 - 195, S. 183 - 184; Dreyer, A. [1975], Nutzwertanalyse als Entscheidungsmodell bei mehrfacher Zielsetzung - Eine Untersuchung zu Grundlagen und Durchführung der Nutzwertanalyse, Diss. Hamburg, 1975, S. 20 - 31; Saaty, T. L. [1980], The Analytic Hierarchy Process - Planning, Priority Setting, Resource Allocation, New York, 1980, S. 33 - 34; derselbe [1983], Priority Setting in Complex Problems, in: IEEE Transactions on Engineering Management Vol. EM-30 3/1983, S. 140 - 155, S. 142.

669 Vgl. Weber, K. [1993a], S. 48 und S. 74.

Ein in der Praxis weit verbreitetes Verfahren zur Lösung solcher Lösungsräume mit relativ wenigen Lösungen sind Verfahren der Nutzwertanalyse, die z.B. nach den Phasen des allgemeinen Planungsprozesses erfolgen können:[670]

(1) Problemformulierung
(2) Alternativenbearbeitung und -definition
(3) Ermittlung der Zielerreichungsgrade je Alternative und Multiplikation dieser mit den Zielgewichten und Addition zu dem Nutzen je Alternative
(4) Auswahl der Alternative mit dem höchsten Nutzwert

Wichtig anzumerken ist, daß der Nutzen nicht monetär gemessen wird, sondern eine dimensionslose Skalierung verwendet wird. Dies erlaubt eine mehrdimensionale Punktbewertung der verschiedenen Alternativen. Die ermittelten Nutzwerte lassen Aussagen über die Rangfolge und die Relation der Vorzugswürdigkeit der Alternativen zu.

Der Hauptunterschied zwischen den ein- und mehrstufigen Verfahren liegt in der Attributsbearbeitung. Obwohl die Phasenschemata der ein- und mehrstufigen additiven Gewichtungsverfahren grob übereinstimmen, werden sie im weiteren dennoch gänzlich getrennt dargestellt und bei der Beurteilung von Akquisitionskandidaten angewandt. Auf diese Weise ist die Darstellung der Spezifika der ein- und mehrstufigen Verfahren stets gewährleistet. Im Mittelpunkt der Ausführungen steht die Phase der Attributsbearbeitung.

---

670 Vgl. Hahn, D. [1996], S. 65 - 66. Eine andere Möglichkeit findet sich z.B. bei Rinze, P., Schmitz, H. [1992], Nutzwert-Kosten-Analyse: eine Entscheidungshilfe, Düsseldorf, 1992, S. 38 - 123; dort werden folgende Schritte vorgeschlagen: (1) Aufstellung des Zielsystems, (2) Gewichtung der Ziele, (3) Skalentransformation, (4) Alternativenpräsentation und -bewertung, (5) Nutzwertermittlung, Bildung der Rangfolge, (6) Sensitivitätsanalyse und (7) Ergebnisvaluation und -präsentation.

3.1.2.1 Einstufige additive Gewichtungsverfahren - Darstellung und Anwendung auf die Beurteilung von Akquisitionskandidaten anhand des Phasenkonzeptes

3.1.2.1.1 Projektierungsphase

In der Projektierungsphase wird zunächst das zu lösende Problem beschrieben, welches sich im Falle der Akquisition auf die Auswahl eines in das Akquisitionskonzept des Erwerberunternehmens am besten hineinpassenden Akquisitionskandidaten beschränkt. Zweck der Untersuchung ist die Erfüllung der vom Erwerber gesetzten Ziele, die meist in Form von Synergiepotentialen dargestellt werden. Während der ganzen Untersuchung sollten die am Verfahren beteiligten Personen versuchen, den Untersuchungszweck durch ihre persönlichen Zielsetzungen bzw. Konflikte nicht zu verfremden. Bei komplexeren Projekten ist eine zunächst tentative Aufgabenumschreibung üblich.[671] Erst durch diesen Vorgang des Herantastens lassen sich detailliertere Vorstellungen des Entscheiders herauskristallisieren.

Zum anderen ist in der Projektierungsphase die Zusammenstellung des Expertenteams festzulegen. Bei einem Unternehmenskauf bestehen, wie in Teil III Abschnitt 1.2.3.2 erwähnt, verschiedene Möglichkeiten. In der Praxis hat sich gezeigt, daß die Rolle von M&A-Beratern v.a. bei mittelständischen Unternehmen an Bedeutung zunimmt. Werden zusätzlich externe Experten herangezogen, so hat dies i.d.R. eine Verzögerung des Projektes und die Steigerung der Untersuchungskosten zur Folge.[672]

---

671 Vgl. Weber, K. [1993a], S. 48.

672 Vgl. Weber, K. [1993a], S. 49.

3.1.2.1.2 Bearbeitungsphase

3.1.2.1.2.1 Alternativen- und Attributsselektion

Bei der Alternativenselektion werden eventuell bereits mit dem Satisfizierungsverfahren ausgewählte Akquisitionskandidaten als potentielle Kaufobjekte zusammengestellt. Bei der Zusammensetzung der Alternativen sollte neben der Null-Verzicht-Alternative auf eine heterogene Zusammensetzung der Kandidaten Wert gelegt werden, da nur so das Endergebnis eindeutig ausfallen wird. Falls dies mangels potentieller Akquisitionskandidaten nicht möglich ist, so sind bei nicht eindeutigen Endergebnissen Zusatzuntersuchungen anzuwenden.

Die Beurteilung von Akquisitionskandidaten erfolgt anhand der spezifischen Ausprägung von bestimmten Attributen bzw. Merkmalen. Es ist darauf zu achten, daß die Attributsausprägung auch bei jedem Akquisitionskandidaten überhaupt technisch erfaßbar ist und zum anderen im Rahmen der Beurteilung eine sinnvolle Information darstellt. Allgemein sollten nur unabhängige Attribute berücksichtigt werden, da bei der Beachtung der gegenseitigen Interdependenzen, die jedoch nicht zwangsläufig bei allen Akquisitionsalternativen gegeben sind, das Modell leicht unüberschaubar und schwer handhabbar wird.

Im weiteren wird ein fiktives Akquisitionsvorhaben in bezug auf die Attributsbearbeitung erläutert.

3.1.2.1.2.2 Attributsbearbeitung

Die Attribute können bei Bedarf feiner aufgegliedert werden. Dies bietet sich an, wenn die Kandidaten sehr ähnliche Ausprägungen haben. Folgende Attribute, wie in Tab. 18 aufgelistet, werden im weiteren herangezogen:

Attributs-Nr.	Attributsbezeichnung
(3)	Umsatz • nach Bereichen • nach Produkten • nach unterjährigem Zeitraum
(6)	RoE
(5)	Verschuldungsgrad und evtl. absolute FK-Höhe
(2)	Marktanteile in den jeweiligen Segmenten
(1)	Vertriebsorganisation / Vertriebsstruktur
(11)	Ausprägungsgrad des Rechnungswesens
(4)	Qualifikation des Managements • beruflich: In- und Ausland • Ausbildung
(7)	Durchschnittsalter des Managements
(10)	Kundenstamm des Unternehmens / Abhängigkeit
(9)	Marktelastizität (Verkäufer-/Käufermarkt)
(8)	Preisvorstellungen des Verkäufers in Mio. DM
(12)	Risikofaktoren

Tab. 18: Darstellung der relevanten Attribute

Die Attributsbearbeitung vollzieht sich in drei Stufen: (1) Einstufung der Attribute, (2) Gewichtung der Attribute und (3) Skalenaufstellung für die Ausprägung der Einzelattribute.

Zunächst gilt es bei der Attributsbearbeitung, ein Ranking nach der Präferenzordnung des Entscheidungsträgers herauszuarbeiten. Je nach Zielsetzung des Erwerbers kommt ein anderes Rankingsresultat zustande. Es wird angenommen, daß folgende Reihenfolge, wie in Tab. 19 dargestellt, entsteht.

Rang	1	2	3	4	5	6	7	8	9	10	11	12
Attributs-Nr.	(6)	(5)	(2)	(3)	(10)	(9)	(8)	(7)	(1)	(11)	(4)	(12)

Tab. 19: Rangaufstellung der Attribute

Im nächsten Schritt geht es darum, den Attributen eine Gewichtung W_i zuzuordnen. Die Möglichkeit, den Attributen eine Gleichgewichtung zugrunde zu legen, ist, streng genommen, keine tatsächliche Gewichtung, da keine unterschiedlichen Präferenzordnungen der Attribute untereinander zustande kommen ($W_i = \frac{1}{n}$, wobei i=1, ..., n). Dagegen existiert nach dem Rangsummen- bzw. Stufenwertverfahren eine tatsächlich differenzierte Gewichtung der Attribute. In Tab. 20 sind die Attributsgewichte, die sich mit den jeweiligen Verfahren ergeben, aufgelistet. Das Rangsummenverfahren erfolgt nach der Formel:

$$W_i = \frac{n - r_i + 1}{n(n+1)/2} 100 \quad ,$$

wobei r_i = Rangstufe und n = Anzahl der berücksichtigten Attribute ist.

Akquisitionsobjekt B		Gewichtung		
Attributs-Nr.	Rangstufe	①	②	③
(6)	1	15,38	145	16,86
(5)	2	14,10	130	15,12
(2)	3	12,82	110	12,79
(3)	4	11,54	90	10,47
(10)	5	10,26	85	9,88
(9)	6	8,97	75	8,72
(8)	7	7,69	60	6,98
(7)	8	6,41	55	6,40
(1)	9	5,13	40	4,65
(11)	10	3,85	35	4,07
(4)	11	2,56	20	2,33
(12)	12	1,28	15	1,74
Summe	78	100	860	100,00

① Rangsummenverfahren
② Stufenverfahren: frei gewählt
③ Stufenverfahren: normiert

Tab. 20: Attributsgewichtung

Im nächsten Schritt der Attributsbearbeitung wird für jedes Attribut eine Skala zugrunde gelegt, wobei bei einer qualitativen Attributsausprägung eine Skalentransformation in eine kardinale Größe stattzufinden hat. Dabei wird eine fein gegliederte Kardinalskala von 0 bis 5 als Basis genommen. Diese letzte Phase der Attributsbearbeitung ist im Gegensatz zu den vorherigen intra-attributiv ausgerichtet.[673] Tab. 21 zeigt die Attributsskalierung der gewählten Attribute.

---

[673] Vgl. Weber, K. [1993a], S. 55.

Attributs-Nr.	Attributsausprägung / Skalentransformation				
(6)	8 %	10 %	13 %	15 %	≥ 18 %
	1	2	3	4	5
(5)	> 90 %	75 %	65 %	50 %	45 %
	1	2	3	4	5
(2)	5 %	8 %	15 %	20 %	25 %
	0	2	3	4	5
(3)	30 Mio.	50 Mio.	80 Mio.	100 Mio.	> 150 Mio.
	1	2	3	4	5
(10)	große Abh.		annehm. Abh.		rel. Unabh.
	1		3		4
(9)	Käufermarkt		konjunkt.abh.		Verk.markt.
	1		3		5
(8)	< 10 Mio.		40 - 80 Mio.		> 100 Mio.
	2		5		3
(7)	> 40		45 - 50		≥ 50
	3		5		5
(1)	Keine		Kooperation		eigenes
	1		4		5
(11)	extern		im Aufbau		gut aufgeb.
	4		2		5
(4)	8		10 - 15		≥ 20
	2		4		5
(12)	absehbar		nicht-absehb.		kein Risiko
	1		3		4

Punktwerte: *5 = ausgezeichnet* *2 = befriedigend*
4 = sehr gut *1 = genügend*
3 = gut *0 = ungenügend*

Tab. 21: Attributsskalierung

3.1.2.1.3 Alternativenbearbeitung

In dieser Kernphase der Beurteilung werden zunächst die Kandidaten mit Hilfe der Ergebnisse der Attributsbearbeitung evaluiert und dann inter-alternativ verglichen. Die Beurteilung der Akquisitionskandidaten erfolgt durch Transformation der Attributsausprägungen anhand einer der Beurteilung zugrunde gelegten Bewertungsskala. Durch die Bildung der Zeilensummen gelangt man zu den Ergebnissen der einfachen Attributsbewertung pro Akquisitionsalternative. Je nachdem, welches Gewichtungsverfahren der Entscheidungsträger der Beurteilung zugrunde legt, müssen entsprechende Gewichte mit den Attributsausprägungen multipliziert werden; deren Addition ergibt den Nutzwert der Alternative. Es ergeben sich je Alternative hinsichtlich der verschiedenen Gewichtungsverfahren keine erheblichen Unterschiede, wenn die Zahl der Attribute groß ist und die Gewichtungsfaktoren nur geringfügig von der generellen Gewichtung abweichen.[674] Um die endgültige Wahl der besten Akquisitionsalternative(n) treffen zu können, ist ein Vergleich der Nutzwerte der Kandidaten, wie in Tab. 22 dargestellt, vorzunehmen. Die Alternative mit dem höchsten Nutzwert ist zu bevorzugen. In dem hier verwendeten Beispiel würde die Entscheidung nach beiden Gewichtungsverfahren auf die Akquisitionsalternative B fallen.

Alternative	A			B			C		
Attributs-Nr.	r_i	w_i (RS)	w_i (SV)	r_i	w_i (RS)	w_i (SV)	r_i	w_i (RS)	w_i (SV)
(6)	4	61,52	67,44	5	76,4	84,3	1	15,38	16,86
(5)	4	56,44	60,48	4	56,44	60,48	3	42,33	45,36
(2)	3	38,46	38,37	5	64,1	63,95	4	51,28	51,16
(3)	4	46,16	41,84	1	11,54	10,46	5	57,7	52,3
(10)	3	30,78	29,64	5	51,3	49,4	5	51,3	49,4
(9)	0	0	0	4	35,88	34,88	0	0	0
(8)	5	38,45	34,45	2	15,38	13,96	5	38,45	35,45
(7)	4	25,64	25,56	5	32,05	31,95	4	25,64	25,56
(1)	4	20,52	18,6	1	5,13	4,65	4	20,52	18,6
(11)	2	7,7	8,14	5	19,25	20,35	2	7,7	8,14
(4)	5	12,8	11,65	2	5,12	4,66	2	5,12	4,66
(12)	3	3,84	5,22	1	1,28	1,74	4	5,12	6,96
Summe	-	342,31	341,39	-	373,87	380,78	-	320,54	314,45

RS= Rangsummenverfahren
SV=Stufenverfahren

Tab. 22: Nutzwertberechnung nach beiden Gewichtungsverfahren

Bei vielen Attributen und einer großen Zahl von Alternativen bietet sich eine grafische Ergebnisdarstellung bezüglich der Gesamtbewertung der Alternativen und der Bewertungsdifferenzen bei den einzelnen Attributen an, z.B. in Form von Säulendiagrammen.[675] In der Auswertungsphase sollten bei komplexeren Projekten Sensitivitätsanalysen und Worst-best-Betrachtungen durchgeführt werden, wodurch sich andere Alternativen als optimal erweisen können. Die Ergebnisse sollten nach Wunsch der Unternehmensleitung des Erwerbers verständlich aufgezeigt werden. Grafische Darstellungen können ergänzend verwendet werden.

674 Vgl. Weber, K. [1993a], S. 59.

675 Vgl. Weber, K. [1993a], S. 61.

3.1.2.2 Mehrstufige additive Gewichtungsverfahren - Darstellung der AHP-Methodologie anhand des Phasenkonzeptes

Nachdem einstufige additive Gewichtungsverfahren dargestellt und auf das Akquisitionsproblem angewandt worden sind, soll im weiteren die AHP-Methodologie[676] erörtert werden, die auf die Untersuchungen von T. L. Saaty[677] zurückzuführen ist. AHP ist eine in der Theorie und us-amerikanischen Praxis als überaus wichtig und leistungsfähig erachtete Ausprägung mehrstufiger hierarchisch additiver Gewichtungsverfahren. In der vorliegenden Untersuchung soll AHP im Mittelpunkt der mehrstufig additiven Gewichtungsverfahren zur Durchführung der Akquisitionsobjektbeurteilung stehen. Grundlegend ist für AHP, "[...] that it structures any complex, multiperson, multicriterion, and multiperiod problem hierarchically [...]"[678]. T. L. Saaty versteht unter einer Hierarchie "[...] a particular type of system, which is based on the assumption that the entities [...] can be grouped into disjoint sets, with the entities of one group influencing the entities of only one other group [...], and being influenced by the entities of only one other group."[679] An anderer

676 Vgl. in bezug auf die Methodologie von 'AHP': Harker, P. T. [1989], The Art and Science of Decision Making: The Analytic Hierarchy Process, in: B. L. Golden, E. A. Wasil, P. T. Harker (Hrsg.): The Analytic Hierarchy Process - Applications and Studies, Berlin-Heidelberg-New York, 1989, S. 3 - 36, S. 13 - 14: Dort heißt es 'Analytic', da die Methodologie versucht, Entscheidungen mit Hilfe von mathematischen bzw. logischen Instrumenten zu vereinfachen. Des weiteren 'Hierarchy', weil sie das Hauptproblem in Teilprobleme und dessen Determinanten aufgliedert und so diverse Aspekte berücksichtigt, und schließlich 'Process', da dem Ganzen eine adaptive und teilweise rückgekoppelte Vorgehensweise zugrunde liegt. Vgl. auch Saaty, T. L., Kearns, K. P. [1985], Analytical Planning - The Organization of Systems, Oxford-New York-Toronto, 1985, S. 19 - 20 und Zimmermann, H.-J., Gutsche, L. [1991], Multi-Criteria-Analyse: Einführung in die Theorie der Entscheidungen bei Mehrfachzielsetzungen, Berlin-Heidelberg-New York, 1991, S. 65 - 66.

Interessant erscheint die Tatsache, daß bereits Ende der 60er Jahre ein Student (Dieser hat den Wusch, anonym zu bleiben.) des Massachusetts Institute of Technology kurz vor seinem Studienabschluß eine ähnliche - auf Kriterien-Hierarchie beruhende - Vorgehensweise für seine bevorstehende Entscheidung hinsichtlich eines möglichen Arbeitsplatzes entwickelt hatte. Zu seiner Vorgehensweise vgl. Miller III, J. R. [1970], Professional Decision-Making: A Procedure for Evaluating Complex Alternatives, New York-Washington-London, 1970, S. 101 - 112.

677 Vgl. Saaty, T. L. [1980].

678 Saaty, T. L., Wind, Y. [1980], Marketing Applications of the Analytic Hierarchy Process, in: MS Vol. 26 7/1980, S. 641 - 658, S. 641.

679 Saaty, T. L. [1980], S.11; Dieses Hierarchie-Verständnis wird auch vertreten von H.-J. Zimmermann und L. Gutsche: vgl. Zimmermann, H.-J., Gutsche, L. [1991], S. 66. Vgl.

Stelle räumt er weiterhin ein, daß "A hierarchy is *not* the traditional decision tree. Each level may represent a different cut of the problem."[680] Es gibt keine allgemeingültigen Regeln für die Aufstellung von Hierarchien. Die Anzahl der Levels, die der Elemente und die der Beziehungen zwischen den Elementen ist problemspezifisch durch den Entscheidungsträger zu bestimmen. Je größer der Erkenntnisstand des Entscheidungsträgers bezüglich des zu lösenden Problems ist, desto genauer können Teilprobleme aufgegliedert und verschiedene Aspekte berücksichtigt werden. T. L. Saaty hat Anforderungen, die an die Hierarchie zu stellen sind, an diversen Stellen erläutert.[681]

Allgemein sollen Hierarchien eindeutig definiert und weitgehend überschneidungsfrei sein.[682] Um gute Ergebnisse erzielen zu können, sollte die Anzahl der zu berücksichtigenden Stufen einer Hierarchie zwischen 5 und 9 liegen.[683] Ursprünglich war der AHP-Ansatz für sozio-ökonomische und politische Probleme gedacht.[684] Jedoch stellte sich mit der Zeit heraus, daß damit auch auf anderen Gebieten wie z.B. bei der Auswahl von Ausrüstungsmaterial[685], bei der Auswahl von Eisbrechern[686] oder bei der Auswahl

zu Abhängigkeiten zwischen den Hierarchieebenen: Saaty, T. L. [1987], How to handle dependence with the Analytic Hierarchy Process, in: MM Vol. 9 3-5/1987, S. 369 - 376.

680 Saaty, T. L. [1990a], How to make a decision: The Analytic Hierarchy Process, in: EJOR Vol. 48 1990, S. 9 - 26, S. 9.

681 Vgl. hierzu besonders Saaty, T. L. [1980], S. 73 - 78; Saaty, T. L., Vargas, L. G. [1982], The Logic of Priorities - Applications in Business, Energy, Health, and Transportation, Pittsburgh-Boston-London, 1982, S. 30 - 34.

682 Vgl. zu allgemeinen Anforderungen an formale Hierarchien z.B. Saaty, T. L., Vargas, L. G. [1982], S. 30 - 34.

683 Vgl. Saaty, T. L. [1980], S. 57. Vgl. zu Experimenten für das Herausfinden der menschlichen Kapazitätsgrenze Miller, G. A. [1956], The Magical Number, Seven, Plus or Minus Two: Some Limits on Our Capacity for Processing Information, in: Psychological Review Vol. 63 März/1956, S. 81 - 97. Vgl. zu Vorteilen der Hierarchiebildung z.B. Saaty, T. L. [1980], S. 14; Stevens, S. S. [1957], On the Psychophysical Laws, in: Psychological Review Vol. 64 Mai/1957, S. 153 - 181; Zimmermann, H.-J., Gutsche, L. [1991], S. 66.

684 Vgl. Saaty, T. L., Rogers, P. C. [1976], Higher Education in the United States (1985 - 2000), in: Socio-Economic Planning Sciences Vol. 10 6/1976, S. 251 - 263; Saaty, T. L. [1977], The Sudan Transport Study, in: Interfaces Vol. 8 1/1977 Part 2, S. 37 - 57, S. 40 - 57.

685 Vgl. Frazelle, E. [1985], Suggested Techniques Enable Multi-criteria Evaluation of Material Handling Alternatives, in: Industrial Engineering Vol. 17 2/1985, S. 42 - 48.

von PPS-Software[687] gute Resultate erzielt werden können.[688] In der Praxis werden AHP-Untersuchungen mit Hilfe von EDV-Programmen durchgeführt. Nennenswert sind die Programme Automan (Decision Support Software for Automated Manufactoring Investments) und Expert Choice (8.0), welche die Möglichkeiten von detaillierten paarweisen Attributsvergleichen, grafischen Unterstützungen und Sensitivitätsanalysen bieten.[689]

Wie bereits erwähnt, läuft das AHP-Verfahren nach dem in Abb. 30 dargestellten Phasenschema ab. Im weiteren werden diese Phasen kurz erläutert, wobei der Schwerpunkt auch hier auf der Attributsbearbeitung liegt.

---

686 Vgl. Hannan, E. L., Smith, J. A., Gilbert, G. R. [1983], A Multi-attribute Decision-making Approach to the selection of an Auxiliary Device for Icebreakers, in: DS Vol. 14 1983, S. 240 - 252.

687 Vgl. Williams, G. B., Tranth, J. [1991], Evaluation and Selection of Manufacturing Software for a Small Business, in: Advances in Manufacturing Technology VI - Proceedings of the Seventh National Conference on Production Research, Berlin-Heidelberg-New York, 1991, S. 102 - 106; Davis, L., Williams, G. [1994], Evaluating and selecting simulation software using the analytic hierarchy process, in: Integrated Manufacturing Systems Vol. 5 1/1994 S. 23 - 32.

688 Für weitere AHP-Anwendungsgebiete vgl. Zahedi, F. [1986], The Analytic Hierarchy Process - A Survey of the Method and its Applications, in: Interfaces Vol. 16 4/1986, S. 96 - 108, insbesondere S. 100 - 101, Vargas, L. G. [1990], An overview of the Analytic Hierarchy Process and its applications, in: EJOR Vol. 48 1990, S. 2 - 8, S. 4 - 8, Partovi, F. Y. [1990], Application of Analytical Hierarchy Process in Operations Management, in: International Journal of Operations and Production Management Vol. 10 3/1990, S. 5 - 19; Liu, B., Xu, S. [1987], Development of the theory and methodology of the Analytic Hierarchy Process and its applications in China, in: MM Vol. 9 3-5/1987, S. 179 - 184, S. 180 - 182; Wind, Y. [1987], An Analytic Hierarchy Process based approach to the design and evaluation of a marketing driven business and corporate strategy, in: MM Vol. 9 3-5/1987, S. 285 - 292, S. 287 - 291; Liberatore, M. J. [1987], An Extension of the Analytic Hierarchy Process for Industrial R&D Project Selection and Resource Allocation, in: IEEE Transactions on Engineering Management Vol. EM-34 1/1987, S. 12 - 18, S. 14 - 17.

689 Vgl. Weber, F. S. [1989], Automan: Decision Support Software for Automated Manufactoring Investments - User Manual, Washington, U.S. Department of Commerce - National Institute of Standards and Technology, 1989. Vgl. Expert Choice, Inc. [1992], Expert Choice - Version 8.0 - Based on the Analytic Hierarchy Process, McLean: Decision Support Software, s.l., 1992; Weber, K. [1992], Multiattribute Decision analysis: The Analytic Hierarchy Process, in: P. Gritzman, R. Hettich, R. Horst, E. Sachs (Hrsg.): Operations Research '91 - Extended Abstracts of the 16th Symposium on Operations Research held at the University of Trier at September 9-11, 1991, Berlin-Heidelberg-New York, 1992, S. 621 - 624, S. 622. Vgl. zu Darstellungen von Praxis-Beispielen mit Hilfe von Automan und Expert Choice: Weber, K. [1993a], S. 132 - 184; derselbe [1993b], The Analytic Hierarchy Process (AHP): Basics and Software, in: A. Karmann, K. Mosler, M. Schader, G. Uebe (Hrsg.): Operations Research '92 - Extended Abstracts of the 17th Symposium on Operations Research held at the Universität der Bundeswehr Hamburg at August 25-28, 1992, S. 532 - 534, S. 533.

3.1.2.2.1 Projektierungsphase

In der Projektierungsphase sollte die Aufgabenstellung zunächst grob beschrieben werden,[690] um den Umfang der Datenbeschaffung und -aufbereitung und der hierfür erforderlichen Personal- und Sachmittel abschätzen zu können. Aus dieser Grob-Ziel-Beschreibung lassen sich sodann genauere Teilziele ableiten. Der Modellaufbau und der Untersuchungsverlauf werden primär durch die Auswahl der Alternativen und der ihrer Beurteilung zugrunde gelegten Attribute determiniert. Neben dieser Grobbeschreibung der Untersuchungsaufgabe sollten detaillierte Aufgabenbeschreibungen stattfinden, um sowohl die Bildung von AHP-Teams, die einerseits softwaremäßig sachlich kompetente und andererseits fachlich fähige Mitglieder enthalten sollten, zu ermöglichen, als auch eine genaue Zeitplanung für die Untersuchung.

3.1.2.2.2 Bearbeitungsphase

3.1.2.2.2.1 Alternativen- und Attributsselektion

Die für die AHP-Untersuchung als sinnvoll erachteten Alternativen sind definitiv zu selektionieren, eventuell sind Vorselektionen mit Hilfe von Satisfizierungsverfahren vorzunehmen. Die klar erfaßbaren Attribute sind konform zum Untersuchungszweck und Untersuchungsziel auszuwählen. Empfohlen werden i.d.R. etwa 25 Attribute insgesamt inklusive aller Hierarchieebenen.[691] Bei Großprojekten kann von dieser Faustregel abgewichen werden.

---

690 Vgl. Weber, K. [1992], S. 621.

691 Vgl. Weber, K. [1991b], S. 400; derselbe [1993a], S. 77 und 78.

3.1.2.2.2.2 Attributsbearbeitung

(1) Aufbau einer Attributshierarchie

Hier liegt der Mittelpunkt der AHP-Methodologie. In dieser Phase werden zunächst die relevanten Attribute eingestuft. Ziel ist es, eine leicht überschaubare und zielorientierte Attributshierarchie aufzubauen, deren Standardform in Abb. 31 dargestellt ist. Die Aufgliederung in einzelne Hierarchieebenen sollte generell so lange erfolgen, bis man auf der letzten Hierarchiebene zu sinnvollen Einflußfaktoren gelangt.[692]

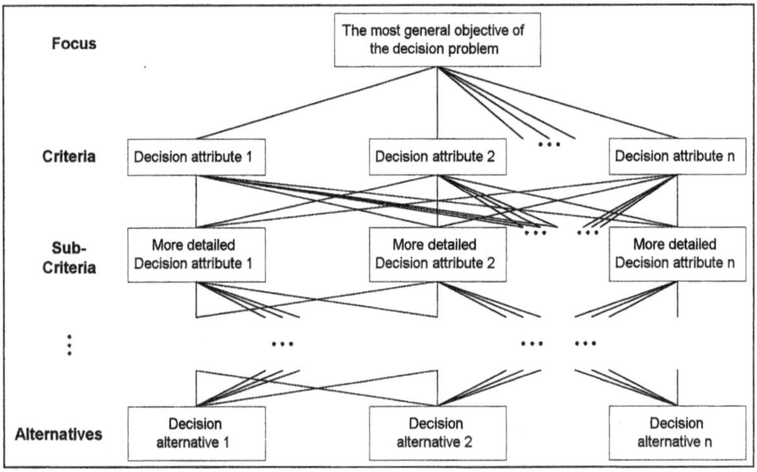

Abb. 31: Standardform des Hierarchie-Schemas im AHP-Ansatz[693]

Es gibt zwei grundlegende Möglichkeiten der Attributseinstufung: (1) Top-down-Verfahren und (2) Bottom-up-Verfahren. Beim Top-down-Verfahren werden neben dem Grobziel Subziele angegeben, aus denen dann tiefer gegliederte Attributshierarchien abgeleitet werden, bis man auf der letzten Ebene zu den Alternativen gelangt. Bei der Bottom-up-Vorgehensweise dagegen, verläuft der Weg von den zu beurteilenden Alternativen über meh-

[692] Vgl. zur Berücksichtigung von Abhängigkeiten bei den Hierarchien: Saaty, T. L., Takizawa, M. [1986], Dependence and independence: From linear hierarchies to nonlinear networks, in: EJOR Vol. 26 1986, S. 229 - 237, S. 230.

rere Attributsstufen zum Focus bzw. Grobziel der Untersuchung. Welches Verfahren zu empfehlen ist, hängt von der Aufgabenstellung und den verfügbaren Daten ab. Im weiteren wird von einer Top-down-Analyseform ausgegangen. Die bei den einzelnen Stufen ausgewiesenen Attribute bzw. Merkmale sollten zum einen miteinander vergleichbar und zum anderen mit einem (Haupt-)Attribut der vorgelagerten Stufe verkoppelt sein.[694]

(2) Attributsgewichtung

Die relative Attributsgewichtung erfolgt auf den einzelnen Hierarchiestufen durch paarweisen Attributsvergleich. Je nach Anzahl der vorhandenen Attribute läßt sich nach der Formel der Kombination ohne Wiederholung, wobei n=2 ist, die Anzahl der notwendigen paarweisen Attributsvergleiche berechnen: $\frac{N!}{2!(N-2)!} = \frac{N(N-1)}{2}$.

Durch diesen paarweisen Attributsvergleich erhält man eine (n x n)-Attributsvergleichsmatrix bzw. -Evaluations-Ergebnismatrix,[695] wobei $a_{ij} = \frac{w_i}{w_j}$ die Gewichtungsrelation zwischen dem Zeilenelement i und dem Vergleichs- bzw. Spaltenelement j ist.[696] Die Evaluationsmatrix läßt sich wie folgt darstellen:[697]

693 Vgl. Zahedi, F. [1986], S. 97, Saaty, R. W. [1987], The Analytic Hierarchy Process - What it is and how it is used, in: MM Vol. 9 3-5/1987, S. 161 - 178, S. 162 und S. 164; Weber, K. [1993b], S. 532 - 533.

694 Vgl. Weber, K. [1991b], S. 400.

695 Im weiteren kurz Evaluationsmatrix genannt.

696 Vgl. Saaty, T. L. [1980], S. 23; Saaty, T. L., Kearns, K. P. [1985], S. 23. Vgl. zur Begründung dieser Vorgehensweise Saaty, T. L. [1990b], An Exposition of the AHP in Reply to the Paper 'Remarks on the Analytic Hierarchy Process', in: MS Vol. 36 3/1990, S. 259 - 268, S. 262 - 265.

697 Vgl. Saaty, T. L. [1980], S. 23; derselbe [1990a], S. 12.

$$A = \begin{pmatrix} w_1/w_1 & w_1/w_2 & w_1/w_3 & \dots & w_1/w_n \\ w_2/w_1 & w_2/w_2 & w_2/w_3 & \dots & w_2/w_n \\ w_3/w_1 & w_3/w_2 & w_3/w_3 & \dots & w_3/w_n \\ \dots & \dots & \dots & \dots & \dots \\ w_m/w_1 & w_m/w_2 & w_m/w_3 & \dots & w_m/w_n \end{pmatrix}$$

Die Matrix A hat folgende drei Eigenschaften:[698]

$$a_{ij} > 0,\ a_{ij} = \frac{1}{a_{ji}} \text{ und } a_{ij} = 1 \text{ für } i = j$$

Für die Festlegung der Wichtungsrelationen wird meist der von T. L. Saaty empfohlene 'Measurement Scale' als Basis genommen, der in Tab. 23 dargestellt ist.[699]

Intensity of importance	Definition	Explanation
1	Equal importance	Two activities contribute equally to the objective
3	Weak importance of one over another	Experience and judgment slightly favor one activity over another
5	Essential or strong importance	Experience and judgment strongly favor one activity over another
7	Very strong or demonstrated importance	An activity ist favored very strongly over another; its diminance demonstrated in practice
9	Absolute importance	The evidence favoring over another is of the highest possible order of affirmation
2, 4, 6, 8	Intermediate values between adjacent scale values	When compromise is needed
Reciprocals of above non-zero Reciprocals of numbers	If activity *i* has one of the above non-zero numbers assigned to it when compared with activity *j*, then *j* has the reciprocal value when compared with *i*	
Rationals	Ratios arising from the scale	If consistency were to be forced by obtaining n numerical values to span the matrix

Tab. 23: Saaty's Measurement Scale[700]

698 Vgl. Saaty, T. L. [1980], S. 22; derselbe [1990a], S. 12 - 14.

699 Vgl. Weber, K. [1992], S. 621. Vgl. zur Argumentation für die Benutzung von Saaty's Measurement Scale: Saaty, T. L. [1990a], S. 10 - 12. Vgl. zur Berücksichtigung von Unsicherheiten und Risiken bei der Attributsgewichtung: Saaty, T. L., Vargas, L. G. [1987], Uncertainty and rank order in analytic hierarchy process, in: EJOR Vol. 32 1987, S. 107 - 119, S. 109 - 117.

Der zur Matrix A gehörende Gewichtsvektor ist bekannt. Es gilt folgender Grundsatz:[701]

$$A\,w = n\,w$$

In der Matrixalgebra heißen n Eigenwert und w Eigenvektor der Matrix A.[702] In der Realität ist w unbekannt, so daß der Entscheidungsträger den Eigenvektor mit Hilfe von geeigneten Daten, Experimenten und nicht zu vergessen durch Expertenurteile zu schätzen hat und folglich die sich so ergebende Evaluationsmatrix Inkonsistenzen beinhalten kann. Diese Inkonsistenzen erscheinen als Differenz zwischen der Summe der Diagonalelemente und dem maximalen Eigenwert der Evaluationsmatrix λ_{max}. T. L. Saaty erwähnt, daß die Relation $\lambda_{max} \geq n$ immer Gültigkeit besitzt und daß das Ergebnis der Matrix A um so konsistenter ist, je näher der Eigenwert bei n liegt.

(3) Konsistenzprüfung

Die Konsistenzsprüfung stellt eine sinnvolle Möglichkeit dar, Unzulänglichkeiten der erstellten Attributshierarchien zu erkennen und Verbesserungen einzubringen. Widersprüche können z.B. ihren Ursprung in der unvollständigen Information haben, so daß es nicht sinnvoll ist, die Bewertungsprozedur, Hinterfragung und Überprüfung der vorhandenen Informationen zu wiederholen. I.d.R. lassen sich durch zusätzliche Informationsbeschaffung und verbesserte Informationsverarbeitung aussagefähige und widerspruchsfreie Ergebnisse erzielen. Der oben beschriebenene Sachverhalt bezüglich der erhaltenen Evaluationsmatrix führt zu der Forderung, daß eine Konsistenz-

---

700 Vgl. z.B. Saaty, T. L. [1980], S. 53 - 54; derselbe [1990a], S. 15; Saaty, T. L., Kearns, K. P. [1985], S. 27; Saaty, T. L. [1986], Axiomatic Foundation of the Analytic Hierarchy Process, in: MS Vol. 32 7/1986, S. 841 - 855, S. 843; Saaty T. L., Alexander, J. M. [1981], Thinking With Models: Mathematical Models in the Physical, Biological, and Social Sciences, Oxford-New York-Toronto, 1981, S. 149.

701 Vgl. Saaty, T. L. [1980], S. 50 - 51; Saaty T. L., Alexander, J. M. [1981], S. 150.

702 Vgl. Saaty, T. L. [1980], S. 24 - 25.

prüfung stattzufinden hat. Die Konsistenzprüfung vollzieht sich mit Hilfe des CI (Consistency Index) für den folgende Beziehung gilt:[703]

$$CI = \frac{\lambda_{max} - n}{n - 1}$$

Der Consistency Ratio (CR) läßt sich wie folgt berechnen:

$CR = \frac{CI}{ARI} 100$, wobei ARI für 'average index of randomly generated weights' steht, für den T. L. Saaty R-Werte (Zufallskonsistenzmaße), wie in Tab. 24 aufgeführt, vorschlägt. In der Literatur werden von manchen Autoren andere R-Werte befürwortet.[704]

Size of Matrix	Random Consistency
1	0,00
2	0,00
3	0,58
4	0,90
5	1,12
6	1,24
7	1,32
8	1,41
9	1,45
10	1,49

Tab. 24: R-Werte zur CR-Berechnung nach T. L. Saaty[705]

Als eine Daumenregel gilt, daß bei einem CR-Wert über 10 % die A-Matrix einer nochmaligen Bewertung zu unterziehen ist.[706] Der Entscheidungsträger muß seine Prioritäten nochmals prüfen und neue Informationen über das zu lösende Problem bzw. dessen Attribute sammeln. Diese Rückkopplung verdeutlicht den Prozeßcharakter der AHP-Technik.[707] Ist der CR-Wert für

703 Vgl. Saaty, T. L. [1980], S. 51; Saaty, T. L., Kearns, K. P. [1985], S. 34; Saaty, R. W. [1987], S. 170 - 172.

704 Vgl. Donegan, H. A. , Dodd, F. J. [1991], A Note on Saaty's Random Indexes, in: Mathematical Computer Modelling Vol. 15 10/1991, S. 135 - 137 (zitiert nach Weber, K. [1993a]).

705 Vgl. Saaty, T. L. [1980], S. 21, Saaty, T. L., Kearns, K. P. [1985], S. 34.

706 T. L. Saaty und K. P. Kearns räumen jedoch ein, daß "In some cases 20 % may be tolerated but never more." Saaty, T. L., Kearns, K. P. [1985], S. 34.

707 Vgl. Zimmermann, H.-J., Gutsche, L. [1991], S. 69.

alle Attributsstufen höchstens 10 %, so ist zum nächsten Schritt überzugehen.

Ziel ist es nun, die relativen Gewichte der einzelnen Levels multiplikativ so miteinander zu verknüpfen, daß ein zusammengesetzter Gewichtsvektor zustande kommt, der eine Reihenfolge der verschiedenen Entscheidungsalternativen bezüglich der generellen Zielsetzung der Untersuchung (Level 1) liefert.

3.1.2.2.2.3 Alternativenbearbeitung

Die Alternativenbearbeitung beendet die Bearbeitungsphase. Die Alternative mit dem höchsten Wert im Gewichtsvektor ist als die 'beste' zu wählen. Generell ist bei der Alternativenbearbeitung zunächst eine integrierte Evaluation jeder Alternative vorzunehmen. Später werden die Alternativen nach ihrer Wertreihenfolge im CI-Vektor miteinander verglichen.[708]

3.1.2.2.3 Auswertungsphase

Die Auswertungsphase kann auch hier in eine Ergebnispräsentation und in Zusatzuntersuchungen aufgegliedert werden.[709] Die Ergebnispräsentation sollte zunächst mündlich sein.

---

[708] Vgl. Weber, K. [1993a], S. 105 - 106.

[709] Vgl. Weber, K. [1993a], S. 107 - 108.

3.2 Anwendung der AHP-Methodologie

Die Anwendung der AHP-Technik auf die Akquisitionsproblematik erfolgt im weiteren nach dem Phasenschema von K. Weber.[710]

3.2.1 Projektierungsphase

Die grobe Aufgabenbeschreibung könnte z.B. lauten: Aufstellung einer Rangfolge geeigneter Akquisitionskandidaten oder die Maximierung des Eigenkapitalwertes des Erwerberunternehmens durch den Kauf geeigneter Akquisitionsobjekte und die Realisierung von Synergiepotentialen. Da eine Akquisition ein Großprojekt darstellt, bietet sich hier die Bestellung von mehreren Expertengruppen an, um die Beurteilung aus mehreren Blickwinkeln zu ermöglichen. Dennoch bleibt die Leitung des Erwerberunternehmens als Entscheidungsinstanz bestehen. Die Expertengruppen könnten z.B. folgendermaßen eingeteilt werden (1. Kategorie):[711] (1) Aktionäre, (2) Management und (3) Arbeitnehmer und Kreditgeber. In einem von A. Arbel und Y. E. Orgler entwickelten Modell wurde allerdings eine etwas variierte Expertengruppe gewählt, die sich wie folgt zusammensetzt (2. Kategorie):[712]

I. Chairmain of the Board
II. Chief executive officer (CEO)
III. Shareholders representatives
  Large shareholders
  Institutional investors
IV. Outside directors
  Top executives of nonfinancial firms
  Public representatives
  Senior professionals such as lawyers, accountants etc.

---

[710] Vgl. zu anderen Phasenschemata, insbesondere bei der Beurteilung potentieller Akquisitionskandidaten: Arbel, A., Orgler, Y. E. [1990], An application to the AHP to bank strategic planning: The mergers and acquisitions process, in: EJOR Vol. 35 1990, S. 27 - 37, S. 29 - 32; Bagchi, P., Rao R. P. [1992], Decision Making in Mergers: An Application of the Analytic Hierarchy Process, in: Managerial And Decision Economics Vol. 13 1992, S. 91 - 99, S. 92 - 93; Schneeweiß, C. [1991b], S. 184 - 192.

[711] Vgl. Bagchi, P., Rao R. P. [1992], S. 93.

[712] Vgl. Arbel, A., Orgler, Y. E. [1990], S. 30.

Die zuerst erwähnte Expertenkategorie berücksichtigt mit Sicherheit mehr differenzierte Aspekte und Anregungen als die zweite, bei der ohne weiteres Expertengruppen zusammengefaßt werden können.

Da das zuvor genannte Ziel der Untersuchung nur eine globale Aufgabenumschreibung beinhaltet, bietet es sich an, kasuell die Hauptziele des Erwerbers kurz aufzuzählen.

Zu erwähnen bleibt noch in der Projektierungsphase, daß bei Gruppenentscheidungen die in den Expertengruppen erzielten Resultate kombiniert und abgewogen werden müssen, wobei bei großen Meinungsverschiedenheiten separate Modellauswertungen vorzunehmen sind.[713]

3.2.2 Bearbeitungsphase

3.2.2.1 Alternativen- und Attributsselektion[714]

Die Akquisitionskandidaten, die wirklich interessante Aufkaufobjekte für den Erwerber darstellen, werden hier aus dem Pool aller Kandidaten herausselektioniert, wobei es sich empfiehlt, dies - wenn möglich - nach vorheriger Absprache mit der (verkaufswilligen) Leitung des Targets zu tun, um nicht unnötig Zeit zu verlieren und hohe Kosten zu verursachen. Es sollte darauf geachtet werden, daß sich Akquisitionsobjekte in vielen Gesichtspunkten ähneln können. Um jedoch eine eindeutige Entscheidung herbeizuführen, sollten nicht allzu ähnliche Objekte als Alternativen gewählt werden.

---

713 Vgl. Weber, K. [1993a], S. 75 - 76.

714 Vgl. zum einem Beispiel der AHP-Methodologie, bezogen auf den Problemkreis der Unternehmensbewertung: Hafner, R. [1988], Unternehmensbewertung bei mehrfacher Zielsetzung, in: BFuP 6/1988, S. 485 - 504, S. 496 - 504.

Ziel der Attributsselektion ist die Auswahl akquisitionsrelevanter Attribute. Im hier aufgestellten Modell wird von 5 Attributen ausgegangen:

A1 Finanzielle Faktoren
A2 Wettbewerbsfaktoren
A3 Wachstumsfaktoren
A4 Unternehmensinterne Faktoren
A5 Rechtliche Faktoren

Generell bietet sich bei der Anwendung der AHP-Technik bei der Akquisitionsobjektbeurteilung ein Screening-Prozeß an, durch den Alternativen und Attribute sukzessiv und gezielt selektioniert werden, bis die beurteilungsrelevanten Kandidaten und Merkmale feststehen. Diese Vorgehensweise ist in Abb. 32 dargestellt. Sollten bei dem trichterartigen Screening-Prozeß keine den Vorstellungen der Untersuchungsleitung gerecht werdenden Akquisitionskandidaten zu finden sein, so sind die gewählten Attribute für den Untersuchungszweck bzw. deren Ausprägung bei den adäquaten Kandidaten als ungeeignet anzusehen.

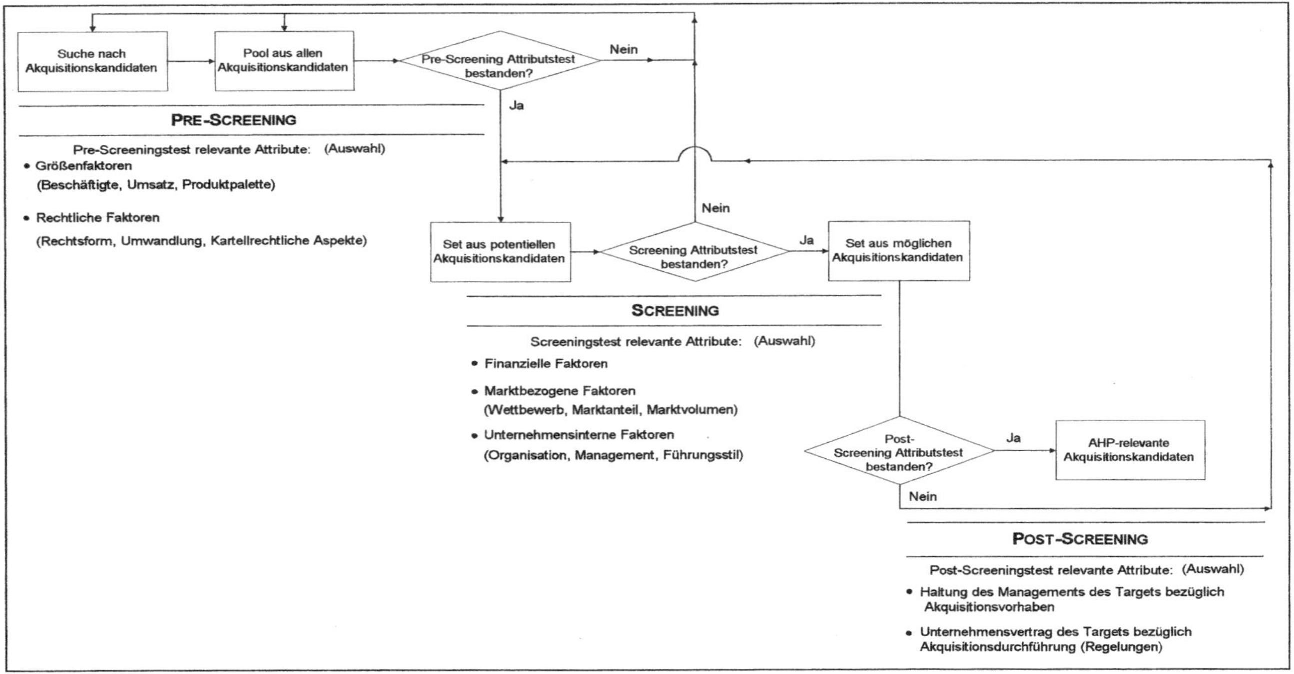

Abb. 32: Integrierter Alternativen- und Attributsselektionsprozeß bei einem Akquisitionsvorhaben[715]

---

[715] Vgl. zu einer ähnlichen Vorgehensweise: Rao, V. R., Mahajan, V., Varaiya, N. P. [1991], A Balance Model For Evaluating Firms For Acquisition, in: MS Vol. 37 3/1991, S. 331 - 349, S. 335; Stotland, J. A. [1976], S. 69.

3.2.2.2 Attributsbearbeitung

Nachdem geeignete Attribute für den Akquisitionszweck und vorhandene Akquisitionskandidaten selektioniert worden sind, werden diese in eine hierarchische Struktur gebracht. Dabei wird aus der Sichtweise der Leitung des Erwerberunternehmens argumentiert und agiert. In dem hier vorgestellten Modell werden die Attribute, wie in Abb. 33 gezeigt, eingestuft.

Tab. 25 dient als Erklärung für die verwendeten Attribute, die nach dem Top-down-Ansatz gewählt worden sind. Das Primärziel ist die Aufstellung eines Rankings der Akquisitionskandidaten.

Sub-Attribute	Erklärung
A 1.1	Cash-flow
A 1.2	Schulden
A 1.3	Risiko
A 2.1	Relativer Marktanteil
A 2.2	F&E-Aktivitäten
A 2.3	Vertriebssystem
A 3.1	Produktlebenszyklus
A 3.2	Markteintrittsbarrieren
A 4.1	Organisationsform
A 4.2	Unternehmenskultur
A 4.3	Arbeitsklima
A 5.1	Rechtsform
A 5.2	Branchenregelungen
A 5.3	Regelungen im Unternehmensvertrag

Tab. 25: Erklärung zu den gewählten Sub-Attributen

Die Zahl der Attribute beträgt 19 beim Vorhandensein von 2 Hierarchieebenen. In Tab. 26 sind die Attributsgewichtungen jeweils für Haupt- und Sub-Attribute getrennt dargestellt. Insgesamt sind 20 Attributsvergleiche durchzuführen.

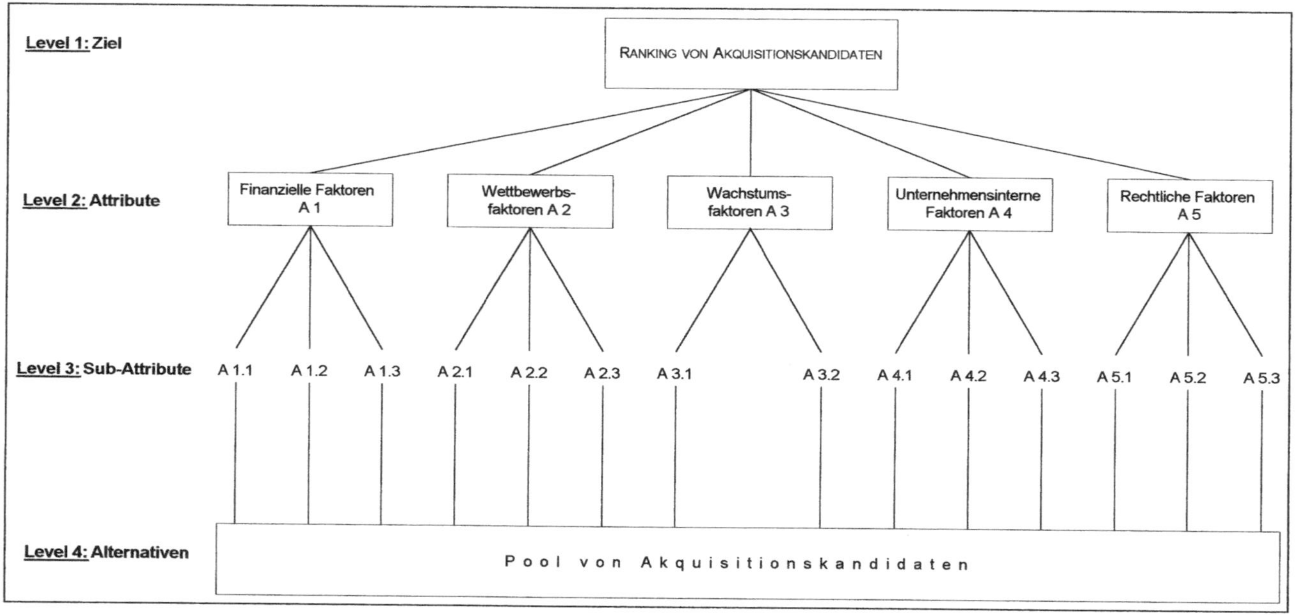

Abb. 33: Hierarchische Attributseinstufung bei der Beurteilung von Akquisitionskandidaten

Haupt-Attribute	A1	A2	A3	A4	A5	A1	A2	A3	A4	A5	Zeilensumme	Gewicht
A1	1,000	7,000	3,000	3,000	0,500	0,263	0,780	0,227	0,400	0,088	1,757	0,351
A2	0,143	1,000	7,000	2,000	3,000	0,038	0,111	0,530	0,267	0,526	1,472	0,294
A3	0,333	0,143	1,000	0,500	0,200	0,088	0,016	0,076	0,067	0,035	0,281	0,056
A4	0,333	0,500	2,000	1,000	1,000	0,088	0,056	0,152	0,133	0,175	0,603	0,121
A5	2,000	0,333	0,200	1,000	1,000	0,525	0,037	0,015	0,133	0,175	0,886	0,177
Spaltensumme	3,810	8,976	13,200	7,500	5,700	1,000	1,000	1,000	1,000	1,000	5,000	1,000

Sub-Attribut A 1	A 1.1	A 1.2	A 1.3	A 1.1	A 1.2	A 1.3	Zeilensumme	Gewicht
A 1.1	1,000	2,000	5,000	0,588	0,632	0,417	1,636	0,545
A 1.2	0,500	1,000	6,000	0,294	0,316	0,500	1,110	0,370
A 1.3	0,200	0,167	1,000	0,118	0,053	0,083	0,254	0,085
Spaltensumme	1,700	3,167	12,000	1,000	1,000	1,000	3,000	1,000

Sub-Attribut A 2	A 2.1	A 2.2	A 2.3	A 2.1	A 2.2	A 2.3	Zeilensumme	Gewicht
A 2.1	1,000	0,143	0,111	0,059	0,087	0,036	0,181	0,060
A 2.2	7,000	1,000	2,000	0,412	0,609	0,643	1,663	0,554
A 2.3	9,000	0,500	1,000	0,529	0,304	0,321	1,155	0,385
Spaltensumme	17,000	1,643	3,111	1,000	1,000	1,000	3,000	1,000

Sub-Attribut A 3	A 3.1	A 3.2	A 3.1	A 3.2	Zeilensumme	Gewicht
A 3.1	1,000	4,000	0,800	0,800	1,600	0,800
A 3.2	0,250	1,000	0,200	0,200	0,400	0,200
Spaltensumme	1,250	5,000	1,000	1,000	2,000	1,000

Sub-Attribut A 4	A 4.1	A 4.2	A 4.3	A 4.1	A 4.2	A 4.3	Zeilensumme	Gewicht
A 4.1	1,000	5,000	9,000	0,763	0,769	0,750	2,282	0,761
A 4.2	0,200	1,000	2,000	0,153	0,154	0,167	0,473	0,158
A 4.3	0,111	0,500	1,000	0,085	0,077	0,083	0,245	0,082
Spaltensumme	1,311	6,500	12,000	1,000	1,000	1,000	3,000	1,000

Sub-Attribut A 5	A 5.1	A 5.2	A 5.3	A 5.1	A 5.2	A 5.3	Zeilensumme	Gewicht
A 5.1	1,000	0,143	0,111	0,059	0,045	0,069	0,173	0,058
A 5.2	7,000	1,000	0,500	0,412	0,318	0,310	1,040	0,347
A 5.3	9,000	2,000	1,000	0,529	0,636	0,621	1,786	0,595
Spaltensumme	17,000	3,143	1,611	1,000	1,000	1,000	3,000	1,000

Tab. 26: Attributsgewichtungen der Hierarchiestufen 1 und 2

Im folgenden sind für die erste und zweite Hierarchiestufe Konsistenzprüfungen durchgeführt worden. Der CR-Berechnung sind die R-Werte nach T. L. Saaty zugrunde gelegt.

Konsistenzprüfungen

Hierarchiestufe 1

$$\begin{pmatrix} 1 & 7 & 3 & 3 & 0{,}500 \\ 0{,}143 & 1 & 7 & 2 & 3 \\ 0{,}333 & 0{,}143 & 1 & 0{,}500 & 0{,}200 \\ 0{,}333 & 0{,}500 & 2 & 1 & 1 \\ 2 & 0{,}333 & 0{,}200 & 1 & 1 \end{pmatrix} \times \begin{pmatrix} 0{,}351 \\ 0{,}294 \\ 0{,}056 \\ 0{,}121 \\ 0{,}177 \end{pmatrix} = \begin{pmatrix} 3{,}032 \\ 0{,}834 \\ 0{,}117 \\ 0{,}675 \\ 1{,}110 \end{pmatrix} ; \begin{pmatrix} 8{,}626 \\ 2{,}832 \\ 2{,}085 \\ 5{,}590 \\ 6{,}265 \end{pmatrix}$$

Summe = 25,398

λ_{max} = 5,080 ; CI = 0,020 ; CR = 0,018

Hierarchiestufe 2

• A 1: Finanzielle Faktoren

$$\begin{pmatrix} 1 & 2 & 5 \\ 0{,}500 & 1 & 6 \\ 0{,}200 & 0{,}167 & 1 \end{pmatrix} \times \begin{pmatrix} 0{,}545 \\ 0{,}370 \\ 0{,}085 \end{pmatrix} = \begin{pmatrix} 1{,}708 \\ 1{,}150 \\ 0{,}255 \end{pmatrix} ; \begin{pmatrix} 3{,}131 \\ 3{,}108 \\ 3{,}020 \end{pmatrix}$$

Summe = 9,259

λ_{max} = 3,086 ; CI = 0,043 ; CR = 0,075

• A 2: Wettbewerbsfaktoren

$$\begin{pmatrix} 1 & 0{,}143 & 0{,}111 \\ 7 & 1 & 2 \\ 9 & 0{,}500 & 1 \end{pmatrix} \times \begin{pmatrix} 0{,}060 \\ 0{,}554 \\ 0{,}385 \end{pmatrix} = \begin{pmatrix} 0{,}182 \\ 1{,}748 \\ 1{,}207 \end{pmatrix} ; \begin{pmatrix} 3{,}016 \\ 3{,}153 \\ 3{,}134 \end{pmatrix}$$

Summe = 9,303

λ_{max} = 3,101 ; CI = 0,051 ; CR = 0,087

• A3: Wachstumsfaktoren

$$\begin{pmatrix} 1 & 4 \\ 0{,}250 & 1 \end{pmatrix} \times \begin{pmatrix} 0{,}800 \\ 0{,}200 \end{pmatrix} = \begin{pmatrix} 1{,}600 \\ 0{,}400 \end{pmatrix} ; \begin{pmatrix} 2 \\ 2 \end{pmatrix}$$

Summe = 4

λ_{max} = 2 ; CI = 0,000 ; CR = 0,000

• A 4: Unternehmensinterne Faktoren

$$\begin{pmatrix} 1 & 5 & 9 \\ 0{,}200 & 1 & 2 \\ 0{,}111 & 0{,}500 & 1 \end{pmatrix} \times \begin{pmatrix} 0{,}761 \\ 0{,}158 \\ 0{,}082 \end{pmatrix} = \begin{pmatrix} 2{,}284 \\ 0{,}473 \\ 0{,}245 \end{pmatrix} ; \begin{pmatrix} 3{,}003 \\ 3{,}001 \\ 3 \end{pmatrix}$$

Summe = 9,004

λ_{max} = 3,001 ; CI = 0,001 ; CR = 0,001

• A 5: Rechtliche Faktoren

$$\begin{pmatrix} 1 & 0{,}143 & 0{,}111 \\ 7 & 1 & 0{,}500 \\ 9 & 2 & 1 \end{pmatrix} \times \begin{pmatrix} 0{,}058 \\ 0{,}347 \\ 0{,}595 \end{pmatrix} = \begin{pmatrix} 1{,}173 \\ 1{,}049 \\ 1{,}809 \end{pmatrix} ; \begin{pmatrix} 3{,}004 \\ 3{,}024 \\ 3{,}037 \end{pmatrix}$$

Summe = 9,065

λ_{max} = 3,022 ; CI = 0,011 ; CR = 0,019

Da die Konsistenzprüfung auf allen Hierarchieebenen einen Wert unter 10 % ergibt, ist eine Wiederholung der Gewichtungsprozedur nicht erforderlich. Die durchgeführten Attributsgewichtungen erfolgen widerspruchsfrei. Somit können die Gewichte der Haupt-Attribute multiplikativ mit den Sub-Attributen zu Endgewichten verknüpft werden. Die Ergebnisse der jeweiligen Endgewichte sind in Tab. 27 dargestellt.

Haupt-Attribute		Sub-Attribute	Stufengewicht	Endgewicht
A 1	0,351	A 1.1	0,545	0,192
		A 1.2	0,370	0,130
		A 1.3	0,085	0,030
A 2	0,294	A 2.1	0,060	0,018
		A 2.2	0,554	0,163
		A 2.3	0,385	0,113
A 3	0,056	A 3.1	0,800	0,045
		A 3.2	0,200	0,011
A 4	0,121	A 4.1	0,761	0,092
		A 4.2	0,158	0,019
		A 4.3	0,082	0,010
A 5	0,177	A 5.1	0,058	0,010
		A 5.2	0,347	0,061
		A 5.3	0,595	0,106
Summe		-	-	1,000

Tab. 27: Multiplikative Attributsgewichtung

3.2.2.3 Alternativenbearbeitung

In der ersten Stufe der Alternativenbearbeitung wird jede Akquisitionsalternative separat beurteilt. Eine integrative Alternativenbearbeitung läßt sich durch die Festlegung grober Teilungsverhältnissen erreichen. In einer zweiten Stufe werden dann Akquisitionsalternativen paarweise miteinander verglichen. Dies geschieht durch Multiplikation der Endgewichte mit den jeweiligen Teilungsverhältnissen der Kandidaten. Auf diese Weise erhält man Alternativen-Endgewichte pro Sub-Attribut. Ein grober Kandidatenvergleich läßt sich durch die Komparation der Endgewichtssummen pro Kandidat vollziehen. In dem hier zugrunde gelegten Modell ist Kandidat Y dem Kandidaten X vorzuziehen, da für Kandidat Y eine Gesamtbewertung von 0,649 zu 0,351 besteht. Die Ergebnisse der Alternativenbearbeitung sind aus Tab. 28 zu entnehmen.

Sub-Attribute	End-gewicht	Teilungsverhältnis		Alternativen-Endgewichte	
		Kandidat X	Kandidat Y	Kandidat X	Kandidat Y
A 1.1	0,192	0,333	0,667	0,064	0,128
A 1.2	0,130	0,250	0,750	0,033	0,098
A 1.3	0,030	0,400	0,600	0,012	0,018
A 2.1	0,018	0,125	0,875	0,002	0,016
A 2.2	0,163	0,750	0,250	0,122	0,041
A 2.3	0,113	0,111	0,889	0,013	0,101
A 3.1	0,045	0,500	0,500	0,022	0,022
A 3.2	0,011	0,333	0,667	0,004	0,007
A 4.1	0,092	0,200	0,800	0,018	0,073
A 4.2	0,019	0,250	0,750	0,005	0,014
A 4.3	0,010	0,700	0,300	0,007	0,003
A 5.1	0,010	0,600	0,400	0,006	0,004
A 5.2	0,061	0,125	0,875	0,008	0,054
A 5.3	0,106	0,333	0,667	0,035	0,070
Summe	1,000	-	-	0,351	0,649

Tab. 28: Alternativenbeurteilung

3.2.3 Auswertungsphase

Die Ergebnisse sollten bei einem Akquisitionsvorhaben sinnvollerweise schriftlich festgehalten werden. Zudem sollten zusätzlich mündliche Berichte bezüglich der Meinung und Einstellungen der Untersuchungsleitung und sonstige Erklärungen gegeben werden.

Darüber hinaus müssen Zusatzuntersuchungen in Form einer Sensitivitätsanalyse durchgeführt werden. Im dargestellten Modell wurden die Gewichte der Haupt-Attribute und jeweils 1 Einheit nach oben und nach unten variiert. Dabei hat sich folgende prozentuale Abweichung der Endgewichtssummen je Kandidat ergeben:

	Kandidat X	Kandidat Y
Erhöhung um eine Einheit	+ 4,27 %	- 2,31 %
Senkung um eine Einheit	- 1,99 %	+ 1,08 %

Es kann somit festgehalten werden, daß eine geringe Anderseinstufung der Haupt-Attribute in beide Richtungen beim Alternativenvergleich nicht zu nennenswerten Veränderungen führt.

3.3 Kritik am AHP-Ansatz

Nachdem die AHP-Methodologie dargestellt worden ist, soll die allgemeine Kritik an dieser Methode ansatzweise erläutert werden.[716] Der Hauptkritikpunkt ist die Nicht-Existenz eines theoretischen Modellgerüstes für die Problemzerlegung durch eine Hierarchiebildung, die stets zum gleichen Ergebnis führen würde. Entscheidungsträger, die dasselbe Problem beurteilen, gelangen in der Praxis und in der Theorie zu unterschiedlichen Lösungen, die durch differierende Hierarchiebildung zustande kommen.[717] Nichtsdestotrotz hat T. L. Saaty den Versuch unternommen und Axiome geschaffen, die für die AHP-Methodologie gelten sollen. Diese werden im folgenden kurz genannt:[718]

① Axiom 1 (Reciprocal Comparison), das die Basis für paarweise Vergleiche bildet. Danach ist der Entscheidungsträger in der Lage, auf einer Ratio-Skala einen a_{ij}-Wert für den Vergleich zweier Alternativen in bezug auf jeweils ein Attribut anzugeben.

② Axiom 2 (Homogeneity), das eine Voraussetzung für einen Vergleich darstellt, da absolut heterogene Elemente eines Systems ohne mindestens eine Clusterbildung nicht zu vergleichen sind. D.h. $a_{ij} \neq \infty$, da andernfalls die Beurteilung der Alternative sinnlos wäre.

---

716 Vgl. zu Ausführungen bezüglich Kritik und Gegendarstellungen zur AHP-Methodologie: French, S. [1988], Decision Theory: An Introduction to the Mathematics of Rationality, Chichester, 1988, S. 359 - 361 und Harker, P. T., Vargas, L. G. [1987], The Theory of Ratio Scale Estimation: Saaty's Analytic Hierarchy Process, in: MS Vol. 33 11/1987, S. 1383 - 1403; Harker, P. T., Vargas, L. G. [1990], Replay to "Remarks on the Analytic Hierarchy Process" by J. S. Dyer, in: MS Vol. 36 3/1990, S. 269 - 273, S. 270 - 271; Dyer, J. S. [1990], A Clarification of "Remarks on the Analytic Hierarchy Process", in: MS Vol. 36 3/1990, S. 274 - 275.

717 Vgl. Kara, A. [1993], An Experimental Investigation of the Predictive Validity of Selected Hybrid Conjoint models and Adaptive Analytic Hierarchy Process in the Context of Consumer Choice, Florida International University, 1993, S. 35 - 36.

718 Vgl. Saaty, T. L. [1986], S. 844 - 853, oder Saaty, R. W. [1987], S. 166 - 170; Bryson, N. [1995], A Goal Programming Method for Generating Priority Vectors, in: Journal of Operational Research Society Vol. 46 1995, S. 641 - 648, S. 641 - 642; Vargas, L. G. [1987], Priority theory and utility theory, in: MM Vol. 9 3-5/1987, S. 381 - 386, S. 382 - 385; derselbe [1990], S. 2 - 3; Saaty T. L., Alexander, J. M. [1981], S. 92 - 105.

③ Axiom 3 (Independence), das die Abhängigkeit einer niedrigeren Stufe bezüglich einer höheren durch eine Hierarchiebildung darstellen läßt.[719]

④ Axiom 4 (Expectations), welches verlangt, daß die Vorstellungen des Entscheidungsträgers direkt und indirekt in einer adäquaten Art und Weise im Modell bzw. Modellaufbau repräsentiert sein sollten. D.h. alle relevanten Attribute und Alternativen müssen entsprechend der Präferenzen des Entscheidungsträgers im Hierarchieaufbau berücksichtigt werden.

Die hier aufgeführten Axiome gelten sicherlich für eine große Klasse von Entscheidungstypen, die diesen Charakter aufweisen, jedoch nicht für alle.

Die nächste Kritik betrifft die Einstufung und die Gewichtung der einzelnen Kriterien, die sicherlich entscheidungsträgerspezifisch und von der Umwelt des Entscheidungsträgers etc. abhängig sind. So läßt diese Tatsache erkennen, daß die Attributseinstufung und -gewichtung individuell variiert.

Als letzter und wichtiger Kritikpunkt ist 'Saaty's Measurement Scale' zu nennen, der eine Reihe von Fragen aufwirft, z.B., wieso gerade eine 9-Punkte-Skala zugrunde gelegt wird oder wie qualitative Attribute eine quantitative Gewichtung erhalten sollen. Auf der einen Seite sind die Definitionen der Skalen zur Rangordnung der Attribute[720] äußerst unpräzise.[721] Auf der anderen Seite hat sich Saatys Skala in der bisherigen AHP-Praxis bewährt, so daß die vorgeschlagenen Skalenwerte nach dem individuellen Urteilsvermögen des Entscheidungsträgers übernommen werden können.

Trotz dieser Kritik stellt die AHP-Methodologie zur Lösung von mehrkriteriellen Entscheidungsproblemen einen gut bewährten Ansatz dar, der in regelmäßigen Abständen auf neue Anwendungsgebiete übertragen wird. Die AHP-Methodologie "[...] provides an overall view of the complex relationships inherent in the situation; and helps the decision maker assess whether

719 Vgl. zur Prüfung der Unabhängigkeit der Hierarchieebenen: Harker, P. T. [1989], S. 25.

720 Vgl. Darstellung in Tab. 23.

721 Vgl. Zimmermann, H.-J., Gutsche, L. [1991], S. 91.

the issues in each level are of the same order of magnitude"[722], so daß der Entscheidungsträger heterogene Aspekte vergleichen und zu berücksichtigen in der Lage ist. Es wird in Zukunft nicht möglich sein, bei komplexen Projekten auf die AHP-Methodologie zu verzichten, zumal nahezu unbegrenzte Einsatzmöglichkeiten bestehen.

T. L. Saaty argumentiert bei der Begründung, wieso bei komplexen Problemen die AHP-Methodologie überhaupt eingesetzt werden sollte, wie folgt: "The moral is that we are sometimes led into developing blind expectations for that to which we are accustomed out of habit, and not necessarily because its truth is something written in granite. We believe that our own tempered understanding should produce closer results to experience than simply following tradition, which has possibly rutted our thinking, and induced us to forego change in search of better ways that we give better answers."[723] Es ist festzuhalten, daß Saatys AHP-Technik einen Schritt in Richtung einer realistischeren Entscheidungsunterstützung darstellt, obwohl sie in einigen Punkten verbesserungswürdig erscheint.[724] Darüber hinaus sei hinzugefügt, daß die AHP-Methodologie den Entscheidungsprozeß niemals ersetzen kann. Sie ergänzt ihn und variiert mit ihrer Vorgehensweise die Entscheidungsstruktur des Problems.[725]

---

722 Saaty, T. L. [1990a], S. 9.

723 Saaty, T. L. [1990a], S. 26.

724 Vgl. zu neuesten Weiterentwicklungen des AHP bezüglich der Berücksichtigung von Unsicherheiten mit Hilfe eines Simulationsprozesses bei der paarweisen Attributsgewichtung durch Zugrundelegung einer Normalverteilung bei der Präferenzfunktion des Entscheidungsträgers: Paulson, D., Zahir, S. [1995], Consequences of uncertainty in the analytic hierarchy process: A simulation approach, in: EJOR Vol. 87 1995, S. 45 - 56, S. 47 - 55; Kara, A. [1993], S. 44 - 56.

725 Vgl. Harker, P. T. [1989], S.13.

4. Lineare Programmierung

Die LP[726] ist neben der Netzplan-Technik das bekannteste und in der Praxis am häufigsten eingesetzte OR-Verfahren.[727] Generell ist die LP als Sonderfall der mathematischen Programmierung zu verstehen. Zunächst werden die wichtigsten Grundlagen der LP kurz erläutert, um dann die Möglichkeit eines Modellaufbaus und Modelleinsatzes im Sinne der Problemstellung zu prüfen.

4.1 Grundlagen der Linearen Programmierung

Mit Hilfe der LP wird eine Klasse von Optimierungsproblemen gelöst, indem durch Optimierung (Maximierung oder Minimierung) von Entscheidungsvariablen, denen gewisse lineare Restriktionen (Gleichungen oder Ungleichungen) auferlegt werden, die in der Problemstellung festgelegten Ziele (Zielfunktion) in einer bestmöglichen bzw. optimalen Art und Weise erreicht werden.[728] Generell geht es bei LP-Problemen um die *optimale Verteilung knapper Ressourcen*, bezogen auf unterschiedliche Verwendungszwecke.

4.1.1 Bestandteile eines LP-Problems

Kennzeichnend für ein LP-Problem sind die nachfolgend aufgeführten Bestandteile:[729]

---

726 Andere Bezeichnungen sind 'lineare Optimierung' oder 'lineare Planungsrechnung'.

727 Daß LP in der Praxis eine so große Bedeutung erlangt hat, ist neben der in der Theorie vorhandenen allgemein fundierten Modellstruktur v.a. durch die weitgehende *Isomorphie* der (theoretischen) Modellstruktur mit den in der Praxis bestehenden Problemen zu begründen.

728 Vgl. Churchman, C. W., Ackoff, R. L., Arnoff, E. L. [1966], S. 257.

729 Vgl. Sengupta, J. K., Fox, K. A. [1969], Economic Analysis and Operations Research: Optimization Techniques in Quantitative Economic Models, Amsterdam-Oxford-New York, 1969, S. 24 - 28; Theil H., Boot, J. C. G., Kloek, T. [1971], Prognosen und Entscheidungen - Einführung in Unternehmensforschung und Ökonometrie, Opladen, 1971, S. 13 - 15; Harvey, C. M. [1979], Operations Research: An Introduction to Linear Optimization and Decision Analysis, New York-Oxford, 1979, S. 11 - 12; Spivey, W. A. [1960], An Introduction to Linear Programming, in: K. E. Boulding, W. A. Spivey

(1) Nichtnegativitätsbedingung

Die NBB besagt, daß die Entscheidungsvariablen x_j keine negativen Werte annehmen dürfen: $x_j \geq 0$ für $j = 1, ..., n$

(2) Einschränkende Bedingungen

Die einschränkenden Bedingungen legen durch die Formulierung von Gleichungen bzw. Ungleichungen für die Entscheidungsvariablen und den dazugehörigen technischen Koeffizienten Beschränkungswerte fest:[730]

$$\sum_{j=1}^{n} a_{ij} x_j \leq b_i \quad \text{für } i = 1, ..., m$$

(1) und (2) werden als *Restriktionen* bezeichnet und legen gemeinsam den Definitionsbereich der Zielfunktion fest. Bei der Formulierung von Restriktionen ist darauf zu achten, daß die Zielfunktion mehr als nur eine zulässige Lösung annehmen darf.

(3) Zielfunktion

Die Zielfunktion z versucht, die in der Problemstellung festgelegten Entscheidungsvariablen zu optimieren.

Im Falle einer Maximierung heißt dies: $z \rightarrow$ Max!

Soll z minimiert werden, so ist die Zielfunktion mit (-1) zu multiplizieren und lautet entsprechend: $z \rightarrow$ Min![731]

z ist stets eine Funktion, die aus den Entscheidungsvariablen x_j und den Zielfunktionskoeffizienten c_j besteht: $z = \sum_{j=1}^{n} c_j x_j$ für $j = 1, ..., n$

(Hrsg.): Linear Programming and the Theory of the Firm, New York, 1960, S. 61 - 93, insbesondere S. 65 - 69.

730 Vgl. Carr, C. R., Howe, C. W. [1964], Quantitative Decision Procedures in Management and Economics: Deterministic Theory and Applications, New York-San Francisco-Toronto, 1964, S. 125 - 126. Die Restriktionen können auch in Form von unteren Grenzen formuliert werden. Vgl. Spivey, W. A., Thrall, R. M. [1970], Linear Optimization, New York-Chicago-San Francisco, 1970, S. 5.

731 Vgl. z.B. Spivey, W. A., Thrall, R. M. [1970], S. 5.

4.1.2 Wichtigste Annahmen der LP und die Vorgehensweise bei der Lösung von LP-Problemen

Der Modellbildung bei der LP liegen Annahmen zugrunde, von denen die wichtigsten hier aufgeführt werden:[732]

(1) Nicht-Negativität
(2) Proportionalität
(3) Additivität
(4) Linearität der Zielfunktion
(5) Verfolgung *eines* Ziels
(6) Zielmaximierung *oder* -minimierung
(7) Linearität der Restriktionen
(8) Teilbarkeit

Zur Ermittlung einer Lösung ist sowohl eine grafische als auch eine numerische Vorgehensweise möglich. Eine grafische Lösung kann nur bei Problemen mit bis zu drei Entscheidungsvariablen durchgeführt werden. Oft dient die grafische Lösung als Zusatzinstrument zur visuellen Veranschaulichung der errechneten Lösungen, sofern sie anwendbar ist. Praktische Probleme lassen sich grafisch kaum lösen. Numerische Lösungsmethoden sind jedoch immer anwendbar. Die von G. B. Dantzig[733] entwickelte Simplex-Methode ist das am häufigsten genutzte und wohl auch bekannteste numerische Lösungsverfahren. Es ist ein iteratives Lösungsverfahren zur Lösung von LP-Problemen mit beliebig vielen Entscheidungsvariablen. Sowohl die grafische Lösungsmethode als auch die Simplex-Methode setzen voraus, daß optimale Lösungen eines LP-Problems nur an Eckpunkten oder auf dem Rand eines zulässigen Lösungsbereichs liegen können. Die Simplex-Methode beschränkt sich bei der Suche nach der Optimallösung auf Basislösungen des Gleichungssystems bzw. auf die Eckpunkte des Restriktions-

---

732 Vgl. Dantzig, G. B. [1966], Lineare Programmierung und Erweiterungen, Berlin-Heidelberg-New York, 1966, S. 37 - 40.

733 Vgl. Dantzig, G. B. [1966].

Polyeders.[734] Dabei geht der Simplexalgorithmus so vor, daß, ausgehend von einem bekannten Eckpunkt (Nullpunkt), nach den Verfahren der Basistransformation weitere Eckpunkte berechnet werden, bis die Optimallösung erreicht ist. Da rechen-technisch Gleichungen einfacher als Ungleichungen zu behandeln sind, fordert der Simplex-Algorithmus, daß Nebenbedingungen als Gleichungen vorliegen; dafür ist die Einführung sog. Schlupfvariablen bzw. künstlicher Variablen notwendig, damit die Ungleichungen in Gleichungen überführt werden können. Danach wird der Simplex-Algorithmus, welcher aus einer Folge von Pivot-Operationen besteht, auf das LP-Problem angewandt, mit dem Ziel, eine zulässige Lösung für das Problem zu finden.[735]

Naturgemäß ist davon auszugehen, daß ein LP-Problem lösbar oder unlösbar ist. Ist es lösbar, so bestehen entweder eindeutige Lösungen in Form eines Eckpunktes, oder das Problem ist mehrdeutig bis hin zur Existenz vieler optimaler Lösungen. Liegt hingegen ein unlösbares LP-Problem vor, so kann es sein, daß die errechnete Lösung keine zulässige darstellt oder aber, daß der Lösungsraum unbeschränkt ist, so daß grundsätzlich keine Optimallösung existiert.[736]

---

734 Vgl. Runzheimer, B. [1987], Operations Research I: Lineare Planungsrechnung und Netzplantechnik, Wiesbaden, 1987, S. 37.

735 Zur Ausführlichen Beschreibung des Simplexalgorithmus: Dantzig, G. B. [1966], S. 110 - 130; Haupt, P. Lohse, D. [1975], Grundlagen und Anwendung der Linearen Optimierung, Essen, 1975, S. 121 - 149; Sasieni, M., Yaspan, A., Friedman, L. [1971], Methoden und Probleme der Unternehmensforschung, Würzburg-Wien, 1971, S. 231 - 241; Spencer, J. E., Geary, R. C. [1974], Exercises in Mathematical Economics and Econometrics with Outlines of Theory, London, 1974, S. 52 - 59. Eine kurze und verständliche Darstellung bietet Runzheimer, B. [1987], S. 37 - 50.

736 Vgl. zu dieser Thematik z.B. Dürr, W., Kleibohm, K. [1988], Operations-Research: lineare Modelle und ihre Anwendungen, München-Wien, 1988, S. 32 - 40.

4.2 Anwendung der Linearen Programmierung

Bei dem hier vorzustellenden Modell wird angenommen, daß das Erwerberunternehmen ein festes Budget zur Durchführung von Akquisitionen zur Verfügung hat. Bei diesem OR-Instrument wird von der in Teil II Kap. 2.1 erläuterten strategischen Sichtweise einer Akquisition und allen anderen vorgestellten OR-Instrumenten abgewichen. Denn hier tritt anstelle der strategischen Akquisitionsziele die kurzfristige Renditemaximierung des eingesetzten Kapitals des Erwerbers durch Kauf von Unternehmensanteilen in den Vordergrund. Diese Sichtweise liegt v.a. den Anteilserwerben der us-amerikanischen institutionellen Anleger zugrunde.

4.2.1 Modellannahmen und -aufbau

Dem Finanzbereich des Erwerberunternehmens ist von der Unternehmensleitung die Aufgabe gestellt worden, ein bestimmtes Budget möglichst gewinnbringend zu investieren. Als Investitionsalternative bietet sich der Anteilserwerb an. Es wird angenommen, daß n Anlagemöglichkeiten zur Verfügung stehen. Aus dieser Problemstellung leitet sich die Zielfunktion ab, daß der RoI des zu Akquisitionszwecken zu verwendenden Kapitals zu maximieren ist:

$$\text{Max! } z = \sum_{j=1}^{n} p_j \, i_j \, x_j$$

p_j = Preis für eine 1 %ige Beteiligung am Unternehmen j

i_j = aus der Vergangenheit berechnete RoI über einen gewissen Zeitraum beim Unternehmen j

x_j (Entscheidungsvariable) = prozentuale Beteiligung am Target j

Die Erreichung der Zielfunktion unterliegt gewissen Restriktionen, die im weiteren erläutert werden sollen:

Die erste Restriktion besteht in der Vorgabe eines zum Erwerb von Anteilen zur Verfügung stehenden Budgets b, das nicht überschritten werden darf:

$$\sum_{j=1}^{n} p_j \, x_j \leq b$$

Andere Restriktionen sind in das Modell zu integrieren, sie zeigen sich z.B. in Form des Risikos, das höchstens mit den Investitionen verbunden sein soll. Auch hier sind entsprechende Daten aus dem historischen Wert des jeweiligen Objektes zu errechnen.

$$\sum_{j=1}^{n} r_j \, x_j \leq r$$

r_j = Risiko der Geschäftstätigkeit des Unternehmens j

r = Höchstmaß an Risiko, das das Erwerberunternehmen einzugehen bereit ist

Die Risiken der Investition ergeben sich aus den Schwankungen der Rendite über einen gewissen Zeitraum.[737] Diese Schwankungen sind mit Hilfe einer Skalentransformation als Risikoziffer auszuweisen, so daß man dann zum jeweiligen r_j gelangt. Bei börsennotierten Unternehmen entspricht dies der Volatilität der Aktien, die mit Hilfe des VDAX gemessen werden kann.

Im vorzustellenden Beispiel wird eine weitere Restriktion aufgenommen. Sie zielt auf die Vorstellung, daß möglichst zu diversifizieren ist und somit durch die Investition nicht eine Abhängigkeit von einem einzigen Unternehmen entsteht. Umgesetzt lautet die Auflage, daß die in ein Objekt zu investie-

---

[737] Meist berücksichtigt man das Risiko bei börsennotierten Aktiengesellschaften durch die Schwankungsbreite der Aktienpreise.

rende Summe z.B. höchstens die Hälfte des insgesamt zur Verfügung stehenden Budgets betragen soll:

$$\sum_{j=1}^{n} p_j \, x_j \leq \frac{b}{2}$$

Nachdem der Modellaufbau und die zugrunde gelegten Annahmen erläutert worden sind, werden im nächsten Abschnitt für das Modell Zahlen ausgewählt und eine entsprechende Berechnung aufgestellt.

4.2.2 Modellösung

Das Akquisitionsbudget seitens des Erwerberunternehmens beträgt 7.000 TDM. Es wird angenommen, daß die Anzahl der mittels eines Screening-Prozesses ausgewählten Unternehmen, an denen der Erwerber sich beteiligen kann, vier beträgt. Der den Targets zugrunde gelegten RoI, die Geschäftsrisiken und die Preise für eine 1 %ige Beteiligung an den jeweiligen Unternehmen sind Tab. 29 zu entnehmen.

Objekte (B)	RoI	Preis	Risiko
B1	8 %	210 TDM	17
B2	7 %	170 TDM	13
B3	10 %	230 TDM	25
B4	12 %	200 TDM	27

Tab. 29: Aufstellung der Modelldaten

Des weiteren wird angenommen, daß das Höchstmaß an Risiko, welches durch eine Skalentransformation festgelegt wird, 800 beträgt. Mengenbeschränkungen z.B. seitens der Monopolkommission oder etwaige Auflagen bezüglich einer Höchstbeteiligung existieren nicht.

Es gilt die Zielfunktion z zu maximieren:

$$\text{Max } z = 210 * 0{,}08 * x_1 + 170 * 0{,}07 * x_2 + 230 * 0{,}10 * x_3 + 200 * 0{,}12 * x_4$$

Es existieren folgende Restriktionen:

$$210 * x_1 + 170 * x_2 + 230 * x_3 + 200 * x_4 \leq 7.000$$

$$17 * x_1 + 13 * x_2 + 25 * x_3 + 27 * x_4 \leq 800$$

$$210 * x_1 \leq 3.500$$

$$170 * x_2 \leq 3.500$$

$$230 * x_3 \leq 3.500$$

$$200 * x_4 \leq 3.500$$

Die Maximierung der obigen Zielfunktion wird anhand des Simplexalgorithmus vorgenommen.[738] Die Berechnung der Optimallösung ist in Tab. 30 zusammengefaßt.

Die Pivotelemente sind in den durchnumerierten Tableaux 200, 25 und 53,6. Wie zu sehen ist, gelangt man bereits nach drei Iterationen zu einer Optimallösung. Da nach diesen drei Iterationen alle Zielfunktionskoeffizienten positiv sind, steht die optimale Lösung fest: Die Lösung für x_1 ist 9,09, für x_3 6,92, und schließlich ist der Lösungswert für x_4 17,5. Da x_2 nicht in die Basis gelangt, erhält es keinen Lösungswert. Der maximale Wert der Zielfunktion beträgt 731,84.

Die Lösung ist in der Weise zu interpretieren, daß das Erwerberunternehmen eine Rendite von 10,45 % (731,84 / 7.000) für das von ihm zu Beteiligungszwecken eingesetzte Kapital (von 7.000 TDM) bei den ausgewählten Unternehmen durch eine prozentuale Beteiligung am Objekt B1 mit 9,09 %, am Objekt B3 mit 6,92 % und am Objekt B4 mit 17,5 % erhalten würde. Ist das Erwerberunternehmen mit dieser Rendite nicht zufrieden, so gilt es zwecks Beurteilung der potentiellen Objekte, eine erneute Kandidatenwahl durchzuführen.

---

738 Vgl. zur allgemeinen Vorgehensweise z.B. Carr, C. R., Howe, C. W. [1964], S. 154 - 156.

# 0	z	-16,8	-11,9	-23	-24	0
		x1	x2	x3	x4	Ratio
	S1	210	170	230	200	7.000
	S2	17	13	25	27	800
	S3	210	0	0	0	3.500
	S4	0	170	0	0	3.500
	S5	0	0	230	0	3.500
	S6	0	0	0	**200**	3.500
# 1	z	-16,8	-11,9	-23	0,12	420
		x1	x2	x3	S6	Ratio
	S1	210	170	230	-1	3.500
	S2	17	13	**25**	-0,135	327,5
	S3	210	0	0	0	3.500
	S4	0	170	0	0	3.500
	S5	0	0	230	0	3.500
	x4	0	0	0	0,005	17,5
# 2	z	-1,16	0,06	0,92	-0,004	721,3
		x1	x2	S2	S6	Ratio
	S1	**53,6**	50,4	-9,2	0,242	487
	x3	0,68	0,52	0,04	-0,005	13,1
	S3	210	0	0	0	3.500
	S4	0	170	0	0	3.500
	x3	-156,4	-119,6	-9,2	1,242	487
	x4	0	0	0	0,005	17,5
# 3	z	0,02	1,15	0,72	0,00	731,84
		S1	x2	S2	S6	Ratio
	x1	0,02	0,94	-0,17	0,00	**9,09**
	x3	-0,01	-0,12	0,16	-0,01	**6,92**
	S3	-3,92	-197,46	36,04	-0,95	1.591,98
	S4	0,00	170,00	0,00	0,00	3.500,00
	S5	2,92	27,46	-36,04	1,95	1.908,02
	x4	0,00	0,00	0,00	0,01	**17,50**

Tab. 30: Simplex-Tableaux für die Berechnung des Optimums

4.2.3 Sensitivitätsanalyse

Die Sensitivitätsanalyse dient zur Bestimmung des Gültigkeitsbereichs der bereits errechneten Optimallösung für die einzelnen Entscheidungsvariablen hinsichtlich einer Variation der Zielfunktionskoeffizienten und der geltenden Restriktionen. Dieser Gültigkeitsbereich kann ein geschlossenes oder ein offenes Intervall darstellen. Wird der Wert *eines* Zielfunktionskoeffizienten innerhalb des Gültigkeitsbereichs variiert, so bleibt die Struktur der optimalen Lösung unverändert. Das bedeutet, daß die Zuordnung einer Entscheidungsvariablen zu den Basis- bzw. zu den Nichtbasisvariablen unangetastet bleibt. Ändert man die Werte der Restriktionen, so ändern sich jedoch die Zahlenwerte der Basisvariablen, so daß die so zustande kommende Lösung nicht mehr optimal, aber dennoch gültig ist.

In Tab. 31 sind die absoluten und prozentualen Abweichungen der Restriktionen und der Zielfunktionskoeffizienten in dem jeweiligen Geltungsbereich aufgelistet. Es ist noch festzuhalten, daß bei der durchgeführten Sensitivitätsanalyse jeweils nur ein einziger Wert der b_i bzw. a_{ij} variiert wurde.

	Restriktionen	**Lower Range (Absolut-Abw.)**	**Upper Range (Absolut-Abw.)**	**Lower Range (%-Abweichung)**	**Upper Range (%-Abweichung)**
S1	7000	6513	7406,33	-6,96	5,80
S2	800	755,83	852,93	-5,52	6,62
S3	3500	1908,02	unbegrenzt	-45,49	unbegrenzt
S4	3500	0	unbegrenzt	-100,00	unbegrenzt
S5	3500	1591,98	unbegrenzt	-54,51	unbegrenzt
S6	3500	2520,59	4317,18	-27,98	23,35
	Preise	**Lower Range (Absolut-Abw.)**	**Upper Range (Absolut-Abw.)**	**Lower Range (%-Abweichung)**	**Upper Range (%-Abweichung)**
x1	16,8	16,57	21	-1,37	25,00
x2	11,9	unbegrenzt	13,05	unbegrenzt	9,66
x3	23	18,4	23,122	-20,00	0,53
x4	24	23,792	unbegrenzt	-0,87	unbegrenzt

Tab. 31: Darstellung der Stabilitätsbereiche der b_j und der a_{ij}

Wie zu sehen ist, sind geringe Abweichungen (5,8 % nach oben und 6,96 % nach unten) bei dem festgelegten Budget des Erwerbers erlaubt, um immer noch zu einer gültigen Lösung zu erlangen. Dies gilt auch für die Festlegung des Risikos, das der Erwerber einzugehen bereit ist. Bezüglich der Auflage, daß höchstens die Hälfte des Budgets in ein Objekt zu investieren sei, bestehen allerdings nach beiden Richtungen relativ hohe Schwankungsbreiten, um immer noch eine geltende Lösung beibehalten zu können.

Bezüglich der Variation der Preise für die prozentualen Beteiligungen ist ersichtlich, daß die Schwankungsbreiten für die einzelnen Unternehmen sehr unterschiedlich ausfallen, so daß zum einen eine genauere Analyse des jeweiligen Objektes erforderlich wäre, aber zum anderen der damit verbunden Aufwand abgewogen werden müßte, denn an der Optimallösung treten keine Veränderungen auf. Insgesamt kann resümiert werden, daß das aufgestellte Modell unter der betrachteten Konstellation als relativ stabil einzustufen ist.

Teil V

Schlußbetrachtung und Ausblick

Eine Unternehmensakquisition stellt das Management des Käuferunternehmens vor die Aufgabe, viele unterschiedliche Aspekte gleichzeitig zu berücksichtigen. Die Beurteilung eines Akquisitionsobjektes sollte angesichts der Komplexität und der strategischen Bedeutung jeder Unternehmensakquisition eine integrative Verknüpfung unterschiedlicher OR-Verfahren nutzen, da auf diese Weise zum einen eine intersubjektive Nachvollziehbarkeit der verwendeten Verfahren und deren Ergebnisse möglich ist und zum anderen die Gefahr, relevante Faktoren außer acht zu lassen, erheblich reduziert wird.

Ziel dieser Untersuchung war es zum einen aufzuzeigen, daß strategische Entscheidungen wie die Unternehmensakquisition es rechtfertigen, den Einsatz teilweise aufwendiger OR-Verfahren auch auf *strategische* Problemfelder auszuweiten. Zum anderen wurde mit der vorliegenden Untersuchung ein System aus verschiedenen OR-Verfahren erstellt, das eine vernetzte Sichtweise der diskutierten Verfahren bei der Anwendung auf die Beurteilung von Akquisitionskandidaten zuläßt. Dieses System, das aus Beurteilungsverfahren besteht, die miteinander in vielfältigen Beziehungen stehen, ermöglicht es, der Unternehmensleitung des Erwerberunternehmens eine Entscheidungshilfe bei der letztendlichen Auswahl der einzelnen Akquisitionskandidaten zur Verfügung zu stellen. Dadurch sollen Entscheidungen 'optimaler' getroffen werden, um die Mißerfolge, die bei Unternehmensakquisitionen auf die 'falsche Auswahl' der Kandidaten zurückzuführen sind, bereits im vorhinein in einem erheblichen Umfang zu reduzieren.

Abb. 34 stellt die Zusammenhänge der hier angewandten OR-Verfahren untereinander, i. S. einer Weiterverarbeitung der einzelnen Ergebnisse der jeweiligen Verfahren durch andere, dar. Im weiteren sollen Ergebnisse

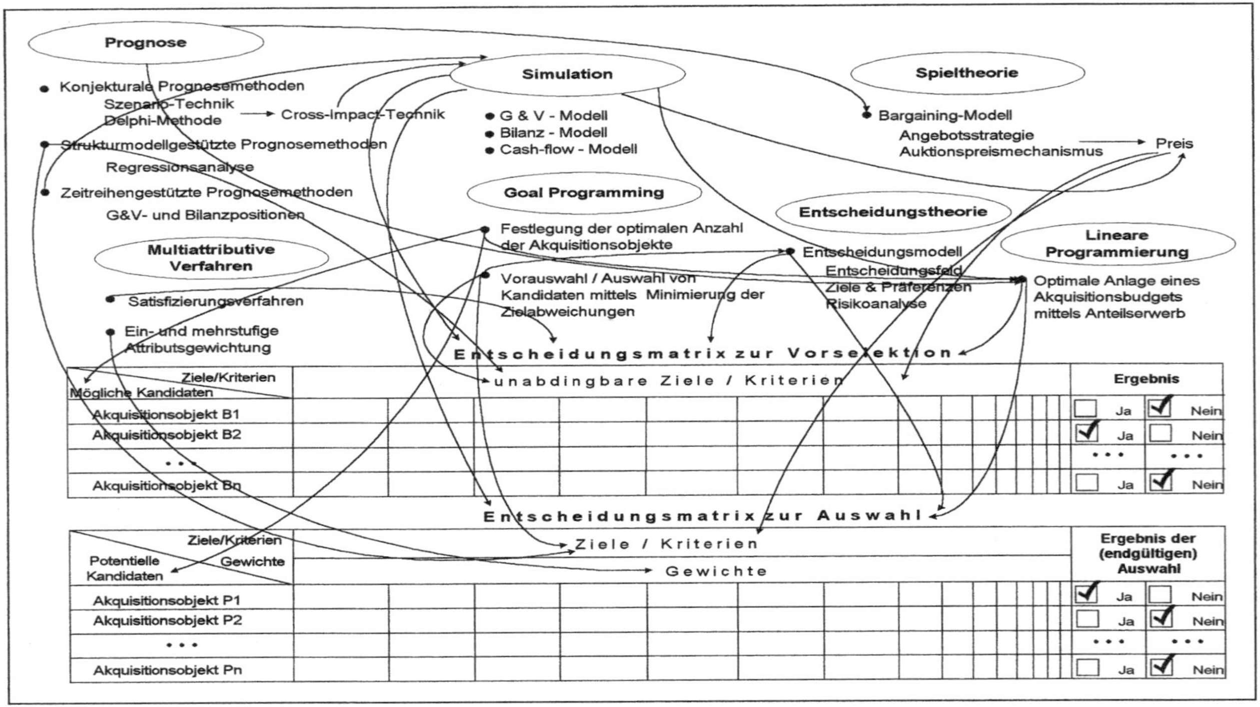

Abb. 34: Darstellung der Zusammenhänge zwischen den angewandten OR-Verfahren

der Anwendung der einzelnen OR-Verfahren auf die Problemstellung der Untersuchung kurz dargestellt werden.

Bei der Anwendung der konjekturalen Prognosemethoden werden Vorhersagen über das Akquisitionsobjekt und seine Umfelder ohne wesentliche mathematische Hilfsmittel durch subjektive Einschätzung der Experten gebildet. Mit Hilfe der Hauptverfahren der konjekturalen Prognosemethoden, der Szenario- und der Delphi-Technik, werden Rahmenbedingungen für die Akquisitionskandidaten prognostiziert. Branchenspezifische Umfeldprognosen werden von Verbänden und spezialisierten Unternehmensberatungsgesellschaften und allgemeine Umfelddaten von Wirtschaftsforschungsinstituten zwar in regelmäßigen Abständen veröffentlicht, eine speziell auf das jeweilige Akquisitionsobjekt ausgerichtete Prognose muß jedoch der Erwerber selbst erstellen. Aus den veröffentlichen Eckdaten müssen Trendwerte unter Berücksichtigung der Aquisitionsspezifika abgeleitet werden. Die Cross-Impact-Technik als Spezialverfahren ermöglicht es, Aussagen zu machen über die zukünftigen Ereignisse bzw. Zustände, die den Akquisitionskandidaten betreffen, und zwar durch die herbeigeführte Transparenz des Zusammenwirkens der Deskriptoren der einzelnen Umfelder mit Hilfe einer Generierung von Eintrittswahrscheinlichkeiten zukünftiger Ereignisse.

Die Regressionsanalyse als strukturmodellgestützte Prognosemethode zeigt Ansatzpunkte auf für das Herausfinden von Beziehungen und deren Zusammenwirken zwischen zwei oder mehreren Größen in der ökonomischen Akquisitionsrealität. Die unabdingbaren Voraussetzungen einer Regressionsanalyse, wie z.B. die konstante Struktur der relevanten Variablen in der Vergangenheit und die Ceterus Paribus-Annahmen für alle nicht betrachteten Variablen sind in der Realität nicht gegeben. Die Gefahr in Praxi besteht darin, vermeintliche Beziehungen zwischen den Beurteilungsvariablen festzustellen und auch auf die Zukunft zu übertragen. Die Ceterus Paribus-Klausel suggeriert auf den ersten Blick zwar eine vernetzt-kausale Betrachtungsweise, ist jedoch bei genauerer Hinterfragung lediglich eine vernetzte ausschnittweise Betrachtung von Akquisitionsobjekt-Faktoren. Generell steht die Ceterus Paribus Annahme sogar im Widerspruch zur Vernetztheit. Somit ist die regressionsanalytische Sichtweise zur Prognose der relevanten Daten bei der Akquisitionsobjektbeurteilung ungeeignet.

Die Anwendung der zeitreihengestützten Prognoseverfahren ermöglicht die Berechnung eines Unternehmenswertes, der sich u.a. auf die Prognose verschiedener Positionen der G & V, der Bilanz sowie auf den Cash-flow des Aufkaufobjektes, des Erwerbers und beider gemeinsam stützt. Die Projektions- und die Glättungsmethoden eignen sich gut zur Prognose finanzieller Daten z.B. aus der G & V oder der Bilanz des Akquisitionsobjektes. Dabei sollte man sich bei der Vorhersage möglichst auf zusammengefaßte Größen beschränken, da so bei einer Prognose die Schwankungen der Einzelpositionen in der Regel gut ausgeglichen werden. Der Zeit- und Rechenaufwand eines Modells mittels z. B. einfacher exponentieller Glättung ist durch die Bedeutung eines Akquisitionsvorhabens auch bei solchen Unternehmen, die nur selten eine Akquisition tätigen, durchaus gerechtfertigt. Die Identifikationsmethoden sind aufgrund der Voraussetzungen für die Daten eines Akquisitonsmodells und der notwendigen Erfahrung im Rahmen der Anwendung solcher Methoden bei der Akquisitionsobjektbeurteilung nicht geeignet.

Generell können die erwähnten Prognoseverfahren zur Ermittlung zukünftiger Werte der Inputgrößen aller OR-Modelle, jedoch hier v.a. bei der Simulation, der Spiel- und Entscheidungstheorie sowie bei der Linearen Programmierung eingesetzt werden. Unabhängig von der Datenkonstellation konnte bei der Untersuchung festgestellt werden, daß mit relativ einfach anzuwendenden Prognosemethoden für die Beurteilung ausreichend genaue Zukunftswerte ermittelt werden können.

Die Spieltheorie versucht durch Verhandlungsgeschick zu einem Preis des Aufkaufobjektes zu gelangen, der nicht dem tatsächlichen Wert des Targets entsprechen muß, jedoch eine gute Vorstellung von dem Preis ermöglicht, der im Rahmen tatsächlicher Verhandlungen zustande kommen könnte. Diese durch spieltheoretische Überlegungen ermittelte Preisvorstellung kann sowohl bei der Vorselektion potentieller Kandidaten als auch bei der endgültigen Auswahl als ein wichtiges Kriterium bzw. Ziel eine nicht unerhebliche Rolle spielen. Es konnte gezeigt werden, daß der Kaufpreis eines potentiellen Akquisitionsobjektes von der Anzahl potentieller Interessenten beeinflußt wird. Das aufgestellte Modell spielt jedoch bei der praktischen Beurteilung eines Objektes keine Rolle. Gleichwohl zeigen die dargestellten Modelle den theoretischen Hintergrund für das Verhalten eines Kaufinteressenten, nämlich die möglichst große Geheimhaltung, um den Kaufpreis nicht unnötig in die Höhe zu treiben.

Durch die Anwendung der Simulation auf die Problemstellung wird ein Unternehmenswert (Eigenkapitalwert) für das Aufkaufobjekt errechnet, der die Sichtweise des Entscheiders bezüglich zukünftiger Ereignisse und auch seine Risikoeinstellung wiedergibt. Der so zustande gekommene Unternehmenswert spielt sowohl für den festzulegenden Preis des Targets (Spieltheorie) als auch für die Kriterien- bzw. Zielfestlegung bei der Vorselektion und Auswahl der Kandidaten eine wichtige Rolle. Die Simulation zeigt die Integration der Prognose in ein ganzheitliches Beurteilungskonzept. Die Anwendung einer bestimmten Prognosemethode liefert die Bildungsvorschrift für die zukünftigen Werte, aus denen mit Hilfe des Simulationsmodells letztendlich ein Unternehmenswert errechnet wird. Das hier vorgestellte Simulationsmodell ist für die konkrete Beurteilung eines Objektes in der Praxis durchaus geeignet, jedoch bedarf es verschiedener Spezifizierungen im Hinblick auf die Besonderheiten des jeweiligen Akquisitionsobjektes und dessen Umfelder. Für die Berechnung des Unternehmenswertes wurde in der vorliegenden Arbeit die DCF-Methode in ihrer Form als Entity-Verfahren gewählt. Je nach Branche des zu beurteilenden Unternehmens kann es sich empfehlen, mehrere Bewertungsverfahren in das Modell zusätzlich aufzunehmen.

Für die Durchführung der Beurteilung potentieller Aufkaufobjekte ist die Aufstellung eines Akquisitions-Entscheidungsmodells hilfreich, um eine genaue Systematik in die Beurteilung einzubringen. Hierdurch werden Fehler, die aufgrund mangelnder Systematik auftreten könnten, vermieden. Es wurde gezeigt, daß durch die Auseinandersetzung mit dem Entscheidungsfeld und dem Zielplan, als den zwei grundlegenden Teilen eines Entscheidungsmodells, die Rahmenbedingungen einer Entscheidung für ein bestimmtes Akquisitionsobjekt, insbesondere die Ziele und Präferenzen, ex ante genau zu definieren und zu überprüfen sind, da sie das Ergebnis der Entscheidung maßgeblich beeinflussen. Die Rolle von Informationen bei der Beurteilung potentieller Kandidaten wurde ebenfalls in der Entscheidungstheorie aufgezeigt. Die BAYESsche Analyse liefert Überlegungen hinsichtlich des ökonomischen Zusammenhangs von Informations- und Entscheidungsproblem und der möglichen Ausgestaltung eines Informationsoptimums für den Käufer. Mit Sicherheit stellt jeder Erwerber die Überlegung an, ob ein professioneller Unternehmensberater mehr wichtige Informationen und Erkenntnisse über den in Frage kommenden Akquisitionskandidaten liefern kann und ob der Preis dieser Information den Nutzenzuwachs rechtfertigt. In der Praxis spielt die Beschaffbarkeit von Informationen in der gegebenen Zeit eine wichtige Rolle. Insgesamt wurde mit Hilfe der Entscheidungstheorie ein Gesamtverständnis für die mit der Durchführung der Beurteilung von Akquisitionskandidaten verbundenen Problemfelder erzeugt.

Sind viele potentielle Kandidaten zu beurteilen, so führt die Anwendung des Goal Programming, insbesondere im Rahmen einer ersten Vorselektion, anhand der Abweichungswerte von der Idealausprägung des Kandidaten recht schnell zu einer Reduzierung der Anzahl der in einem weiteren Schritt differenzierter zu beurteilenden Kandidaten und damit auch zu einer deutlichen Verminderung des mit der Beurteilung verbundenen Aufwandes insgesamt. Die Durchführung dieser Vorselektion mittels des Goal Programming erfordert außer bei der Aufstellung der Zielkriterien wenig Spezialkenntnisse. Mit der Unterstützung des Goal Programming kann weiterhin die optimale Anzahl bzw. Kombination der zu erwerbenden Kandidaten festgelegt werden. Insgesamt ist das Goal Programming eine Methode, deren Anwendung in der Praxis vorteilhaft und leicht computergestützt realisierbar ist.

Wie anfangs bereits erwähnt, stellen Akquisitionsvorhaben strategische Investitionsprojekte dar. Bei der Risikoanalyse wurde in der vorliegenden Untersuchung der Kapitalwert als mögliches Beurteilungsskriterium herangezogen, wie dies in der Praxis auch üblich ist. Die genaue Durchführung der Verfahren der Risikoanalyse hat sicherlich in erster Linie theoretischen Erkenntniswert. In der Praxis sind weder die Daten in erforderlicher Genauigkeit noch die Erfahrung zur Einschätzung der jeweiligen Wahrscheinlichkeit beim Entscheidungsträger vorauszusetzen. Mit Hilfe eines stochastischen Simulationsmodells könnten bei der Risikoanalyse Schwankungsbreiten der zugrunde liegenden Inputgrößen Berücksichtigung finden.

Bei den multiattributiven Entscheidungsverfahren verdeutlichen die Satisfizierungsverfahren, wie eine Beurteilung der Kandidaten bei einer Vorselektion mittels Festlegung von Attributsausprägungen durchzuführen ist. Die additiven Gewichtungsverfahren wurden bei der endgültigen Auswahl der Kandidaten eingesetzt. Die ein- und mehrstufigen Gewichtungsverfahren zeigen mit Hilfe von Beispielen, welchen Wichtigkeitsgrad die Festlegung der Ziele bzw. Kriterien bei der Durchführung einer Beurteilung erhält. Insbesondere zeigt das AHP-Modell, wie die Gewichte für die Zielkriterien zu bestimmen sind. Die Wahl der Gewichte ohne die Anwendung der AHP-Methode wirkt subjektiver und ist für Dritte wenig nachvollziehbar. Angesichts der strategischen Bedeutung von Akquisitionsentscheidungen sollten persönliche Präferenzen die Entscheidung nach Möglichkeit so wenig wie möglich beeinflussen. Daß dies auch durch Anwendung der AHP-Methode nicht gänzlich zu vermeiden sein wird, ist unumstritten. Jedoch hilft die Möglichkeit einer intersubjektiven Nachvollziehbarkeit, die Entscheidung auch vor einem Gremium vertreten zu können, da die Subjektivität auf ein Minimum reduziert wird.

Die Lineare Programmierung als letztes in dieser Untersuchung diskutiertes OR-Verfahren unterscheidet sich bereits dadurch, daß die Prämisse der strategischen Sichtweise der Beurteilung zugunsten kurzfristiger Renditeziele aufgegeben wird. Das Modell der Linearen Programmierung wurde mit Hilfe des Simplex-Algorithmus aufgestellt. Das Ergebnis, das in der Festlegung des prozentualen Anteilserwerbs liegt, kann entweder bei der Vorselektion oder bei der endgültigen Auswahl der Kandidaten mit in die Beurteilung eingehen. Das vorgestellte Modell der Linearen Programmierung benutzt bei genauerer Betrachtung für die Aufstellung der Zielfunktion und Restriktionen Ergebnisse der Prognose, der Simulation und des Goal Programming. Insgesamt jedoch ist die praktische Bedeutung dieses Verfahrens für die Beurteilung aus der Sicht eines klassischen Erwerbers z.B. aus der Industrie, als nur gering einzustufen. Für Finanzkäufer jedoch kann ein differenzierteres Modell, das dann auf jeden Fall nur noch computergestützt Anwendung finden kann, ein sinnvolles Instrumentarium zur optimalen Ausgestaltung des Porte Feuilles von Beteiligungen darstellen.

Auch wenn die dargestellten OR-Verfahren, einzeln und insgesamt betrachtet, ein aus heutiger Sicht akzeptables Konzept zur Beurteilung von Akquisitionsobjekten darstellen, so ist man dennoch weit davon entfernt, fertige Lösungen für die Beurteilung von Akquisitionskandidaten bei der praktischen Handhabung des Problems zu liefern. Es bleibt Aufgabe der Theorie, andere OR-Verfahren ebenso auf das Problem anzuwenden. Schließlich sei der Appell an die Praxis gerichtet, die aufgestellten Modelle unternehmensspezifisch - durch Einsatz empirischer Zahlenmaterialien - an die jeweilige Problemstellung anzupassen und zu konkretisieren. Auf diese Weise können die aufgestellten Modellansätze verbessert werden.

Literaturverzeichnis

Ackoff, R. L. [1954], Statistics in Operations Research and Operations Research in Statistics, in: J. F. McCloskey, F. N. Trefethen (Hrsg.): Operations Research for Management, Baltimore, 1954, S. 117 - 133.

Ackoff, R. L. [1956], The Development of Operations Research as a Science, in: O.R. Vol. 4 3/1956, S. 265 - 295.

Ackoff, R. L. [1971], Towards a System of Systems Concepts, in: MS Vol. 17 1971, S. 661 - 671.

Ackoff, R. L. [1978], Operations Research, in: W. H. Kruskal, J. M. Tanur (Hrsg.): International Encyclopedia of Statistics (Vol. 2), New York-London, 1978, S. 667 - 672.

Ackoff, R. L., Gupta, S. K., Minas, J. S. [1962], Scientific Method - optimizing applied research decisions, New York-London-Sydney, 1962.

Ackoff, R. L., Rivett, P. [1969], A Manager's Guide to Operational Research, London-New York-Sydney, 1969.

Ackoff, R. L., Sasieni, M. W. [1968], Fundamentals of Operations Research, New York-London-Sydney, 1968.

Adam, A., Helten, E., Scholl, F. [1970], Kybernetische Modelle und Methoden, Köln, 1970.

Albach, H. [1970], Informationsgewinnung durch strukturierte Gruppenbefragung: Die Delphi-Methode, in: ZfB Ergänzungsheft 1970, S. 11 - 26.

Alvano, W. [1988], Unternehmensbewertung auf der Grundlage der Unternehmensplanung, Diss. Köln, 1988.

Ansoff, H. I. [1988], The New Corporate Strategy, New York et al., 1988.

Arbeitskreis "Finanzierung" der Schmalenbach-Gesellschaft Deutsche Gesellschaft für Betriebswirtschaft e.V. [1996], Wertorientierte Unternehmenssteuerung mit differenzierten Kapitalkosten, in: ZfbF 6/1996, S. 543 - 578.

Arbeitskreis 'Unternehmensbewertung im Rahmen der unternehmerischen Zielsetzung' [1976], Unternehmensbewertung als Grundlage unternehmerischer Entscheidungen, in: ZfbF 1976, S. 99 - 121.

Arbel, A., Orgler, Y. E. [1990], An application to the AHP to bank strategic planning: The mergers and acquisitions process, in: EJOR Vol. 35 1990, S. 27 - 37.

Arnoff, E. L., Netzorg, M. J. [1972], Operations Research-The Basics, in: C. W. House (Hrsg.): Operations Research: An Introduction to Modern Applications, Philadelphia-New York-London, 1972, S. 4 - 19.

Asmussen, R. [1981], Probleme bei der Anwendung von Operations Research Verfahren in kleineren und mittleren Unternehmungen, Düsseldorf, 1981.

Baetge, J., Fischer, T. [1989], Simulationstechniken, in: N. Szyperski (Hrsg.): HWPlan, Stuttgart, 1989, Sp. 1782 - 1795.

Baetge, J., Krumbholz, M. [1991], Überblick über Akquisitionen und Unternehmensbewertung, in: J. Baetge (Hrsg.): Akquisition und Unternehmensbewertung, Düsseldorf, 1991, S. 1 - 30.

Bagchi, P., Rao, R. P. [1992], Decision Making in Mergers: An Application of the Analytic Hierarchy Process, in: Managerial And Decision Economics Vol. 13 1992, S. 91 - 99.

Ballwieser, W. [1981], Die Wahl des Kalkulationszinsfußes bei der Unternehmensbewertung unter Berücksichtigung von Risiko und Geldentwertung, in: BFuP 2/1981, S. 97 - 114.

Ballwieser, W. [1987], Unternehmensbewertung und Komplexitätsreduktion, Wiesbaden, 1987.

Ballwieser, W. [1993], Methoden der Unternehmensbewertung, in: G. Gebhardt, W. Gerke, M. Steiner (Hrsg.): Handbuch des Finanzmanagements: Instrumente und Märkte der Unternehmensfinanzierung, München, 1993, S. 152 - 176.

Bamberg, G., Coenenberg, A. G. [1994], Betriebswirtschaftliche Entscheidungstheorie, München, 1994.

Bamberger, B. [1994], Der Erfolg von Unternehmensakquisitionen in Deutschland, Diss. Bamberg, 1994.

Banas, P. A., Rohan, D. J. [1971], Practical Problems in Questionnaire Design, in: R. B. Higgins, P. V. Crocke, J. F. Veiga (Hrsg.): Proceedings of the 31st Annual Meeting of the Academy of Management, Atlanta, 15.-18. August, 1971, S. 55 - 58.

Barthel, C. W. [1996], Unternehmenswert: Die vergleichsorientierten Bewertungsverfahren, in: DB 4/1996, S. 149 - 163.

Bauknecht, K., Kohlas, J., Zehnder, C. A. [1976], Simulationstechnik - Entwurf und Simulation von Systemen auf digitalen Rechenautomaten, Berlin-Heidelberg-New York, 1976.

Bayer AG, Leverkusen: Geschäftsberichte 1986 bis 1994.

Bayes, T. [1763], An Essay towards Solving a Problem in the Doctrine of Chances, in: Philosophical Transactions Vol. 53 1763, S. 376 - 403.

Bea, F. X. [1974], Wachstumsziele und Wachstumsstrategien der Unternehmung, in: J. Wild (Hrsg.): Unternehmungsführung - Festschrift für Erich Kosiol, Berlin, 1974, S. 445 - 463.

Becker, D. [1974], Analyse der Delphi-Methode und Ansätze zu ihrer optimalen Gestaltung, Diss. Mannheim, Frankfurt a. M.-Zürich, 1974.

Becker, J. [1966], Die unternehmerischen Entscheidungen als Gegenstand der Betriebswirtschaftslehre, Diss. Leipzig, 1966.

Beer, S. [1963], Kybernetik und Management, Frankfurt a. M., 1963.

Beer, S. [1966], Decision and Control - The Meaning of Operational Research and Management Cybernetics, London-New York-Sydney, 1966.

Bellinger, B., Vahl, G. [1992], Unternehmensbewertung in Theorie und Praxis, Wiesbaden, 1992.

Bennet, A. W. [1974], Introduction to Computer Simulation, St. Paul, 1974.

Bennett, R. J. [1979], Spatial Time Series: Analysis-Forecasting-Control, London, 1979.

Berekoven, L. [1963], Unternehmung und Marktprojektion, in: J. Fettel, H. Linhardt (Hrsg.): Der Betrieb in der Unternehmung, Festschrift für W. Rieger zu seinem 85. Geburtstag, Stuttgart, 1963, S. 187 - 201.

Berkovitch, E., Khanna, N. [1991], A Theory of Acquisition Markets: Mergers versus Tender Offers, and Golden Parachutes, in: The Review of Financial Studies Vol. 4 1/1991, S. 149 - 174.

Bingham, C. [1978], Time Series: General, in: W. H. Kruskal, J. M. Tanur (Hrsg.): International Encyclopedia of Statistics (Vol. 2), New York-London, 1978, S. 1167 - 1180.

Bitz, M. [1981], Entscheidungstheorie, München, 1981.

Bleymüller, J., Gehlert, G., Gülicher, H. [1994], Statistik für Wirtschaftswissenschaftler, München, 1994.

Bohley, P. [1992], Statistik: ein einführendes Lehrbuch für Wirtschafts- und Sozialwissenschaftler, München-Wien, 1992.

Borel, E. [1953a], The Theory of Play and Integral Equations with Skew Symmetric Kernels, in: Econometrica Vol. 21 1953, S. 97 - 100 (übersetzt von L. J. Savage, University of Chicago).

Borel, E. [1953b], On Games that Involve Chance and the Skill of the Players, in: Econometrica Vol. 21 1953, S. 101 - 115 (übersetzt von L. J. Savage, University of Chicago).

Borel, E. [1953c], On Systems of Linear Forms of Skew Symmetric Determinant and the General Theory of Play, in: Econometrica Vol. 21 1953, S. 116 - 117 (übersetzt von L. J. Savage, University of Chicago).

Bosch, H. [1992], Entscheidung und Unschärfe - Eine entscheidungstheoretische Analyse der Fuzzy-Set-Theorie, Diss. Hohenheim, 1992.

Box, G. E. P., Jenkins, G. M. [1976], Time Series Analysis: forecasting and control, San Francisco-Düsseldorf-Johannesburg, 1976.

Bratley, P., Fox, B. L., Schrage, L. E. [1983], A Guide to Simulation, New York-Berlin-Heidelberg-Tokyo, 1983.

Brealey, R. A., Myers, S. C. [1991], Principles of Corporate Finance (International Edition), McGraw-Hill Inc., New York-St. Louis-San Francisco et al., 4th Edition, 1991.

Brealey, R. A., Myers, S. C., Marcus, A. J. [1995], Fundamentals of Corporate Finance, McGraw-Hill Inc., New York- St. Louis-San Francisco et al., 1995.

Bretzke, W.-R. [1975], Das Prognoseproblem bei der Unternehmungsbewertung, Düsseldorf, 1975.

Bretzke, W.-R. [1980], Der Problembezug von Entscheidungsmodellen, Tübingen, 1980.

Bretzke, W.-R. [1988], Risiken der Unternehmensbewertung, in: ZfbF 9/1988, S. 813 - 823.

Bretzke, W.-R. [1992], Risiken in der Unternehmensbewertung, in: W. Busse von Colbe, A. G. Coenenberg (Hrsg.): Unternehmens-akquisition und Unternehmensbewertung - Grundlagen und Fall-studien, Stuttgart, 1992, S. 137 - 149.

Brockhoff, K. [1977], Prognoseverfahren für die Unternehmensplanung, Wiesbaden, 1977.

Brockhoff, K. [1979], Delphi-Prognosen im Computer-Dialog: Experimentelle Erprobung und Auswertung kurzfristiger Prognosen, Tübingen, 1979.

Brown, B. B. [1968], Delphi-Process: A Methodology Used for Elications of Opinions of Experts, RAND-Corporation, P-3925, Santa Monica, September/1968.

Brown, R. G. [1951], A Proposed Definition of Operations Research, in: ORQ Vol. 2 2/1951, S. 21 - 24.

Brown, R. G. [1962] Smoothing, Forecasting and Prediction of Discrete Time Series, London-Sydney-Toronto, 1962.

Brown, R. G., Meyer, R. F. [1961], The Fundamental Theorem of Exponential Smoothing, in: O.R. Vol. 9 5/1961, S. 673 - 685.

Brunke, D. [1996], Integrierte Planungs- und Kontrollrechnung im Planungs- und Kontrollsystem des Preussag-Konzerns, in: Hahn, D. [1996], S. 1111 - 1146.

Brunner, E. [1977], Simulationsmodell zur Unternehmensbewertung unter spezieller Berücksichtigung des Akquisitionsentscheides im Konzern, Bern-Stuttgart, 1977.

Brusberg, H. [1965], Der Entwicklungsstand der Unternehmensforschung mit besonderer Berücksichtigung der Bundesrepublik Deutschland, Wiesbaden, 1965.

Bryson, N. [1995], A Goal Programming Method for Generating Priority Vectors, in: Journal of Operational Research Society Vol. 46 1995, S. 641 - 648.

Bühlmann, H., Loeffel, H., Nievergelt, E. [1969], Einführung in die Theorie und Praxis der Entscheidung bei Unsicherheit, Berlin-Heidelberg, 1969.

Bühlmann, H., Loeffel, H., Nievergelt, E. [1975], Entscheidungs- und Spieltheorie - Ein Lehrbuch für Wirtschaftswissenschaftler, Heidelberg-Berlin-New York, 1975.

Bühner, R. [1990a], Erfolg von Unternehmenszusammenschlüssen in der Bundesrepublik Deutschland, Stuttgart, 1990.

Bühner, R. [1990b], Reaktionen des Aktienmarktes auf Unternehmenszusammenschlüsse, in: ZfbF 4/1990, S. 295 - 316.

Bühner, R. [1990c], Der Jahresabschlußerfolg von Unternehmenszusammenschlüssen, in: ZfB 12/1990, S. 1275 - 1293.

Bühner, R. [1990d], Unternehmenszusammenschlüsse: Ergebnisse empirischer Analysen, Stuttgart, 1990.

Bühner, R. [1993], Shareholder Value: Eine Analyse von 50 großen Aktiengesellschaften in der Bundesrepublik Deutschland, in: DBW 6/1993, S. 749 - 769.

Büschgen, H. E. [1981], Betriebliche Finanzwirtschaft - Unternehmensinvestitionen, Frankfurt a. M.

Burger, E. [1966], Einführung in die Theorie der Spiele - Mit Anwendungsbeispielen insbesondere aus Wirtschaftslehre und Soziologie, Berlin, 1966.

Busse von Colbe, W. [1992] Die Resonanz betriebswirtschaflicher Erkenntnisse zur Unternehmensbewertung in der zivilrechtlichen und steuerlichen Rechtsprechung, in: W. Busse von Colbe, A. G. Coenenberg (Hrsg.): Unternehmensakquisitionen und Unternehmensbewertung: Grundlagen und Fallstudien, Stuttgart, 1992, S. 173 - 186.

Busse von Colbe, W., Laßman, G. [1977], Betriebswirtschaftstheorie Bd. 3 Investitionstheorie, Berlin-Heidelberg-New York, 1977.

Bussmann, K. F. [1955], Das betriebswirtschaftliche Risiko, Meisenheim am Glan, 1955.

Callahan, J. [1973], An Introduction to Financial Planning Through Goal Programming, in: Cost And Management Vol. 3 Januar-Februar/1973, S. 7 - 12.

Calman, R.. F. [1987], Restructuring by Divestiture, in: L. M. Rock (Hrsg.): The Mergers and Acquisitions Handbook, New York, 1987, S. 373 - 381,

Camp, G. D. [1958], Die wissenschaftliche Methode - Strategie oder Taktik?, in: American Management Association, Inc. (Hrsg.): Operations Research: Mittel moderner Unternehmensführung, Essen, 1958, S. 129 - 135.

Carr, C. R., Howe, C. W. [1964], Quantitative Decision Procedures in Management and Economics: Deterministic Theory and Applications, New York-San Francisco-Toronto, 1964.

Charnes, A., Colantoni, C., Cooper, W. W., Kortanek, K. O. [1972], Economic Social and Enterprise Accounting and Mathematical Models, in: The Accounting Review Vol. 47 1/1972, S. 85 - 108.

Charnes, A., Cooper, W. W. [1961], Management models and Industrial Applications of Linear Programming - Volume 1, New York, 1961.

Chatfield, C. [1975], The Analysis of Time Series: An Introduction, London-New York-Tokyo, 1975.

Chen, B. [1990], Experimentelle Optimum-Suchstrategien auf der Basis der Computersimulation zur Unterstützung betriebswirtschaftlicher Entscheidungsfindung, Diss. Göttingen, Frankfurt a. M.-Bern-New York-Paris, 1990.

Churchman, C. W., Ackoff, R. L., Arnoff, E. L. [1968], Operations Research - Eine Einführung in die Unternehmensforschung, Wien-München, 1968.

Coenenberg, A. G. [1971], Das Informationsproblem in der entscheidungsorientierten Unternehmensbewertung, in: Zeitschrift Interne Revision 2/1971, S. 57 - 76.

Coenenberg, A. G. [1984], Entscheidungsorientierte Unternehmensbewertung und 'Ertragsschwäche', in: BFuP 6/1984, S. 496 - 507.

Coenenberg, A. G. [1992], Unternehmensbewertung mit Hilfe der Monte-Carlo-Simulation, in: W. Busse von Colbe, A. G. Coenenberg (Hrsg.): Unternehmensakquisitionen und Unternehmensbewertung, Stuttgart, 1992, S. 111 - 120.

Coenenberg, A. G., Cantner, J., Günther, E. [1995], Cash Flow, in: W. Gerke, M. Steiner (Hrsg.): Handwörterbuch des Bank- und Finanzwesens, Stuttgart, 1995, Sp. 373 - 386.

Coenenberg, A. G., Sautter, M. T. [1988], Strategische und finanzielle Bewertung von Unternehmensakquisitionen, in: DBW 6/1988, S. 691 - 710

Coenenberg, A. G., Sautter, M. T. [1992], Strategische und finanzielle Bewertung von Unternehmensakquisitionen, in: W. Busse von Colbe, A. G. Coenenberg (Hrsg.): Unternehmensakquisition und Unternehmensbewertung: Grundlagen und Fallstudien, Stuttgart, 1992, S. 189 - 218.

Coenenberg, A. G., Sieben, G. [1976], Unternehmensbewertung, in: E. Grochla, W. Wittmann (Hrsg.): HWB Bd. I/3, Stuttgart, 1976, Sp. 4062 - 4079,

Colman, A. M. [1982], Game theory and experimental games, Oxford-New York-Toronto-Sydney, 1982.

Copeland, T., Koller, T., Murrin, J. [1995], Valuation: Measuring and Managing the Value of Companies, 2nd Edition, McKinsey & Company, Inc., New York-Chichester-Brisbane et al., 1995.

Dahm, A. [1982], Der Akquisitionsprozeß: Erfahrungen bei Planung und Verwirklichung unternehmerischer Wachstumsstrategien, in: Handbuch der Unternehmensakquisition, Hrsg. A. J. Rädler, R. Pöllath, Frankfurt a. M., 1982, S. 12 - 38.

Dalkey, N. [1969], An Experimental Study of Group Opinion, in: Futures Vol. 2 September/1969, S. 412 - 425.

Dalkey, N. [1969], The Delphi-Method: An Experimental Study of Group Opinion: RAND-Corporation, RM-5888-PR, Santa Monica, Juni/1969.

Dalkey, N., Brown, B., Cochran, S. [1970], Use of Self-Ratings to Improve Group Estimation, in: Technological Forecasting Vol. 1 3/1970, S. 283 - 291.

Dalkey, N., Helmer, O. [1963], An Experimental Application of the Delphi Method to the Use of Experts, in: MS Vol. 9 3/1963, S. 458 - 467.

Dantzig, G. B. [1966], Lineare Programmierung und Erweiterungen, Berlin-Heidelberg-New York, 1966.

Davis, L., Williams, G. [1994], Evaluating and selecting simulation software using the analytic hierarchy process, in: Integrated Manufacturing Systems Vol. 5 1/1994, S. 23 - 32.

Davis, M. D. [1970], Game Theory - A Nontechnical Introduction, New York-London, 1970.

Dearden, J., Lastavica, J. [1972], New Directions in Operations Research, in: C. W. House (Hrsg.): Operations Research: An Introduction to Modern Applications, Philadelphia-New York-London, 1972, S. 67- 85.

Deistler, M., Neusser, K. [1994], Prognose uni- und multivariater Zeitreihen, in: P. Mertens (Hrsg.): Prognoserechnung, Heidelberg, 1994, S. 259 - 277.

Deutsches Institut für Normung (Hrsg.) [1987], DIN 69901, Projektmanagement, Begriffe, Berlin, 1987.

Dinkelbach, W. [1973], Modell - ein isomorphes Abbild der Wirklichkeit?, in: E. Grochla, N. Szyperski (Hrsg.): Modell- und computergestützte Unternehmensplanung, Wiesbaden, 1973, S. 153 - 162.

Dinkelbach, W. [1974], Entscheidungstheorie, in: E. Grochla, W. Wittmann (Hrsg.): HWB Bd. I/1, Sp. 1290 - 1301.

Dinkelbach, W. [1978], Ziele, Zielvariablen und Zielfunktionen, in: DBW 1978, S. 51 - 58.

Dinkelbach, W. [1980], Operations Research in entscheidungstheoretischer Sicht, in: R. Henn, B. Schips, P. Stähly (Hrsg.): Quantitative Wirtschafts- und Unternehmensforschung (Ergebnisband des St. Galler Symposiums 1979), Berlin-Heidelberg-New York, S. 330 - 346.

Dinkelbach, W. [1993], Entscheidungstheorie, in: W. Wittmann et al. (Hrsg.): HWB Teilband 1, Stuttgart, 1993, Sp. 929 - 943.

Dirrigl, H. [1994], Konzepte, Anwendungsbereiche und Grenzen einer strategischen Unternehmensbewertung, in: BFuP 5/1994, S. 409 - 432.

Donegan, H. A. , Dodd, F. J. [1991], A Note on Saaty's Random Indexes, in: Mathematical Computer Modelling Vol. 15 10/1991, S. 135 - 137.

Dorfman, R. [1960], Operations Research, in: The American Economic Review Vol. 50 1960, S. 575 - 623.

Dreyer, A. [1975], Nutzwertanalyse als Entscheidungsmodell bei mehrfacher Zielsetzung - Eine Untersuchung zu Grundlagen und Durchführung der Nutzwertanalyse, Diss. Hamburg, 1975.

Drukarczyk, J. [1993], Theorie und Politik der Finanzierung, München, 1993.

Drukarczyk, J. [1995], DCF-Methoden und Ertragswertmethode - einige klärende Anmerkungen, in: WPg 10/1995, S. 329 - 334.

Drukarczyk, J. [1996], Unternehmensbewertung, München, 1996.

Drukarczyk, J., Richter, F. [1995], Unternehmenswert, anteilseignerorientierte Finanzentscheidung und APV-Ansatz, in: DBW 5/1995, S. 559 - 580.

Dürr, W., Kleibohm, K. [1988], Operations-Research: lineare Modelle und ihre Anwendungen, München-Wien, 1988.

Dyer, J. S. [1990], A Clarification of "Remarks on the Analytic Hierarchy Process", in: MS Vol. 36 3/1990, S. 274 - 275.

Eiselt, H. A., Pederzoli, G., Sandblom, C.-L. [1987], Continous Optimization Models, Berlin-New York, 1987.

Eisenführ, F. [1989], Entscheidungstheoretische Planungshilfen, in: N. Szyperski (Hrsg.): HWPlan, Stuttgart, 1989, Sp. 397 - 406.

Eisenführ, F., Weber, M. [1994], Rationales Entscheiden, Berlin-Heidelberg-New York, 1994.

Emde, W. B. [1989], Prognosetechniken und -systeme, in: N. Szyperski (Hrsg.): HWPlan, Stuttgart, 1989, Sp. 1645 - 1658.

Engeleiter, H.-J. [1966], Finanzielle Aspekte des Wachstums industrieller Unternehmen, in: H.-J. Engeleiter (Hrsg.): Gegenwartsfragen der Unternehmensführung - Festschrift zum 65. Geburtstag von Wilhelm Hasenack, Herne-Berlin, 1966, S. 373 - 393.

Enzer, S. [1971], Delphi and Cross-Impact Techniques - An Effective Combination for Systematic Futures Analysis, in: Futures Vol. 3 1/1971, S. 48 - 61.

Enzer, S. [1972], Cross-Impact Techniques in Technology Assessment, in: Futures Vol. 4 1/1972, S. 30 - 51.

Enzer, S., Alter, S. [1978], Cross-Impact Analysis and Classical Probability - The question of consistency, in: Futures Vol. 10 3/1978, S. 227 - 239.

Expert Choice, Inc. [1992], Expert Choice - Version 8.0 - Based on the Analytic Hierarchy Process, McLean: Decision Support Software, s.l., 1992.

Fandel, G. [1972], Optimale Entscheidung bei mehrfacher Zielsetzung, Berlin-Heidelberg-New York, 1972.

Ferstl, O. K. [1979], Konstruktion und Analyse von Simulationsmodellen, Hain, 1979.

Fisk, J. C. [1979], A Goal Programming Model For Output Planning, in: DS Vol. 10 4/1979, S. 593 - 603.

Fisz, M. [1965], Wahrscheinlichkeitsrechnung und mathematische Statistik, Berlin, 1965.

Flechtner, H.-J. [1970], Grundbegriffe der Kybernetik, Stuttgart, 1970.

Forrester, W. [1972], Grundzüge einer Systemtheorie, Wiesbaden, 1972.

Fortson, J. C., Dince, R. R. [1977], An Application of Goal Programming to Management of a Country Bank, in: Journal of Bank Research Vol. 7 Winter/1977, S. 311 - 319.

Fowler, K., Schniederjans, M. J. [1987], A goal programming model for strategic acquisition problem solving, in: Advances in Mathematical Programming and Financial Planning Vol. 1 1987, S. 139 - 151.

Frazelle, E. [1985], Suggested Techniques Enable Multi-criteria Evaluation of Material Handling Alternatives, in: Industrial Engineering Vol. 17 2/1985, S. 42 - 48.

French, S. [1988], Decision Theory: An Introduction to the Mathematics of Rationality, Chichester, 1988.

Frese, E. [1980], Projektorganisation, in: E. Grochla (Hrsg.): HWO, Stuttgart, 1980, Sp. 1960 - 1974.

Fritz, W. [1986], Empirische Zielforschung und Operations Research - Eine Untersuchung unternehmerischer Ziele und ihre Konsequenzen für das Operations Research, in: OR Spektrum 1986, S. 99 - 108.

Fuchs, H. [1969], Systemtheorie, in: E. Grochla (Hrsg.): HWO, Stuttgart, 1969, Sp. 1618 - 1630.

Fuchs, W. [1989], Box-Jenkins-Prognosen der kurzfristigen Produktionsentwicklung: dargestellt am Beispiel ausgewählter Branchen des Verarbeitenden Gewerbes in der Bundesrepublik Deutschland zwischen 1976 und 1985, Diss. Köln, 1989.

Fulda, E., Härter, M., Lenk, H. [1989], Prognoseprobleme, in: N. Szyperski (Hrsg.): HWPlan, Stuttgart, 1989, Sp. 1637 - 1645.

Gäfgen, G. [1974], Theorie der wirtschaftlichen Entscheidung, Tübingen, 1974.

Gerfin, H. [1964], Langfristige Wirtschaftsprognose, Tübingen-Zürich, 1964.

Geschka, H., [1977], Delphi, in: G. Bruckmann (Hrsg.): Langfristige Prognosen - Möglichkeiten und Methoden der Langfristprognostik komplexer Systeme, Würzburg-Wien, 1977, S. 27 - 44.

Geschka, H., Hammer, R. [1992], Szenario-Technik in der strategischen Unternehmungsplanung, in: D. Hahn, B. Taylor (Hrsg.): Strategische Unternehmungsplanung - Strategische Unternehmungsführung, Heidelberg, 1992, S. 311 - 336.

Geschka, H., Reibnitz, U. von [1989], Zukunftsanalysen mit Hilfe von Szenarien - erläutert an einem Fallbeispiel 'Freizeit im Jahr 2000', in: Politische Didaktik 4/1989, S. 71 - 101.

Glaser, H. [1980], Informationswert, in: E. Grochla et al. (Hrsg.): HWO, Stuttgart, 1980, Sp. 934 - 941.

Göppl, H. [1980], Unternehmensbewertung und Capital-Asset-Pricing-Theorie, in: WPg 9/1980, S. 237 - 245.

Golling, H.-J. [1980], Planung unter Unsicherheit - Eine theoretische und empirische Betrachtung unter besonderer Berücksichtigung des Einsatzes quantitativer Ansätze bei der Vorbereitung strategischer Unternehmensentscheidungen, Diss. TH Darmstadt, 1980.

Gomez, P. [1992], Unternehmensakquisitionen vor dem Hintergrund des Shareholder Value, in: G. Sieben, H.-G. Stein (Hrsg.): Unternehmensakquisitionen - Strategien und Abwehrstrategien, Stuttgart, 1992, S. 7 - 20.

Gomez, P. [1995], Shareholder Value, in: W. Gerke, M. Steiner (Hrsg.): Handwörterbuch des Bank- und Finanzwesens, Stuttgart, 1995, Sp. 1720 - 1728.

Gomez, P., Weber, B. [1989], Akquisitionsstrategie - Wertsteigerung durch Übernahme von Unternehmungen, Stuttgart, 1989.

Goodeve, C. [1972], Operational Research as a science, in: C. W. House (Hrsg.): Operations Research: An Introduction to Modern Applications, Philadelphia-New York-London, 1972, S. 49 - 65.

Goodeve, C. F., Ridley, G. R. [1953], A Survey of O.R. in Great Britain, in: ORQ Vol. 4 2/1953, S. 21 - 24.

Goodwin, P., Wright, G. [1991], Decision Analysis for Management Judgement, Chichester, 1991.

Gordon, T. J., Hayward, H. [1968], Initial Experiments with the Cross Impact Matrix Method of Forecasting, in: Futures Vol. 1 2/1968, S. 100 - 116.

Gordon, T. J., Rochberg, R., Enzer, S. [1970], Research on Cross-Impact Techniques with Applications to Selected Problems in Economics, Political Science, and Technology Assessment, The Institute for the Future, Report R-12, August/1970.

Gößler, R. [1974], Operations-Research-Praxis - Einsatzformen und Ergebnisse, Wiesbaden, 1974.

Götze, U. [1991], Szenario-Technik in der Unternehmensplanung, Wiesbaden, 1991.

Götze, U. [1994], Strategische Planung auf der Grundlage von Szenarien, in: J. Bloech, U. Götze, B. Huch et al. (Hrsg.): Strategische Planung: Instrumente, Vorgehensweisen und Informationssysteme, Heidelberg, 1994, S. 101 - 124.

Griem, H. [1968], Der Prozeß der Unternehmensentscheidung bei unvollkommener Information, Berlin, 1968.

Grochla, E. [1969], Modelle als Instrumente der Unternehmensführung, in: ZfbF 1969, S. 382 - 397.

Grochla, E. [1970], Systemtheorie und Organisationstheorie, in: ZfB 1970, S. 1 - 16.

Groff, G. K. [1973], Empirical Comparison of Models for Short Range Forecasting, in: MS Vol. 20 1/1973, S. 22 - 31.

Groll, K.-H. [1988], Erfolgssicherung durch Kennzahlensysteme, Freiburg i. Br., 1988.

Güth, W., van Damme, E. [1986], A Comparison of Pricing Rules for Auctions and Fair Devision Games, in: Social Choice and Welfare Vol. 3 1986, S. 177 - 198.

Hafner, R. [1988], Unternehmensbewertung bei mehrfacher Zielsetzung, in: BFuP 6/1988, S. 485 - 504.

Hahn, D. [1970], Wachstumspolitik industrieller Unternehmungen, in: BFuP 11/1970, S. 609 - 626.

Hahn, D. [1977], Bedeutung der Simulation mit EDV für die Unternehmungsplanung, in: P. Lindemann, K. Nagel (Hrsg.): Organisation, Neuwied, 1976, Kap. 6.1, S. 1 - 22.

Hahn, D. [1989a], Strategische Unternehmungsführung - Stand und Entwicklungstendenzen unter besonderer Berücksichtigung US-amerikanischer Konzepte in: E. Seidel, D. Wagner (Hrsg.): Organisation: Evolutionäre Interdependenzen von Kultur und Struktur der Unternehmung, Festschrift zum 60. Geburtstag von Knut Bleicher, Wiesbaden, 1989, S. 55 - 78.

Hahn, D. [1989b], Strategische Unternehmungsführung - Stand und Entwicklungstendenzen - 1. Teil, in: zfo 3/1989, S. 36 - 39.

Hahn, D. [1989c], Unternehmensanalyse, in: N. Szyperski (Hrsg.): HWPlan, Stuttgart, 1989, Sp. 2074 - 2088.

Hahn, D. [1994], Unternehmungsziele im Wandel, in: P. Gomez, D. Hahn, G. Müller-Stewens, R. Wunderer (Hrsg.): Konzepte zur organisatorischen Erneuerung, S. 59 - 83.

Hahn, D. [1996], PuK, Controllingkonzepte: Planung und Kontrolle, Planungs- und Kontrollsysteme; Planungs- und Kontrollrechnung; Unternehmungsbeispiele von Henkel KGaA, Düsseldorf, Daimler-Benz AG, Stuttgart, Siemens AG, München, Preussag AG, Hannover, Franz Haniel & Cie. GmbH, Duisburg, Wiesbaden, 1996.

Hahn, D., Hölter, E., Steinmetz, D. [1992], Gesamtunternehmungsmodelle als Entscheidungshilfe im Rahmen der Zielplanung, strategischen und operativen Planung, in: D. Hahn, B. Taylor (Hrsg.): Strategische Unternehmungsplanung - Strategische Unternehmungsführung, Heidelberg, 1992, S. 686 - 717.

Hammann, P. [1969], Entscheidungsmodelle in der betriebswirtschaftlichen Theorie, in: ZfhF Neue Folge 1969, S. 457 - 467.

Hampton, J. J. [1976], Financial Decision Making, Concepts, Problems and Cases, Reston,Virginia, 1976.

Hanf, C.-H. [1986], Entscheidungslehre: Einführung in Informationsbeschaffung, Planung und Entscheidung unter Unsicherheit, München-Wien, 1986.

Hannan, E. L., Smith, J. A., Gilbert, G. R. [1983], A Multi-attribute Decision-making Approach to the selection of an Auxiliary Device for Ice-breakers, in: DS Vol. 14 1983, S. 240 - 252.

Hansmann, K.-W. [1992], Prognose, in: H. Corsten (Hrsg.): Lexikon der Betriebswirtschaftslehre, München-Wien, 1992, S. 735 - 740.

Hansmann, K.-W. [1993], Prognose und Prognosemethoden, in: W. Wittmann et al. (Hrsg.): HWB Teilband 2, Stuttgart, 1993, Sp. 3546 - 3559.

Hanssmann, F. [1971], Unternehmensforschung - Hilfsmittel moderner Unternehmensführung, Wiesbaden, 1971.

Hanssmann, F. [1987], Einführung in die Systemforschung: Methodik der modellgestützten Entscheidungsvorbereitung, München 1987.

Hanssmann, F. [1993], Entscheidungsmodelle und Entscheidungskriterien, in: W. Wittmann et al. (Hrsg.): HWB Teilband 1, Stuttgart, 1993, Sp. 896 - 910.

Harker, P. T. [1989], The Art and Science of Decision Making: The Analytic Hierarchy Process, in: B. L. Golden, E. A. Wasil, P. T. Harker (Hrsg.): The Analytic Hierarchy Process - Applications and Studies, Berlin-Heidelberg-New York, 1989, S. 3 - 36.

Harker, P. T., Vargas, L. G. [1987], The Theory of Ratio Scale Estimation: Saaty's Analytic Hierarchy Process, in: MS Vol. 33 11/1987, S. 1383 - 1403.

Harker, P. T., Vargas, L. G. [1990], Replay to "Remarks on the Analytic Hierarchy Process" by J. S. Dyer, in: MS Vol. 36 3/1990, S. 269 - 273.

Harsanyi, J. C. [1967], Games With Incomplete Information Played By 'Bayesian' Players: Part I: The Basic Model, in: MS Vol. 14 3/1967, S. 159 - 182.

Hartung, J. [1993], Statistik: Lehr- und Handbuch der angewandten Statistik, München, 1993.

Harvey, C. M. [1979], Operations Research: An Introduction to Linear Optimization and Decision Analysis, New York-Oxford, 1979.

Hatfield, L., Pearce, J. A. II [1994], Goal achievement and satisfaction of joint venture partners, in: Journal of Business Venturing Vol. 9 September/1994, S. 423 - 449.

Haupt, P. Lohse, D. [1975], Grundlagen und Anwendung der Linearen Optimierung, Essen, 1975.

Haustein, H.-D. [1969], Wirtschaftsprognose: Grundlagen - Elemente - Modelle, Berlin, 1969.

Hax, H. [1974], Entscheidungsprozesse, in: E. Grochla, W. Wittmann (Hrsg.): HWB Bd. I/1, Stuttgart, 1974, Sp. 1281 - 1290.

Heap, S. P. H., Varoufakis, Y. [1995], Game Theory: A Critical Introduction, London-New York, 1995.

Heinen, E. [1968], Einführung in die Betriebswirtschaftslehre, Wiesbaden, 1968.

Heinen, E. [1976], Grundlagen betriebswirtschaftlicher Entscheidungen, Wiesbaden, 1976.

Helling, N. U. [1994], Strategieorientierte Unternehmensbewertung: Instrumente und Techniken, Wiesbaden, 1994.

Helmer, O. [1977], Problems in Futures Research - Delphi and causal cross-impact-analysis, in: Futures Vol. 9 1/1977, S. 17 - 31.

Helmer, O. [1981], Reassessment of Cross-Impact Analysis, in: Futures Vol. 13 5/1981, S. 389 - 400.

Helmer, O. [1983], Looking Foreward - A Guide to Future Research, Beverly Hills-New York, 1983.

Herrmann, A. L. [1976], A Decision Model for Mergers and Acquisitions, in: M&A Vol. 11 Frühjahr/1976, S. 14 - 21.

Herrmann, E. [1964], Spieltheorie und lineares Programmieren, Köln, 1964.

Hertz, D. B. [1964], Risk Analysis in Capital Investment, in: HBR Vol. 42 Januar-Februar/1964, S. 95 - 106.

Herzig, N., Hötzel, O. [1992], Steuerorientierte Gestaltungsinstrumente beim Unternehmenskauf, in: W. Busse von Colbe, A. G. Coenenberg (Hrsg.): Unternehmensakquisitionen und Unternehmensbewertung: Grundlagen und Fallstudien, Stuttgart, 1992, S. 293 - 309.

Hespos, R. F., Strassmann, P. A. [1965], Stochastic Decision Trees for the Analysis of Investment Decisions, in: MS Vol. 11 10/1965 (Series B and C), S. B-244 - B-259.

Hilberseimer, J. [1992], Entscheidungsunterstützung in der Unternehmensbewertung, Diss. Marburg, 1992.

Hillier, F. S. [1963], The Derivation of Probabilistic Information for the Evaluation of Risky Investments, in: MS Vol. 9 1963, S. 443 - 457.

Hillier, F. S., Lieberman, G. J. [1967], Introduction to Operations Research, San Francisco-Cambridge-London-Amsterdam, 1967.

Hirt, D. E. [1989], Der Beteiligungshandel an börsennotierten Kapitalgesellschaften: ein internationaler Vergleich, Diss. Köln, Bergisch Gladbach, 1989.

Holler, M. J., Illing, G. [1996], Einführung in die Spieltheorie, Berlin-Heidelberg-New York, 1996.

Honert, R. C. van den , Stewart, T. J. [1992], A game-theoretic model for mergers and acquisitions, in: EJOR Vol. 52 1992, S. 275 - 287.

Hüttner, M. [1986], Prognoseverfahren und ihre Anwendung, Berlin-New York, 1986.

Humpert, F. W. [1992], Unternehmensakquisition - Erfahrungen beim Kauf von Unternehmen, in: W. Busse von Colbe, A. G. Coenenberg (Hrsg.): Unternehmensakquisitionen und Unternehmensbewertung: Grundlagen und Fallstudien, Stuttgart, 1992, S. 357 - 376.

Hutzschenreuter, T. [1995], Unternehmungswertorientierte Geschäftsfeldplanung, Diplomarbeit am Institut für Unternehmungsplanung Gießen, Gießen, 1995.

Hwang, C.-L., Masud, A. S. Md. [1979], Multiple Objective Decision Making Methods and Applications: A State-of-the-Art Survey (Lecture Notes in Economics and Mathematical Systems No. 164), Berlin-Heidelberg-New York, 1979.

IdW [1980], Entwurf einer Verlautbarung des Arbeitskreises Unternehmensbewertung - Grundsätze zur Durchführung von Unternehmensbewertungen, in: WPg 14-15/1980, S. 409 - 421.

Ignizio, J. P. [1976], Goal Programming and Extentions, Lexington, Mass., 1976.

Ijiri, Y. [1965], Management Goals and Accounting, Chicago, 1965.

Irle, M. [1971], Macht und Entscheidungen in Organisationen, Frankfurt a.M., 1971.

Isenson, R. S. [1967], Technological Forecasting in Perspective, in: MS Vol. 13 2/1967, S. B-70 - B-83.

Jacob, H. [1960], Die Methoden zur Ermittlung des Gesamtwertes einer Unternehmung, in: ZfB 1960, S. 209 - 222.

Jaensch, G. [1966], Wert und Preis der ganzen Unternehmung, Köln-Opladen, 1966.

Jaensch, G. [1989], Unternehmensbewertung bei Akquisitionen in den USA, ZfbF 4/1989, S. 329 - 339.

Johnson, K. L. [1973], Operations Research, Düsseldorf, 1973.

Jones, A. J. [1980], Game theory: mathematical models of conflict, New York-Chichester-Brisbane-Toronto, 1980.

Jung, W. [1993], Praxis des Unternehmenskaufs: Eine systematische Darstellung der Planung und Durchführung einer Akquisition, Stuttgart, 1993.

Kahle, E. [1973], Betriebswirtschaftliches Problemlösungsverhalten, Wiesbaden, 1973.

Kahle, E. [1993], Betriebliche Entscheidungen: Lehrbuch zur Einführung in die betriebswirtschaftliche Entscheidungstheorie, München-Wien, 1993.

Kahn, H., Wiener, A. J. [1968], Ihr werdet es erleben - Voraussagen der Wissenschaft bis zum Jahre 2000, München-Wien-Zürich, 1968.

Kane, J. [1975], A Primer for a New Cross-Impact Language - KSIM (with Examples Shown from Transportation Policy), in: H. A. Linstone, M. Turoff (Hrsg.): The Delphi Method - Techniques and Applications, London-Amsterdam-Don Mils, 1975, S. 369 - 382.

Kara, A. [1993], An Experimental Investigation of the Predictive Validity of Selected Hybrid Conjoint models and Adaptive Analytic Hierarchy Process in the Context of Consumer Choice, Florida International University, 1993.

Karten, W. [1993], Risk Management, in: W. Wittmann et al. (Hrsg.): HWB Teilband 3, Stuttgart, 1993, Sp. 3825 - 3836.

Keller, W. [1954], Psychologie des Wollens, München-Basel, 1954.

Kern, W. [1987], Operations Research: Einführung und Überblick, Stuttgart, 1987.

Kienbaum, G. [1989], Umfeldanalyse, in: N. Szyperski (Hrsg.): HWPlan, Stuttgart, 1989, Sp. 2033 - 2044.

Kinast, G. [1991], Abwicklung einer Akquisition, in: J. Baetge (Hrsg.): Akquisition und Unternehmensbewertung, Düsseldorf, 1991, S. 31 - 43.

Kirsch, W. [1970], Entscheidungsprozesse, Bd. 1 - Verhaltenswissenschaftliche Ansätze der Entscheidungstheorie, Wiesbaden, 1970.

Kirsch, W. [1971], Entscheidungsprozesse, Bd. 2 - Informationsverarbeitungstheorie des Entscheidungsverhaltens, Wiesbaden, 1971.

Kleibohm, K., Nastansky, L. [1984], Operations Research - Operations Research als angewandte Modelltechnologie für quantitativ-analytische Entscheidungsplanung, in: Management-Enzyklopädie, Landsberg am Lech, 1984, S. 297 - 310.

Knight, F. H. [1921], Uncertainty and Profit, Reprints from Economics Classics, New York, 1964.

Kohlas, J. [1972], Monte Carlo Simulation in Operations Research, Berlin-Heidelberg-New York, 1972.

Köhler, R. [1975], Modelle, in: E. Grochla, W. Wittmann (Hrsg.): HWB Bd. I/2, Stuttgart, 1975, Sp. 2701 - 2716.

Köhler, R. [1979], Die Kontrolle strategischer Pläne als betriebswirtschaftliches Problem, in: ZfB 4-5/1976, S. 301 - 318.

Kolbe, A. L., Read, J. A., Jr., Hall, G. R. [1984], The Cost of Capital - Estimating the Rate of Return for Public Utilities, The MIT Press, Cambridge (Mass.), London, 1984.

Kolbe, C. [1989], Investitionsrechnungen zur Beurteilung von Auslandsinvestitionen, Diss. Köln, Bergisch Gladbach, 1989.

Koller, H. [1976], Simulation in der Betriebswirtschaftslehre, in: E. Grochla, W. Wittmann (Hrsg.): HWB Bd. I/3, Stuttgart, 1976, Sp. 3536 - 3546.

Korhonen, A. [1987], A dynamic bank portfolio planning model with multiple scenarios, multiple goals and changing priorities, in: EJOR Vol. 30 1987, S. 13 - 23.

Kosiol, E. [1961], Modellanalyse als Grundlage unternehmerischer Entscheidungen, in: ZfhF Neue Folge 1961, S. 317 - 334

Kosiol, E. [1968], Entscheidung, Information und Prognose, in: E. Kosiol, E. Sundhoff (Hrsg.): Betriebswirtschaft und Marktpolitik - Festschrift für Rudolf Seyffert zum 75. Geburtstag, Köln-Opladen, 1968, S. 275 - 289.

Kosiol, E., Szyperski, N., Chmielewicz, K. [1965], Zum Standort der Systemforschung im Rahmen der Wissenschaften, in: ZfbF, 1965, S. 337 - 376.

Koxholt, R. [1967], Die Simulation - ein Hilfsmittel der Unternehmensforschung, München-Wien, 1967.

Kramer, R. [1965], Information und Kommunikation - Betriebswirtschaftliche Bedeutung und Einordnung in die Organisation der Unternehmung, Berlin, 1965.

Krauss, W. [1970], Operations Research - ein Instrument der Unternehmensführung, München, 1970.

Krebs, M. [1991], UNEX: ein Expertensystem für quantitative und qualitative Unternehmensanalyse, Diss. Mannheim, Frankfurt a. M.-Bern-New York-Paris, 1991.

Kreikebaum, H. [1993], Strategische Unternehmensplanung, Stuttgart-Berlin-Köln, 1993.

Kress, G. [1985], Practical Techniques of Business Forecasting, Westport, Connecticut, 1985.

Krüger, S. [1975], Simulation: Grundlagen, Techniken, Anwendungen, Berlin-New York.

Krüger, W. [1988a], Die Klärung von Unternehmenserfolg: Theoretischer Ansatz und empirische Ergebnisse, in: DBW 1/1988, S. 29 - 43.

Krüger, W. [1988b], Management von Akquisitionsobjekten: Probleme, Erfolgsfaktoren und Aufgaben bei der Durchführung von Unternehmenszusammenschlüssen, in: zfo 6/1988, S. 371 - 377.

Kulhavy, E. [1963], Operations Research - Die Stellung der Operationsforschung in der Betriebswirtschaftslehre, Wiesbaden, 1963.

Kulla, B. [1987], Ergebnisse oder Erkenntisse - Liefern makroanalytische Simulationsmodelle etwas Brauchbares?, in: J. Biethahn, B. Schmidt (Hrsg.): Simulation als bertriebswirtschaftliche Entscheidungshilfe, Fachberichte Simulation Bd. 6, Berlin, 1987, S. 3 - 24.

Kvanli, A. H. [1980], Financial Planning Using Goal Programming, in: Omega Vol. 8 1980, S. 207 - 218.

Kwak, N. K., DeLurgio, S. A. [1980], Quantitative Models For Business Decisions, Massachusetts, 1980.

Laager, F. [1978], Entscheidungsmodelle - Leitfaden zur Bildung problemangepaßter Entscheidungsmodelle und Hinweise zur Realisierung getroffener Entscheidungen, Zürich-Köln, 1978.

Lange, C. [1989], Jahresabschlußinformationen und Unternehmensbeurteilung, Stuttgart, 1989.

Larnder, H. [1984], The Origin of Operational Research, in: O.R. Vol. 32 1984, S. 465 - 475.

Laue, H. J. [1972], Operations Research as a Tool for Decision Making, in: C. W. House (Hrsg.):, Operations Research: An Introduction to Modern Applications, Philadelphia-New York-London, 1972, S. 20 - 44.

Laux, H. [1991], Entscheidungstheorie I: Grundlagen, Berlin-Heidelberg-New York, 1991.

Laux, H., Liemann, F. [1990], Grundlagen der Organisation - Die Steuerung von Entscheidungen als Grundproblem der Betriebswirtschaftslehre, Berlin-Heidelberg-New York, 1990.

Lee, S. M., Chesser, D. L. [1980], Goal programming for portfolio selection, in: The Journal of Portfolio Management Vol. 6 Frühjahr/1980, S. 22 - 26.

Lee, S. M., Morris, R. L. [1979], Integer Goal Programming Methods, in: M. K. Starr, M. Zelney (Hrsg.): Multiple Criteria Decision Making (Studies in the Management Sciences Volume 6), Amsterdam-New York-Oxford, 1979, S. 273 - 289.

Levenbach, H., Clearly, J. P. [1981], The Beginning Forecaster, Belmont, 1981.

Lewandowski, R. [1969], Modelle und Methoden der ökonomischen Vorhersage, in: EDV 5/1969, S. 235 - 244.

Lewandowski, R. [1974], Prognose- und Informationssysteme und ihre Anwendungen, Berlin-New York, 1974.

Liberatore, M. J. [1987], An Extension of the Analytic Hierarchy Process for Industrial R&D Project Selection and Resource Allocation, in: IEEE Transactions on Engineering Management Vol. EM-34 1/1987, S. 12 - 18.

Liebl, F. [1995], Simulation: Problemorientierte Einführung, München-Wien, 1995.

Lillich, L. [1992], Nutzwertverfahren, Heidelberg, 1992.

Lin, W. T. [1979], Applications of Goal Programming in Accounting, in: Journal of Business Finance & Accounting Vol. 6 4/1979, S. 559 - 577.

Lin, W. T. [1980], A Survey of Goal Programming Applications, in: Omega Vol. 8 1/1980, S. 115 - 117.

Linstone, H. A. [1978], The Delphi Technique, in: J. Fowles (Hrsg.): Handbook of Futures Research, Westport, Connecticut-London, 1978, S. 273 - 300.

Linstone, H. A., Turoff, M. [1975a], Introduction, in: H. A. Linstone, M. Turoff (Hrsg.): The Delphi Method - Techniques and Applications, London-Amsterdam-Don Mils, 1975, S. 3 - 12.

Linstone, H. A., Turoff, M. [1975b], Cross-Impact Analysis: Introduction, in: H. A. Linstone, M. Turoff (Hrsg.): The Delphi Method - Techniques and Applications, London-Amsterdam-Don Mils, 1975, S. 325 - 326.

Linstone, H. A., Turoff, M. [1975c], General Applications: Introduction, in: H. A. Linstone, M. Turoff (Hrsg.): The Delphi Method - Techniques and Applications, London-Amsterdam-Don Mils, 1975, S. 75 - 83.

Lintner, J. [1965], The Valuation of Risk Assets and the Selection of Risky Investments in Stock Portfolios and Capital Budgets, in: The Review of Economics and Statisitics Vol. 47 1965, S. 13 - 37.

Little, J. D. C. [1991], Operations Research in Industry: New Opportunities in a Changing World, in: O.R. Vol. 39 4/1991, S. 531 - 542.

Liu, B., Xu, S. [1987], Development of the theory and methodology of the Analytic Hierarchy Process and its applications in China, in: MM Vol. 9 3-5/1987, S. 179 - 184.

Luce, R. D., Raiffa, H. [1967], Games and Decisions - introduction and critical survey, New York-London-Sydney, 1967.

Lüder, K. [1979], Risikoanalyse bei Investitionsentscheidungen, in: angewandte planung (Bd. 3) 1979, S. 224 - 233.

M&A International GmbH [1996], German M&A hits new high, in: Corporate Finance Februar/1996, S. 7.

Mag, W. [1981], Risiko und Ungewißheit, in: W. Albers (Hrsg.): HdWW, New York-Tübingen-Göttingen, 1981, S. 478 - 495.

Mag, W. [1989], Entscheidungstechniken, in: N. Szyperski (Hrsg.): HWPlan, Stuttgart, 1989, Sp. 389 - 396.

Mag, W. [1990], Grundzüge der Entscheidungstheorie, München, 1990.

Makridakis, S., Wheelwright, S. [1973], Integrating Forecasting and Planning, in: Long Range Planning Vol. 6 September/1973, S. 53 - 63.

Makridakis, S., Wheelwright, S. C. [1978a], Interactive Forecasting: Univariate and Multivariate Methods, San Francisco-Düsseldorf-Johannesburg, 1978.

Makridakis, S.,Wheelwright, S. C. [1978b], Forecasting Methods and Applications, New York-Chichester-Brisbane, 1978.

Makridakis, S., Wheelwright, S. C. [1989], Forecasting Methods for Management, New York-Chichester-Brisbane, 1989.

Malik, F. [1984], Strategie des Managements komplexer Systeme, Berlin, 1984.

Manteuffel, K., Stumpe, D. [1979], Spieltheorie, Thun-Frankfurt a. M., 1979.

Mar, A. P. M., Victoria, R. U. M. [1996], A Formulation of a Fuzzy Linear Goal Programming Problem with Fuzzy Constraints and Fuzzy Target Values, in: M. Tamiz (Hrsg.): Multi-Objective Programming and Goal Programming - Theories and Applications, Berlin-Heidelberg-New York, 1996, S. 270 - 285.

Marschak, J. [1954], Towards an Economic Theory of Organization and Information, in: R. M. Thrall, C. H. Coombs, R. L. Davis (Hrsg.): Decision Processes, New York-London, 1954, S. 187 - 220.

Maser, S., Schulte, H.-O., Stoffl, H. [1973], Prognose und Simulation, Stuttgart, 1973.

Matschke, M. J. [1975], Der Entscheidungswert der Unternehmung, Wiesbaden, 1975.

Mattrisch, G. [1989], Erstellung und Verwendung von Szenarien für strategieorientierte Analyse- und Planungsaufgaben - Forschungsinstitut Berlin der Daimler-Benz AG, Berlin 7/1989.

Maul, K.-H. [1976], Unternehmensbewertung bei Unsicherheit, in: WPg 21/1976, S. 573 - 579.

McCann, J. E., Gilkey, R. [1988], Joining Forces - Creating & Managing Successful Mergers & Acquisitions, New Jersey, 1988.

McCleary, R., Hay, Jr., R. A. [1980], Applied Time Series Analysis for the Social Sciences, London, 1980.

McCloskey, J. F. [1987], The Beginning of Operations Research: 1934 - 1941, in: O.R. Vol. 35 1/1987, S. 143 - 152.

Menges, G. [1963], Kriterien optimaler Entscheidungen unter Ungewißheit, in: Statistische Hefte 1963, S. 151 - 171.

Menges, G. [1968], Grundriß der Statistik, Opladen, 1968.

Menges, G. [1974], Grundmodelle wirtschaftlicher Entscheidungen - Einführung in moderne Entscheidungstheorien unter besonderer Berücksichtigung volks- und betriebswirtshaftlicher Anwendungen, Düsseldorf, 1974.

Mertens, P. [1982], Simulation, Stuttgart, 1982.

Meyer, M. [1979], Operations Research, Systemforschung, Systemtheorie - Ein historischer Abriß, in: WiSt 10/1979, S. 461 - 468.

Meyer, M. [1986], Operations Research - Systemforschung: Eine Einführung in die praktische Bedeutung, Stuttgart, 1986.

Meyersiek, D. [1991], Unternehmenswert und Branchendynamik, in: BFuP 3/1991, S. 233 - 240.

Miles, J. A., Ezzell, J. R. [1980], The Weighted Average Cost of Capital, Perfect Capital Markets, and Project Life: A Clarification, in: Journal of Financial and Quantitative Analysis Vol. 15 3/1980, S. 719 - 730.

Miller III, J. R. [1970], Professional Decision-Making: A Procedure for Evaluating Complex Alternatives, New York-Washington-London, 1970.

Miller, D. W., Starr, M. K. [1960], Executive Decisions and Operations Research, New Jersey, 1960.

Miller, G. A. [1956], The Magical Number, Seven, Plus or Minus Two: Some Limits on Our Capacity for Processing Information, in: Psychological Review Vol. 63 März/1956, S. 81 - 97.

Mitchell, R. B., Tydeman, J., Curnow, R. [1977], Scenario Generation - Limitations and Developments in Cross-Impact-Analysis, in: Futures Vol. 9 3/1977, S. 205 - 215.

Morgenstern, O. [1963], Spieltheorie und Wirtschaftswissenschaft, Wien, 1963.

Morgenstern, O. [1978], Game Theory: Theoretical Aspects, in: W. H. Kruskal, J. M. Tanur (Hrsg.): International Encyclopedia of Statistics (Vol. 1), New York-London, 1978, S. 364 - 372.

Morgenthaler, G. W. [1961], The theory and application of simulation in operations research, in: Progress in Operations Research Vol. 1 1961, S. 367.

Morse, P. M. [1986], The Beginning of Operations Research in the United States, in: O. R. Vol. 34 1/1986, S. 10 - 17.

Mossin, J. [1966], Equilibrium in a Capital Asset Market, in: Econometrica Vol. 34 1966, S. 768 - 783.

Mossin, J. [1968], Merger Agreements: Some Game-Theoretic Considerations, in: Journal of Business Vol. 41 1968, S. 460 - 471.

Moxter, A. [1983], Grundsätze ordnungsmäßiger Unternehmensbewertung, Wiesbaden, 1983.

Müller, W. [1993], Risiko und Ungewißheit, in: W. Wittmann et al. (Hrsg.): HWB Teilband 3, Stuttgart, 1993, Sp. 3813 - 3825.

Muller-Malek, H., Bruggeman, W., DeSamblanckx, S., Bruyneel, G., Van de Vloed, R. [1975], Comparison of Forecasting Techniques by Means of Simulation Methods - Paper presented at: Simulation '75: An International Symposium and Short Course, Zürich, 1975.

Müller-Merbach, H. [1974], Kritische Gedanken zur Entwicklung des Operations Research in der BRD, in: H.-J. Zimmermann, A. Schub, H. Späth, J. Stoer (Hrsg.): Proceedings in Operations Research 4 - Vorträge aus der Jahrestagung DGOR 1974, Würzburg-Wien, 1974, S. 273 - 283.

Müller-Merbach, H. [1979], Operations Research - mit oder ohne Zukunftschancen?, in: K. Krüger, G. Rühl, K.-J. Zink (Hrsg.): Industrial Engineering und Organisations-Entwicklung im kommenden Dezennium, München, 1979, S. 291 - 311.

Müller-Merbach, H. [1989], Operations Research und Planung, in: N. Szyperski (Hrsg.): HWPlan, Stuttgart, 1989, Sp. 1290 - 1299.

Müller-Merbach, H. [1992], Operations Research, in: H. Corsten (Hrsg.): Lexikon der Betriebswirtschaftslehre, München-Wien, 1992, S. 631 - 635.

Münstermann, H. [1966], Wert und Bewertung der Unternehmung, Wiesbaden, 1966.

Mußhoff, H. J. [1989], Decision Support Systems (DSS), in: N. Szyperski (Hrsg.): HWPlan, Stuttgart, 1989, Sp. 255 - 262.

Nash, J. [1950], The Bargaining Problem, in: Econometrica Vol. 18 1950, S. 155 - 162.

Nash, J. [1951], Non-Cooperative Games, in: Annals of Mathematics Vol. 54 September/1951, S. 286 - 295.

Nash, J. [1953], Two-person Cooperative Games, in: Econometrica Vol. 21 1953, S. 128 - 140.

Neter, J., Wasserman, W. [1969], Fundamental Statistics for Business and Economics, Boston, 1969.

Neter, J., Wasserman, W., Whitmore, G. A. [1978], Applied Statistics, Boston-London-Sydney, 1978.

Neumann, J. von, Morgenstern, O. [1947], The Theory of Games and Economic Behavior, Princeton, New Jersey, 1947, Deutsche Übersetzung: Spieltheorie und wirtschaftliches Verhalten, Würzburg, 1967.

Neumann, K. [1977], Operations Research Bd. II, München-Wien, 1977.

Neumann-Cosel, R. von [1983], Verfahren zur Lösung von Problemen mit mehrfacher Zielsetzung, Frankfurt a. M.-New York, 1983.

Newbold, P., Bos, T. [1990], Introductory Business Forecasting, Cincinnati, 1990.

Niehans, J. [1990], A history of economic theory: classic contributions, 1720 - 1980, Baltimore, 1990.

Niemeyer, G. [1977], Kybernetische System- und Modelltheorie, München, 1977.

Niggemann, W. [1973], Optimale Informationsprozesse in betriebswirtschaftlichen Entscheidungssituationen, Wiesbaden, 1973.

o.V. [1966], Beurteilung, in: Lexikon-Institut Bertelsmann (Hrsg.): Das Große Deutsche Wörterbuch, s.l., 1966, S. 669.

o.V. [1979], beurteilen, in: G. Drosdowski (Hrsg.): Meyers Enzyklopädisches Lexikon, Bd. 30: Das große Wörterbuch der deutschen Sprache 1 (A-F), Mannheim, 1979, S. 378.

o.V. [1984], Beurteilung, in: F. A. Brockhaus (Hrsg.): Der Sprach-Brockhaus: dt. Bildwörterbuch von A-Z, Wiesbaden, 1984, S. 123.

o.V. [1985], beurteilen, in: W. Müller (Hrsg.): Duden "Bedeutungswörterbuch", Bd. 10, Mannheim-Wien-Zürich, 1985, S. 141.

o.V. [1986], Beurteilung, in: W. Müller (Hrsg.): Duden "Sinn- und sachverwandte Wörter": Wörterbuch der treffenden Ausdrücke, Bd. 8, Mannheim-Wien-Zürich, 1985, S. 119.

o.V. [1988], beurteilen, in: G. Drosdowski (Hrsg.): Duden "Stilwörterbuch der deutschen Sprache": Die Verwendung der Wörter im Satz, Bd. 2, Mannheim-Wien-Zürich, 1988, S. 157.

o.V. [1989], Urteil, in: G. Drosdowski (Hrsg.): Duden "Etymologie": Herkunftswörterbuch der deutschen Sprache, Bd. 7, Mannheim-Wien-Zürich, 1989, S. 774.

o.V. [1994], Ihre Firma ist mehr wert, als Sie denken, in: impulse 11/1990, S. 109 - 112.

Oberkampf, V. [1976], Szenario-Technik: Darstellung der Methode, Frankfurt a. M., 1976.

Oberparleitner, K. [1933], Risiko und Unternehmung, in: K. Meithner (Hrsg.): Die Bilanzen der Unternehmungen Bd. I, Grundlagen: Aufbau und Problemkreise der Bilanzen, Berlin-Wien, 1933, S. 41 - 52.

Osteryoung, J. S. [1973], Multiple Goals in the Capital Budgeting Decision, In: C. Zelney (Hrsg.): Multiple Criteria Decision Making, University of South Carolina Press, 1973, S. 447 - 457.

Pagenkopf, J. [1981], Simulation, in: W. Albers et al. (Hrsg.): HdWW Bd. 6, 1981, Stuttgart-New York-Tübingen-Göttingen-Zürich, 1981, S. 536 - 549.

Parsons, A. J. [1984], Hidden Value: Key to successful Acquisitions, in: McKinsey Quarterly Summer/1984, S. 33.

Partovi, F. Y. [1990], Application of Analytical Hierarchy Process in Operations Management, in: International Journal of Operations and Production Management Vol. 10 3/1990, S. 5 - 19.

Paulson, D., Zahir, S. [1995], Consequences of uncertainty in the analytic hierarchy process: A simulation approach, in: EJOR Vol. 87 1995, S. 45 - 56.

Pausenberger, E. [1989a], Zur Systematik von Unternehmenszusammenschlüssen, in: WISU 11/1989, S. 621 - 626.

Pausenberger, E. [1989b], Akquisitionsplanung, in: N. Szyperski (Hrsg.): HWPlan, Stuttgart, 1989, Sp. 18 - 26.

Pausenberger, E. [1992], Unternehmensakquisitionen und strategische Allianzen, in: G. Fischer (Hrsg.): Marketing - Lose Blattausgabe - Grundwerk 1992, Teil A, I. Strategische Aspekte, Kap. 2.1, S. 1 - 19.

Pausenberger, E. [1993], Unternehmenszusammenschlüsse, in: W. Wittmann et al. (Hrsg.): HWB Teilband 3, Stuttgart, 1993, Sp. 4436 - 4448.

Peel, R. [1994], Identifying and courting the target, in: T. Nash (Hrsg.): Buying and Selling Private Companies: A Director's Guide, London, 1994, S. 13 - 16.

Peemöller, V. H. [1993], Stand und Entwicklung der Unternehmensbewertung, in: DStR 11/1993, S. 409 - 416.

Peemöller, V. H., Bömelburg, P. [1994], Unternehmensbewertung in Deutschland - Eine empirische Erhebung -, in: WPg 22/1994, S. 741 - 749.

Perridon, L., Steiner, M. [1993], Finanzwirtschaft der Unternehmung, München, 1993.

Petersen, M. C. [1993], Die finanzwirtschaftliche Bewertung strategischer Unternehmenskäufe - Ein Konzept zur Evaluation von Akquisitionszielen im Rahmen der Unternehmensentwicklung, Diss. St. Gallen, 1993.

Piches, G. E. [1992], Essentials of Financial Management, Harper Collins Publishers Inc., New York, 4th Edition, 1992.

Pidd, M. [1988], Computer simulation in management science, Chichester-New York-Brisbane, 1988.

Pocock, J. W. [1954], Management Consulting and Operations Research, in: J. F. McCloskey, F. N. Trefethen (Hrsg.): Operations Research for Management, Baltimore, 1954, S. 80 - 96.

Pocock, J. W. [1958], Operations Research: Eine Aufgabe der Unternehmensführung, in: American Management Association, Inc. (Hrsg.): Operations Research: Mittel moderner Unternehmensführung, Essen, 1958, S. 15 - 31.

Porter, M. E. [1987], From Competitive Advantage to Corporate Strategy, in: HBR Vol. 65 3/1987, S. 43 - 59.

Raiffa, H. [1953], Arbitration schemes for generalized two-person games, in: H. W. Kuhn, A. W. Tucker (Hrsg.): Contributions on the Theory of Games II (Annals of Mathematics Studies, 28), Princeton, N.J., 1953.

Raiffa, H. [1968], Decision Analysis, New York, 1968.

Ramsey, F. P. [1964], Truth and Probability, in: H. E. Kyburg, Jr., H. E. Smokler (Hrsg.): Studies in Subjective Probability, New York-London-Sydney, 1964, S. 63 - 92.

Rao, V. R., Mahajan, V., Varaiya, N. P. [1991], A Balance Model For Evaluating Firms For Acquisition, in: MS Vol. 37 3/1991, S. 331 - 349.

Rapoport, A. [1961], Fights, Games and Debates, Binghamton, 1961.

Rapoport, A. [1966], Two-Person Game Theory: The Essential Ideas, Michigan, 1966, S. 94.

Rappaport, A. [1976], Financial Analysis for Mergers and Acquisitions, in: M&A Vol. 10 Winter/1976, S. 18 - 36.

Rappaport, A. [1986], Creating Shareholder Value, New York, 1986.

Rappaport, A. [1994], Shareholder Value: Wertsteigerung als Maßstab für die Unternehmensführung, Stuttgart, 1994.

Rehkugler, H., Schindel, V. [1990], Entscheidungstheorie: Erklärung und Gestaltung betrieblicher Entscheidungen, München, 1990.

Reibnitz, U. von [1989], Szenario-Planung, in: N. Szyperski (Hrsg.): HWPlan, Stuttgart, 1989, Sp. 1980 - 1996.

Reid, R. A. [1986], The Forecasting Process: Guidelines for the MIS Manager, in: Journal of Systems Management Vol. 37 11/1986, S. 33 - 37.

Reimann, B. C. [1988], Managing for the Shareholders: An Overview of Value-Based Planning, in: Planning Review Vol. 16 1/1988, S. 10 - 22.

Reimann, B. C. [1989], Creating Value to Keep the Raiders at Bay, in: Long Range Planning 3/1989, S. 18 - 27.

Reiß, M. [1989], Prognose und Planung [1989], in: N. Szyperski (Hrsg.): HWPlan, Stuttgart, 1989, Sp. 1628 - 1637.

Rellstab, U. [1992], Ökonomie und Spiele: Die Entstehungsgeschichte der Spieltheorie aus dem Blickwinkel des Ökonomen Oskar Morgenstern, Zürich, 1992.

Richter, F. [1996], Die Finanzierungsprämissen des Entity-Ansatzes vor dem Hintergrund des APV-Ansatzes zur Bestimmung von Unternehmenswerten, in: ZfbF 12/1996, S. 1076 - 1097.

Rinze, P., Schmitz, H. [1992], Nutzwert-Kosten-Analyse: eine Entscheidungshilfe, Düsseldorf, 1992.

Rivett, P. [1972], Principles of Model Building: The Construction of Models for Decision Analysis, London-New York-Sydney-Toronto, 1972.

Rogge, H.-J. [1972], Methoden und Modelle der Prognose aus absatzwirtschaftlicher Sicht, Diss. Berlin, 1972.

Roy, A. [1989], Optimal Offer Strategies in Mergers and Acquisitions, in: DS Vol. 20 1/1989, S. 591 - 601.

Rühli, E. [1973], Unternehmungsführung und Unternehmungspolitik Bd. 2, Bern, 1973.

Runzheimer, B. [1987], Operations Research I: Lineare Planungsrechnung und Netzplantechnik, Wiesbaden, 1987.

Rüppell, H. [1973], Verhalten in einer multiattributiven Entscheidungssituation und ein BAYES-Verfahren zur Schätzung individueller Entscheidungsstrategien, Diss. Hamburg, 1973.

Ryan, A. D. [1975], Cross-Impact-Analysis for Bell-Canada, Bell Canada, Business Planning Paper Nr. 10, 1975.

Saaty T. L. [1983], Priority Setting in Comlpex Problems, in: IEEE Transactions on Engineering Management Vol. EM-30 3/1983, S. 140 - 155.

Saaty T. L., Alexander, J. M. [1981], Thinking With Models: Mathematical Models in the Physical, Biological, and Social Sciences, Oxford-New York, Toronto, 1981.

Saaty, R. W. [1987], The Analytic Hierarchy Process - What it is and how it is used, in: MM Vol. 9 3-5/1987, S. 161 - 178.

Saaty, T. L. [1977], The Sudan Transport Study, in: Interfaces Vol. 8 1/1977 Part 2, S. 37 - 57.

Saaty, T. L. [1980], The Analytic Hierarchy Process - Planning, Priority Setting, Resource Allocation, New York, 1980.

Saaty, T. L. [1986], Axiomatic Foundation of the Analytic Hierarchy Process, in: MS Vol. 32 7/1986, S. 841 - 855.

Saaty, T. L. [1987], How to handle dependence with the Analytic Hierarchy Process, in: MM Vol. 9 3-5/1987, S. 369 - 376.

Saaty, T. L. [1990a], How to make a decision: The Analytic Hierarchy Process, in: EJOR Vol. 48 1990, S. 9 - 26.

Saaty, T. L. [1990b], An Exposition of the AHP in Reply to the Paper 'Remarks on the Analytic Hierarchy Process', in: MS Vol. 36 3/1990, S. 259 - 268.

Saaty, T. L., Kearns, K. P. [1985], Analytical Planning - The Organization of Systems, Oxford-New York-Toronto, 1985.

Saaty, T. L., Rogers, P. C. [1976], Higher Education in the United States (1985 - 2000), in: Socio-Economic Planning Sciences Vol. 10 6/1976, S. 251 - 263.

Saaty, T. L., Takizawa, M. [1986], Dependence and independence: From linear hierarchies to nonlinear networks, in: EJOR Vol. 26 1986, S. 229 - 237.

Saaty, T. L., Vargas, L. G. [1982], The Logic of Priorities - Applications in Business, Energy, Health, and Transportation, Pittsburgh-Boston-London, 1982.

Saaty, T. L., Vargas, L. G. [1987], Uncertainty and rank order in analytic hierarchy process, in: EJOR Vol. 32 1987, S. 107 - 119.

Saaty, T. L., Wind, Y. [1980], Marketing Applications of the Analytic Hierarchy Process, in: MS Vol. 26 7/1980, S. 641 - 658.

Sakakibara, S. [1993], Management Science and Microcomputer Applications in Educational Planning and Decision-Making, Columbia University Teachers College, 1993.

Saliger, E. [1990], Entscheidungstheoretische Planung, Wiesbaden, 1990.

Salkin, G. R., Jones, R. C. [1972], A Goal Programming Formulation for Merger Strategy, in: S. Eilon, T. R. Fowkes (Hrsg.): Applications of Management Science in Banking and Finance, London, 1972, S. 227 - 237.

Sanfleber-Decher, M. [1992], Unternehmensbewertung in den USA, in: WPg 20/1992, S. 597 - 603.

Sasieni, M., Yaspan, A., Friedman, L. [1971], Methoden und Probleme der Unternehmensforschung, Würzburg-Wien, 1971.

Scalan, B. K. [1973], Principles of Management and Organizational Behavior, New York, 1973.

Scheibler, A. [1974], Betriebswirtschaftliche Entscheidungen in Theorie und Praxis, Wiesbaden, 1974.

Schlittgen, R., Streitberg, H. J. [1994], Zeitreihenanalyse, München-Wien, 1994.

Schmidt, B. [1985], Was tut man, wenn man simuliert? - Versuch einer Begriffsbestimmung, in: D. P. F. Möller (Hrsg.): Simulationstechnik - Proceedings, Informatik Fachberichte 109, Berlin, 1985, S. 104 - 111.

Schmidt, B. [1987], Modellaufbau und Validierung, in: J. Biethahn, B. Schmidt (Hrsg.): Simulation als betriebliche Entscheidungshilfe: Methoden, Werkzeuge, Anwendungen, Berlin-Heidelberg-New York-London-Paris-Tokyo, 1987.

Schmidt, J. G. [1995], Die Discounted Cash-flow-Methode - nur eine kleine Abwandlung der Ertragswertmethode?, in: ZfbF 12/1995, S. 1088 - 1118.

Schmidt, J. W., Taylor, R. E. [1970], Simulation and Analysis of Industrial Systems, Illinois, Georgetown, Ontario, 1970.

Schmidt, R. H., Terberger, E. [1996], Grundzüge der Investitions- und Finanzierungstheorie, Wiesbaden, 1996.

Schneeweiß, C. [1991a], Systemanalytische und entscheidungstheoretische Grundlagen, Berlin-Heidelberg-New York, 1991.

Schneeweiß, C. [1991b], Der Analytic Hierarchy Process als spezielle Nutzwertanalyse, in: G. Fandel (Hrsg.): Operations Research: Beiträge zur quantitativen Wirtschaftsforschung, Berlin-Heidelberg-New York, S. 183 - 195.

Schneeweiß, C. [1993], Operations Research, in: W. Wittmann et al. (Hrsg.): HWB Teilband 2, Stuttgart, 1993, Sp. 2940 - 2953.

Schneeweiß, H. [1967], Entscheidungskriterien bei Risiko, Berlin-Heidelberg-New York, 1967.

Schöllhammer, H. [1970], Die Delphi-Methode als betriebliches Prognose- und Planungsverfahren, in: ZfbF 1970, S. 128 - 137.

Schröder, M. [1994], Einführung in die kurzfristige Zeitreihenprognose und Vergleich der einzelnen Verfahren, in: P. Mertens (Hrsg.): Prognoserechnung, Heidelberg, 1994, S. 7 - 39.

Schubert, W., Küting, K. [1981], Unternehmungszusammenschlüsse, München, 1981, S. 8 - 11.

Schultheiss, R. R. [1971], Versuch einer Systematisierung praktikabler Prognoseverfahren, in: DU 2/1971, S. 159 - 189.

Schulze, S. [1994], Berechnung von Kapitalkosten: ein Konzept für nationale und internationale Unternehmen, Diss. St. Gallen, 1994.

Schwarze, J. [1980], Statistische Kenngrößen zur Ex-Post-Beurteilung von Prognosen (Prognosefehlermaße), in: J. Schwarze (Hrsg.): Angewandte Prognoseverfahren, Herne-Berlin, 1980, S. 317 - 344.

Schwödiauer, G. [1976], Spieltheorie, in: E. Grochla, W. Wittmann (Hrsg.): HWB Bd. I/3, Stuttgart, 1976, Sp. 3617 - 3634.

Sengupta, J. K., Fox, K. A. [1969], Economic Analysis and Operations Research: Optimization Techniques in Quantitative Economic Models, Amsterdam-Oxford-New York, 1969.

Shapley, L. S. [1953], A value for n-person games, in: H. W. Kuhn, A. W. Tucker (Hrsg.): Contributions on the Theory of Games II (Annals of Mathematics Studies, 28), Princeton, N.J., 1953.

Shapley, L. S., Shubik, M. [1967], Concepts and Theories of Pure Competition, in: M. Shubik (Hrsg.): Essays in Mathematical Economics, Princeton, New Jersey, S. 63 - 79.

Sharpe, W. F., [1964], Capital Asset Prices - A Theory of Market Equilibrium under Conditions of Risk, in: The Journal of Finance Vol. 19 1964, S. 425 - 442.

Shiskin, J. [1978], Time Series: Seasonal Adjustment, in: W. H. Kruskal, J. M. Tanur (Hrsg.): International Encyclopedia of Statistics (Vol. 2), New York-London, 1978, S. 1202 - 1210.

Shiskin, J., Eisenpress, H. [1957], Seasonal Adjustments by Electronic Computer Methods, in: Journal of the American Statistical Association Vol. 52 1957, S. 415 - 449.

Shubik, M. [1964a], Game Theory and the Study of Social Behavior: An introductory Exposition, in: M. Shubik (Hrsg.): Game Theory and Related Approaches to Social Behavior, New York-London-Sydney, 1964, S. 3 - 78.

Shubik, M. [1964b], Strategy and Market Structure - Competition, Oligopoly and the Theory of Games, New York-London-Sydney, 1964.

Shubik, M. [1978], Game Theory: Applications, in: W. H. Kruskal, J. M. Tanur (Hrsg.): International Encyclopedia of Statistics (Vol. 1), New York-London, 1978, S. 372 - 378.

Sieben, G. [1963], Der Substanzwert der Unternehmung, Wiesbaden, 1963.

Sieben, G. [1992a], Wesen, Ermittlung und Funktionen des Substanzwertes als 'vorgeleistete Ausgaben', in: W. Busse von Colbe, A. G. Coenenberg (Hrsg.): Unternehmensakquisitionen und Unternehmensbewertung, Stuttgart, 1992, S. 67 - 87.

Sieben, G. [1992b], Zur Wertfindung bei der Privatisierung von Unternehmen in den neuen Bundesländern durch die Treuhandanstalt, in: DB 41/1992, S. 2041 - 2051.

Sieben, G. [1993], Unternehmensbewertung, in: W. Wittmann et al. (Hrsg.): HWB Teilband 3, Stuttgart, 1993, Sp. 4315 - 4331.

Sieben, G., Diedrich, R. [1992], Aspekte der Wertfindung bei strategisch motivierten Unternehmensakquisitionen, in: W. Busse von Colbe, A. G. Coenenberg (Hrsg.): Unternehmensakquisitionen und Unternehmensbewertung: Grundlagen und Fallstudien, Stuttgart, 1992, S. 219 - 235.

Sieben, G., Dörner, W., König, W., Matschke, M. J., Moxter, A., Sielaff, M., Zapf, B. [1977], Podiumsdiskussion über das Thema Grundsätze ordnungsmäßiger Unternehmensbewertung, in: W. Goetzke, G. Sieben (Hrsg.): Moderne Unternehmensbewertung und Grundsätze ihrer ordnungsmäßigen Durchführung - Bericht von der 1. Kölner BFuP-Tagung am 18. und 19. November 1976 in Köln, Köln, 1977, S. 257 - 295.

Sieben, G., Schildbach, T. [1990], Betriebswirtschaftliche Entscheidungstheorie, Düsseldorf, 1990.

Sieben, G., Sielaff, M. [1989], Unternehmensakquisition: Berichte des Arbeitskreises "Unternehmensakquisition" - Herausgegeben im Auftrag der Schmalenbach-Gesellschaft - Deutsche Gesellschaft für Betriebswirtschaft e.V., Stuttgart, 1989.

Sieben, G., Zapf, B. [1981], Unternehmensbewertung als Grundlage unternehmerischer Entscheidungen, Bericht des Arbeitskreises "Unternehmensbewertung im Rahmen der unternehmerischen Zielsetzung", Herausgegeben im Auftrag der Schmalenbachgesellschaft - Deutsche Gesellschaft für Betriebswirtschaft e.V., Stuttgart, 1981.

Siegert, T. [1995], Shareholder-Value als Lenkungsinstrument, in: ZfbF 6/1995, S. 580 - 607.

Simon, H. A., Newell, A. [1958], Heuristic Problem Solving: The Next Advance in Operations Research, in: O.R. Vol. 6 1/1958, S. 1 - 10.

Smith, D. E. [1977], Quantitative Business Analysis, Santa Barbara-New York-London, 1977.

Sommer, H. [1982], Modellentwurf unter besonderer Berücksichtigung von Ansätzen aus dem Rechnungswesen, der Datenverarbeitung und des Operations Research, Diss. TH Darmstadt, 1982.

Soom, E. [1978], Möglichkeiten und Grenzen der Anwendung von Operations Research in der Betriebswirtschaft, in: H. Müller-Merbach (Hrsg.): Quantitative Ansätze in der Betriebwirtschaftslehre, München, 1978, S. 45 - 52.

Spencer, J. E., Geary, R. C. [1974], Exercises in Mathematical Economics and Econometrics with Outlines of Theory, London, 1974.

Spivey, W. A. [1960], An Introduction to Linear Programming, in: K. E. Boulding, W. A. Spivey (Hrsg.): Linear Programming and the Theory of the Firm, New York, 1960, S. 61 - 93.

Spivey, W. A., Thrall, R. M. [1970], Linear Optimization, New York-Chicago-San Francisco, 1970.

Stachowiak, H. [1973], Allgemeine Modelltheorie, Wien-New York, 1973.

Staehle, H. [1973], Kennzahlensysteme als Instrumente der Unternehmensführung, in: WiSt 5/1973, S. 222 - 228.

Steinhausen, D. [1994], Simulationstechniken, München-Wien, 1994.

Stevens, S. S. [1957], On the Psychophysical Laws, in: Psychological Review Vol. 64 Mai/1957, S. 153 - 181.

Stotland, J. A. [1976], Planning Acquisitions and Mergers, in: Long Range Planning Vol. 9 1/1976, S. 66 - 71.

Stover, J. G., Gordon, T. J. [1978], Cross-Impact Analysis, in: J. Fowles (Hrsg.): Handbook of Futures Research, Westport, Connecticut-London, 1978, S. 301 - 328.

Strasser, H. [1966], Zielbildung und Steuerung der Unternehmung, Wiesbaden, 1966.

Stützel, W. [1976], Wert und Preis, in: E. Grochla, W. Wittmann (Hrsg.): HWB Bd. I/3, Stuttgart, 1976, Sp. 4404 - 4425.

Sullivan, W. G., Claycombe, W. W. [1977], Fundamentals of Forecasting, Reston, Virginia, 1977.

Szyperski, N. [1971], Vorgehensweise bei der Gestaltung computergestützter Entscheidungssysteme, in: E. Grochla (Hrsg.): Computergestützte Entscheidungen in Unternehmungen, Wiesbaden, 1971, S. 37 - 64.

Szyperski, N., Winand, U. [1974], Entscheidungstheorie - Eine Einführung unter besonderer Berücksichtigung spieltheoretischer Konzepte, Stuttgart, 1974.

Tamiz, M., Hasham, R., Jones, D. F., Hensi, B., Fargher, E. K. [1996], A Two Staged Goal Programming Model for Portfolio Selection, in: M. Tamiz (Hrsg.): Multi-Objective Programming and Goal Programming - Theories and Applications, Berlin-Heidelberg-New York, 1996, S. 286 - 299.

Tamiz, M., Jones, D. F. [1996], An Overview of Current Solution Methods and Modelling Practices in Goal Programming, in: M. Tamiz (Hrsg.): Multi-Objective Programming and Goal Programming - Theories and Applications, Berlin-Heidelberg-New York, 1996, S. 198 - 211.

Tamiz, M., Mardle, S. J., Jones, D. F. [1996], An Exploration of Linear and Goal Programming Models in the Downstream Oil Industry, in: M. Tamiz (Hrsg.): Multi-Objective Programming and Goal Programming - Theories and Applications, Berlin-Heidelberg-New York, 1996, S. 346 - 357.

Theil H., Boot, J. C. G., Kloek, T. [1971], Prognosen und Entscheidungen - Einführung in Unternehmensforschung und Ökonometrie, Opladen, 1971.

Theil, H. [1966], Applied Economic Forecasting, Amsterdam, 1966.

Thesen, A. [1978], Computer methods in Operations Research, London-New York, 1978.

Thierauf, R. J., Grosse, R. A. [1970], Decision Making through Operations Research, New York-London-Sydney-Toronto, 1970.

Thomas, L. C. [1984], Games, theory and applications, New York-Chichester-Brisbane-Toronto, 1984.

Thompson, W. W., Jr. [1967], Operations Research Techniques, Columbus/Ohio, 1967.

Trefethen, F. N. [1954], A History of Operations Research, in: J. F. McCloskey, F. N. Trefethen (Hrsg.): Operations Research for Management, Baltimore, 1954, S. 3 - 35.

Turoff, M. [1972], Delphi-Conferencing: Computer-Based Conferencing with Anonymity, in: Technological Forecasting and Social Change Vol. 3 1972, S. 159 - 204.

Turoff, M. [1975], An Alternative Approach to Cross Impact Analysis, in: H. A. Linstone, M. Turoff (Hrsg.): The Delphi Method - Techniques and Applications, London-Amsterdam-Don Mils, 1975, S. 338 - 368.

Ulrich, H. [1981], Überlegungen zur Managementlehre, in: IO Management Zeitschrift 6/1981, S. 297 - 300.

Ulrich, H., Krieg, W. [1973], Das St. Galler Management-Modell, in: B. Hentsch, F. Malik (Hrsg.): Systemorientiertes Management, Bern-Stuttgart, 1973, S. 63 - 94.

Ulrich, H., Probst, G. J. [1991], Anleitung zum ganzheitlichen Denken und Handeln: ein Brevier für Führungskräfte, Bern-Stuttgart, 1991.

Vargas, L. G. [1987], Priority theory and utility theory, in: MM Vol. 9 3-5/1987, S. 381 - 386.

Vargas, L. G. [1990], An overview of the Analytic Hierarchy Process and its applications, in: EJOR Vol. 48 1990, S. 2 - 8.

Voigt, J. F. [1990], Unternehmensbewertung und Potentialanalyse: Chancen und Risiken von Unternehmen treffsicher bewerten, Wiesbaden, 1990.

Wack, P. [1985], Uncharted Waters Ahead, in: HBR Vol. 63 5/1985, S. 72 - 89.

Waddington, C. H. [1973], O.R. in World War 2, London, 1973.

Wagle, B. [1967], A Statistical Analysis of Risk in Capital Investment Projects, in: ORQ Vol. 18 1/1967, S. 13 - 33.

Weber, B. [1991], Beurteilung von Akquisitionen auf der Grundlage des Shareholder Value, in: BFuP 3/1991, S. 221 - 232.

Weber, F. S. [1989], Automan: Decision Support Software for Automated Manufactoring Investments - User Manual, Washington, U.S. Department of Commerce - National Institute of Standards and Technology, 1989.

Weber, H. H. [1972], Einführung in Operations Research, Frankfurt a. M., 1972.

Weber, K. [1967a], Projektanalyse zur Einführung eines neuen Produktes unter Verwendung des Theorems von Bayes, in: ZfbF 6/1967, S. 413 - 420.

Weber, K. [1967b], Projektanalyse unter Verwendung des Theorems von Bayes, in: IO 7/1967, S. 293 - 298.

Weber, K. [1969], Projektanalyse unter Verwendung des Theorems von Bayes, in: DU 1/1969, S. 1 - 21.

Weber, K. [1971a], Entscheidungsprozesse unter Verwendung des Theorems von Bayes, in: H. Hax (Hrsg.): Entscheidungen bei unsicheren Erwartungen - Beiträge zur Theorie der Unternehmung, Opladen, 1971, S. 69 - 99.

Weber, K. [1971b], Projektplanung unter Verwendung des Theorems von Bayes, in: IO Management Zeitschrift 10/1971, S. 450 - 454.

Weber, K. [1975], Prognose und Prognoseverfahren, in: E. Grochla, W. Wittmann (Hrsg.): HWB Bd. I/2, Stuttgart, 1975, Sp. 3188 - 3203.

Weber, K. [1978], Elektronische Datenverarbeitung: Ein Lehrbuch für Wirtschaftswissenschaftler, München, 1978.

Weber, K. [1981], Computergestützte Simulation, in: IO Management Zeitschrift 6/1981, S. 323 - 327.

Weber, K. [1990], Wirtschaftsprognostik, München, 1990.

Weber, K. [1991a], Wirtschaftsprognostik, in: DU 1/1991, S. 65 - 74.

Weber, K. [1991b], Multikriterielle Analyse- und Entscheidungsmethoden, in: DU 6/1991, S. 396 - 411.

Weber, K. [1992], Multiattribute Decision Analysis: The Analytic Hierarchy Process, in: P. Gritzman, R. Hettich, R. Horst, E. Sachs (Hrsg.): Operations Research '91 - Extended Abstracts of the 16th Symposium on Operations Research held at the University of Trier at September 9-11, 1991 Berlin-Heidelberg-New York, 1992, S. 621 - 624.

Weber, K. [1993a], Multikriterielle Entscheidungen, München-Wien, 1993.

Weber, K. [1993b], The Analytic Hierarchy Process (AHP): Basics and Software, in: A. Karmann, K. Mosler, M. Schader, G. Uebe (Hrsg.): Operations Research '92 - Extended Abstracts of the 17th Symposium on Operations Research held at the Universität der Bundeswehr Hamburg at August 25-28, 1992, S. 532 - 534.

Weber, K., Trzebiner, R., Tempelmeier, H. [1983], Simulation mit GPSS: Lehr- und Handbuch zu GPSS (General purpose simulation system) mit wirtschaftswissenschaftlichen Anwendungsbeispielen, Bern-Stuttgart, 1983.

Wechsler, W. [1978], Delphi-Methode - Gestaltung und Potential für betriebliche Prognoseprozesse, Diss. Münster, München, 1978.

Welters, K. [1989], Delphi-Technik, in: N. Szyperski (Hrsg.): HWPlan, Stuttgart, 1989, Sp. 262 - 269.

Wild, J. [1971], Zur Problematik der Nutzenbewertung von Informationen, in: ZfB 1971, S. 315 - 334.

Wild, J. [1974], Grundlagen der Unternehmungsplanung, Reinbeck, 1974.

Williams, G. B., Tranth, J. [1991], Evaluation and Selection of Manufacturing Software for a Small Business, in: Advances in Manufacturing Technology VI - Proceedings of the Seventh National Conference on Production Research, Berlin-Heidelberg-New York, 1991, S. 102 - 106.

Wilson, I. H. [1978], Scenarios, in: J. Fowles (Hrsg.): Handbook of Futures Research, Westport, Connecticut-London, 1978, S. 225 - 247.

Wind, Y. [1987], An Analytic Hierarchy Process based approach to the design and evaluation of a marketing driven business and corporate strategy, in: MM Vol. 9 3-5/1987, S. 285 - 292.

Wittmann, W. [1959], Unternehmung und unvollkommene Information, Köln-Opladen, 1959.

Wittmann, W. [1980], Information, in: E. Grochla et al. (Hrsg.): HWO, Stuttgart, 1980, Sp. 894 - 904.

Wold, H. [1938], A Study in the Analysis of Stationary Time Series, Uppsala: Almquist and Wiksells, 1938.

Zahedi, F. [1986], The Analytic Hierarchy process - A Survey of the method and its applications, in: Interfaces Vol. 16 4/1986, S. 96 - 108.

Zimmerer, C. [1988], Ertragswertgutachten - Eine Polemik, in: DBW 1988, S. 417 - 420.

Zimmerer, C. [1993], Unternehmensakquisition, in: W. Wittmann et al. (Hrsg.): HWB Teilband 3, Stuttgart, 1993, Sp. 4294 - 4306.

Zimmermann, H.-J. [1976], Unternehmensforschung (Operations Research), in: E. Grochla, W. Wittmann (Hrsg.): HWB Bd. I/3, Stuttgart, 1976, Sp. 4041 - 4054.

Zimmermann, H.-J. [1987], Methoden und Modelle des Operations Research, Braunschweig-Wiesbaden, 1987.

Zimmermann, H.-J., Gutsche, L. [1991], Multi-Criteria-Analyse: Einführung in die Theorie der Entscheidungen bei Mehrfachzielsetzungen, Berlin-Heidelberg-New York, 1991.

Zwehl, W. von [1993], Entscheidungsregeln, in: W. Wittmann et al. (Hrsg.): HWB Teilband 1, Stuttgart, 1993, Sp. 920 - 929.

Peter Lang · Europäischer Verlag der Wissenschaften

Manfred M. Gößl

Der westeuropäische Wirtschaftsraum im globalen Wettbewerb

Regionale Integration und Standortwettbewerbsfähigkeit

Frankfurt/M., Berlin, Bern, New York, Paris, Wien, 1997.
406 S., 21 Abb., 30 Tab.
Studien der Bremer Gesellschaft für Wirtschaftsforschung e.V.
Herausgegeben von Alfons Lemper und Rolf W. Stuchtey. Bd. 7
ISBN 3-631-31731-X · br. DM 98.–*

In den vergangenen fünfzig Jahren entwickelte sich Westeuropa zu einem hochintegrierten Wirtschaftsraum, der an die Spitze der Welteinkommenspyramide aufrückte. Daran anknüpfend will die Studie zwei Hauptsachverhalte näher ergründen. Erstens geht sie der Frage nach, welche politisch-ökonomischen „Mechanismen" im Hinblick auf den westeuropäischen Integrationsverlauf identifizierbar sind. Zweitens analysiert sie die relative Attraktivität des westeuropäischen Wirtschaftsstandortes für unternehmerische Aktivitäten und damit dessen Potential, das erreichte Wohlstandsniveau im globalen Standortwettbewerb um mobile Ressourcen auch zukünftig sichern und möglichst noch anheben zu können.

Aus dem Inhalt: Politisch-ökonomische Entwicklungslinien und -mechanismen der westeuropäischen Integration 1947-1996 · Theorie der relativen Standortattraktivität · Stärken-Schwächen-Profil Westeuropas im globalen Standortwettbewerb · Wirtschaftspolitische Reformempfehlungen · Geoökonomische Megatrends und Weltwirtschaftsordnung

FSC
www.fsc.org
MIX
Papier | Fördert gute Waldnutzung
FSC® C083411

Kolibri 360 GmbH
Ferdinand-Jühlke-Straße 7
99095 Erfurt, Deutschland
produktsicherheit@kolibri360.de

Druck:
CPI Druckdienstleistungen GmbH
im Auftrag der
Kolibri 360 GmbH
Ferdinand-Jühlke-Str. 7
99095 Erfurt